Les Français

Fourth Edition

Les Français

Fourth Edition

Julie Fette • Jean-François Brière
Laurence Wylie

an imprint of
Hackett Publishing Company, Inc.
Indianapolis/Cambridge

A Focus book

Focus an imprint of
Hackett Publishing Company

Copyright © 2021 by Hackett Publishing Company, Inc.

All rights reserved
Printed in the United States of America

24 23 22 21   1 2 3 4 5 6 7

For further information, please address
    Hackett Publishing Company, Inc.
    P.O. Box 44937
    Indianapolis, Indiana 46244-0937

    www.hackettpublishing.com

Cover design by Brian Rak
Composition by Aptara, Inc.
Cover image: Entrance to the Louis Vuitton Foundation (Paris), designed by Canadian-American architect Frank Gehry. Photo by Julie Fette.

Library of Congress Control Number: 2021935031

ISBN-13: 978-1-58510-990-6 (pbk.)

The paper used in this publication meets the minimum requirements of American National Standard for Information Sciences—Permanence of Paper for Printed Library Materials, ANSI Z39.48–1984.

∞

Table des Matières

Acknowledgments	vii
Preface	ix
Avant-propos	xiii

INTRODUCTION: Français et Américains	1
PREMIÈRE PARTIE: Regards français	**16**
1. Points de vue français sur l'espace et sur le temps	16
2. Points de vue français sur la nature humaine et valeurs dominantes	37
3. Points de vue français sur le corps	49
DEUXIÈME PARTIE: La socialisation et la famille	**62**
4. L'enfance et la première éducation	62
5. La jeunesse et la socialisation	72
6. La famille	84
TROISIÈME PARTIE: La société	**97**
7. La démographie et l'Etat-providence	97
8. La société	115
9. La justice	136
10. La politique	150
11. L'administration	169
12. Le système scolaire: écoles, collèges, lycées	184
13. Les universités et les grandes écoles	203
14. L'économie	217
15. La France, l'Europe, et le monde	236
QUATRIÈME PARTIE: La culture	**255**
16. Les symboles	255
17. Les religions	261
18. La vie culturelle et intellectuelle	279
19. Les loisirs	296
20. Les médias	315
CONCLUSION	337
Credits	340
Index	344

Acknowledgments

The authors wish to thank the many scholars, professionals, and friends who read chapters or answered questions, including but not limited to Bernard Aresu, Yamina Audetat, Margaret Beier, Marie Benedict, Jenifer Bratter, Eloise Brière, Carl Caldwell, Baird Campbell, Tiziana de Carolis, Herrick Chapman, Christine Chourré, Isabelle Driel, Amy Dunham, Nathalie Felciai, Sarah Fishman, Scott Gunther, Janet Horne, Nadira Hurley, Amelia Irion, Elizabeth Campbell Karlsgodt, Claire Miquel, Debbie Nelson, Nelly Noury-Ossia, William Poulin-Deltour, Karine Pousset, Paula Schwartz, Emma Toutounji, Sami Toutounji, and Nancy Willard-Magaud.

We are grateful to Carl Caldwell and the History Department of Rice University for organizing and sponsoring a workshop on textbook authorship in 2016. Thank you to Sandi Edwards, Jane Zhao, and Mario Norton at Rice's Fondren Library and Digital Media Commons for fielding multiple requests. Our gratitude also goes to Rice undergraduates Meredith McCain and Elzia Broussard, as well as to students Camille Barro and Juan Fueyo, for research help. Rice University's Vice Provost for Research, Yousif Shamoo, and Joseph B. Davidson in the Office of the General Counsel facilitated publishing contracts.

We would like to sincerely thank Brian Rak, Elana Rosenthal, Marie Deer, and the enthusiastic team at Hackett, as well as Harry Gamble, who reviewed the complete manuscript. Finally, we are grateful to David and Jonathan Wylie for their support of an endeavor that preserves the legacy of the previous editions prepared by their father.

We know that many professors in French departments across North America have been patiently awaiting this fourth edition. This book is dedicated to these colleagues, to our students, and to Laurence Wylie, whose contribution to our understanding of "the French" will continue to resonate through this book.

Preface

This fourth edition of *Les Français* has its roots in 1970, when Laurence Wylie first set out to write an engaging textbook for American college students that looked at "the French" through the lens of cultural anthropology. French language and literature students had never before had answers to the questions they were most interested in: what are the French like today and how did they become that way? Wylie believed that to have a full comprehension of a foreign culture, one must begin with the unconscious conceptions that its inhabitants hold about four basic phenomena: time, space, human nature, and the body. Such core beliefs begin at birth, and the socialization of children through family and education is a key driving force behind national identity. To adapt a famous phrase by Simone de Beauvoir, "One is not born French; one becomes it." The fourth edition continues to respect the pedagogical value of such cultural analysis; the early chapters maintain the arguments of Wylie's original research. Analyzing French elementary school textbooks, for example, provides a view into how the French are trained to think and to see the world.

Our new edition also maintains the comparative approach that has always been integral to the textbook. *Les Français* is wholly comparative in its orientation. It is a North American textbook for a North American public, written in French. Why is this important? First, because students automatically compare with themselves when studying foreign cultures. Deep dives into the origins of French customs provoke curiosity about one's own origins; students are often amazed to learn about their own national culture in the French civilization classroom. Second, studying a foreign culture or an "other" serves as a mirror of ourselves. When analyzing sexism or racism in France, for example, students in North America might be tempted to condemn beliefs or behaviors that are not "wrong" or "worse" than the beliefs or practices to which they are accustomed, but simply different. Comparison discourages the natural impulse of judgment and encourages a more analytical approach.

All of the content has been thoroughly revised to account for nearly twenty years of history since the third edition (2001). However, beware! This is a not a textbook about current events. The approach has never been to focus on the latest street demonstration or proposed legislation, but instead to examine the French people through their past in order to understand their present. The textbook adopts the historical perspective of *la longue durée*, which is not the case with other North American textbooks about France. Because of its comparative nature, *Les Français* is also fundamentally different from textbooks from French publishers for students in France. While events and tendencies change all the time, the basic structures of French society still explain why French people think and behave differently not only from Americans but from other Europeans as well. Neither encyclopedic nor inclined toward *histoire événementielle*, our textbook analyzes *les mentalités* and the practices that elucidate the underlying social fabric of France without ignoring the contradictions and paradoxes found within any modern society.

What is new? We need only to look at the dramatic change in women's status and the digital revolution—to name just two examples—to see why a fourth edition is necessary to account for the tectonic shifts that mark French society in the 21st century. We have in fact mainstreamed our analysis of gender by including it in almost every chapter, rather than relegating gender to a single chapter as if it were a subject unrelated to all other societal issues. The same is true for the fourth edition's approach to ethnic and religious minorities: their evolving integration in French society is matched by our integration of issues surrounding immigration and xenophobia into multiple chapters, for example, about demography, society, and religion. "The French" have never been a monolithic, homogenous, or "fixed" population, and this is especially true in the 21st century. Myths of homogeneity, despite their long shelf life, have finally begun to disappear over the course of the last few decades. The textbook is called *Les Français* and not *La France* because its purpose is to apprehend French people in all their diversity. Moreover, we look at gender and ethnic diversity historically, for example by accounting for the centuries-long exclusion of women from political and civil rights and for the legacy of French colonialism.

A word about language. With its gendering of all nouns, French is a language whose grammar lends itself less easily to gender-neutral prose than does English. If a college auditorium contains 99 women and 1 man, for example, the members of the class will be described in standard French as *les étudiants* rather than *les étudiantes*. In recent years, calls have been made to use *l'écriture inclusive*: an ensemble of grammatical practices that provide a more accurate and equal representation of female and male. If language is the architecture of human thought, then this evolution will be fundamental indeed. In the fourth edition, we have chosen to take some steps in this direction by rejecting the grammatical rule taught to all schoolchildren known as *le masculin l'emporte sur le féminin*, in which an adjective modifying a plural mix of feminine and masculine nouns will always be modified in the masculine, for example: *Les arbres et les fleurs sont beaux*. This practice, which substitutes the masculine for the neutral, took root only in the 17th century. Instead, we use *la règle de proximité* by making the adjective accord with the noun closest to it, for example, *les étudiants et les étudiantes françaises*. We also reject the term *homme* to signify mankind and instead use the term for "human." The traditional locution *les droits de l'homme*, therefore, becomes *les droits humains* (though it has to be maintained in direct quotes and in historical documents such as *La Déclaration des Droits de l'Homme et du Citoyen de 1789*).

In this fourth edition, we have continued to pitch our written prose to the kind of spoken French that North American students find accessible; we have avoided obscure cultural references and idiomatic turns of phrase; and we have limited the use of the *passé simple*. For numerical figures, we follow the French practice of using commas instead of decimal points ("3,5" to express three and a half), and spaces instead of commas for four-figure and greater numbers ("5 000 000" to express five million).

After Jean-François Brière joined Laurence Wylie for the second edition, he shepherded the third edition alone in 2001. Julie Fette joins Brière in authoring this fourth edition. We hope that our combined expertise brings fresh contributions to *Les Français* to fulfill the needs of instructors and students alike.

Julie Fette and Jean-François Brière

Avant-Propos

Ce livre s'efforce d'analyser les bases du système culturel français, afin de faire mieux comprendre aux étudiantes et étudiants américains certains traits spécifiques des attitudes des Français. Pour saisir le comportement d'un autre peuple, il faut connaître le vaste complexe culturel manifesté dans la conduite des individus. Chaque personne est différente de ses compatriotes par ses caractéristiques physiques et psychologiques. Mais certains traits de comportement particuliers se retrouvent—dans un pays ou une classe sociale—chez un très grand nombre d'individus, souvent chez une majorité d'entre eux (jamais chez tous). Ces traits ne sont pas innés, mais acquis pendant l'enfance et l'adolescence par mimétisme avec les adultes et par l'éducation. Ce sont ces traits dominants qui permettent de parler de la "culture des Français" par opposition à la "culture des Américains."

Pour parler de la culture d'un groupe ou d'un peuple, il faut nécessairement généraliser, c'est-à-dire étendre artificiellement à l'ensemble du groupe les caractéristiques dominantes qui le distinguent des autres groupes. Toute généralisation déforme donc un peu la réalité et il faut toujours en être conscient. Mais refuser de généraliser, c'est se condamner à ne plus rien dire, puisqu'il faudrait alors étudier chaque Française et chaque Français individuellement! Pour qu'une généralisation soit un instrument d'analyse valable et ne produise pas de stéréotypes, il faut qu'elle exprime des attitudes distinctives réellement dominantes et non pas des traits que l'on imagine dominants. A moins d'utiliser l'enquête statistique, nécessairement d'étendue limitée, on ne peut évaluer avec justesse ce qui est réellement dominant qu'en passant plusieurs années dans un pays. Cette approche est appelée "empirique" parce qu'elle est fondée sur les sens, sur ce qu'on voit, par opposition à l'approche statistique dite "scientifique." Certains livres poussent l'approche empirique si loin qu'ils refusent toute généralisation (par exemple, *The French* [1982] de l'historien anglais Theodore Zeldin). D'autres ouvrages, au contraire, adoptent une approche scientifique en se reposant essentiellement sur des statistiques (par exemple *Francoscopie* de Gérard Mermet dont le titre suggère une sorte d'examen médical). Lorsque l'on parle de "comportement français" ou de "comportement des Français," on ne veut donc pas dire que tous les individus se comportent de la sorte, mais qu'une majorité d'entre eux tendent à se comporter ainsi.

Le fait que certains traits culturels dominent chez les Français provient en partie de leur passage par un système national d'éducation qui les marque d'une forte empreinte. Cette empreinte culturelle "nationale" sur les individus, encore assez forte aujourd'hui, n'existait guère avant le 19e siècle. En effet, l'enseignement ne touchait qu'une partie des enfants et n'était pas unifié au niveau national. Il est possible que dans un avenir plus ou moins éloigné cette empreinte culturelle nationale se modifie ou s'estompe.

Ajoutons qu'aucune culture nationale ne constitue un bloc uni et parfaitement cohérent. A l'intérieur de ce que l'on appelle "français," il existe des variations importantes selon les classes sociales, les régions, les âges, les sexes, les origines ethniques. Il faut enfin rappeler qu'un pays ou une culture ne constitue jamais une entité stable dans le temps. Sans cesser d'être différente de l'Amérique, la France change. Entre 1960 et aujourd'hui, elle a connu la période de changements les plus accélérés de toute son histoire. Dans beaucoup de domaines, une véritable révolution s'est produite en quelques décennies, marquant un contraste brutal avec l'évolution plus lente des siècles précédents. Pour comprendre les Français, il faut donc non seulement connaître ce qui les sépare des Américains mais aussi ce qui les sépare d'eux-mêmes dans le temps, car les changements qu'ils ont vécus font partie de leur identité.

Nous commencerons par étudier l'image que les Français se font des Américains et vice-versa; où sont les points d'accord et de conflit entre eux; quels sont les stéréotypes américains sur la France et les Français et les stéréotypes français sur l'Amérique et les Américains; et en quoi consiste le pro-américanisme et l'anti-américanisme en France.

Nous étudierons comment les Français conçoivent leur rapport à l'espace physique, à la géographie. Nous verrons aussi quelle est leur conception du temps, de l'histoire. Nous nous tournerons ensuite vers leur conception de la nature humaine, puis vers leurs gestes et leurs attitudes vis-à-vis du corps. Dans tous ces domaines, Français et Américains pensent et agissent différemment, et cela a des conséquences importantes pour la manière dont leurs sociétés sont organisées et gouvernées. Certaines sources d'information comme les manuels scolaires—par lesquels toute société inculque les "règles du jeu" essentielles aux générations successives—sont très utiles pour saisir les attitudes dominantes. Nous examinerons en particulier comment une certaine identité française est transmise aux enfants par le système scolaire à travers l'enseignement de l'histoire, de la géographie, et de l'instruction civique.

Dans la deuxième partie du livre, nous verrons comment la société française est définie sur le plan humain. La manière dont les enfants sont élevés permet de comprendre pourquoi les Français adoptent certaines attitudes. Nous examinerons donc l'enfance, puis la jeunesse, périodes clés dans la socialisation des individus. Nous pénétrerons ensuite dans l'unité de base de la société, la famille. Nous verrons comment le modèle de la famille traditionnelle, dominant dans le passé, a rapidement évolué pour donner naissance, dans les années 1970–1980, à une nouvelle famille, celle que nous connaissons aujourd'hui.

Dans la troisième partie, nous étudierons les institutions sociales et politiques qui forment le cadre de vie des Français. Nous verrons quels ont été les changements importants dans la démographie de la France au cours des dernières décennies et comment l'Etat-providence intervient dans ce domaine. Nous examinerons la structure de la société, l'organisation du système judiciaire, du système politique, et de l'administration. Nous traiterons ensuite de l'organisation de l'enseignement, et de l'économie. Enfin, nous aborderons les rapports de la France avec le reste du monde. Nous verrons comment elle s'est intégrée à l'Union européenne, les changements importants que cela représente pour ses habitants, et les problèmes auxquels doit faire face l'Europe aujourd'hui. Nous examinerons aussi les rapports de la France avec les pays francophones, notamment sur le plan politique et linguistique, et verrons quelle est la situation de la France dans le monde.

Enfin, dans la quatrième partie seront examinées les pratiques culturelles, c'est-à-dire l'ensemble des comportements, codes, et conventions gouvernant la vie de l'esprit. Ces pratiques sont plus difficiles à saisir que les institutions sociales ou politiques parce qu'il s'agit de réalités abstraites qui font souvent appel à ce qui est intellectuel et affectif: elles n'ont donc pas de sens—ou pas le même sens—pour les Américains. Nous aborderons la question sous cinq angles différents, ceux des symboles, des religions, de la vie culturelle et intellectuelle, des loisirs, et des médias.

Une attention particulière est portée au long de ce livre au rôle et à l'expérience des femmes dans la société française. Longtemps refoulées dans l'ombre, celles-ci ont gagné des droits qui leur étaient refusés auparavant et une plus grande égalité avec les hommes; elles occupent aujourd'hui des positions importantes dans le monde politique, économique, et médiatique. Une attention particulière est également accordée à la situation des minorités issues de l'immigration des décennies récentes. Les difficultés auxquelles sont confrontées ces minorités—leurs succès aussi—méritent un examen particulier.

Cet ouvrage a pour objectif de donner aux étudiantes et étudiants les bases nécessaires pour pouvoir comprendre la France et les Français et, au-delà, le monde francophone. L'acquisition de telles bases est nécessaire pour suivre des études plus approfondies en *French Studies* et pour pouvoir profiter pleinement d'un séjour d'études en France ou dans un pays francophone. Pour atteindre cet objectif, regarder uniquement le présent ne suffit pas. La majorité des Français adultes ont été éduqués entre 1950 et 2000, pas l'année dernière. Les institutions sociales sont l'aboutissement d'une longue histoire. Il faut donc prendre du recul et remonter dans le passé pour comprendre pourquoi les personnes et les choses sont ce qu'elles sont.

D'autre part, il est impossible de parler de la France et des Français dans l'absolu, hors de toute référence extérieure. Ceux-ci ne peuvent être définis que par rapport à d'autres pays, à d'autres peuples. On a donc donné une place importante dans ce livre aux comparaisons entre la France et les Etats-Unis, et entre Français et Américains. Enfin, il faut souligner qu'apprendre à connaître une autre culture est indispensable pour apprendre à mieux connaître la sienne. En analysant ce qui les rapproche ou les différencie des Français, les étudiantes et les étudiants américains prennent conscience de leur propre identité culturelle, de ce qui les rend "américains." Aller à la rencontre des Français, c'est aussi apprendre à mieux se connaître.

Introduction
Français et Américains

LES DIFFÉRENCES ENTRE FRANÇAIS ET AMÉRICAINS

Quand on parle des rapports entre les Français et les Américains, on évoque souvent l'amitié qui unit les Etats-Unis et la France depuis plus de deux siècles. Ces deux pays ne se sont en effet jamais fait la guerre, alors que l'Angleterre, l'Espagne, l'Allemagne, et l'Italie ont été dans le passé en conflit armé avec les Etats-Unis. De plus, les Français ont aidé les Américains dans leur guerre d'indépendance, tandis qu'à leur tour les Etats-Unis sont venus en aide à la France pendant les deux guerres mondiales. Tout en reconnaissant cette amitié traditionnelle, il faut savoir aussi que les rapports diplomatiques entre la France et les Etats-Unis ont souvent été difficiles. De sérieuses tensions ont opposé ces deux pays à certaines époques, par exemple pendant la Révolution française, au moment de la guerre de Sécession (*Civil War*), après la Première Guerre mondiale, dans les années 1960, ou pendant l'invasion américaine de l'Irak en 2003.

Au-delà des tensions qui se sont manifestées dans le domaine politique, on remarque que les Français et les Américains ont toujours eu une certaine difficulté à se comprendre. On peut affirmer que les deux nations partagent un même idéal politique fait de liberté, d'égalité, de démocratie, et de justice. Mais, quand il faut traduire ces termes abstraits en réalités concrètes, on se rend compte que les mêmes mots ne signifient pas nécessairement la même chose pour les Français et pour les Américains. Les malentendus viennent tout d'abord de différenciations élémentaires: la façon d'élever les enfants, d'organiser l'enseignement, d'exercer le pouvoir, de faire fonctionner l'économie, de se comporter avec autrui.

Les Français et les Américains appartiennent au même grand bloc culturel occidental constitué par l'Europe et l'Amérique du Nord. Ils ont donc entre eux beaucoup plus de choses en commun qu'ils n'ont avec les habitants de l'Inde, par exemple. Français et Américains vivent cependant dans des milieux culturels très différents. Mais ces différences sont beaucoup plus subtiles, plus cachées que celles, très visibles et très évidentes, qui les séparent des habitants de l'Inde. Les Américains s'attendent souvent à ce qu'il y ait des différences importantes entre eux et les Indiens: les écarts culturels sont considérables et clairement définis. Ils s'attendent moins à ce qui les différencie des Français et risquent donc d'être plus étonnés et désorientés par ces différences. Le fait qu'un marchand de fruits de Calcutta reste toute la journée assis par terre les surprendra moins que de découvrir que les caissiers des supermarchés français ne mettent jamais les produits dans des sacs pour les clients (selon la loi sur les conditions de travail, ils doivent toujours être assis et non debout).

Deux fractures historiques et géographiques fondamentales permettent d'expliquer certaines différences séparant les Français des Américains. La première fracture sépare l'Europe, vieux continent marqué par un héritage culturel médiéval, et l'Amérique. Les Français partagent ainsi avec tous les Européens certains traits caractéristiques qui les différencient des Américains. La seconde fracture oppose l'Europe du Nord protestante, dont les traditions culturelles ont beaucoup imprégné les Etats-Unis, et l'Europe du Sud "latine" et catholique vers laquelle la France penche culturellement. Les Français partagent avec les Européens du Sud (Italiens, Espagnols) d'autres caractéristiques qui les différencient des Européens du Nord (Anglais, Hollandais, Allemands, Scandinaves) et des Américains. Mais ils ont aussi, du fait de leur histoire nationale particulière, des traits culturels spécifiques que l'on ne rencontre pas, ou pas au même degré, ailleurs en Europe.

L'IMAGE AMÉRICAINE DE LA FRANCE ET DES FRANÇAIS

Tout adolescent ou adulte américain, qu'il ait voyagé en France ou non, porte en lui une certaine image de la France et des Français. S'il n'a jamais voyagé en France, cette image proviendra forcément d'informations venant de ses parents, des enseignants, des amis, des livres scolaires, des médias. Souvent, cette vision de la France et des Français contiendra de nombreux clichés et stéréotypes. Les clichés et stéréotypes culturels sont des préjugés collectifs transmis de génération en génération qui remplacent une connaissance fondée sur l'expérience. Voici quelques-uns des stéréotypes américains les plus courants sur la France et les Français:

- Les Français sont un peuple intellectuel.
- Les Français sont de fins gourmets, experts en vins et en haute cuisine.
- Les Français sont romantiques, passionnés, frivoles.
- La France est le pays du charme, de l'élégance, du style.
- La France est un pays très pittoresque.
- Les Français riches vivent dans des châteaux.
- Les Français sont doués pour l'amour. Les époux français ont des amants.
- La France produit surtout des objets de luxe: parfums, haute-couture, bijoux, vins fins.
- Les Français sont petits et maigres.
- Les Français sont froids et snobs.
- Les Français sont rebelles.
- Les Français sont cyniques et égoïstes.
- La France est un pays en retard sur le plan économique.

0.1 Clichés américains sur la France: le béret, la baguette, et le vin.

La vision traditionnelle stéréotypée que les Américains ont de la France et des Français s'oriente suivant deux directions contraires, l'une positive (élégance, plaisir de vivre), l'autre négative (froideur, désordre, oisiveté). Aucun de ces stéréotypes sur les Français n'est totalement faux. Leur origine peut être complexe et remonter loin dans le passé. Ils contiennent tous un élément de réalité quelque part, mais généralisent abusivement pour créer une différence supposée avec l'image que les Américains ont d'eux-mêmes. Ces stéréotypes reflètent donc autant l'image que les Américains ont d'eux-mêmes que celle qu'ils ont des Français. Les Américains qui voient dans la France quelque chose qu'ils aiment et qu'ils regrettent de ne pas trouver aux Etats-Unis se sentiront attirés par les stéréotypes positifs. Ceux qui, au contraire, associent la France à quelque chose de bizarre ou de menaçant seront portés vers les stéréotypes négatifs. L'accumulation de ces stéréotypes (positifs ou négatifs) dans l'esprit d'une personne peut conduire à une vision de la France et des Français très éloignée de la réalité. Les seuls moyens de détruire ces stéréotypes sont l'expérience vécue du contact avec l'autre peuple ou bien l'étude de sa culture, ce qui est précisément l'objet de ce livre.

Ajoutons que la vision que les Américains se font de la France varie sensiblement selon le niveau d'éducation et la classe sociale à laquelle ils appartiennent. Depuis l'époque de Thomas Jefferson, qui fut ambassadeur des Etats-Unis en France avant de devenir président, les gens plus éduqués et situés en haut de l'échelle sociale et culturelle américaine ont souvent vu dans la haute culture française un modèle prestigieux dont ils pouvaient s'inspirer. Ils ont donc souvent été francophiles. Connaître la langue et la littérature françaises faisait souvent partie de l'éducation des jeunes enfants des classes aisées de la société américaine. De nombreux artistes et écrivains américains ont aussi eu une vision favorable de la France qui leur paraissait offrir un milieu plus libre et plus propice à la création que la société américaine. Beaucoup d'Américains noirs expatriés ont trouvé en France un moyen d'échapper à l'exclusion raciale du monde littéraire ou artistique aux Etats-Unis avant les années 1970. Ce pouvoir d'attraction de la France et de sa culture n'a pas touché les classes moyennes et populaires américaines qui ont généralement conservé une vision plutôt méfiante vis-à-vis des Français.

0.2 Plaque commémorative à l'ancienne résidence parisienne de Thomas Jefferson, premier ambassadeur des Etats-Unis en France.

LES STÉRÉOTYPES FRANÇAIS SUR L'AMÉRIQUE ET SUR LES AMÉRICAINS

Les stéréotypes positifs des Français sur les Américains sont généralement centrés sur la jeunesse, le dynamisme, et l'ouverture amicale aux autres. Les Américains sont vus comme un peuple débarrassé du poids du passé et des traditions et entièrement tourné vers l'avenir: ils vont toujours de l'avant et se lancent sans crainte vers le nouveau, le moderne. Rien ne les fait reculer. Ils sont sportifs, grands, beaux, décontractés, souriants, sympathiques.

Les stéréotypes négatifs des Français sur les Américains sont en général centrés sur le manque de culture, la violence, le racisme, et la mauvaise nourriture. Les Américains sont vus comme de grands enfants un peu naïfs qui évaluent tout par l'argent. Ils ne connaissent pas la bonne cuisine et mangent trop. Ils gaspillent et polluent beaucoup. Les enfants sont mal élevés et le système scolaire est mauvais. Ils sont prudes et fascinés par la violence. Les Blancs sont racistes. Ils sont excessifs dans tout ce qu'ils font, car ils n'ont pas le sens des limites et de la modération.

Naturellement, certains Français ont une vision de l'Amérique et des Américains plus sophistiquée et nuancée que ces stéréotypes fort répandus. Ils ont lu, appris, voyagé. Ce qu'ils aiment ou n'aiment pas chez les Américains est fondé sur une connaissance de la réalité et sur l'expérience vécue de cette réalité. Il y a aussi chez les Français des différences d'attitude à l'égard de l'Amérique selon le niveau d'éducation, la classe sociale, les idées politiques, et l'âge. La vision de l'Amérique à travers la société française n'est pas exactement parallèle à celle de la France à travers la société américaine. Nous avons vu que, traditionnellement, les élites sociales américaines ont été plutôt francophiles. Par contre, les personnes situées en haut de l'échelle sociale française ont à l'égard de l'Amérique une attitude plus ambivalente, oscillant souvent entre l'admiration et la critique. Parfois, l'admiration des Etats-Unis est si forte que l'on peut parler de pro-américanisme. Quand c'est au contraire la critique qui l'emporte d'une manière systématique, on a affaire à l'anti-américanisme. Il s'agit là de phénomènes intéressants qui méritent quelques explications.

LE PRO-AMÉRICANISME

Le pro-américanisme en France remonte à la guerre d'indépendance américaine. Les Français les plus américanophiles étaient aux 18e et au 19e siècles politiquement à gauche. C'étaient des républicains ou bien des monarchistes libéraux tels que le jeune officier Gilbert Lafayette qui vint en 1777 (il avait 19 ans) aider les Américains à gagner leur indépendance. A partir de 1870 (début de la IIIe République) il y eut un rapprochement entre les deux pays, fondé sur la similitude de leurs régimes politiques, la république démocratique. Un grand nombre d'artistes, d'architectes, et de médecins américains vinrent étudier en France. En 1889, les Français offrirent aux Américains la statue de la Liberté en célébration de leur héritage libéral commun. Au tournant du 20e siècle, la France et les Etats-Unis furent deux pays pionniers dans la naissance de l'automobile, de l'aviation, et du cinéma. En 1917 et à nouveau en 1944, les Américains aidèrent la France à se libérer de deux invasions allemandes. Les Français ont gardé une très grande reconnaissance envers les Etats-Unis pour ces interventions qui ont coûté des dizaines de milliers de morts américains. Au 20e siècle et aujourd'hui encore, les américanophiles se trouvent surtout au centre de l'échiquier politique et dans la droite modérée. En 1967, Jean-Jacques Servan-Schreiber, grand admirateur des Etats-Unis et directeur du magazine *L'Express*, publia *Le défi américain*, un livre célèbre dans lequel il exhortait ses compatriotes à suivre l'exemple américain en matière économique et technologique.

Un autre exemple très caractéristique de pro-américanisme peut se trouver dans un discours prononcé par Françoise Giroud, alors Secrétaire d'Etat à la condition féminine, devant des étudiants américains:

> Moi, il se trouve que mon père avait été envoyé en mission par le gouvernement français auprès du gouvernement américain. Il en était revenu impressionné. Là, disait-il, était l'espoir d'un monde meilleur, et les hommes assez vigoureux pour le réaliser. Là étaient la démocratie et la liberté. Là étaient la puissance, le dynamisme, l'endurance, la santé. Ceux qui avaient fondé l'Amérique avaient drainé toutes les énergies révolutionnaires de l'Europe, et avaient donné une issue à ces énergies, Le monde nouveau dont l'Europe rêvait depuis si longtemps s'édifiait sous les cieux américains [...] Même ceux qui souhaitent publiquement l'abaissement de votre pays le redoutent secrètement parce qu'ils savent que, si vous laissiez tomber de vos mains le flambeau de la liberté, il s'éteindrait peut-être pour des siècles.[1]

On peut également citer l'ancien président de la France, Nicolas Sarkozy, qui a souvent émis des sentiments pro-américains. Il a déclaré dans une interview à la télévision américaine en 2007:

> Ce que j'admire aux Etats-Unis, c'est que tout est possible. J'aime l'idée dominante ici en Amérique que l'échec est possible. Aux Etats-Unis, les gens prennent des risques. Si vous gagnez, c'est accepté. Et si vous perdez, tant pis, vous avez toujours une deuxième chance. Et j'aime cette fluidité.[2]

L'ANTI-AMÉRICANISME

L'anti-américanisme est apparu chez les Français également dès la fin du 18e siècle. "Trente religions et un seul plat": c'est ainsi que dans ses *Mémoires* (1891) le prince de Talleyrand, exilé aux Etats-Unis pendant la Révolution française, caractérisait ce pays qu'il n'aimait pas du tout (il aurait certainement préféré une seule religion

---

1. Discours de Françoise Giroud, Université du Michigan. *L'Express*, numéro 1297 (mai 1976), pp. 74–76.
2. Cité dans *France-Amérique*, 10–16 février 2007, p. 16.

et trente plats). Mais c'est vraiment à partir du milieu du 19e siècle que l'anti-américanisme prit racine en France, à une époque où la vision que les Français se faisaient de l'Amérique a changé. Dès 1835, l'historien Philippe Buchez dans le journal *La Nation* voyait dans les Américains "un peuple de boutiquiers ignorants." Les Etats-Unis, écrivait-il, sont "l'égoïsme organisé socialement." L'anti-américanisme surgit pendant la guerre de Sécession en opposition au Sud esclavagiste (la France avait aboli l'esclavage dans ses colonies en 1848.) Toutefois, le gouvernement français, resté neutre, avait quelque espoir que les Sudistes de la *Confederacy* ne seraient pas battus car cela permettrait, pensait-il, de faire des états du Sud (y compris la Louisiane francophone) des partenaires commerciaux privilégiés de la France. L'anti-américanisme se manifesta à nouveau en 1898 pendant la guerre entre l'Espagne et les Etats-Unis qui permit aux Américains de prendre le contrôle de Cuba, de Porto-Rico, et des Philippines: l'expansion coloniale américaine était vue alors comme une menace pour la suprématie mondiale de l'Europe. Au lendemain de la crise de 1929, des penseurs et écrivains de droite ou d'extrême-droite tels que Georges Duhamel (*Scènes de la vie future*, 1930) ou Robert Aron et Arnaud Dandieu (*Le cancer américain*, 1931) exprimèrent une forte hostilité contre l'Amérique, accusée d'avoir mené le monde à la catastrophe par ses excès financiers et ses innovations technologiques. Après la Seconde Guerre mondiale, le maccarthysme puis la Guerre froide alimentèrent un fort courant anti-américain soutenu par le Parti communiste français. Plus récemment, lorsque le gouvernement américain décida d'envahir l'Irak (2003), de créer une prison à Guantanamo, et de pratiquer ouvertement certaines formes de torture sur des personnes suspectées de terrorisme, l'image des Etats-Unis s'est dégradée en France et l'anti-américanisme a resurgi.

Les Français les plus anti-américains se situent politiquement à l'extrême-gauche et à l'extrême-droite. Les raisons de leur anti-américanisme diffèrent. Aux yeux des anti-américains de gauche, la démocratie américaine telle qu'elle fonctionne n'est qu'un théâtre de marionnettes qui cache où se trouve le vrai pouvoir: chez ceux qui possèdent l'argent et qui manipulent la classe politique par l'intermédiaire des *lobbyists* et en finançant les campagnes électorales. Ils voient le capitalisme américain comme brutal et inhumain, uniquement préoccupé de profits et incompatible avec toute conscience sociale. L'Amérique ne méritera de devenir un modèle, disent-ils, que lorsque le pouvoir de l'argent cessera d'y bloquer la démocratie. Voici ce qu'écrivait dans son livre *Le rêve et l'histoire* (1976) le journaliste Claude Julien:

> [...] dépersonnalisation du travail comme de la vie urbaine, bas salaires côtoyant les grandes fortunes, chômage coexistant avec un luxe ostentatoire, taudis de Harlem à quelque distance des immeubles somptueux protégés par des gardes armés, écoles médiocres des quartiers populaires incapables de rivaliser avec les institutions privées réservées aux enfants des bonnes familles, justice inégale et corruption au coeur du pouvoir,

tout cela serait dans l'ordre des choses. Mais les individus et les groupes qui n'ont pas renoncé finissent par découvrir que la civilisation américaine n'est pas la civilisation industrielle: elle en constitue simplement l'une des formes possibles et peut-être, précisément, l'une des moins civilisées [...] Les Américains les plus conscients des graves déficiences de leur société [...] se rendent compte que leur propre histoire a inversé la hiérarchie des valeurs explicitement formulée dans la Déclaration d'Indépendance. Peuvent-ils rétablir la priorité de la démocratie sur le capitalisme, de la liberté sur le goût de l'ordre, de l'égalité sur les préjugés racistes? Ils s'interrogent parce que les promesses de 1776 n'ont été que très partiellement réalisées, alors que seul a été atteint dans toute sa plénitude un objectif auquel Jefferson n'avait pas songé: la puissance. Cette puissance a été conquise au prix d'une violence—physique et économique—dont les autres pays capitalistes n'offrent pas d'équivalent, à la même époque, sur leur propre territoire national.[3]

Les anti-américains de droite n'aiment pas les Etats-Unis parce que ce pays représente à leurs yeux la puissance matérialiste, l'absence de culture, le triomphe de l'égoïsme individuel, et le mélange des peuples en une masse humaine sans identité. Le journaliste Jean Cau dénonça ainsi avec virulence l'influence des Etats-Unis dans son livre *Pourquoi la France* (1975):

Et rien n'est plus triste, rien n'est plus mélancolique que de voir cette influence américaine dévorer notre âme. Au plan du spectacle de tous les jours, rien n'est plus triste, par exemple, que de voir des millions de jeunes gens écouter, l'oeil gluant, des musiques braillées américaines [...] Observez encore, sur les routes du monde, tel groupe de jeunes gens composé d'Anglais, de Français, de Scandinaves, de Hollandais, etc. Ils auront tous quelque chose en commun: savoir ce qui en eux est américain. Ils auront le même dénominateur: leur degré d'américanisation. Cela ne serait pas grave et ne prêterait pas à morosité si l'Amérique était matrice de haute civilisation et rendait meilleurs les peuples qu'elle hante. Il se trouve qu'il n'en est rien [...][4]

Avant 1830, les Etats-Unis étaient vus par les Français comme une nation en état d'enfance qui suivait le modèle européen. A partir du milieu du 19e siècle—après la publication du célèbre livre de Tocqueville *De la démocratie en Amérique* (1831)—l'image s'est renversée et les Français ont commencé à voir dans l'Amérique une sorte de laboratoire où s'élaborait leur propre futur. Les Etats-Unis, se disaient-ils, sont un pays neuf qui se développe très vite et qui nous devance

---

3. Claude Julien, *Le rêve et l'histoire* (Paris: Grasset, 1976), pp. 345–346.
4. Jean Cau, *Pourquoi la France* (Paris: La table ronde, 1975), pp. 30–33.

sur la voie de la modernité; ils nous montrent aujourd'hui ce que nous pourrions être demain. Les Français ont donc commencé à s'intéresser beaucoup à ce qui se passait de l'autre côté de l'Atlantique. Il devenait impossible de rester indifférent à l'Amérique: on était pour ou contre elle selon qu'elle représentait un futur que l'on souhaitait ou un futur que l'on redoutait. Le philosophe Ernest Renan notait dans ses *Souvenirs d'enfance et de jeunesse* en 1883: "Le monde marche sur une sorte d'américanisme, qui blesse nos idées raffinées." Les anti-américains penchent du côté de l'inquiétude, de la peur. Ils refusent de voir dans les Etats-Unis un modèle valable pour la France ou l'Europe. Mais alors que les anti-américains de gauche seraient prêts à admirer l'Amérique si elle devenait à leurs yeux une démocratie libérée de l'emprise du capitalisme, les anti-américains de droite portent une condamnation sans appel: l'Amérique est rejetée non pas pour ce qu'elle fait, mais pour ce qu'elle est.

Un élément qui a nourri l'anti-américanisme en France est une rivalité spécifiquement franco-américaine qui a deux racines principales. Avant la Première Guerre mondiale, les Français voyaient leur pays (avec son empire colonial) comme étant égal en puissance aux Etats-Unis. Depuis 1918 et surtout depuis la Seconde Guerre mondiale, le rapport de forces entre la France et les Etats-Unis a profondément changé, à l'avantage des Etats-Unis. En 1917, puis en 1944 et à nouveau pendant la Guerre froide (1947–1989), les Français ont dû recourir à l'aide des Etats-Unis pour assurer leur défense et leur indépendance. La puissance politique montante des Etats-Unis a été vue comme supplantant celle de la France dans le monde. Cette situation a été vécue comme une humiliation et a généré du ressentiment chez un certain nombre de Français.

L'autre source de rivalité tient au fait que les Etats-Unis et la France sont les seuls grands pays à avoir des cultures nationales soutenant une ambition universaliste, c'est-à-dire explicitement ouvertes aux individus étrangers qui acceptent de s'y intégrer. Ce sont des pays traditionnellement ouverts aux immigrants, même si à certaines époques leurs frontières se sont fermées. La France moderne et les Etats-Unis sont nés de révolutions porteuses de promesses de liberté et de démocratie. Cela a fait des deux pays des alliés, mais aussi des rivaux car leurs conceptions diffèrent en ce qui concerne l'intégration à la société requise des individus. Chez les Américains, cette intégration est essentiellement limitée au champ politique (respect de la constitution et des lois). Chez les Français, cette intégration s'applique à un champ plus large qui comprend le mode de vie et la culture nationale fondée sur la langue française. Or depuis 1945, la France et un très grand nombre de pays ont importé des Etats-Unis et adopté des éléments du mode de vie et de la culture américaine dans toutes sortes de domaines (musique, habillement, nourriture, médias, méthodes de gestion, par exemple). L'anglais a largement remplacé le français comme langue internationale. L'influence de l'Amérique est donc entrée sur le terrain identitaire des Français, celui de la langue et de la culture, mettant ceux-ci sur la défensive.

0.3 "La France éclairant le monde," tableau du peintre Janet-Lange (1848).

L'ambition universaliste a aussi mené à la croyance de l'un et l'autre pays qu'il a un message, une sorte de "lumière" à apporter au monde. Un tableau allégorique du peintre Ange-Louis Janet-Lange datant de 1848 représente une femme portant une couronne de lauriers et tenant très haut d'une main un flambeau allumé. La ressemblance de cette femme avec la statue de la Liberté à New York est frappante et on pourrait presque croire à une esquisse de cette statue. Le titre du tableau est: "La France éclairant le monde." Mais ici encore, le message est différent et cela a mené à des désaccords. Un exemple de conflit de ce type entre les deux pays a pu se voir lorsque les Etats-Unis ont encouragé la décolonisation à partir de la Seconde Guerre mondiale: le message "libérateur" des Américains s'opposait à celui de la "mission civilisatrice" des Français à travers leur empire colonial.

La grande majorité des Français ont une vision plutôt positive des Etats-Unis, même s'ils ne se privent pas de critiquer certains aspects spécifiques de la société américaine. La réalité des rapports franco-américains se vit généralement sur un autre mode que le pro-américanisme ou l'anti-américanisme.

LES RAPPORTS ENTRE FRANÇAIS ET AMÉRICAINS

Les rapports entre les Français et les Américains ont toujours été assez particuliers à cause de leur caractère sentimental. Ils font penser parfois à une liaison amoureuse mouvementée où les deux partis éprouvent simultanément une attraction très forte et un dégoût désapprobateur. Si les Français désapprouvent ce que font les Américains ou refusent de les aider (par exemple lors de l'invasion de l'Irak en 2003), ceux-ci s'empressent de répliquer que les Français sont des ingrats qui oublient ce que les Etats-Unis ont fait deux fois dans l'histoire pour les sauver d'une invasion allemande. Lorsque le général de Gaulle décida que la France allait quitter l'OTAN (l'Organisation du traité de l'Atlantique nord, ou *NATO*) en 1966 et exigea que tous les soldats américains stationnés en France quittent le territoire français, le Secrétaire d'Etat américain, Dean Rusk, lui demanda: "et ceux qui sont enterrés en France dans les cimetières militaires des deux guerres mondiales doivent-ils partir aussi?"

Les Français qui viennent aux Etats-Unis trouvent que les Américains aiment qu'on les aime. La première question que ceux-ci posent à un visiteur étranger est *"Do you like it here?"* et ils s'attendent à une réponse affirmative. Ils sont souvent déconcertés par les critiques venant d'un étranger. Le fameux "matérialisme américain," par exemple, leur semble une idée tout à fait fausse. "Comment? Nous, matérialistes? Mais, c'est absolument faux! Dans ma ville, nous venons de construire un musée magnifique, et nous y avons consacré cent millions de dollars!" C'est justement cela que veulent dire les Français: les Américains leur paraissent vouloir tout évaluer en chiffres.

0.4 Le cimetière militaire américain de Suresnes, près de Paris, qui contient les sépultures de soldats américains tués pendant les deux guerres mondiales.

Les Américains qui vont en France se plaignent de la façon dont les Français conçoivent les rapports humains qui produit souvent une ambiance un peu froide et formelle. Dans les magasins et les lieux publics, les gens ne sourient pas aux inconnus. S'ils ne se connaissent pas entre eux, ils ne se parlent pas aussi facilement qu'aux Etats-Unis. La vivacité du langage des Français et l'hostilité verbale qu'ils manifestent sans retenue dès qu'ils sont mécontents choquent les Américains qui ont plutôt l'habitude de dissimuler leur inimitié derrière un sourire et quelques paroles vaguement aimables. "Vous m'avez marché sur le pied, Monsieur! Vous pourriez au moins vous excuser!", lance une Française dans le métro de Paris à l'heure de pointe. "Ah non, Madame, je ne vous ai certainement pas marché sur le pied! Je ne ferai pas d'excuses!" "Vous n'êtes qu'un homme mal élevé," répond la femme. Ce type d'échanges acerbes entre personnes qui ne se connaissent pas est assez fréquent en France, mais plus rare en Amérique. Un jour, un groupe de touristes français dînait dans un restaurant aux Etats-Unis. A la fin du repas, la serveuse terrifiée demanda si elle devait appeler la police. Rassurez-vous, lui dit-on, ce sont de bons amis qui discutent de politique comme ils le font normalement. Certains Américains qui visitent la France s'imaginent être eux-mêmes la cible de l'anti-américanisme dans le métro, dans les boulangeries, ou dans les magasins. Une touriste américaine séjournant à Paris était persuadée qu'un serveur de restaurant ne lui avait pas apporté l'addition à la fin du repas parce qu'il n'aimait pas les Américains. Il fallut lui expliquer qu'en France on ne présente pas l'addition aux clients sans qu'ils la demandent, car cela serait vu comme impoli.

Les Français, quant à eux, sont souvent étonnés par les rapports humains qui prédominent aux Etats-Unis. La cordialité et la gentillesse des gens à leur égard les étonne, mais plus leur séjour se prolonge plus ils se sentent souvent déçus. Ils découvrent en effet que la cordialité du début ne mène pas à ce qu'ils considèrent être une amitié réelle: cette "amitié" américaine reste superficielle, au niveau de la gentillesse amicale. Ils accusent donc les Américains d'hypocrisie puisque ceux-ci font comme s'ils étaient de vrais amis, mais ne veulent pas le devenir.

L'AMÉRICANISATION DE LA FRANCE

L'influence de la culture américaine sur la France a été considérable de 1920 à aujourd'hui. On parle souvent à ce propos d'"américanisation" de la France. On peut se demander si ce qu'on appelle américanisation n'est pas en réalité la modernisation. Dire par exemple que les Français se sont américanisés quand ils ont tous acheté des réfrigérateurs et des voitures dans les années 1960 est discutable parce que, même si l'Amérique n'existait pas, ce phénomène se serait produit; les Etats-Unis étaient simplement "en avance" d'une quarantaine d'années sur la France. Par contre, l'introduction et l'adoption du jazz en France dans les années 1920 représente clairement un phénomène d'américanisation parce que le jazz appartenait alors à la culture américaine. Dans beaucoup de cas, toutefois, la frontière entre modernisation et authentique américanisation est moins claire. L'ouverture des premiers restaurants "fast-food" dans les années 1960 était-elle un aspect de la modernisation de la France ou de son américanisation? La réponse n'est pas évidente. Il est donc difficile d'évaluer avec précision l'influence exercée par l'Amérique sur la culture des Français aujourd'hui. Elle se rencontre dans des domaines précis de la vie quotidienne, par exemple dans la nourriture avec les hamburgers, les céréales du petit déjeuner, ou la sauce ketchup, dans les médias avec les jeux et feuilletons télévisés copiés sur ceux des Etats-Unis, dans l'habillement avec les sneakers et les tee-shirts, dans les loisirs avec le parc Disneyland Paris, dans la langue parlée avec le "franglais," dans l'éducation avec la construction des campus universitaires sur le modèle américain comme à Grenoble ou à Bordeaux. Mais l'influence peut être aussi abstraite, à travers l'emprunt de méthodes de gestion des entreprises, par exemple, ou la réforme du doctorat français sur le modèle du doctorat américain.

D'autre part, cette influence des pratiques américaines sur la vie des Français, assez marquée depuis la Seconde Guerre mondiale, ne doit pas être confondue avec la mondialisation, phénomène qui tend à uniformiser les modes de production et de consommation à travers le monde suivant des modèles qui ne sont pas nécessairement américains.

0.5 La menace d'Hollywood sur le cinéma français vue par le caricaturiste américain Rob Rogers.

L'influence de l'Amérique en France touche tout spécialement les jeunes entre 13 et 25 ans. L'Amérique, ses modes, sa musique, ses films, ont depuis la Seconde Guerre mondiale exercé une forte attraction sur les jeunes Français. Ceux-ci sont sans doute les plus américanisés des Français dans leur comportement quotidien. Aujourd'hui, ils s'habillent souvent comme les jeunes Américains, forment la majorité de la clientèle des restaurants McDonald's et Starbucks, connaissent les dernières chansons de rap sorties aux Etats-Unis, vont plus au cinéma que les autres Français (surtout pour voir des films américains), parlent franglais, collent des posters américains sur les murs de leur chambre, souhaitent visiter en premier les Etats-Unis. Il existe une affinité subtile entre les jeunes Français et l'Amérique—une Amérique mythique—même chez ceux d'entre eux dont le discours politique est plutôt anti-américain. C'est que le mythe américain offre une sorte d'écho à la situation particulière des jeunes dans la société. Ces jeunes associent plus ou moins consciemment l'Amérique à des images qui répondent à des besoins très forts de la jeunesse et qui sont peu valorisées dans la société française: grande liberté individuelle, confiance faite à ceux qui n'ont pas d'expérience, regard tourné avec optimisme vers l'avenir, goût du risque, et culte de tout ce qui est nouveau, dynamique, et plein d'énergie.

Discussions

1. Pourquoi étudier la langue et la culture françaises?
2. Quelles images viennent à votre esprit quand vous pensez à la France et aux Français?
3. Y a-t-il d'autres stéréotypes positifs ou négatifs des Américains sur la France et les Français que ceux qui sont cités dans ce chapitre?
4. Qu'est-ce qui a rapproché les Français des Américains au cours des deux siècles passés? Qu'est-ce qui les a séparés?
5. L'importance de la langue anglaise dans le monde est-elle perçue de la même manière par les Français et les Américains?
6. La cordialité des Américains peut-elle être mal comprise par les Français? Pourquoi?
7. Vous souvenez-vous d'avoir lu des livres ou vu des programmes de télévision ou des films qui présentaient la France et les Français sous un aspect caricatural et stéréotypé? Lesquels?

Sujets de travaux oraux ou écrits

1. Arrêtez au hasard trois personnes dans la rue ou sur le campus de votre université et posez-leur (en anglais) les questions suivantes: (a) Quand on prononce le mot "France," à quoi pensez-vous tout de suite? (b) A votre avis, quelles sont les qualités des Français? (c) A votre avis, quels sont les défauts des Français? Notez les réponses et comparez-les avec celles collectées par les autres étudiants de votre classe.
2. Faites l'interview d'un étudiant ou d'une étudiante française présente aux Etats-Unis et demandez-lui de vous parler de son opinion sur les Etats-Unis et sur les Américains.
3. Cherchez dans des journaux français (papier ou en ligne) des témoignages (photo, publicité, expression en anglais, etc.) qui peuvent révéler une certaine "américanisation" de la France.
4. Faites des recherches sur l'introduction du Coca-Cola en France ou la création de Disneyland Paris.
5. Simulez une discussion sur les Etats-Unis entre deux Français, l'un pro-américain, l'autre anti-américain.

Chapitre 1
Points de vue français sur l'espace et sur le temps

Pour savoir comment les Français conçoivent leurs rapports avec l'espace physique et le temps, il faut regarder les manuels de géographie et d'histoire des écoles françaises, qui suivent tous la même approche définie par le ministère de l'Education nationale. L'école, en effet, contribue à transmettre aux enfants la conception française de l'espace et du temps. Le système scolaire français est caractérisé par une grande unité de contenu: tous les élèves de classes identiques, dans tout le pays, apprennent en principe les mêmes choses. Tous les Français ayant suivi le même cursus scolaire (primaire ou secondaire) à la même époque partagent donc les mêmes connaissances sur la géographie et l'histoire: ils ont suivi les mêmes programmes et ont utilisé souvent les mêmes livres. A la fin de l'école secondaire, ils ont passé le même examen (le baccalauréat). Ils ont donc les mêmes connaissances sur la géographie et l'histoire. Il suffit d'une simple allusion à un fait historique, par exemple, pour évoquer aussitôt la même chose dans l'esprit de tous. Les images des manuels pour les classes primaires restent gravées dans la mémoire des Français. Les innombrables faits marquants qu'elles représentent peuvent être utilisés comme une sorte de langage pour initiés; il suffit de prononcer l'un de ces mots-clés en allusion à un événement actuel. Si un premier ministre admet l'échec de sa politique et démissionne, on dira simplement: "C'est sa nuit du 4 août." (La nuit du 4 août 1789, les nobles qui étaient membres de l'Assemblée constituante française ont voté pour abolir les privilèges légaux de leur classe.) Le discours politique français est ainsi constamment parsemé d'allusions historiques. Pour les Français, chaque situation, chaque événement actuel peut rappeler une situation ou un événement important du passé que l'on met tout de suite en parallèle avec le présent pour lui donner un sens. Des livres de bandes dessinées comme la collection des aventures d'Astérix et Obélix (deux Gaulois) doivent leur immense succès aux allusions qu'ils font aux souvenirs scolaires des lecteurs français.

Points de vue français sur l'espace

LA GÉOGRAPHIE

Une première différence avec les Etats-Unis se trouve dans l'importance plus grande donnée à l'enseignement de la géographie en France. En Amérique, la géographie est un sujet assez secondaire—généralement rattaché à ce qu'on appelle *Social Studies*—qu'on aborde de manière intermittente au cours des études scolaires. De même, la géographie n'occupe qu'une place relativement mineure dans les universités américaines. En France, au contraire, un élève suit des cours de géographie sans arrêt de l'âge de 7 ans à 18 ans. L'histoire et la géographie sont toujours enseignées par les mêmes professeurs, car les deux matières sont vues comme très liées entre elles: la géographie de la France est pleine d'histoire et l'histoire de la France est pleine de géographie (invasions, lieux de batailles, conflits territoriaux, zones linguistiques particulières).

Les concepts les plus fondamentaux sont exprimés dans les premières leçons des premiers manuels de l'école primaire. Elles placent généralement l'élève dans un lieu qui lui est familier (quartier d'une ville ou village). Chaque leçon montre les rapports directs qu'entretient l'enfant avec ce qui l'entoure: le soleil, les étoiles, les montagnes, les rivières, les maisons. On lui apprend à situer les points cardinaux: nord, sud, est, ouest. Quand l'enfant a appris à se situer par rapport à tout ce qu'il

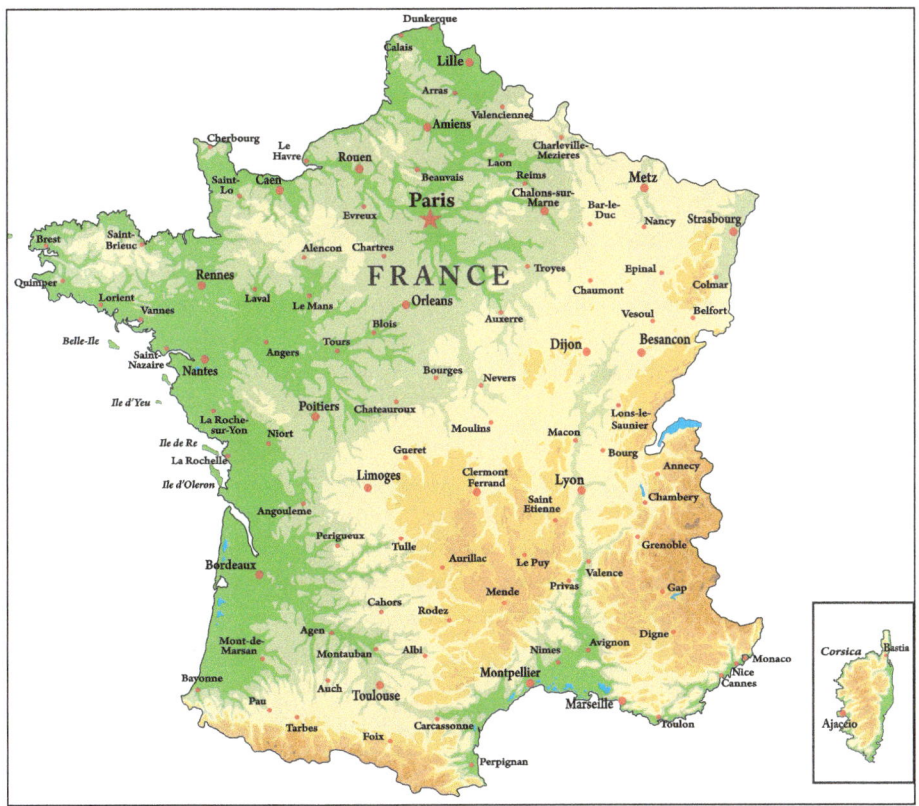

1.1 Une carte de la France physique (relief) avec ses grandes villes. Distinguez-vous sa forme d'hexagone?

voit autour de lui, on lui apprend que ce qu'il voit autour de lui (ville, village) est placé dans une structure plus large qui s'appelle la France, puis que la France elle-même se trouve dans un milieu plus large, la terre, qui est elle-même au centre d'un milieu plus large, l'univers. A chaque étape, l'enfant apprend à se situer dans le cadre étudié. Connaître sa situation dans l'espace lui permet et de "se repérer" et de définir son identité.

Un autre aspect remarquable de cet apprentissage tient au fait qu'on apprend déjà à l'élève de 7 ou 8 ans à utiliser des concepts abstraits pour comprendre la réalité physique du monde. Ainsi, dans le manuel scolaire *Multilivre CP/CE1* (Hachette, 2002), l'enfant français apprend que seule une reconstruction abstraite de la réalité (une carte ou un plan) permet de comprendre ce qui nous entoure et de ne pas se perdre: "Une carte permet de se repérer dans un lieu inconnu"; "Quel signe choisirais-tu pour représenter: a) le sommet d'une montagne? b) la mer? c) un fleuve? d) une voie de chemin de fer?" Dès les premières leçons, l'enfant apprend à analyser ce qu'il voit. Il doit savoir distinguer clairement les différents éléments de l'univers physique et apprendre ce qui fait la particularité de chacun de ces éléments. Il apprend ce qui sépare les différents types de sols, de montagnes, de cours d'eau, de climats, d'agriculture, d'habitat. Par exemple, l'apprentissage de l'analyse géographique apparaît avec l'exercice suivant: "Comparons ces deux paysages d'été. Indiquons lequel a été photographié en Europe et lequel en Afrique. Expliquons les raisons de notre choix." La réalité est divisée en éléments qui doivent être séparément observés et analysés: "Regarde attentivement ce paysage et note sur un cahier tout ce que tu vois—au premier plan—au deuxième plan—près de la ligne d'horizon"; "Je retiens: Pour observer et comprendre un paysage, il faut répondre aux questions: Où? Quand? Que voit-on? Puis il faut classer ce qu'on a observé." Chaque année, les sujets étudiés deviennent de plus en plus complexes, mais l'approche reste toujours la même: l'élève apprend à diviser une structure géographique en éléments distincts, à les classer et à analyser les rapports entre eux.

Aux Etats-Unis, l'approche suivie dans l'enseignement de la géographie n'est pas du tout la même. L'enfant américain apprend moins à analyser d'une manière abstraite ce qui l'entoure. On cherche à lui donner une expérience aussi concrète que possible du milieu géographique: il faut d'abord voir et sentir pour connaître. S'il s'agit de la géographie physique, on lui montrera des films, des photos. Si l'on étudie des pays lointains, on apportera leur culture dans la classe: objets d'art, cuisine, langue, vêtements, récits d'adultes ayant voyagé dans ces contrées. Tout est rassemblé pour permettre à l'élève de sentir et d'expérimenter la manière dont vit un enfant vietnamien ou sénégalais, par exemple. L'approche est empirique, c'est-à-dire fondée sur le contact avec la réalité. L'enfant américain apprend à se rapprocher mentalement de ce qui est éloigné par une sorte de familiarité qui annule les distances et les différences. L'enfant apprend à observer le monde qui l'entoure comme s'il en faisait partie.

1.2 Manuel de géographie français, école primaire (*Mon premier livre d'Histoire et de Géographie, Education civique*, Hachette, 1986).

Au contraire, l'enfant français apprend à s'éloigner mentalement de ce qui est rapproché par le moyen de l'analyse. On l'incite à prendre de la distance pour mieux appréhender la réalité et pouvoir la comprendre. Les photos de paysages sont souvent prises d'avion avec des questions comme "Où se trouve l'école? Décrivons les maisons qui l'entourent. Voit-on des immeubles très modernes? Quel est le bâtiment le plus ancien? Comment appelle-t-on un groupe de maisons comme celui-ci? Que voit-on en arrière-plan, à l'horizon?" L'enfant apprend ainsi à observer le monde qui l'entoure avec un certain détachement, en prenant toujours du recul.

Le même procédé est utilisé pour l'étude de la France et du reste du monde. L'élève français apprend que la France est au centre de l'Europe, donc du monde: les cartes du monde utilisées dans les écoles françaises placent toujours l'Europe au centre. Traversée en son centre par le 45e degré de latitude, la France est à mi-chemin entre l'équateur et le pôle nord, c'est-à-dire dans une position modérée, loin des extrêmes climatiques. L'élève français apprend aussi que la France n'est ni trop petite (comme la Suisse ou le Danemark), ni trop grande (comme la Russie

1.3 Manuel de géographie français, école primaire (*Découverte du monde*, Hachette, 2007).

ou le Canada). Elle est un pays aux dimensions moyennes et raisonnables. Avec ses 550 000 kilomètres carrés, elle est à peu près aussi grande que le Texas. C'est pourtant la plus vaste nation d'Europe après la Russie et l'Ukraine. L'enfant français apprend également que, contrairement à d'autres pays qui ont des formes bizarres et irrégulières, la France a la chance d'avoir des formes plutôt harmonieuses et équilibrées qui se rapprochent de celles de la figure géométrique à six côtés appelée "hexagone." L'expression "l'Hexagone" (avec une majuscule) est ainsi devenue pour les Français synonyme de "la France." La forme géométrique attribuée à la France donne à celle-ci une forme idéale et permanente qui peut être rassurante pour les habitants d'un pays qui a connu beaucoup d'invasions étrangères et de changements de frontières.

1.4 Manuel de géographie français, école primaire (*Découverte du monde*, Hatier, 2000).

L'enfant français apprend aussi qu'il y a des endroits du monde qui font partie de la France, même s'ils sont très éloignés de l'Europe. La France a perdu son immense empire colonial en Asie et en Afrique entre 1954 et 1962. Il reste toutefois sous sa souveraineté quelques territoires lointains qui ne sont plus traités comme des colonies et dont les habitants sont citoyens et citoyennes françaises. Sauf la Guyane française en Amérique du Sud, tous ces territoires sont des îles, dans les Caraïbes, en Amérique du Nord, dans l'océan Indien, et dans l'océan Pacifique. On les appelle départements d'outre-mer ou collectivités d'outre-mer. Elles donnent à la France le territoire maritime le plus vaste du monde après celui des Etats-Unis.

L'élève français apprend que, bien que la France soit située à la même latitude que le Vermont et le sud du Canada, son climat est beaucoup plus doux et modéré.

On y est mieux préservé des extrêmes de chaleur, de froid, de sécheresse, et des cataclysmes naturels qui menacent d'autres pays comme les Etats-Unis. On distingue quatre grandes zones climatiques. Le quart nord-ouest de la France, soumis aux influences du Gulf Stream, a un climat doux et assez pluvieux; il neige rarement l'hiver, mais l'été les températures restent assez fraîches (16°C à 27°C) le jour. La Normandie et la Bretagne se trouvent dans cette zone. Le quart sud-ouest a aussi des hivers doux; il ne neige presque jamais, mais il fait plus chaud l'été que dans le nord-ouest (24°C à 33°C). La moitié est de la France (côte méditerranéenne exclue), plus montagneuse (Jura et Alpes) et soumise aux influences continentales, connaît un climat plus dur; il neige assez souvent l'hiver et il fait assez chaud l'été (24°C à 33°C). La quatrième zone, beaucoup plus petite, borde toute la côte méditerranéenne jusqu'à environ 200 kilomètres de la mer. Dans cette région, la végétation est complètement différente du reste de la France: on pourrait se croire en Grèce ou en Sicile. Il y a des palmiers, des cactus, des lauriers-roses, des oliviers. Il ne neige jamais, les hivers sont très doux (10°C à 16°C), mais les étés sont chauds (27°C à 35°C), très secs, et très ensoleillés. Les vagues de chaleur liées au réchauffement planétaire y sont de plus en plus fréquentes. La Provence et la Côte d'Azur ("*the French Riviera*") se trouvent dans cette zone.

L'image de la France produite par les livres de géographie est celle d'un pays extraordinairement varié et en même temps modéré. On trouve de tout, mais sans rien d'excessif. La France possède à l'intérieur de ses frontières une diversité naturelle semblable à celle de l'Europe entière: on y trouve des lieux rappelant l'Irlande, l'Espagne, la Suisse, la Grèce, ou la Hollande. Chaque grande région ou province est elle-même divisée en plusieurs mini-régions appelées "pays" qui ne correspondent pas aux divisions administratives de la France mais qui ont chacune leur personnalité bien distincte et reconnue en matière de paysage et de productions agricoles. A chaque "pays" correspondent des spécialités culinaires dont les habitants sont extrêmement fiers. La région appelée la Provence, par exemple, est constituée de 12 "pays": la Camargue, la Crau, l'Avignonnais, le Luberon, le Pays d'Aix, le Marseillais, le Toulonnais, le Brignolais, les Maures, le Dracenois, le Pays de Fayence, et l'Esterel. La France est composée d'environ 425 "pays." L'élève français apprend que cette diversité exceptionnelle de la France est une richesse et un élément de supériorité de son pays. La coexistence de cette très grande variété géographique avec la forte unité politique et culturelle de la France est remarquable, comme si une force mystérieuse avait réuni ces régions si différentes en un seul bloc.

La conception que se font les Français du rapport entre l'être humain et la nature est un autre aspect fondamental de leur relation à l'espace géographique. Ils estiment qu'ils doivent vivre en harmonie avec leur milieu naturel et toutefois le dominer dans une certaine mesure. Puisqu'ils ne veulent pas le modifier de fond en comble, il leur faut l'adapter à leurs propres besoins, mais sans le détruire ni l'écraser, car les conséquences en seraient désastreuses. Le rapport entre l'être humain et la nature est donc vu comme un rapport de domestication. La culture française n'aime pas ce qui est sauvage. Elle a une certaine aversion pour le naturel brut. Perçue comme désordonnée, chaotique, sans signification par elle-même, la nature doit être polie, civilisée pour répondre aux besoins de l'être humain; car l'être humain, par son intelligence, lui est supérieur. Même ce qui est appelé "naturel" en France garde presque toujours quelque chose d'artificiel, de contrôlé. Le jardin à la française, à la structure géométrique et rectiligne, incarne une version poussée à l'extrême de cette attitude. Entre l'être humain et la nature s'établit une sorte de connivence: je t'élève en t'intégrant à la civilisation, dit l'être humain à la nature, et en échange tu acceptes d'être modelée pour embellir ma vie. Un chien bien dressé, le Mont Saint-Michel (île de la Manche au sommet duquel est construit un monastère), ou un verre de Champagne sont l'image d'une conception traditionnelle de la civilisation où l'apport de l'être humain et celui de la nature se complètent si parfaitement qu'on ne peut plus très bien distinguer la part de l'un et de l'autre. Cette conception en quelque sorte artistique du rapport entre l'être humain et la nature marque encore fortement les attitudes et les valeurs de la société française, mais elle est loin d'être toujours appliquée car elle ne s'accorde pas facilement avec le monde industriel moderne. L'attitude des Américains à l'égard de la nature oscille souvent entre deux extrêmes peu familiers aux Français: la volonté de dominer sans réserve la nature pour en tirer le maximum de ressources et le respect absolu de la nature sauvage.

LA RELATION À L'ESPACE

La vision que les Français se font de leur relation à l'espace se retrouve naturellement dans bien d'autres domaines que la géographie. Les Américains qui arrivent en France sont toujours frappés par l'organisation de l'habitat français, très différente de ce qu'ils connaissent aux Etats-Unis. L'habitat français multiplie les obstacles physiques à la libre circulation du regard et des personnes: murs, clôtures, portes, grilles, volets, serrures sont si nombreux et si hermétiques que chaque logement donne l'impression d'être une forteresse. Pour accéder à l'appartement d'un ami français qui habite à Paris, une étudiante américaine doit d'abord franchir la grande porte qui donne sur la rue (fermée, il faut taper un code pour ouvrir). Une fois entrée dans la cour de l'immeuble, elle doit sonner à la porte d'entrée (toujours fermée) du bâtiment où habite son ami. Elle prend ensuite l'ascenseur et se trouve face à la porte d'entrée de l'appartement, où elle doit sonner à nouveau pour entrer. Ce type de parcours est normal en France. L'habitat français est fermé aux étrangers d'une manière très explicite. Cela donne à ceux pour qui l'habitat s'ouvre (famille, amis) un statut de privilégiés qui est lui aussi sans ambiguïté.

La volonté de compartimenter l'espace d'une manière claire et hiérarchisée est un aspect caractéristique de l'habitat français. En France—contrairement à ce qui se passe aux Etats-Unis—les portes doivent normalement être fermées, sauf s'il y a une raison spéciale pour les laisser ouvertes. Les étudiants français arrivant aux Etats-Unis fermeront probablement la porte derrière eux en entrant dans le bureau d'un professeur. Ils pourront se sentir gênés de lui parler avec la porte du bureau ouverte, exposant ainsi leur conversation à toutes les oreilles. En France, chaque pièce a une fonction bien précise. La cuisine sert à cuisiner, non à discuter avec des amis. Si la cuisine est ouverte sur la salle à manger ou le salon, on parle alors de "cuisine américaine." La chambre sert de chambre, non de vestiaire pour les manteaux. La salle de bain sert à se laver, non de W.C. (généralement séparés). Les invités d'une soirée pénètrent uniquement dans les pièces destinées à recevoir les invités (salle à manger et salon) et pas dans les autres pièces, considérées comme non présentables (cuisine) ou trop privées (chambres). Cette spécialisation traditionnelle des pièces est moins respectée aujourd'hui, en particulier parmi les générations jeunes, mais elle reflète bien la tendance culturelle des Français à tout compartimenter avec des limites bien précises.

Contrairement à ce qu'un visiteur américain pourrait croire, les murs, les grilles, les volets, les portes fermées ne sont pas une réponse à un sentiment d'insécurité mais traduisent plutôt une volonté de contrôle sur l'espace: il faut empêcher les étrangers de pénétrer physiquement mais aussi visuellement dans l'espace privé. Ce désir de contrôler l'espace se voit aussi dans la grande valeur attribuée au fait que quelqu'un ou quelque chose se trouve placé au centre d'un espace donné. La culture française associe le pouvoir et le contrôle à une position centrale: celui qui dirige doit être au centre. Les circonscriptions administratives appelées départements sont toutes de taille grossièrement identique et leurs capitales (les "chefs-lieux") sont presque toujours situées au centre. Dans aucun autre pays l'administration territoriale n'a été dessinée d'une manière aussi rationnelle et géométrique. L'importance démesurée de Paris (situé au centre de la moitié nord du pays) est une conséquence de la grande valeur donnée à la centralité. Les images appliquées autrefois au pouvoir des rois, comme la métaphore du soleil pour Louis XIV, ont marqué la langue courante: ainsi, l'influence partant d'un centre et s'étendant simultanément dans toutes les directions s'exprime dans le concept français de "rayonnement" (littéralement *radiating*). On parlera par exemple du "rayonnement de la science française en Europe" ou du "rayonnement culturel de la France dans le monde."

Les Français donnent généralement une grande importance à l'équilibre général et à la cohérence d'une construction (abstraite ou concrète). Devenus adultes, ils continuent à tout considérer "vu d'avion," comme dans leurs manuels scolaires. Pour eux, le détail importe moins que la structure générale des choses. L'impression d'ensemble est ce qui compte le plus. Ils remarqueront tout de suite ce qui n'est pas bien accordé. Ils apprécient de sentir l'unité dans l'apparence et dans la présentation des choses, parce que cela montre le contrôle de la volonté humaine. On retrouve ces attitudes partout, par exemple dans la publicité française qui donne souvent plus d'importance à l'image globale d'un produit qu'à l'explication de détails sur ce produit. Dans l'enseignement, on attribue une très grande valeur à la manière dont l'élève organise et présente ses travaux scolaires. On a connu des professeurs français

1.5 Jardin à la française, château de Hautefort (Dordogne).

qui notaient uniquement d'après la qualité et la cohérence logique du "plan" adopté par l'élève: seule l'architecture générale du travail comptait. Dans un texte célèbre, le général de Gaulle montre comment cette conception se retrouve dans les jardins à la française:

> Dans le jardin à la française, aucun arbre ne cherche à étouffer les autres de son ombre, les parterres s'accommodent d'être géométriquement dessinés, le bassin n'ambitionne pas de cascade, les statues ne prétendent point s'imposer seules à l'admiration. Une noble mélancolie s'en dégage parfois. Peut-être vient-elle du sentiment que chaque élément, isolé, eût pu briller davantage. Mais c'eût été au dommage de l'ensemble, et le promeneur se félicite de la règle qui imprime au jardin sa magnifique harmonie.[1]

Points de vue français sur le temps

L'HISTOIRE

Comme pour la géographie, l'élève français suit des classes d'histoire sans arrêt de l'âge de 7 ans à 18 ans. De même que l'analyse de l'environnement physique part de

---
1. Charles de Gaulle, *La discorde chez l'ennemi* (Paris: Berger-Levrault, 1944), p. 10.

l'enfant pour s'étendre progressivement au monde entier, l'étude de l'histoire part de l'enfant puis s'étend petit à petit à l'ensemble du passé. Il apprend à savoir où il est et qui il est dans le temps.

L'élève français est en contact quotidien avec d'innombrables témoignages d'un passé très lointain. La France compte environ 40 000 monuments historiques protégés par l'Etat (cathédrales médiévales, châteaux, églises). Si l'on en visitait un par jour, il faudrait 109 ans pour les voir tous. Une jeune élève allant à l'école aujourd'hui peut marcher le long d'une muraille romaine, puis passer devant une cathédrale du 13e siècle, tremper sa main dans une fontaine apportée d'Italie en 1515 par l'armée du roi François 1er, avant d'arriver à son école installée dans un ancien couvent du 18e siècle. Même si cette élève n'aime pas l'histoire, elle ne peut pas échapper à sa présence. L'histoire lui est donnée au départ comme quelque chose de concret, de massivement visible autour d'elle. A l'école, elle ira donc très

> **Le temps**
>
> ## 12. Le patrimoine
>
> **Les monuments historiques**
>
> Il y a 800 ans environ, pour se protéger de leurs ennemis, les habitants de Carcassonne ont construit un grand mur autour de la ville. Aujourd'hui, ce mur ne sert plus à se défendre mais on l'entretient car il est un témoignage du passé et une magnifique construction.
>
> **VOCABULAIRE**
>
> le patrimoine historique : les traces laissées par ceux qui ont vécu avant nous et que nous devons protéger car ce sont des richesses.
>
> • Pourquoi cette muraille ne sert-elle plus à se défendre ?
> • Cite d'autres monuments qui font partie de notre patrimoine. A quoi servaient-ils ?
> • Pourquoi faut-il protéger notre patrimoine historique ?
>
> 30

1.6 Manuel d'histoire français, école primaire (*Découverte du monde*, Hatier, 2000).

vite du concret à l'abstrait, du visible à l'invisible: la muraille romaine, la cathédrale, la fontaine qu'elle voit tous les jours, pourquoi sont-elles là?

Comme en géographie, les élèves se familiarisent avec une approche analytique et abstraite du passé dès l'âge de 7 ou 8 ans. Dans le manuel scolaire *Multilivre CP/CE1* (2002), on part d'abord des notions les plus immédiates dans la vie de l'enfant: "Je retiens: pour nous situer dans la journée, nous utilisons des repères: matin, midi, après-midi et soir." Puis, progressivement, on élargit la perspective à la fois dans le temps et dans l'espace social: semaine, mois, année, événement, famille, génération. Par exemple dans cet exercice: "Repérons les enfants, leurs parents, leurs grands-parents. Comment arrivons-nous à les différencier? Combien d'années à peu près séparent les enfants et les grands-parents?" Puis siècle, époque, document, ville, traces du passé: "Promène-toi et regarde! Tu vois de vieilles maisons, des monuments anciens de diverses époques et parfois même des ruines: ton quartier raconte la vie des hommes du passé." On passe ensuite au niveau national: date historique, souvenir, cérémonies, archives: par exemple "Décrivons cette gravure ancienne. Elle représente un défilé d'enfants le 14 juillet. Pourquoi voit-on partout des drapeaux bleu blanc rouge? Que signifient les lettres RF?" Puis on arrive, dans les

1.7 Plaque à la mémoire du roi Louis IX (1214–1270, seul roi de France canonisé) à Aigues-Mortes.

classes suivantes, à l'étude du passé lointain: préhistoire, temps des Gallo-Romains, Moyen-Age, Ancien Régime, Révolution, 19e siècle, archéologie, document historique. Par exemple: "Observe les soldats gaulois et les soldats romains. Quelles sont les ressemblances et les différences dans leur armement et leur tenue?" (*Histoire géographie* cycle 3 niveau 1, Nathan 1995). Plus tard, l'élève apprendra à distinguer un régime d'un mouvement politique, un royaume d'un empire ou d'une république. La connaissance des éléments qui permettent de diviser l'histoire en compartiments chronologiques distincts lui permettra—comme en géographie—de "se repérer." Chaque page du *Multilivre CP/CE1* destiné à des enfants de 7 ou 8 ans a un segment intitulé "Je retiens," suivi de ce qu'il faut retenir. L'enfant français doit très tôt accumuler un savoir détaché de toute expérience et apprendre à s'en servir par le raisonnement, par exemple, "Quelles sont les causes de la première Croisade? Pourquoi les protestants ont-ils été massacrés le jour de la Saint-Barthélemy en 1572?"

Aux Etats-Unis, l'approche adoptée est complètement différente. L'enseignement de l'histoire dans les écoles primaires américaines accorde moins d'importance à l'acquisition d'un savoir et à la mémorisation de faits. L'essentiel est d'aider l'enfant à comprendre le passé en se rapprochant de lui (*to get a feeling for the past*). On insiste assez peu sur la structure chronologique de l'histoire, mais plutôt sur les rapprochements possibles entre l'élève et les êtres du passé. L'enfant est invité à partager par des documents et des lectures la vie d'un jeune Athénien de son âge au 5e siècle avant J.C., ou à jouer le rôle d'un *pilgrim* du 17e siècle en Nouvelle-Angleterre. On ne demande pas au jeune élève américain de prendre du recul par rapport à la réalité et de voir les choses "vues d'avion." On lui demande au contraire de se rapprocher de la réalité du passé le plus possible et en quelque sorte de voir les choses "vues du sol." Voici quelques exercices proposés aux élèves de *fourth to eighth grades* dans le manuel scolaire *Colonial America: A New World* (Creative Teaching Press, 2002):

- *What are some of the poor conditions indentured servants endured?*
- *Pretend you are the child of John Winthrop, governor of the Massachusetts Bay Colony, but still living in England. Write a letter to your father asking about his experience in the New World.*
- *If you had to grow your own food and your own clothes, how would your life be different?*
- *Interview a relative, friend or acquaintance who has immigrated to the United States. Ask about the person's reasons for coming here and details about his or her experience.*

On voit que l'enfant américain est ainsi introduit à une approche de l'histoire qui est ici aussi empirique: on appréhende le passé en entrant dans l'expérience vécue des individus. L'approche abstraite du monde—analyser, comparer, classer—n'est pas proposée aux élèves. La même approche empirique se retrouve dans les villages anciens minutieusement reconstitués, par exemple, Old Sturbridge Village et les *re-enactments* de batailles par des figurants en costumes d'époque. Cette manière de faire peut apparaître plus nécessaire en Amérique qu'en France parce que les témoignages physiques du passé ancien y sont beaucoup moins nombreux et visibles.

Pour l'enfant américain, en effet, l'histoire n'est pas donnée au départ comme quelque chose d'aussi concret, d'aussi visible que pour l'élève français. A l'école, on ira donc vers le concret, vers le sensible, par exemple, "Vous avez entendu parler des plantations esclavagistes du Sud; voici des images, des photos de ces plantations. Vous avez entendu parler des cathédrales du Moyen-Age; en voilà une, voyez à quoi elle ressemble."

LE RAPPORT AU PASSÉ: LA CONTINUITÉ PASSÉ-PRÉSENT

Parmi les concepts fondamentaux liés à l'interprétation du passé chez les Français, il faut mentionner l'image traditionnelle de la "chaîne des générations" que l'on retrouve encore, sous diverses formes, dans les manuels scolaires récents. Cette image, fortement ancrée dans les esprits, voit les Français actuellement vivants comme liés à ceux des générations passées par une sorte de lien continu, chaque génération formant un anneau de la chaîne. Les constructeurs des cathédrales du 13e siècle les ont construites aussi pour nous qui les utilisons toujours aujourd'hui. Il existe une sorte de solidarité dans le temps entre eux et nous, créant un devoir de continuité et de fidélité. Ainsi, vendre l'entreprise de ses parents au lieu de continuer à la diriger pourra être vu comme regrettable, même si les enfants en retirent beaucoup d'argent. Emigrer sera vu comme moins enviable que de passer sa vie là où la famille a toujours vécu. Changer d'employeur sera perçu comme moins souhaitable que de travailler toute sa vie pour le même. Cette vision des choses est moins courante aux Etats-Unis, où la rupture par rapport au passé, le refus de la continuité sont souvent vus comme des éléments essentiels de la liberté. Pour les Américains, le passé ne devrait obliger à rien. Pour les Français, il oblige souvent et cela est moins perçu comme un poids. On peut même dire que le passé est souvent vu comme étant source de liberté plutôt qu'obstacle à la liberté. Il permet à l'individu de résister aux menaces des plus puissants, de protéger ce qui a été acquis, et de construire quelque chose de durable.

Les Français ont donc plus tendance que les Américains à craindre ou à mépriser ce qui est temporaire et instable. Ils recherchent et respectent ce qui est sûr ou permanent. Par exemple, ils donnent à la sécurité de l'emploi une valeur plus grande qu'en Amérique. Ils prennent, en général, moins de risques que les Américains quand ils investissent, prêtent, ou empruntent de l'argent. Les bouleversements brutaux apportés par les guerres et les révolutions du passé ont sans doute contribué à ce fort désir de sécurité. Leurs maisons doivent toujours être en pierre, en ciment, ou en brique. Le bois fait fragile, temporaire. Une jeune Française arrivant aux Etats-Unis exprima ainsi sa surprise: "C'est drôle, les gens habitent dans des sortes de bungalows, ils ne sont pas dans de vraies maisons."

Parfois, la continuité finit par peser lourd aux yeux des Français. Ils cherchent alors brusquement à s'en défaire complètement en faisant "table rase" du passé. "Il faut donner un grand coup de balai" ou "Il faut repartir à zéro," disent-ils. Cette idée d'une révolution qui libère d'un seul coup du passé séduit souvent les Français, alors qu'elle n'est pas courante chez les Américains. Lorsqu'il se manifeste, ce désir très fort de se libérer du passé peut mener à des changements radicaux et très rapides, comme ceux apportés par la Révolution française ou plus récemment par les changements profonds des moeurs autour des années 1970. Très souvent, toutefois, l'expression de ce désir reste théorique ou superficielle: en fait, la continuité l'emporte et on dit, "Plus ça change, plus c'est la même chose."

LA FRANCE-PERSONNE ET SA MISSION CIVILISATRICE

La forte personnification de l'image de la France est un autre aspect important de l'enseignement de la géographie et de l'histoire aux élèves français. L'historien Jules Michelet écrivait au milieu du 19e siècle: "L'Angleterre est un empire; l'Allemagne un pays et une race; la France est une personne. Sa personnalité, sa variété, son unité la placent haut dans l'échelle des êtres vivants."[2] Cette image de la France-personne date du 19e siècle et correspond à l'essor du nationalisme. Elle affirme que la réalité physique et le passé de la France en font une sorte d'être vivant, complexe et original. La France est présentée comme un pays privilégié. Elle est naturellement riche et belle, toute en douceur et en modération. C'est un lieu où la nature a été civilisée et polie par des siècles d'occupation humaine. C'est pour cela qu'elle a suscité l'envie des envahisseurs étrangers dans le passé et qu'elle attire tant de touristes aujourd'hui. Cette image romantique de la France-personne est beaucoup moins évoquée aujourd'hui que dans le passé, mais elle n'a pas disparu.

Bien entendu, d'autres pays ont été personnifiés, par exemple, John Bull représente l'Angleterre et Uncle Sam représente les Etats-Unis. Mais il s'agit de figures masculines. La France, elle, est souvent représentée par les Français comme féminine. La statue en buste de Marianne, jeune femme mythique représentant la France républicaine, se trouve dans toutes les mairies et son image figure sur de nombreux timbres et pièces de monnaie. Une nouvelle Marianne, dessinée par l'artiste Yseult Digan, orne les timbres depuis 2018. La charge affective contenue dans cette image féminine de la France est très forte. La France-république est aimée comme une sorte de mère, d'amante, ou de fille dont la beauté reflète celle du pays. Au cours des années récentes, des critiques ont été adressées contre cette image traditionnelle de Marianne: pourquoi serait-il nécessaire d'être jeune, belle, et blanche pour représenter la France? Pourquoi le modèle de Marianne ne pourrait-il pas être une femme ayant accompli de grands services pour la nation? La France est parfois aussi présentée sous l'aspect d'un animal, le coq. L'image du coq est utilisée lorsqu'il s'agit de promouvoir des valeurs viriles et combatives. Le coq est l'emblème officiel des sportifs français dans les compétitions internationales.

---

2. Jules Michelet, *Histoire de France* (Paris: Chamerot, 1861), tome 2, livre III, p. 103.

1.8 Timbre avec l'effigie de Marianne, figure symbolique représentant la France républicaine.

La forte charge affective et émotionnelle qui unit les Français au territoire historique de leur nation se retrouve aussi dans le lien qu'ils ont avec leur province d'origine. Mais alors qu'une réelle unité ethnique et linguistique existait souvent au niveau local et régional dans le passé, cela n'a jamais été le cas au niveau national où l'unité a été construite artificiellement par le pouvoir politique. L'enseignement français a longtemps maintenu la fiction que les Français étaient tous d'origine celtique gauloise: "nos ancêtres les Gaulois" pouvait-on lire dans les manuels scolaires. Dans cette conception, le territoire lui-même fait partie du peuple. L'ennemi, c'est donc l'envahisseur, celui qui pénètre sur le sol de la province ou de la patrie. Avant la deuxième moitié du 19e siècle, les seuls étrangers que les Français ont vu arriver en masse dans leur pays n'étaient pas des immigrants ou des touristes, mais les soldats des armées d'invasion. Au 19e siècle et jusqu'au milieu du 20e, les Français parlaient couramment de la "France éternelle," de "l'âme" ou du "génie" de la France. On avait une vision essentialiste de la nation française, considérée comme une sorte d'être spirituel traversant les siècles. Cette façon de voir (qui était encore celle du général de Gaulle, président de 1958 à 1969) est complètement dépassée de nos jours. La France est vue aujourd'hui plutôt comme une réalité humaine concrète assimilée à ses habitants.

Le concept de "civilisation" est un autre élément appris à l'école qui a profondément marqué la vision que les Français se font de leur histoire. Son origine remonte au 18e siècle: il désignait alors simplement l'état d'une société à l'organisation complexe ayant atteint un haut degré de sophistication dans ses moeurs. L'idée que l'histoire de l'Occident était "la civilisation en marche" pénétra alors les esprits et cela influença profondément l'enseignement aux 19e et 20e siècles. Les Français apprenaient que cette "marche" avait commencé sous l'Antiquité en Egypte et en

Mésopotamie. Le flambeau culturel est passé ensuite à la Grèce, avec Athènes, puis à Rome, qui a transmis à la Gaule (qui deviendra plus tard la France) ses concepts de l'administration, du droit, et sa langue. La France a recueilli l'héritage romain et chrétien et l'a fusionné avec l'influence germanique, donnant à la civilisation une nouvelle forme, celles des cathédrales et de la chevalerie chrétienne. L'héritage culturel gréco-romain fut retrouvé à l'époque de la Renaissance et transmis à la France par l'Italie. Au 18e siècle, la philosophie des Lumières, dont la France a été le principal foyer, a marqué un nouvel avancement dans cette "marche de la civilisation": l'Europe, croyait-on alors, devait se libérer de son héritage médiéval en organisant la société et la vie intellectuelle selon des principes libéraux et rationnels. Cette conception de la civilisation voyait l'histoire de la France comme l'accomplissement d'une oeuvre menée à travers les siècles grâce à une longue série d'efforts.

Cette vision de l'histoire a conduit, aux 19e et 20e siècles, à l'idée d'une "mission civilisatrice" de la France dans le monde. La France, pour maintenir la continuité de son histoire—son "destin"—avait le devoir de faire progresser et de défendre la "civilisation" partout où elle pouvait être menacée. Cette idée s'est manifestée pour la première fois sous la Révolution française et sous Napoléon 1er, lorsque les Français ont cherché à étendre *manu militari* au reste de l'Europe leur propre culture politique et administrative. Le concept de "civilisation" (au singulier) a produit une conséquence majeure en faisant croire que certains peuples étaient plus civilisés que d'autres et que les Blancs européens se trouvaient au sommet de cette hiérarchie. L'empire colonial français fut ainsi justifié aux 19e et 20e siècles par cette "mission civilisatrice" que Léon Blum, ancien chef du gouvernement (1936–1937), définissait ainsi: "substituer aux énergies animales des forces disciplinées, harmonieuses, spiritualisées; transformer les fanatismes et les idolâtries sauvages en certitudes fondées sur la raison, en convictions fondées sur les exigences de la conscience personnelle."[3] Les colonisateurs français présentaient les hôpitaux et les écoles implantées dans les colonies comme les témoignages visibles de cette mission.

Cette idée que la France est chargée d'une mission particulière, unique, n'est plus exprimée aussi ouvertement aujourd'hui, mais elle n'a pas disparu. Les Français se voient souvent comme des gardiens de valeurs universelles à travers leur culture— dignité humaine, droits de l'individu, liberté de pensée—même s'ils n'ont pas du tout respecté ces valeurs à certaines époques (pendant la Seconde Guerre mondiale, par exemple) ou en certains lieux (dans leurs colonies notamment).

Les Etats-Unis, comme la France, se sont crus investis d'une mission mondiale parce qu'ils croyaient en la valeur universelle de certains éléments de leur culture nationale. Pour l'Amérique, il s'agissait de défendre et de propager partout dans le monde la libre-entreprise et la démocratie, alors que pour la France il s'agissait plutôt de diffuser les valeurs humanistes occidentales à travers sa langue, sa littérature, ses arts, ou sa pensée philosophique. L'Etat français est toujours soucieux du

---

3. Léon Blum, *A l'échelle humaine* (Paris: Editions Gallimard-L'Arbre, 1945), p. 96.

rayonnement de la culture française à travers le monde. Il subventionne un grand nombre de manifestations culturelles et artistiques à l'étranger. Il supervise un réseau d'écoles et de lycées français dans plus de cent pays (y compris aux Etats-Unis) et envoie des milliers de professeurs enseigner hors de France. Il encourage l'enseignement de la langue française dans les "Alliances françaises" dispersées à travers le monde. On retrouve aujourd'hui cet esprit missionnaire dans les grandes organisations d'aide humanitaire créées par des Français comme Médecins sans frontières ou Médecins du Monde.

LE RAPPORT AU FUTUR: PLANIFIER

Le futur ne s'apprend pas comme la géographie ou l'histoire, mais on retrouve à son égard une tendance fondamentale de la culture française: la volonté de ne jamais se perdre en établissant toujours des points de repères. Un chercheur, Michael Rowland, a comparé les *Guides Michelin* français et les *Mobil Travel Guides* américains.[4] Il a remarqué que les guides français sont plus détaillés et exhaustifs que les guides américains. Ils cherchent à éliminer l'inconnu—la surprise (peut-être mauvaise) d'un voyage—et ils préviennent le voyageur de tout ce qui l'attend dans un endroit donné. Avant même d'y arriver, le voyageur doit savoir déjà presque tout: l'histoire du lieu, sa géologie, sa géographie, où se trouve exactement ce qu'il faut voir par rang d'intérêt, quelles routes il faut prendre pour y aller, combien de temps dure chaque visite, où il faut manger. Les cartes ou les plans sont présents presque à chaque page. Un chapitre entier d'un guide français sur les Etats-Unis (*Nouvelles Frontières*) est consacré à "Comment ne pas se perdre." Tout est classé, répertorié systématiquement pour permettre de savoir exactement où l'on est et de prévoir ce qui arrivera. Il faut éviter toute "aventure." Les guides américains, au contraire, sont plus vagues et moins détaillés: ils s'attendent à ce que le voyageur découvre beaucoup par lui-même, qu'il ait des surprises. L'inconnu et l'imprévu sont perçus positivement et font le charme d'un voyage qui doit être une *adventure*. "*The best travel experiences happen when things don't go according to plan*," affirme un journaliste américain.[5]

L'exemple des guides montre la grande importance donnée en France à la planification de l'avenir, à tous les niveaux, celui de l'individu comme celui de l'Etat. Dans les examens scolaires, on retrouve cette méfiance profonde à l'égard de tout ce qui arrive spontanément, sans avoir été clairement défini à l'avance. Des professeurs font des recommandations aux candidats qui passent l'examen du baccalauréat:

---

4. Michael Rowland, "Michelin's Guide Vert Touristique: A Guide to the French Inner Landscape," in Louise F. Luce (ed.), *The French-Speaking World. An Anthology of Cross-Cultural Perspectives* (Lincolnwood: National Textbook Co., 1991), pp. 62–75.

5. Seth Kugel, "Don't Let Trip Advisor Kill Adventure," *New York Times*, August 12, 2018, p. 10 (Sunday Review).

Le jour de l'épreuve, vous avez le choix entre un résumé-discussion, un commentaire composé ou une composition littéraire. Prenez un quart d'heure pour vous décider. Ne vous précipitez pas systématiquement sur le premier type d'épreuves sous prétexte que le thème—éducation, violence, loisirs—vous parait plus accessible et peut masquer vos lacunes littéraires. Toutefois, si pendant l'année vous ne vous êtes exercé qu'à un type de devoir, ne changez surtout pas le jour du bac. Cela conduit à des catastrophes [. . .] Méthode conseillée: passer deux heures pour le plan, autant pour la rédaction.[6]

Une autre différence intéressante entre Français et Américains est dans la conception du temps. Les anthropologues Mildred et Edward Hall opposent la conception "monochronique" du temps des Américains (et des Anglais, des Allemands, et des Scandinaves) à la conception "polychronique" des Français.[7] Les Américains ont une conception très linéaire et quantitative du temps: ils voient le temps comme une sorte de matière première semblable à un capital que l'on gère. On le divise, on l'achète, on le vend, on le donne, on l'économise, on dit *"Thank you for your time"* à un interlocuteur. Le temps est toujours compté, on le mesure sans cesse, même au Congrès dont les membres se cèdent des minutes les uns aux autres pour parler. On s'efforce de respecter les horaires, les rendez-vous, et les ordres du jour (*agendas*) qui sont vus comme contraignants. Au début du 20e siècle, le travail à la chaîne dans les usines Ford et le taylorisme (méthode d'organisation scientifique du travail industriel cherchant à supprimer tous les gestes inutiles) exprimaient parfaitement cette conception du temps.

Les Français, au contraire, ont une conception plus diffuse et qualitative du temps. Le temps est élastique; on peut le tirer dans un sens ou dans l'autre, il ne cassera pas. Compter le temps, le mesurer n'est pas une priorité. On saute rapidement d'une activité à une autre, on n'hésite pas à faire plusieurs choses à la fois, à annuler un rendez-vous au dernier moment, à ne pas respecter des délais préétablis ou l'ordre du jour d'une réunion, à arriver en retard à une invitation. Souvent, les émissions de télévision ne respectent pas les horaires prévus. Une Américaine appelée au téléphone par un ami juste au moment de se rendre à un rendez-vous professionnel le priera probablement de rappeler plus tard. Une Française hésitera moins à se lancer dans une conversation avec cet ami, même au risque d'être en retard à son rendez-vous; elle supposera que celui qui l'attend s'occupera à autre chose avant son arrivée. Ceci dit, le polychronisme des Français reste modéré par rapport à celui que l'on peut rencontrer ailleurs dans le monde. Il y a des circonstances où les Français sont exactement à l'heure et d'autres où ils prennent de grandes libertés avec les horaires. Les trains français partent et arrivent généralement avec une précision de

---

6. "Bac: les conseils des profs," in *L'Express*, no 2081, 31 mai 1991, p. 33.

7. Edward T. Hall and Mildred Reed Hall, *Guide du comportement dans les affaires internationales. Allemagne, Etats-Unis, France* (Paris: Seuil, 1990), 1ère et 4e parties.

chronomètre, mais les Français arrivent facilement en retard—sans s'excuser ni se sentir coupables—à des rendez-vous ou des réunions. Savoir quand on doit être à l'heure et quand on peut être en retard n'est pas facile à déterminer pour des Américains nouvellement arrivés en France.

La conception française du temps met l'accent sur le passé et l'avenir; le présent n'est qu'un point abstrait entre les deux. Il faut vivre le présent comme si c'était le passé pour lui donner un sens ("c'est sa nuit du 4 août"). Chez les Français, tout tend à être "vu d'avion" et dans la longue durée. Les personnes, les choses, les organisations, les relations entre individus sont appréciées en fonction de leur passé et de leur avenir. Le futur fait bloc avec le passé qui reste toujours vivant par l'héritage qu'il transmet. Ici encore, le jardin à la française est une représentation extrême de cette conception: immobile, il fait disparaître le présent; le jardin montre ce qu'il était et ce qu'il sera. Il fait disparaître aussi le détail; seule la vue d'ensemble compte. De même, le concept très français d'"avant-garde" définit le style sur un mode historique: on est soit en avance, soit en retard, dans l'avenir ou dans le passé. "Le passé

1.9 Ligne de métro Nation-Pont de Sèvres à Paris: une liste de stations remplie d'histoire.

est la seule réalité que nous possédions [...] le présent, c'est ce qui n'existe pas," écrit l'historien Pierre Chaunu.⁸

La conception américaine du temps est moins centrée sur le passé—qui est vu comme un temps mort—et plus sur le présent. Il faut vivre le passé comme si c'était le présent (*re-enactments*) pour lui donner un sens. Le présent est la seule réalité. Le passé c'est ce qui n'existe plus. L'avenir est important parce qu'il est le présent de demain.

Discussions

1. Pourquoi l'enseignement de la géographie et de l'histoire en France est-il intéressant pour ceux qui cherchent à comprendre la culture française? En quoi cet enseignement diffère-t-il en France et aux Etats-Unis?
2. Que révèle le jardin sur la manière de voir la nature et le monde?
3. Est-ce un avantage ou une faiblesse pour un pays d'avoir, comme la France, une très longue histoire?
4. Les Français qualifient souvent les Etats-Unis de "pays jeune." Cette épithète est-elle justifiée?
5. Que pensez-vous du concept de "mission civilisatrice" tel qu'il a été utilisé en France?

Sujets de travaux oraux ou écrits

1. Identifiez les noms de personnes ou d'événements historiques sur la ligne de métro Nation-Pont de Sèvres (Figure I.9) et expliquez brièvement ce qui a rendu ces personnes ou ces événements célèbres.
2. Présentez des exemples pris dans la vie quotidienne des Américains qui montrent en quoi la conception du temps aux Etats-Unis diffère de celle des Français.
3. Imaginez une discussion entre un Français ou une Française et un Américain ou une Américaine qui sont en vacances ensemble et ne sont pas d'accord sur la manière de voyager.
4. Interrogez des Français vivant aux Etats-Unis sur l'attitude des Américains vis-à-vis du temps.
5. Identifiez et étudiez une Française qui a joué un rôle important dans l'histoire.
6. Etudiez une région de la France. Présentez son histoire et décrivez sa géographie humaine et économique.

---

8. Pierre Chaunu, *La mémoire de l'éternité* (Paris: Laffont, 1975), p. 213.

Chapitre 2
Points de vue français sur la nature humaine et valeurs dominantes

Les Français partagent avec les Américains un certain nombre de valeurs fondamentales communes à l'ensemble des pays occidentaux, fondées sur l'héritage moral du christianisme et les principes libéraux et démocratiques modernes. Au-delà de ce fond commun, il existe des différences importantes qui opposent les Français et les Américains sur leur conception de la nature humaine et sur les valeurs qu'ils respectent.

L'ÉDUCATION CIVIQUE

Il est essentiel de savoir, pour comprendre leur culture, ce que les Français pensent de la nature humaine en général, et de leurs propres compatriotes en particulier. Et là encore, les manuels scolaires éclairent la manière dont ils ont été formés. Outre les livres d'histoire qui fournissent des modèles de comportement humain et des analyses de cas individuels, il existait autrefois dans les écoles françaises des manuels contenant des "leçons de morale" et des "lectures morales" souvent fondées sur des textes littéraires. Depuis les années 1960, cet enseignement a été remplacé par l'éducation civique. L'éducation civique est généralement rattachée à l'enseignement de l'histoire. A l'école primaire, son objectif est surtout de transmettre aux enfants les valeurs fondamentales qui président à l'organisation de la vie sociale (respect du bien public, respect des autres, respect des règles collectives, droits civiques). Plus tard, l'adolescent est initié au fonctionnement de la vie politique et administrative de la France. Ici encore, l'étude du comportement humain progresse de la même manière que celui de la géographie et de l'histoire en partant de l'enfant, puis en élargissant progressivement l'horizon.

Dans le manuel scolaire *Histoire, géographie, éducation civique* (Nathan, 1995), la section consacrée à l'éducation civique commence par un chapitre intitulé "Se respecter soi-même": l'enfant apprend qu'il a d'abord des devoirs à l'égard de lui-même. Dans une classe, un élève lance un avion en papier sur la tête du professeur: "L'élève qui lance l'avion ne se dénonce pas. Par solidarité, les autres élèves ne disent rien. Le maître punit tout le monde. Les élèves punis éprouvent un sentiment d'injustice. L'élève responsable peut-il trouver juste de faire punir toute la classe? Le respect de soi consiste à dire: oui, c'est moi, j'ai fait n'importe quoi… excusez-moi." Le chapitre suivant, "Respecter les autres," évoque la responsabilité de l'enfant vis-à-vis d'autrui: "Chacun d'entre nous a le droit d'avoir ses croyances et ses idées, de les garder pour soi ou de les exprimer. Cependant, on n'a pas le droit de tout dire. Toutes les opinions ne sont pas dignes de respect. Il est, par exemple, interdit d'inciter à commettre un crime ou d'exprimer des opinions racistes, car elles portent atteinte aux droits de l'homme."

Puis vient un chapitre sur le devoir de responsabilité: "Les êtres humains ne vivent pas seuls, mais en groupes. Nous appartenons à différents groupes et dans chacun d'eux nous remplissons un rôle précis […] Dans chaque situation, il existe toutes sortes d'obligations." Viennent ensuite des chapitres sur la sécurité domestique et routière, les droits humains ("Faire respecter les droits de l'homme, c'est respecter les droits de chaque être humain là où l'on vit, que l'on soit enfant ou un adulte"), le droit de vote ("Dans un pays démocratique, le vote est personnel, égal et libre"), le président de la république ("De nombreux pouvoirs, mais pas tous les pouvoirs"), la commune, la sécurité sociale ("Autrefois, la maladie, un accident étaient une catastrophe pour ceux qui devaient travailler"), le respect de l'environnement ("Les progrès techniques s'accompagnent parfois de gaspillage et de pollutions. Protéger l'environnement est une nécessité: l'avenir de l'homme en dépend"), la protection du patrimoine, le contraste entre pays riches et pays pauvres ("Peut-on rester indifférent aux inégalités?").

2.1 Manuel d'instruction civique français, école primaire (*Découverte du monde*, Hatier, 2000).

L'éducation civique française donne un apprentissage intellectuel plutôt que pratique de la démocratie. La démocratie est présentée à l'enfant comme quelque chose qui concerne surtout les adultes et l'administration de la nation. Pour les enfants et les jeunes adolescents, elle s'exerce une fois par an lorsqu'ils élisent un ou une de leurs camarades comme déléguée de leur classe auprès de l'administration scolaire.

LA NATURE HUMAINE PARADOXALE

Dans ses manuels scolaires, comme dans l'éducation qui lui est donnée par ses parents et ses maîtres d'école, l'enfant français apprend que la nature humaine est, comme la nature géographique ou animale, fondamentalement paradoxale. De même que la nature géographique ou animale peut être soit sauvage, soit domestiquée, les êtres humains peuvent aussi être sauvages ou civilisés et ils sont, sur le plan moral, capable du pire comme du meilleur. Les Américains partagent aussi cette croyance. Mais les Français sont plus intensément conscients de cette dualité dans chaque individu alors que les Américains ont plus tendance à percevoir chaque individu comme formant moralement un bloc, soit bon, soit mauvais. Dans ses *Pensées*, le philosophe Blaise Pascal écrivait déjà au 17e siècle que l'être humain n'est "ni ange ni bête" (c'est-à-dire ni totalement bon, ni totalement mauvais), mais il nous avertit que "qui veut faire l'ange fait la bête." C'est-à-dire, il ne faut pas tendre vers un idéalisme excessif, vouloir que les individus soient parfaits, ou vouloir créer une société idéale, car cela risque de nous rendre inhumains. Il faut connaître et comprendre les faiblesses de la nature humaine. Cette dualité de l'être humain est souvent exprimée dans la culture française moderne par deux concepts, celui de dignité humaine et celui de condition humaine.

DIGNITÉ HUMAINE ET CONDITION HUMAINE

La dignité humaine est tout ce qui fait la valeur et la grandeur de l'être humain: l'intelligence, la raison, l'amour, le courage, l'héroïsme, et plus généralement tout ce qui éloigne l'être humain de la nature brute, sauvage, animale. Cette dignité donne des droits: contrôler la nature, modeler le monde à notre image. Elle implique également des devoirs: respecter et faire respecter la dignité physique et morale de tous les êtres humains, même ennemis. Ce concept de dignité humaine, hérité du christianisme, a été repris et détaché de la religion au 18e siècle par l'idéologie des Lumières, qui nous l'a transmis sous la forme des droits civiques et de la morale humanitaire.

La condition humaine est en quelque sorte l'envers de la dignité humaine: les êtres humains, qui aspirent au meilleur, font souvent le pire. La réalité de leur comportement est bien éloignée de l'idéal et il ne faut pas s'en étonner. L'impossibilité de respecter l'idéal, la tentation constante de s'en écarter caractérisent tout être humain. Les Français qui arrivent aux Etats-Unis sont étonnés de voir les livreurs de services postaux laisser des paquets à la porte de leur destinataire. Ils sont surpris que les paquets ne soient pas volés: la nature humaine étant ce qu'elle est, n'est-ce pas à cela qu'il faut s'attendre? Ils ressentent la même surprise devant les panneaux incitant à voter pour un candidat que les citoyens placent devant leur maison. Ne sont-ils pas volés ou détruits immédiatement par les adversaires? Une Française disait un jour: "Des autres j'attends toujours le pire; comme cela je ne suis jamais déçue." Une telle attitude "sans illusion" à l'égard d'autrui est plus fréquente en France qu'aux Etats-Unis, surtout envers ceux qui n'appartiennent pas au cercle des proches. Elle permet de comprendre l'abondance des murs, grilles, volets, portes, et serrures dans l'habitat français. Il faut garder les autres à distance et n'ouvrir sa porte—au sens propre et au sens figuré—qu'à ceux qui ont droit à ce privilège parce qu'ils ont notre confiance: membres de la famille ou amis. Cette vision pessimiste est en partie due à l'influence du jansénisme, un courant particulier du catholicisme français des 17e et 18e siècles qui voyait la nature humaine comme sans cesse corrompue par la tentation et le péché. Elle a beaucoup marqué la société française.

Dans le système moral catholique qui a longtemps imprégné la société française, l'égoïsme représente le péché par excellence. Sa manifestation économique, l'esprit de lucre (*greed*), fait horreur. On admire le don de soi, l'acte gratuit, le geste généreux et désintéressé. On peut certes être égoïste et aimer le profit, mais il ne faut pas le laisser voir pour être respecté. L'expression "nouveau riche" est une injure. Les personnes soucieuses de respectabilité cherchent à donner l'impression qu'elles ont hérité de leurs biens et qu'elles n'y attachent pas trop de valeur. Les Français qui descendent de l'aristocratie gardent une discrétion calculée à propos de leurs origines, comme si cela n'avait pas d'importance: s'en vanter ferait vulgaire et laisserait croire qu'il s'agit de quelque chose de nouveau, qu'on a recherché. Suite à l'enrichissement rapide du pays dans les décennies 1960–1970 et au développement de la société de consommation, ces attitudes anciennes se sont affaiblies. Les Français ont commencé à perdre certains de leurs complexes à l'égard du profit et de l'argent. Au cours d'émissions télévisées, par exemple, on voit aujourd'hui des gens admettre ouvertement qu'ils gagnent beaucoup d'argent.

Une telle vision pessimiste de la nature humaine peut mener à un certain cynisme. Mais elle peut aussi conduire à une tolérance pour les fautes plus grande que dans les sociétés plus idéalistes (comme la société américaine) puisqu'elle considère ces fautes comme une preuve d'humanité.

La condition humaine n'est pas limitée aux faiblesses de la nature humaine sur le plan moral. Elle englobe aussi les faiblesses de l'être humain sur le plan physique, sa vulnérabilité face aux misères et calamités qui l'accablent: la peur, la souffrance, la maladie, la mort, l'impuissance de l'humanité à vaincre le mal. La condition humaine englobe donc l'élément tragique de la vie humaine auquel nul n'échappe. Les penseurs et écrivains français, de Michel de Montaigne au 16e siècle jusqu'à Simone de Beauvoir au 20e siècle, ont accordé une place considérable aux thèmes de la dignité humaine, de la condition humaine, et de la lutte de l'individu pour surmonter la contradiction entre l'une et l'autre.

Les Américains ont une vision plus idéaliste du comportement des individus. Ils tendent à voir le bien et le mal comme des blocs clairement séparés, qu'il faut isoler l'un de l'autre. Pour eux, le caractère bon ou mauvais d'une action ou d'un individu est entier: le bien et le mal peuvent difficilement coexister dans la même action ou dans la même personne. Ils sont choqués si le bien ne triomphe pas du mal, au cinéma par exemple. Les Français acceptent mieux l'idée de l'ambiguïté morale de l'être humain et de ses actions: le mal, hélas, triomphe souvent sur le bien. Voir le monde autrement, pensent-ils, c'est s'illusionner. La littérature et le cinéma français abondent de personnages à la fois corrompus et sympathiques, et d'histoires qui finissent tristement. Pour les Français, il faut savoir regarder et dire la réalité en face, telle qu'elle est. Il faut être lucide et ne pas risquer d'être pris pour un naïf. C'est pourquoi, dans leur attitude à l'égard d'eux-mêmes et d'autrui, ils manifestent souvent un réalisme froid et direct qui peut facilement choquer les Américains. Un article d'un grand magazine féminin était intitulé: "Séduire son patron: avantages et inconvénients." Une mère disait au professeur de son fils qui a eu de mauvaises notes: "Mon fils est nul en maths, vous n'obtiendrez rien de lui dans cette matière." De même, le ministère de l'Enseignement supérieur français vous désignera par ce que vous êtes réellement: "étudiant étranger" ou "étudiante étrangère," sans utiliser un qualificatif (comme *international student*) qui évoque une société idéale où personne n'est étranger pour personne. On ne trouvera pas non plus de carte d'anniversaire à une *Best Mom in the World*, car là encore il faut voir la réalité en face: la maman parfaite n'existe pas.

VALORISER L'INTELLECT

Dans le jugement qu'ils portent sur les individus et leurs actions, les Français attribuent généralement une grande importance aux qualités intellectuelles: l'intelligence, la lucidité, la rapidité d'esprit, le savoir sont vus comme les qualités suprêmes d'un individu. "Je pense, donc je suis," remarquait déjà René Descartes au 17e siècle dans son *Discours de la méthode* (1637). Sans être insensibles, bien entendu, aux qualités intellectuelles, les Américains tendent plus à privilégier les qualités morales: la sincérité, l'intégrité, la rectitude morale, l'ardeur au travail tiennent une place primordiale dans l'opinion qu'ils se font d'eux-mêmes et des autres. Ils sont plus tentés que les Français de présenter les gens et les actes sous un angle éthique, celui du bien et du mal (ce qui irrite souvent les Français). Cette différence d'approche se remarque dans de nombreux domaines comme l'enseignement, le système politique, ou le cinéma. En France, par exemple, la stature intellectuelle d'un chef politique, sa grande habileté tactique, ses qualités d'orateur brillant jouent un rôle plus important qu'aux Etats-Unis dans une élection, tandis que le côté moral de sa personnalité (ce que les Américains appellent le *character*) apparaît moins central.

On retrouve cette différence dans l'opposition entre l'humour (*humor*) que l'on pratique volontiers aux Etats-Unis et l'esprit (*wit*), très valorisé en France. Un orateur américain commence son discours devant les étudiants d'une université américaine en racontant comment il a cru que la présidente de l'université (beaucoup plus jeune que lui) était une étudiante lorsqu'il l'a rencontrée pour la première fois. Il lui a même demandé si elle préparait un doctorat. Tout le monde rit: l'orateur a le sens de l'humour et il a prouvé sa capacité de sincérité en révélant publiquement une erreur qu'il a commise (mise en valeur de qualités morales.) Aucun orateur français parlant à des Français n'oserait commencer un discours par une histoire semblable parce qu'il penserait que dévoiler qu'il a commis une erreur serait humiliant et perçu comme un manque d'intelligence. Un Français en colère dit à une femme, "Vous êtes insupportable. Si j'étais votre mari, je vous mettrais du poison dans votre café." La femme réplique aussitôt, "Eh bien moi, si j'étais votre épouse, je le boirais immédiatement." On ne rit pas, mais on admire l'habileté avec laquelle la femme a retourné l'arme lancée contre elle. Elle a de l'esprit (mise en valeur de qualités intellectuelles).

Un autre aspect de cette valorisation de l'intellect dans la culture française est la tendance à l'abstraction. Cette tendance—qui n'existait pas dans les cultures populaires paysannes ou ouvrières de la France d'autrefois—est particulièrement forte dans la langue française telle qu'on la parle et l'écrit dans les milieux socio-culturellement élevés de la société. En voici un exemple dans la publicité pour un fromage: "Alléger ses délices, pour augmenter son plaisir, voilà une toute nouvelle façon de vivre sa gourmandise. Avec Bridélice, l'appétit se décline sur tous les tons, sur tous les goûts, en faisant rimer légèreté et générosité." Un tel degré d'abstraction dans la langue serait inimaginable aux Etats-Unis.

Devenus adultes, les Français conservent la tendance qu'ils ont acquise à l'école de voir tout problème comme un défi à leur capacité d'analyser. C'est pourquoi ils ont souvent tendance à privilégier la conception et la compréhension abstraite des choses plutôt que la réalisation et l'application, qui les intéressent moins. Ils s'enthousiasment pour les créateurs et les inventeurs et négligent souvent ceux qui tentent de mettre en pratique les nouvelles idées et de les appliquer à la vie concrète. Lorsqu'ils concrétisent ces nouvelles idées, les Français se contentent souvent de prototypes qui correspondent aux idées du concepteur plus qu'aux besoins des utilisateurs. La centrale atomique Superphénix, l'usine marémotrice de la Rance, l'avion Concorde, le TGV (train à grande vitesse), et le pont de Millau sont des exemples parmi d'autres de prouesses technologiques originales que le monde entier a admiré mais qui ont été difficiles à vendre. Certains responsables politiques et économiques sont tout à fait conscients du handicap que représente cette façon traditionnelle de voir les choses. Sous leur influence, les Français sont aujourd'hui devenus plus pragmatiques. L'enseignement des sciences appliquées et de la technologie s'est beaucoup développé depuis une vingtaine d'années.

VALORISER CE QUI EST NOBLE

La société française a été profondément imprégnée par l'éthique de ce qui est noble ou ne l'est pas. Au Moyen-Age et au début des temps modernes, cette éthique était particulière à une classe de la société, les nobles. Elle a ensuite imprégné d'autres couches de la société. Aujourd'hui encore, le système de valeurs des Français reste marqué par cet héritage. Les Français jugent souvent les personnes et leurs actes plus ou moins consciemment en fonction d'une grille qui sépare ce qui est noble et ce qui ne l'est pas. En quoi consistent les valeurs nobles? On peut citer l'audace, le défi du danger, et le courage sans faille. L'officier français qui, en 1914, enfilait calmement ses gants blancs avant de se lancer à l'attaque se comportait en noble. L'admiration particulière des Français pour les exploits solitaires face au danger peut être vu comme un héritage de cette conception. La course nautique à voile "Vendée Globe" dans laquelle les participants font le tour du monde sans escale seuls à bord de leur bateau incarne bien cet esprit.

Une autre qualité noble est la générosité. Le noble n'est pas égoïste, il donne aux autres et il est prêt à servir une cause supérieure à son intérêt personnel. Le personnage du capitaine de Boïeldieu dans le film *La grande illusion* (Jean Renoir, 1937) incarne cette éthique. Il se sacrifie pour permettre à d'autres officiers français de s'évader d'un camp de prisonniers. Aujourd'hui, l'infirmière de Médecins sans frontières qui sans hésiter risque sa vie en Afghanistan pour soigner les malades atteints d'une dangereuse épidémie est un autre exemple de cette éthique qui allie sang-froid et générosité. Cette tradition du service pour une haute cause et du don de soi reste toujours vivante.

Le sens de l'honneur caractérise aussi tout ce qui est noble: c'est une fierté particulière (souvent liée à un groupe auquel on appartient) qui oblige à ne pas faire certaines choses qui sont jugées dégradantes ou humiliantes. Servir quelqu'un ou lui obéir parce qu'on y gagne un profit personnel est dégradant. Le fabricant ou le commerçant qui se soumet aveuglément au désir de ses clients afin de gagner plus d'argent n'a pas un comportement noble puisqu'il se met dans une sorte de dépendance personnelle par rapport au client, comme s'il était son domestique. Servir le client avec honneur, c'est lui vendre ce que l'on a de mieux à lui offrir et non pas s'abaisser à suivre ses désirs comme un chien obéit à son maître. L'éthique noble peut donc susciter des réactions de rébellion, un refus d'obéir à des ordres qui humilient parce qu'ils privent de toute liberté d'appréciation et d'action.

Dans son livre *La logique de l'honneur*, le sociologue français Philippe d'Iribarne a comparé le fonctionnement de deux usines appartenant à la même entreprise, l'une en France, l'autre aux Etats-Unis.[1] Il a remarqué qu'aux Etats-Unis les ouvriers exécutaient fidèlement les ordres qu'on leur donnait et qu'ils demandaient toujours que ces ordres soient très précis. Ils acceptaient de n'avoir aucune liberté d'action

---

1. Philippe d'Iribarne, *La logique de l'honneur. Gestion des entreprises et traditions nationales* (Paris: Seuil, 1989).

dans leur travail, car pour eux ce n'était qu'un contrat à remplir pour autrui; cela ne signifiait pas de dépendance personnelle ou de domination d'un individu par un autre. Les ouvriers français, de leur côté, ne travaillaient pas du tout comme les Américains. Pour qu'ils considèrent leur propre travail comme respectable et le fassent très bien, il fallait leur dire quel était l'objectif à atteindre et ensuite leur

2 Je fais preuve de politesse

Cette scène a lieu le matin, à l'heure où les élèves arrivent à l'école.

- Quel élève dit bonjour ? Lequel est impoli ?
- Cite quelques règles de politesse.
- En quoi ces règles montrent-elles un respect des autres ?
- Connais-tu des règles de politesse différentes des nôtres ?

3 Je connais le règlement de l'école

A l'école, les règles établies servent à faciliter notre travail et notre vie en commun.

- Quelle règle n'est pas respectée ici ?
- Pourquoi est-il important d'être à l'heure ?
- Quels sont les points importants dans le règlement de ton école ?
- A quoi sert chacune de ces règles ?
- En quoi favorisent-elles le respect des autres ?

voir résumé p. 96

83

2.2 Manuel d'instruction civique français, école primaire (*Découverte du monde*, Hatier, 2000).

donner une certaine marge de liberté pour atteindre cet objectif comme ils l'entendaient eux-mêmes. Ils se comportaient un peu comme des artisans autonomes, soucieux du "travail bien fait" conforme à l'idée qu'ils se faisaient eux-mêmes de leur devoir professionnel. Ils auraient mal supporté la manière américaine de travailler parce qu'ils y auraient vu une relation de pouvoir écrasant leur autonomie, alors que pour les ouvriers américains l'important était de suivre exactement les termes du contrat qu'ils devaient remplir.

REFUSER L'ERREUR

Une différence très marquée entre les Français et les Américains est leur attitude vis-à-vis de l'erreur. Dans la culture américaine, l'erreur est généralement perçue comme quelque chose de normal, qui fait partie de la vie. On ne progresse pas sans prendre des risques, sans faire des erreurs; on rectifie le tir ensuite. La démarche américaine consiste souvent à essayer quelque chose pour voir si cela marche et, si cela ne marche pas, à essayer autre chose. Winston Churchill disait qu'on pouvait toujours compter sur les Américains pour trouver la bonne solution à un problème après qu'ils avaient essayé toutes les autres: c'est un cliché qui contenait sans doute un grain de vérité. Les Américains ont donc tendance à prendre des décisions assez rapidement (en comparaison des Français), puisqu'il est admis qu'on peut recommencer ou changer d'orientation à tout moment. On reconnaît facilement ses propres erreurs et on oublie vite celles des autres. L'important, c'est de savoir en tirer les conséquences et de ne pas les répéter.

Dans la culture française, l'erreur est au contraire mal acceptée. On ne doit jamais se tromper. Faire des erreurs est—au sens littéral—inadmissible. C'est le signe d'une faiblesse, d'une déficience intellectuelle ou sociale humiliante qui touche la personne dans son être. On admet donc difficilement ses propres erreurs. Cette intolérance à l'erreur génère dans toute la société une anxiété spécifiquement française que l'on ne retrouve pas aux Etats-Unis. D'un geste maladroit, une femme invitée à une soirée fait tomber par terre une coupe de champagne qui se trouvait sur une table. Si elle est américaine, elle va immédiatement s'excuser et se déclarer coupable: "*I am terribly sorry, it's my fault.*" Si elle est française, il est probable qu'elle dira quelque chose comme: "Enfin, c'est incroyable, on n'a pas idée de mettre des coupes de champagne aussi près du bord de la table!" Le rejet de la culpabilité, de l'erreur, est général du haut en bas de la société. Si vous faites une faute de français en France, vos interlocuteurs vous corrigeront immédiatement.

Ceci permet de comprendre pourquoi les Français n'ont pas l'habitude de prendre des décisions comme le font les Américains. Avant de décider, ils réfléchissent longuement et analysent dans les moindres détails la situation donnée, les différentes décisions possibles, et toutes leurs conséquences. Quand, après avoir tourné la question dans tous les sens et envisagé tous les scénarios possibles, ils sont convaincus qu'ils ont trouvé la meilleure solution ou fait le meilleur choix, ils décident d'aller dans cette direction, sûrs d'avoir réduit au minimum les risques d'erreur. C'est une approche complètement différente du *trial and error* à l'américaine. On comprend donc pourquoi il peut être difficile pour des Français et des Américains de travailler ensemble. L'approche française semble aux Américains trop hésitante et craintive du risque. L'approche américaine qui consiste à tester différentes options et à prendre des risques pour voir ce qui marche ou ne marche pas apparaît aux Français comme une méthode qui gaspille les ressources et cause des dommages inutiles.

Avec le mensonge, la situation s'inverse. Les Américains considèrent le mensonge comme les Français considèrent l'erreur: inadmissible. Pour les Américains, être un *liar* est une déficience humiliante qui touche la personne dans son être. On admet donc difficilement qu'on ment et dire de quelqu'un qu'il est un menteur est une grave accusation. Les Français, eux, ont une vision plus laxiste du mensonge, qui touche moins la personne dans son être. Certes, ils apprennent aux enfants que mentir est mal, mais qui n'a pas été obligé de mentir de temps en temps? Et puis, comme on dit couramment, "Toutes les vérités ne sont pas bonnes à dire." Il y a des choses qu'il vaut mieux cacher ou ne pas savoir.

L'INDIVIDUALISME ET LA LIBERTÉ

Il faut également souligner les différences importantes qui séparent Français et Américains dans leur conception de l'individualisme et de la liberté. Les Américains ont une conception de l'individualisme qui valorise la capacité de vivre sans l'aide d'autrui dans la société. L'individualisme américain est ainsi étroitement associé à ce que l'on appelle *self-reliance*, la capacité de réaliser ou d'accomplir quelque chose par soi-même. Cette notion se retrouve dans l'idée du "rêve américain" qui s'applique à l'individu et non pas à la société. En Amérique, on doit pouvoir réussir et être heureux par ses propres forces. On croit généralement que l'individu est libre de construire lui-même sa propre vie et que celle-ci n'est pas déterminée par des forces extérieures.

L'individualisme français ne met pas du tout l'accent sur l'idée de *self-reliance*, mais sur le caractère unique de l'individu, sa différence, le fait qu'il n'y a pas deux personnes comme lui. Dire de quelqu'un qu'il est "très individualiste" signifie qu'il ne fait pas comme les autres, qu'il aime toujours se distinguer, se mettre à part. Être unique (pour une chose comme pour un individu) est vu comme un élément de supériorité que l'on admire et que l'on recherche.

Chez les Français, la liberté est moins liée à l'action (pouvoir faire) que chez les Américains. Elle est plus liée à l'existence: être libre, c'est pouvoir exister comme identité distincte, en étant protégé de tout risque de disparition, de tout regard extérieur. "La liberté, c'est d'abord pour moi de pouvoir me dérober aux autres," remarque l'écrivain français José Cabanis.[2] Les petits commerçants qui exigent

---

2. *Spectacle du monde*, numéro 352 (juillet 1991).

qu'on bloque la création de nouveaux supermarchés se présentent comme des défenseurs de la liberté. Les grands supermarchés, eux, sont vus comme les ennemis de la liberté puisqu'ils risquent, par leur concurrence, de faire disparaître les petits commerçants. La conception française traditionnelle de la liberté s'accorde mal avec celle du système capitaliste.

Cette conception de la liberté éclaire un trait de comportement fréquent chez les Français que l'on retrouve moins souvent chez les Américains: la crainte de toute invasion ou intrusion pouvant menacer la survie ou l'identité d'un individu, d'une famille, d'une classe sociale, de la nation, d'un quartier urbain, d'un métier, d'un produit. Cette peur est probablement née de l'histoire. La France, pays riche situé au centre de l'Europe, très exposée aux attaques étrangères, a été envahie des dizaines de fois au cours de son histoire. Les Allemands, par exemple, l'ont envahie cinq fois en un siècle et demi (1792, 1814, 1870, 1914, et 1940). Ceci a profondément marqué l'esprit des Français. On le voit dans l'importance qu'ont en France les délimitations précises dans tous les domaines et leur caractère souvent défensif. On voit cette peur dans la recherche des frontières "naturelles" de la France au cours des siècles passés ou dans la "ligne Maginot" (ligne de fortifications construite le long de la frontière avec l'Allemagne dans les années 1930). Cette peur s'est étendue à bien d'autres domaines que le territoire physique: à la langue et à la culture par exemple. L'attachement des Français à la "pureté" de leur langue et l'anti-américanisme culturel de certains Français peuvent s'expliquer en partie par cela. Aux Etats-Unis, la peur de l'invasion est apparue à certaines époques, notamment pendant la Seconde Guerre mondiale ou pendant la Guerre froide, mais ces craintes ne se sont jamais réalisées. Toutefois, les attentats du 11 septembre 2001 ont brutalement mis fin au sentiment de relative invulnérabilité des Américains. Le terrorisme, qui a aussi frappé la France, est une menace très différente de celles auxquelles les Français durent faire face pendant des siècles. Il a aussi provoqué des réactions défensives, par exemple une surveillance accrue des citoyens suspects et des frontières.

Discussions

1. Etes-vous d'accord avec la phrase de Blaise Pascal, "L'homme n'est ni ange ni bête, et le malheur veut que qui veut faire l'ange fait la bête"?
2. A votre avis, quels sont les avantages et les inconvénients de l'individualisme à la française, de l'individualisme à l'américaine?
3. Préférez-vous l'esprit ou l'humour? Pourquoi?
4. Que pensez-vous de l'attitude des Français vis-à-vis de l'erreur?
5. A votre avis, que doit apprendre l'éducation civique aux élèves des écoles primaires?

Sujets de travaux oraux ou écrits

1. Faites l'analyse de la condition humaine telle qu'elle est présentée dans *Le deuxième sexe* de Simone de Beauvoir ou dans *La condition humaine* d'André Malraux.
2. Etudiez la conception de la nature humaine dans le film *A nous la liberté* de René Clair (1932).
3. Analysez la conception de la nature humaine dans une ou plusieurs des fables suivantes de Jean de la Fontaine: *Le lion abattu par l'homme, La grenouille qui veut se faire aussi grosse que le bœuf, Le loup devenu berger, Le chêne et le roseau, Le corbeau et le renard.*
4. Inventez une publicité pour vendre du savon en France.
5. Interrogez deux Françaises ou Français et deux Américaines ou Américains sur ce que représente le mensonge et comparez leurs réponses.

Chapitre 3
Points de vue français sur le corps

LES GESTES DES FRANÇAIS

Un grand nombre de livres portent sur la façon de vivre des Français. Toutefois, bien peu s'intéressent à la façon dont les Français définissent leur espace personnel, à la manière dont ils se tiennent lorsqu'ils sont debout ou lorsqu'ils se déplacent, comment ils communiquent entre eux, ou bien comment ils s'habillent. On apprend la langue d'un pays, mais on oublie d'étudier les gestes qui accompagnent cette langue et qui la remplacent souvent. Or ces gestes jouent un rôle fondamental—beaucoup plus important qu'on ne le croit généralement—dans la communication. A cet égard, les Français diffèrent des Américains, à tel point qu'il est parfois possible de distinguer les premiers des seconds d'après leurs gestes.

Pour comprendre les êtres humains, il est essentiel de savoir quelle idée ils ont de leur corps, de son fonctionnement, et de la façon dont ce corps doit se mouvoir et réagir vis-à-vis des autres. Il peut se produire des changements culturels rapides lorsque le rapport des individus au corps est très conscient, comme dans les modes vestimentaires ou alimentaires, l'hygiène, ou la médecine; mais il existe des aspects beaucoup moins conscients du comportement corporel, tels que la tension musculaire, le rythme des mouvements, le sens des frontières du corps, ou la relation du corps à l'espace environnant, qui semblent se perpétuer de génération en génération. Tous ces traits réunis forment un style de comportement particulier qui peut être dominant dans un groupe d'individus donné—les Français par exemple—et qui contribue à l'identifier par rapport aux autres groupes.

UNE TENSION MUSCULAIRE CONSTANTE

Ce qui frappe les observateurs américains dans le comportement corporel général des Français, c'est qu'ils semblent tenus à dominer constamment leurs muscles. Il en résulte une certaine tension habituelle qui n'est absolument pas consciente. Inculquée chez l'enfant par mimétisme, cette tension du corps est généralement plus forte chez les gens d'un âge avancé que chez les jeunes, qui ont reçu une éducation moins orientée vers le contrôle du corps que leurs aînés.

Cette volonté de contrôle et la tension qui en découle sont la cause de la rigidité du torse des Français. La poitrine est bombée; les épaules sont tenues hautes et carrées. En contraste avec le reste du torse, les épaules restent des instruments de communication étonnamment flexibles. Pour exprimer qu'on est impuissant à faire ou à comprendre quelque chose, on ramène souvent les épaules vers l'avant et ce geste s'accompagne d'une expiration ou d'une moue, créant ainsi un mouvement du corps que les étrangers trouvent "typiquement français."

Curieusement, on retrouve cette conception du corps français dans la conduite des automobiles, lesquelles ne sont, au fond, que des extensions du corps humain. Contrairement aux Américains, pour lesquels l'aisance de conduite et le confort (sièges moelleux, direction assistée, vitesses automatiques, suspension molle) sont des qualités appréciées d'une voiture, les conducteurs français veulent avant tout des voitures rapides, "nerveuses," qui permettent de doubler rapidement les autres et de maintenir une tension constante dans la conduite. Ils préfèrent les changements de vitesse manuels plutôt qu'automatiques parce que cela donne l'impression que l'on contrôle mieux la voiture. Ils ne veulent pas être "portés" par une automobile, mais sans cesse sentir que chacun de ses éléments leur obéit parfaitement.

Cette tension constante existe aussi dans la langue française elle-même. Il suffit de prononcer un mot commun à l'anglais et au français pour s'en rendre compte. Dites à haute voix le mot anglais *literature*, puis le mot français "littérature"; le mot anglais *education*, puis le mot français "éducation"; ou bien le mot anglais *architecture*, puis le mot français "architecture." Une grande difficulté pour les anglophones qui apprennent le français est d'arriver à maintenir cette forte tension articulatoire, mais sans que cela paraisse forcé. De même, lorsque les Français parlent anglais avec l'"accent français," ils prononcent les mots anglais d'une manière tendue, comme si c'était des mots français.

LA STATION DEBOUT

Lorsqu'ils veulent converser debout, les Américains et les Français se tiennent de façon différente. Souvent, les Américains (les hommes surtout) font passer le poids du corps alternativement d'un pied sur l'autre. Cette alternance soulage le corps, car le bassin bascule souvent et se trouve soumis de façon alternée droite-gauche à la poussée de la gravitation; de sorte que rester debout est inconfortable, et que les Américains aiment bien se reposer en s'appuyant sur quelque chose—un mur, une table, ou un bureau.

Les Français ne basculent pas le bassin. Les muscles de leur corps étant plus tendus, ils ont moins envie de se reposer en s'appuyant sur quelque chose. Ils peuvent rester plus longtemps dans des positions qui sembleraient inconfortables à des Américains. Lorsqu'ils sont debout, ils ont tendance à balancer leur corps d'avant en arrière plutôt que de droite à gauche comme le font les Américains.

LES GESTES DES MAINS ET DES BRAS

En France comme aux Etats-Unis, les gestes de la main varient beaucoup selon le niveau social, le sexe, l'âge, ou la région. On remarque toutefois certaines différences générales entre Français et Américains.

Les hommes américains, lorsqu'ils sont debout, mettent souvent les mains dans leurs poches, lorsqu'ils sont en discussion avec une autre personne, par exemple. Dans la même situation, les hommes français restent rarement avec les mains dans leurs poches et ont plutôt tendance à croiser les bras—attitude qui évoque une plus grande tension. Les hommes et les femmes françaises gardent souvent le haut du bras serré contre le corps, mais ont une flexibilité considérable du poignet et de la main. Le ballet gracieux et compliqué que constituent les mouvements du poignet et de la main est difficile à imiter. Aux Etats-Unis, plier le poignet est considéré comme un geste féminin; en France, il ne semble pas y avoir cette différenciation de sexe et un homme ou une femme peuvent plier le poignet sans que cela soit remarqué.

Lorsqu'ils ne gardent pas les bras croisés au cours d'une conversation, les hommes français mettent souvent leur poing gauche fermé sur la hanche; les femmes font le même geste, mais avec la main ouverte. Le bras droit se libère alors pour permettre des gestes du poignet et de la main. Les mains des Français servent de baguette pour marquer le rythme de la communication. Elles peuvent aussi mimer des situations ou des relations, par exemple un geste en spirale pour exprimer la montée d'un escalier ou bien passer la main à travers le cou de gauche à droite pour signifier la mort (au sens figuré) de quelque chose. Les mains peuvent aussi servir de marque pour indiquer les changements dans le sujet de conversation, par exemple, le doigt levé qui accompagne "mais." Enfin, elles peuvent parfois exprimer l'intégralité d'un message, qui peut être obscène ou injurieux comme le "bras d'honneur" qui signifie un refus radical (la main droite fait mine de couper le bras gauche qui est levé.)

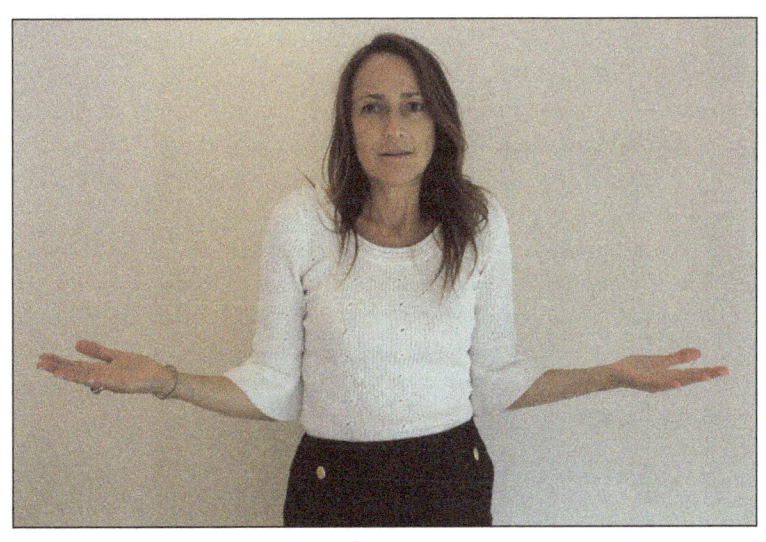

3.1 Je n'y peux rien! (Je ne peux rien faire.)

Quand ils veulent signaler le chiffre "un," les Américains lèvent l'index, les Français le pouce. Lorsqu'ils frappent à une porte, les Américains ont la paume de la main face à cette porte et frappent à la hauteur de leur visage. Les Français, au contraire, frappent le dos de la main face à la porte, à hauteur de la ceinture. Lorsqu'ils sont à table et ne sont pas en train de manger, les Français gardent les mains sur la table, jamais en dessous. Lorsqu'ils mangent, ils ne mettent jamais la main gauche sous la table comme cela se voit aux Etats-Unis. On raconte parfois aux enfants français que les Américains gardent une main sous la table pour tenir un revolver! Aux Etats-Unis, les verres sont placés légèrement à droite de l'assiette, tandis qu'en France on les place dans l'axe de l'assiette et de la personne qui boit: cet alignement est joli à voir, mais il oblige chacun à lever le bras pour atteindre le verre sans traîner sa manche dans l'assiette.

LA POSITION ASSISE

Les Américains n'apprécient guère les sièges et la façon de s'asseoir en France. Traditionnellement, les chaises sont raides, droites, faites pour que les Français s'y asseyent comme lorsqu'ils se tiennent debout, c'est-à-dire de façon plus droite que les Américains, adeptes des fauteuils moelleux. Les meubles français modernes, en réaction contre cette tradition, sont cependant souvent très bas, de sorte que les genoux tendent à se trouver plus haut que la tête. Les Américains préfèrent une façon de s'asseoir intermédiaire, ni droite, ni au même niveau que le plancher. Les hommes américains aiment surélever leurs pieds quand ils sont assis: assez souvent, ils posent un ou deux pieds au-dessus du sol, sur un tabouret ou un barreau de chaise. L'homme américain assis avec ses deux pieds posés sur le bord de son bureau est un stéréotype classique en France.

Lorsqu'elles croisent les jambes, les femmes françaises et américaines font la même chose: la jambe qui est croisée par-dessus le genou repose parallèlement sur l'autre jambe. Les hommes français croisent les jambes de la même manière. Mais les hommes américains posent souvent un pied sur le genou opposé, exposant ainsi le dessous de leurs chaussures. Ils gardent aussi fréquemment les jambes écartées et non pas collées l'une contre l'autre quand ils sont assis.

Les femmes et les hommes français gardent souvent les bras croisés. Etant assis, il leur arrive de croiser un bras sur la poitrine, un coude appuyé sur l'une des mains, alors que l'autre main est portée au visage et touche, caresse, ou tripote la bouche, les cheveux, ou toute autre partie de la tête. D'autres fois, le menton repose dans le creux de la main pour soutenir la tête. On remarque aussi que les Français touchent leur visage avec leurs mains beaucoup plus que les Américains.

LA DÉMARCHE

La différence entre la façon de marcher des Américains et des Français est moins marquée qu'autrefois—surtout chez les jeunes—mais elle n'a pas disparu. Les hommes américains et à un moindre degré les femmes américaines ont tendance à marcher en balançant légèrement les épaules. Ils marchent comme si l'espace où ils se trouvent n'était pas limité par des obstacles. Dans ses premiers films où il jouait le rôle de mauvais garçon comme dans *A bout de souffle* (1960), l'acteur Jean-Paul Belmondo marchait comme un Américain.

A l'inverse, les hommes et les femmes françaises ont tendance à marcher comme s'ils descendaient un corridor étroit, avec un espace personnel très restreint. Leur démarche est raide et régulière, sans balancement des épaules et du bassin. Souvent, la tête est légèrement penchée en avant, si bien qu'il semble que ce soit elle la force motrice qui déclenche le mouvement en avant, le reste du corps ne faisant que suivre. Le style de la démarche de Jacques Tati dans ses films comme *Les Vacances de Monsieur Hulot* (1953) ou *Mon Oncle* (1958) est la caricature de cette position où c'est la tête qui guide.

LA FIGURE ET LE REGARD

La figure des Français tend généralement à être plus expressive que celle des Américains. Les Français jouent plus avec le regard et la mimique du visage pour exprimer leurs sentiments. Leur bouche, leurs sourcils, leurs yeux sont plus mobiles. A la différence des Américains, les Français ne sourient pas aux inconnus. Le sourire est normalement réservé aux personnes que l'on connaît. En Amérique, on regarde son interlocuteur dans les yeux pendant que l'on parle; le regard ne quitte ces yeux que pendant de brefs moments, pour atténuer la tension trop grande d'un regard continu. En France, on ne regarde les yeux de son interlocuteur que par intermittence; on peut lui parler en regardant ailleurs, à condition de revenir périodiquement sur ses yeux pour maintenir le contact. Il existe en Amérique une sorte d'auto-discipline du regard qui veut qu'on ne regarde pas les inconnus fixement, car cela peut être perçu comme une forme d'agression. Cette auto-discipline n'existe guère en France, où femmes et hommes peuvent fixer leur regard longuement sur les autres sans se sentir le moins du monde agresseurs. C'est à celui ou à celle qui est regardée qu'incombe la responsabilité de se défendre, si nécessaire, en se déplaçant, en élevant des murs, en fermant les portes ou les volets. Les Américains qui ne savent pas cela sont souvent gênés de voir des Français qui les dévisagent longuement dans le métro ou dans les ascenseurs.

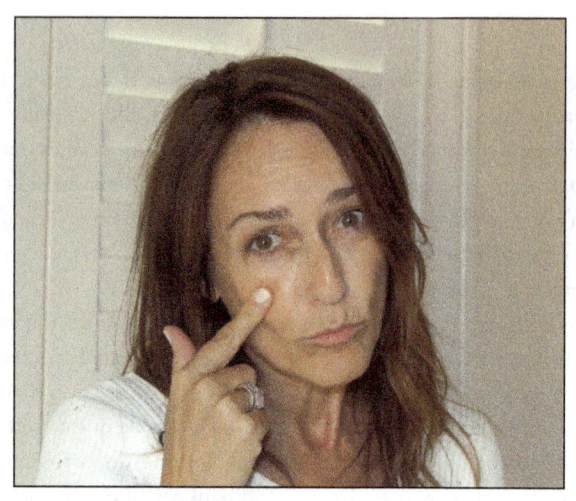

3.2 Mon oeil! (Je ne te crois pas.)

LE VÊTEMENT

La recherche du confort corporel, plus forte chez les Américains, se retrouve dans le rapport au vêtement. Les Américains ont une préférence marquée pour les vêtements amples, flous, et souples dans lesquels on se sent à l'aise. Aux Etats-Unis, on porte des vêtements "habillés" (*formal*) lorsque les circonstances l'imposent, mais on cherche vite à en réduire l'inconfort (veste déboutonnée, col ouvert avec la cravate, sneakers avec tenue de ville) et à les remplacer par des vêtements de détente (*casual*).

La tension du corps française se retrouve dans le rapport au vêtement. Les Français qui attachent de l'importance à la façon dont ils s'habillent semblent donner moins d'importance que les Américains au confort vestimentaire et plus d'importance à leur apparence, à l'effet que leur vêtement fait sur les autres. Comparés aux vêtements américains, les vêtements français sont plus serrés, plus ajustés au corps; ils semblent souvent plus faits pour ceux qui les regardent que pour ceux qui les portent. Les femmes françaises en particulier s'habillent généralement d'une manière plus formelle que les femmes américaines, même chez les jeunes. Cela est particulièrement visible dans la bourgeoisie car la pression sociale qui pousse les femmes de cette classe à soigner leur apparence vestimentaire et à rester mince est plus forte qu'aux Etats-Unis. Certaines couleurs et certains vêtements ont de subtiles connotations sociales: le bleu marine, par exemple, fait "bourgeois." Le béret, symbole de la France pour les étrangers, était porté autrefois par les hommes des milieux populaires, mais il a disparu aujourd'hui, souvent remplacé par la casquette de baseball américaine.

La mode française, si célèbre dans le monde, est essentiellement féminine; l'habillement masculin français s'inspire des styles italien, britannique, ou américain.

Il est très significatif que, pour tout ce qui a rapport à l'habillement de détente, il n'existe guère de modèles vestimentaires authentiquement français; ce sont les modèles américains qui, depuis les années 1960, sont imités: jeans, tee-shirts, shorts bermudas, cols de chemise mous à deux boutons, sneakers.

Ceci dit, l'habillement des Français a évolué au cours des dernières décennies. La mode, par exemple, n'est plus suivie avec rigueur. Les codes rigoureux règlementant l'habillement (comme la cravate pour les hommes de la bourgeoisie) ont été abandonnés et remplacés par une très grande liberté de choix individuel. On tolère mieux qu'auparavant que les autres s'habillent comme il leur plaît. Les vêtements de détente, de sport, sont plus fréquemment portés qu'auparavant, surtout chez les moins de 40 ans. Dans les écoles privées, les uniformes ont presque disparu. Les distinctions sociales subsistent au niveau du vêtement, mais elles sont plus subtiles qu'auparavant (la qualité du tissu ou de la coupe).

LES RÈGLES DE LA CONVERSATION

Dans les conversations, les Américains ont souvent tendance à parler plus fort que les Français, un peu comme si l'espace réservé à leur parole n'avait pas de limite. Les Français maintiennent en général un niveau sonore plus faible, comme si leur conversation devait être entendue uniquement par leur interlocuteur dans un espace bien délimité. Ils ne forcent la voix que lorsqu'ils sont obligés à le faire (par exemple au milieu d'un groupe lors d'un repas).

Les règles informelles de la conversation sont différentes chez les Américains et chez les Français. Chez les Américains, lorsqu'une personne a fini de parler, elle se tourne vers son interlocuteur, le regarde dans les yeux et cesse d'émettre des sons. L'autre commence alors à parler. Chez les Français, il est fréquent que le second orateur n'attende pas que le premier ait terminé de s'exprimer et qu'il lui coupe la parole à la fin d'une phrase. Cette habitude française d'interrompre l'interlocuteur surprend les Américains. Si un Américain tente de participer à une conversation de groupe avec des Français, il n'a aucune chance d'y parvenir s'il attend que l'un des orateurs s'arrête de parler. Car avant que celui qui parle ne s'arrête, un autre Français a déjà commencé à parler, privant l'Américain d'une occasion pour laquelle il avait poliment patienté. Un Américain qui attend un temps de silence avant de commencer à parler et insiste pour qu'on l'écoute jusqu'au bout ralentit toute conversation avec des Français. Cela rend généralement les Français impatients et leur donne l'impression que toute conversation avec les Américains est trop lente. Agacés par cette lenteur, les Français sont constamment tentés de finir eux-mêmes les phrases de leur interlocuteur américain ou de lui couper la parole, risquant ainsi de se voir adresser un brutal *"Let me finish!"*

En France, le fait qu'on vous coupe la parole montre que l'on a de l'intérêt pour ce que vous dites. Vous écouter passivement jusqu'au bout sans rien dire signifie que vous êtes ennuyeux, que ce que vous dites ne mérite pas qu'on le commente. En appliquant une métaphore sportive, on pourrait dire qu'aux Etats-Unis on pose la conversation par terre comme si c'était un ballon et on attend que quelqu'un d'autre la ramasse, tandis qu'en France elle ne doit jamais toucher terre: on se la renvoie de l'un à l'autre, le plus vite possible, et elle peut vous être enlevée par quelqu'un si vous la tenez. Ainsi, la personne qui dirige un débat public s'appelle-t-elle *moderator* aux Etats-Unis, mais "animateur" en France: les Américains craignent que la conversation soit trop animée, les Français qu'elle ne le soit pas assez.

Une autre habitude française surprend les Américains: c'est celle qui consiste à faire éclater une conversation générale en conversations particulières. Lorsqu'une conversation générale se tient entre des Américains, le groupe tout entier écoute ce que dit celui qui a pris la parole, chaque participant attendant son tour en silence. Les Américains sont gênés lorsque, dans un groupe écoutant quelqu'un parler, un Français parle à son voisin en même temps qu'il écoute. Cela ne semble pas impoli aux Français. Les Français semblent avoir la capacité de suivre plus d'une conversation à la fois, la conversation générale en même temps qu'une conversation privée avec un autre individu. Suivant les deux à la fois, ils peuvent changer et passer de la conversation générale à la conversation particulière sans gêne ni mauvaise compréhension.

D'autre part, la conversation ne joue pas le même rôle social en France et aux Etats-Unis. L'anthropologue Raymonde Carroll fait remarquer qu'aux Etats-Unis, la conversation est un simple échange verbal sans implication sociale.[1] On peut converser avec n'importe qui n'importe où; cela ne signifie rien sur la relation à long terme de deux interlocuteurs. On peut, lors d'une soirée, parler pendant trois heures avec quelqu'un sans se sentir obligé à quoi que ce soit vis-à-vis de cette personne. Cette attitude rend les rapports quotidiens entre des inconnus plus faciles et moins crispés qu'en France; il y a moins de glace à briser pour entrer en contact avec les autres.

En France, au contraire, la conversation signifie souvent plus que ce que l'on dit: elle établit (ou maintient) une relation personnelle entre deux individus. On ne converse donc pas avec n'importe qui n'importe où, mais plutôt avec les personnes avec lesquelles on a l'intention d'établir ou de maintenir une relation quelconque (d'amitié, professionnelle, de voisinage). Entamer une conversation prolongée avec quelqu'un met en marche une relation qui devrait potentiellement continuer à exister après qu'on aura cessé de parler. Si l'on refuse cette relation ou que l'on croit qu'elle n'est pas possible, on n'entame pas la conversation. Il est probable que deux couples français assis à des tables voisines à l'aéroport de Chicago ne s'adresseront pas la parole. De là viennent les accusations de "froideur" lancées par les Américains contre les Français; de là aussi viennent la surprise des Français devant la facilité du contact américain avec les inconnus et leur désarroi quand un interlocuteur

---

[1]. Raymonde Carroll, *Evidences invisibles: Américains et Français au quotidien* (Paris: Seuil, 1991).

américain avec qui ils ont parlé pendant une soirée semble ne plus les reconnaître la semaine suivante. En France, la parole et la conversation jouent un rôle de ciment social plus fort qu'aux Etats-Unis.

LES FRONTIÈRES PHYSIQUES ENTRE LES PERSONNES

Dans les rapports avec les autres, la position physique des individus obéit à certains codes qui varient suivant les cultures. Lorsque les Français parlent entre eux, par exemple, ils se tiennent généralement plus près de leur interlocuteur que les Américains. Ces derniers semblent avoir besoin d'un espace personnel plus large. Dans les restaurants, les cafés, les ascenseurs, les Français acceptent plus facilement que les Américains de disposer d'un espace personnel réduit. Dans une file d'attente française, les personnes qui vous suivent se collent contre vous, de peur que quelqu'un d'autre ne s'infiltre entre vous et eux. Les maisons et les voitures sont généralement plus petites en France qu'aux Etats-Unis. Les Américains ont tendance à donner à l'espace une forte signification sociale: être spatialement proche de quelqu'un (être voisin, par exemple) entraîne normalement l'établissement de relations. Si l'on ne veut pas entrer en relation avec d'autres personnes, il faut établir ou maintenir une distance spatiale entre soi-même et ces personnes. En France, la distance ou la proximité n'ont pas autant de signification sociale: être spatialement proche de quelqu'un n'oblige à aucune relation, à aucune conversation. On reste toujours silencieux près d'une personne inconnue qui se trouve tout proche dans l'ascenseur. On peut, plus facilement qu'aux Etats-Unis, être voisin et inconnu, voisin et ennemi.

L'habitude française de serrer la main ou d'embrasser (faire la bise à) quelqu'un que l'on connaît chaque fois qu'on le voit pour la première et la dernière fois dans la journée étonne souvent les Américains. En règle générale, les Français embrassent tous les membres de leur famille et leurs amis. La bise se donne le plus souvent une fois sur chaque joue, sans toucher l'autre personne avec les mains, en commençant par la joue droite (au Québec, on commence par la joue gauche). Dans certaines familles ou certaines régions (dans le sud-est en particulier) on donne une troisième bise et même parfois une quatrième (dans la vallée de la Loire). Un homme ou une femme française peut donc serrer la main ou embrasser quelqu'un jusqu'à 730 fois par an si cette personne est vue tous les jours. Il n'est pas rare d'être obligé d'embrasser 10 ou 15 personnes à la suite si l'on arrive en retard à une soirée entre amis. Hors de la famille, on n'embrasse généralement pas une personne rencontrée pour la première fois; on lui serre la main. Les Français ne pratiquent pas l'étreinte à l'américaine (*hugging*), sauf dans des circonstances rares ayant une forte charge émotionnelle. La poignée de main française est courte et sèche: on secoue la main de l'autre personne une seule fois et non pas plusieurs fois pendant que l'on parle, comme le font parfois les Américains. Serrer la main ou faire la bise permet d'établir entre les individus la proximité physique normale correspondant à leur degré d'intimité. Cela permet aussi d'établir d'une manière très claire le début et la fin d'un rapport interpersonnel et la nature de ce rapport (familier-formel). On retrouve ici l'habitude française (inverse de celle des Américains) de faire figurer de manière visible et explicite les limites entre les gens et entre les choses.

La multiplication des murs et des clôtures dans le paysage urbain français traduit aussi la volonté de marquer clairement des limites entre les espaces privés. Dans les banlieues américaines, les frontières entre propriétés semblent imprécises: rien ne marque clairement où commence la pelouse de Madame X et où finit celle de Monsieur Y, et cela ne gêne personne. Ce "flou" mettrait la majorité des Français mal à l'aise: s'il n'y a pas de limite visible, diront-ils, comment les enfants des voisins seront-ils avertis qu'ils pénètrent sur mon territoire? Et s'il n'y a pas de mur pour être protégé du regard des voisins, comment se sentir vraiment libre? L'espace privé étant un lieu où ne peuvent pénétrer que les personnes appartenant au cercle des proches, il est vital que cet espace soit défendu contre les "intrus." Pénétrer sur une pelouse, c'est comme entrer dans une chambre.

Aux Etats-Unis, lorsque qu'on veut protéger sa vie privée, on a recours non pas à des murs, mais plutôt à l'espace: les grandes pelouses qui entourent les maisons des banlieues américaines sont une sorte de *no man's land* destiné surtout à établir une distance; peu importe, donc, leurs limites et qui marche dessus. Les Français, qui ne comprennent pas ce rôle, sont choqués par ce qui leur apparaît comme un énorme gaspillage d'espace dans l'habitat américain.

LA MORALE DU CORPS

Les attitudes sociales concernant le corps humain sont marquées par de nombreux présupposés moraux qui touchent de près à la religion et à la conception qu'une société se fait de la sexualité, de l'hygiène, ou de l'esthétique. Parce qu'elles font plus appel à la conscience, ces attitudes peuvent évoluer plus vite que les habitudes physiques (gestes) dont il est difficile de se défaire. Sur le plan de la conception morale du corps, des différences existent entre les Français et les Américains.

En Occident, la vision du corps a été fortement influencée par l'idée, qui s'est répandue à l'époque de l'empire romain, que le corps et les sens sont sources de mal, d'immoralité. Cette vision négative a beaucoup marqué la morale sociale en Europe, notamment les attitudes vis-à-vis de la sexualité et aussi de la sensualité. Sur ce dernier point, on note des différences entre les pays de culture majoritairement protestante (Grande-Bretagne, Pays-Bas, Allemagne, pays scandinaves) qui ont été dans le passé plus méfiants vis-à-vis du plaisir sensuel, et ceux de culture latine et catholique (France, Italie, Portugal, Espagne) où la sensualité a suscité moins d'appréhension et a été mieux acceptée. L'Eglise catholique elle-même a longtemps utilisé les sens pour attirer les fidèles et susciter l'émotion spirituelle: cérémonies grandioses, encens, belle musique, oeuvres d'art dans les églises (toutes choses exclues dans les églises protestantes). On remarque également que les pays de culture protestante n'ont pas produit de grandes traditions culinaires comme celles de l'Italie ou de la France; il n'y a pas beaucoup de restaurants anglais ou suédois à Paris ni à New York. De même, on remarque que les Américains (et les Européens du Nord en général) tendent à utiliser les boissons alcoolisées pour produire un état d'euphorie, tandis que les Français (et les Européens du Sud) les considèrent plutôt comme des aliments qui procurent un plaisir sensuel. Cela peut expliquer ce qui semble un paradoxe pour les Américains: les Français consomment plus de boissons alcoolisées que les Américains, mais il est assez rare de voir des personnes complètement soûles en France. Seule une légère ébriété après un repas est assez courante et considérée comme socialement acceptable (sauf si l'on conduit une voiture). Pour les adolescents français, consommer une boisson alcoolisée n'est pas un rite de passage dans le monde adulte tel qu'on le voit aux Etats-Unis. Dès 14 ou 15 ans, les jeunes Français peuvent commencer à boire un peu de vin ou de bière pendant les repas à la maison. A partir de 18 ans, la loi leur permet de consommer des boissons alcoolisées dans les cafés ou les restaurants. Certes, il arrive plus souvent que dans le passé que des jeunes Français s'enivrent au cours de soirées, mais c'est moins fréquent et moins intentionnel qu'aux Etats-Unis.

En France, les toilettes publiques sont souvent payantes et gardées. Dans les rues des grandes villes, on trouve des cabines automatisées payantes. La séparation hommes-femmes est moins stricte qu'aux Etats-Unis et les urinoirs des hommes ne sont pas toujours cachés à la vue des femmes, ce qui ne semble gêner personne. Le personnel chargé du nettoyage entre dans les toilettes du sexe opposé à n'importe quel moment. On trouve d'ailleurs assez souvent des toilettes "unisexe."

En France, comme ailleurs en Occident, la morale sociale du corps est devenue beaucoup plus libérale et individualiste depuis les années 1970. Une vision moins angoissée du corps s'est répandue avec la perte d'influence de la religion sur les comportements individuels, notamment sexuels. La France a connu une véritable révolution sur ce plan à partir des années 1970. Les tabous traditionnels sur la nudité—au cinéma, à la télévision, dans la publicité, sur les plages—ont disparu. Les seins nus sont autorisés pour les femmes sur les plages françaises depuis le début des années 1970. C'est une pratique qui reste minoritaire, mais qui ne choque personne. La morale du corps tend à devenir une affaire individuelle, chacun choisissant ses propres normes et acceptant celles suivies par les autres.

Cette tolérance croissante s'est heurtée aux pratiques d'une minorité de musulmans de France qui prônent une conception conservatrice de la morale du corps en conflit avec les normes de la société française contemporaine. En 2016, quelques femmes musulmanes sont parues sur des plages avec un maillot de bain couvrant tout le corps (mais pas le visage) surnommé "le burkini" (de "burqa" et "bikini"). Suite aux troubles accompagnant l'apparition de ce vêtement (des personnes photographiaient ces femmes ou leur faisaient des remarques désobligeantes), des autorités locales interdirent de porter un burkini sur ces plages. Ces interdictions suscitèrent un grand débat, et furent annulées par le Conseil d'Etat, car aucune loi nationale n'interdit de porter certain types de vêtements sur une plage. Par contre, porter en public une burqa, vêtement qui cache tout le corps y compris le visage des femmes, est interdit par la loi depuis 2010 pour des raisons de sécurité publique.

Au cours des décennies récentes, les Français ont manifesté un intérêt très accru pour la santé, l'apparence du corps, et la "forme" physique, suivant un mouvement qui s'est d'abord développé aux Etats-Unis dans les années 1970–1980. L'effondrement des grands systèmes idéologiques (communisme, fascisme) et des grands idéaux (faire la révolution, pacifisme, tiers-mondisme) a provoqué un repli des individus sur ce qu'on peut voir et toucher immédiatement: la famille, l'argent, le corps humain. Les Français ont, comme les Américains, adopté une approche plus narcissique de la vie, donnant au soin du corps une place plus grande qu'auparavant dans les activités sociales et les préoccupations de chacun. La pratique des sports et de toutes les thérapies corporelles (par exemple le yoga ou la thalassothérapie) s'est énormément développée. Ces changements ont fait émerger en France (comme ailleurs en Occident) une culture parfois appelée "post-moderne" dans laquelle le corps et l'esprit ne sont plus vus comme séparés l'un de l'autre. C'est une révolution dans un pays où les sports et l'exercice physique étaient jadis peu valorisés par rapport aux activités de l'esprit.

Discussions

1. Parmi les différences entre Français et Américains mentionnées dans ce chapitre, laquelle vous paraît la plus importante ou la plus intéressante? Pourquoi?
2. Que pensez-vous de l'habitude française de faire la bise à une personne qu'on rencontre ou qu'on quitte?
3. Un stéréotype courant chez les Français est de représenter les Américains comme des gens prudes. Qu'en pensez-vous?

Sujets de travaux oraux ou écrits

1. Faites une liste de quelques mots anglais et français qui ont la même orthographe et dites-les à haute voix. La prononciation de ces mots en français puis en anglais a-t-elle un rapport avec le contenu de ce chapitre?
2. Demandez à votre professeur de faire les huit gestes français ci-dessous et d'expliquer leur sens:
   - Au poil!
   - La barbe! Rasoir!
   - Extra!
   - Qu'est-ce que tu veux que j'y fasse?

- On se tire! On se casse!
- Mon oeil!
- Ras le bol!
- Tu peux toujours courir!
3. Faites les gestes qui répondent aux phrases suivantes:
    - Sais-tu que la tour Eiffel va être démontée puis remontée à Disneyland?
    - Que penses-tu de ce gâteau au miel et aux amandes?
    - Te sens-tu mieux aujourd'hui?
    - Comment trouves-tu ce cours de civilisation française?
    - Ma voiture est en panne et le garagiste refuse de la réparer.
    - En as-tu assez d'étudier?
    - La police risque d'arriver d'un instant à l'autre; qu'est-ce qu'on fait?
    - Peux-tu te retirer de la compétition pour me donner une meilleure chance?
4. Allez voir successivement un film français et un film américain récents et notez certaines différences gestuelles des acteurs dans les deux films.
5. Entamez une discussion avec des camarades de classe en suivant les règles de la conversation pratiquées chez les Français.

Chapitre 4
L'enfance et la première éducation

La "petite enfance" (0–6 ans) et l'"enfance" proprement dite (6–12 ans) sont cruciales pour l'apprentissage de la langue et la formation de l'identité culturelle. Cette identité est acquise très tôt, avant l'adolescence, par contact avec le milieu familial et avec le pays où l'on a passé son enfance. La conscience de cette identité viendra généralement plus tard, pendant l'adolescence ou à l'âge adulte, à l'occasion de contacts avec d'autres individus ayant une identité culturelle différente. Ainsi, les traits culturels essentiels qui distinguent un Américain d'un Français, inexistants à la naissance, sont pour l'essentiel déjà acquis à l'âge de 12 ans. Il est donc important de savoir comment les enfants français sont éduqués pour comprendre pourquoi les adultes français agissent ou pensent de telle ou telle manière. Quelles attitudes, habitudes, valeurs, et techniques les parents inculquent-ils à leurs enfants? Quels sont les points de vue français sur la socialisation et l'éducation?

L'image qu'un enfant acquiert de lui-même, de son corps, de ses limites, et de l'espace environnant reflète le monde tel qu'on lui apprend à le percevoir. L'enfant interprète lui-même son environnement en fonction de cette image. Ses relations avec ses parents, soeurs, et frères affecteront les relations qu'il aura avec d'autres personnes dans la vie. La structure familiale dans laquelle il a vécu pèsera lourd sur sa façon de concevoir comment la société devrait être organisée. Le vote d'un Français, sa manière de conduire un véhicule, la façon dont il passe son temps de vacances, la manière dont il gère sa maison sont, en partie, le produit de son éducation. Les parents français sont très conscients de ce rapport entre l'éducation et le comportement en société.

La famille française d'aujourd'hui accueille les enfants avec enthousiasme, mais en nombre restreint: un ou deux généralement, plus rarement trois. La légalisation de la contraception (1967) a réduit le nombre de naissances non désirées et l'on présume aujourd'hui (ce n'était pas le cas autrefois) que les naissances sont toujours voulues par les parents.

UNE ÉDUCATION PLUS LIBÉRALE

Il existe de grandes différences dans la manière dont les Français éduquent leurs enfants, selon le niveau d'études des parents, leur classe sociale, leurs idées politiques, leur religion. Il y a eu aussi de très grands changements depuis les années 1970 dans ce domaine. L'éducation des enfants est devenue beaucoup moins autoritaire qu'auparavant. L'époque de la discipline rigide, de l'obéissance sans discussion, et des châtiments corporels n'est plus qu'un souvenir conservé par les adultes âgés de plus de 50 ans. Les parents français sont devenus plus libéraux et permissifs avec leurs enfants. Ils dialoguent avec eux, ils les écoutent. Ils cherchent à les convaincre plutôt qu'à leur imposer leur volonté. Les enfants français d'aujourd'hui ont une liberté et une autonomie inconnues autrefois. Ce changement a été en partie provoqué par le changement de fonction de la famille et par l'individualisme croissant de la société: on ne pense plus aujourd'hui que l'intérêt de la famille passe avant celui des individus qui la composent. L'un et l'autre vont de pair. L'intérêt de la famille, c'est que l'enfant puisse s'épanouir de manière harmonieuse afin de devenir un adulte équilibré.

Il n'y a plus de consensus social sur ce que doit être l'enfant idéal, l'enfant "modèle." Cette image a disparu et les parents français éduquent leurs enfants en suivant leurs idées personnelles. Il y a donc des différences beaucoup plus grandes qu'auparavant dans la manière dont les parents élèvent leur enfants: certains parents restent rigides et autoritaires "à l'ancienne"; d'autres au contraire laissent leurs enfants faire ce qu'ils veulent; la majorité suivent une ligne intermédiaire. Ces changements importants dans le style de l'éducation des enfants n'ont toutefois pas fait table rase du passé et certaines différences profondes subsistent entre l'éducation à la française et l'éducation à l'américaine.

EDUCATION À LA FRANÇAISE, ÉDUCATION À L'AMÉRICAINE

En général, Américains et Français ont du mal à comprendre la façon dont on élève les enfants dans l'autre culture. L'éducation à l'américaine a mauvaise réputation en France. On pense souvent que les enfants américains sont "mal élevés" par des parents qui les laissent faire tout ce qu'ils veulent. Par exemple, beaucoup de Français reprochent aux parents américains de permettre à leurs enfants d'interrompre les conversations entre adultes. L'éducation française des enfants ne s'en sort guère mieux dans le jugement des Américains parce qu'elle leur semble trop réprimer la liberté de l'enfant. Par exemple, beaucoup d'Américains reprochent aux parents français de trop bien habiller leurs enfants de manière qu'ils ne peuvent pas jouer librement sans peur de se salir.

Tous les parents savent que l'enfance est une période transitoire de la vie. Mais les parents américains donnent souvent l'impression qu'ils considèrent l'enfance comme un état privilégié qu'il faut protéger des laideurs de la vie auxquelles les adultes sont confrontés. On ne doit donc pas initier trop tôt les enfants aux réalités du monde adulte; il faut qu'ils gardent leur innocence naturelle aussi longtemps que possible. Le film américain *E.T.* illustre bien ceci en donnant à l'enfant, et non aux adultes, une sorte de supériorité morale et la capacité d'entrer en contact avec un extra-terrestre. L'album de jeunesse américain *The Polar Express* offre aussi une image des enfants qui seuls peuvent communiquer avec le père Noël. L'enfance est un moment de la vie dont l'adulte devrait garder la nostalgie, un peu comme si c'était une sorte de paradis perdu. La publicité américaine pour certains produits

4.1 Les enfants français ne peuvent pas jouer n'importe où.

(films, jeux, voyages à Disneyland) joue sur ce sentiment avec des slogans sur le thème *"Become a child again,"* ou *"Rediscover the child in you."* Un tel argument affecterait moins les Français parce que l'idée de retrouver une part d'enfance en soi-même serait comprise comme un retour vers l'ignorance et le manque de maturité. Ceci ne veut pas dire du tout que les Français ignorent l'enfance, qui a souvent été un thème favori de la littérature et du cinéma français, mais les Français perçoivent l'enfance comme étant plus en continuité avec le monde adulte.

Le cinéma français, par exemple, montre souvent une image très émouvante de l'enfance, peut-être parce qu'il met l'accent (beaucoup plus que le cinéma américain) sur l'intégration des enfants dans le monde des adultes. Les enfants des films français sont souvent plongés dans un univers qui les dépasse et qu'ils essaient de comprendre. On peut citer, par exemple, *Jeux interdits* (1952, René Clément), *Un sac de billes* (1975, Jacques Doillon), *L'Argent de poche* (1976, François Truffaut), *Ponette* (1996, Jacques Doillon), *La classe de neige* (1998, Claude Miller), *Le petit Nicolas* (2009, Laurent Tirard), *Le gamin au vélo* (2011, Jean-Pierre et Luc Dardenne). On pense au jeune élève d'*Au revoir les enfants* (1987, Louis Malle) qui, en 1943, ne comprend pas pourquoi les soldats allemands emmènent un de ses camarades juifs avec eux. On pense à la scène du *Grand chemin* (1987, Jean-Loup Hubert) dans laquelle deux jeunes enfants cachés dans la paille regardent avec étonnement deux adultes faire l'amour. Cette scène évoque la découverte précoce de la sexualité par les enfants. Qu'on le veuille ou non, les enfants se trouvent confrontés un jour ou l'autre, et dans des circonstances imprévues, aux actions des adultes; c'est souvent ainsi que se fait l'apprentissage de la vie. La société française protège par ses lois les enfants de ce qui pourrait les choquer ou les traumatiser (par exemple les films violents ou pornographiques qui leur sont interdits), mais en général, elle cherche moins que la société américaine à isoler les enfants de la connaissance des réalités du monde adulte. Dans une société qui survalorise la maturité, la précocité, et la connaissance, l'innocence enfantine n'est généralement pas très appréciée.

L'ENFANT FRANÇAIS "PRODUIT" DE SES PARENTS

Etre humain, l'enfant est aussi un monstre potentiel s'il est abandonné à lui-même, car l'être humain contient à la fois le bien et le mal. Il faut donc le modifier pour la vie sociale. Le mot français "formation," synonyme d'"éducation," exprime bien cette conception de l'éducation comme une mise en forme qui s'oppose à l'idée d'un développement libre et spontané. On fait assez peu confiance à la liberté de celui qui n'est au départ qu'un petit être "sauvage." Toute initiative et tout critère en matière de socialisation doivent provenir d'éducateurs compétents, seuls capables de faire jouer les forces rationnelles: parents, maîtres, professeurs, et tous les adultes compétents en matière d'éducation et d'instruction. L'éducation à la française est hostile à la méthode de "l'apprentissage par les erreurs" qui laisse l'enfant découvrir lui-même où est la bonne voie. On considère en effet que l'enfant ne peut pas découvrir où est son intérêt en tant que futur adulte et que seuls les adultes le savent. Ceux-ci ont donc le devoir d'utiliser leur autorité de parents et leur pouvoir de persuasion pour convaincre l'enfant d'agir selon la voie qu'ils considèrent la meilleure pour lui. L'enfant français apprend ainsi à avoir moins confiance dans son initiative personnelle que l'enfant américain. Il apprend souvent à fuir la spontanéité et à s'en remettre à ceux qui, au dessus de lui, savent mieux que lui où se trouve son intérêt.

Un autre élément important est celui de la responsabilité des parents français. Comme c'est exclusivement à eux—et non à leur enfant—qu'incombe la tâche de transformation vers l'état adulte, ils sont considérés comme responsables de ce que devient cet enfant. L'enfant est vu comme le produit de ses parents. Les parents sont donc jugés sur leurs enfants. Lorsqu'aux Etats-Unis un enfant ou un adolescent commet un acte blâmable, c'est d'abord l'enfant ou l'adolescent que l'on incrimine parce que l'on présume qu'il ou elle est habituée à une certaine indépendance et—théoriquement au moins—connaît ses responsabilités (même si les parents sont, comme en France, légalement responsables des actes de leurs enfants). En France, les parents sont tenus comme étant plus moralement responsables des actes de leurs enfants. Les fautes commises par les enfants y sont vues comme la conséquence d'une déficience des parents qui ont manqué à leur devoir d'éducateurs. Les parents français vivent donc—plus que les parents américains—dans la crainte que leur enfant n'agisse "mal" car cela montrerait à autrui, d'une manière humiliante pour eux, qu'ils ne savent pas éduquer leur enfant. L'injure la plus fréquente en France consiste à dire à quelqu'un qu'il est "mal élevé." Elle englobe donc aussi les parents de la personne injuriée. Ce sentiment de responsabilité intense des parents fonctionne dans les deux sens. Les réussites (scolaires, professionnelles) des enfants sont vues comme la récompense des talents éducatifs des parents: ceux-ci méritent d'être personnellement fiers des succès de leurs enfants puisque ce succès a été obtenu grâce à eux.

En France, tout se passe donc comme si le fait d'éduquer ses propres enfants était une responsabilité sociale plutôt qu'une responsabilité individuelle comme aux Etats-Unis. En ayant un enfant, vous avez automatiquement accepté de devenir éducateur ou éducatrice, fonction que vous remplissez au nom de la société française. La société a droit de regard sur la manière dont vous accomplissez votre tâche et personne ne se privera de vous critiquer en public pour vos défaillances dans ce domaine. Tous les adultes se sentent investis de responsabilités parentales à l'égard de tous les enfants. En l'absence des parents, ou si ceux-ci oublient leurs devoirs, on voit presque toujours d'autres adultes (même des inconnus qui passent) intervenir pour remplir leur fonction: "Si tes parents savaient ce que tu fais, ils ne seraient pas contents"; "Ta maman ne t'a jamais dit qu'il ne faut pas faire cela?" On remarque d'ailleurs qu'en France les adultes tutoient toujours tous les enfants (jusque vers l'âge de 12 ans). Cette conception française de la responsabilité des parents s'oppose à la conception américaine qui voit dans l'éducation des enfants une affaire purement individuelle et privée sur laquelle "les autres" n'ont pas le droit de regard. Les parents américains n'ont pas le sentiment d'avoir des comptes à rendre à la société sur la bonne ou mauvaise éducation de leurs enfants. On remarque toutefois que certaines écoles et cours de justice américaines

4.2 Avertissement dans le métro parisien. Les adultes tutoient tous les enfants.

combattent aujourd'hui cette attitude et tiennent les parents responsables des défaillances graves de leurs enfants.

L'APPRENTISSAGE DES RÈGLES

Avoir le sens des limites et des frontières dans l'espace et dans le temps est, en France, considéré comme une qualité fondamentale de toute personne mûre et éduquée. L'apprentissage précoce de ce sens est donc très important dans la famille française, surtout dans les familles traditionnelles. Ceci est particulièrement visible dans ce qui se rapporte aux processus d'alimentation et d'élimination chez les très jeunes enfants. Tout ce qui concerne la nourriture est généralement plus ritualisé en France qu'aux Etats-Unis: cuisiner ou manger obéit à des règles précises que tout le monde connaît et qui sont suivies avec une certaine rigidité. En France, en effet, manger et boire jouent un rôle plus important et plus central dans les rapports sociaux qu'aux Etats-Unis: on mange généralement en famille (au moins le soir) et il serait hors de question d'organiser des activités pour les jeunes à l'heure du dîner. D'une façon générale, tout ce qui se rapporte à la bouche (alimentation, parole) est vu comme important dans l'éducation des enfants en France.

Très tôt—dès que l'enfant peut être assis avec une assiette devant lui—les parents cherchent à lui inculquer le sens de limites à respecter et l'idée que manger s'ordonne selon des règles qui restreignent sa liberté mais qui l'intègrent à la société. On mange ce qui est présenté dans l'assiette. On ne commence à manger ni avant ni après les autres. On mange chaque plat l'un après l'autre suivant un ordre précis, toujours le même (entrée ou *appetizer*, plat principal, salade, fromage, dessert). On doit manger en quantité modérée des mets formant un repas équilibré. On doit finir ce qui est dans son assiette. On ne met jamais de main sous la table quand on mange. On ne mange pas entre les repas. On ne mange jamais ailleurs qu'à table (sauf le goûter pris l'après-midi par les enfants). La rigidité de ces règles commence à se relâcher un peu depuis quelques années mais elles restent néanmoins les règles que tout le monde apprend.

Une attention considérable est apportée par les parents français à la qualité de ce qui est absorbé par le corps de l'enfant et qui doit aussi obéir au sens des limites et de l'équilibre. On surveille de près le développement physique de l'enfant. On s'inquiète s'il est trop maigre ou trop gros. Les règles qui ordonnent l'absorption de nourriture s'appliquent aussi hors de la maison. Dans les cantines scolaires où les enfants mangent souvent le midi, on sert toujours des repas avec entrée, viande ou poisson, légumes, et dessert, suivant des menus contrôlés par les diététiciens rattachés aux écoles. On plaindrait l'enfant qui serait condamné à manger des sandwiches (réservés aux pique-niques ou aux repas anormalement rapides) au lieu d'un "vrai repas." C'est dès l'école maternelle, effectivement, qu'on inculque le sens du goût et le développement du palais aux enfants. Voici comment sont annoncés

Menu pour les écoles maternelles et élémentaires de la ville de Dijon, novembre 2019				
LUNDI	**MARDI**	**MERCREDI**	**JEUDI**	**VENDREDI**
Taboulé à la semoule bio Émincé de poulet sauce milanaise Cordiale ligne Fromage à la fleur de sel de Camargue Banane	Rosette/Cornichons* Filet de flétan sauce beurre citron Purée parmentière Yaourt brassé aux fruits Mandarine	Céleri rémoulade aux pommes Sauté de veau sauce financière Flan de brocolis Fromage Gâteau basque	Cake aux petits légumes Sauté de bœuf au pain d'épices Trio de légumes Fromage à l'ail et aux fines herbes Ananas frais	Duo de chou blanc et carottes Rôti de porc IGP au jus* Salsifis à la provençale Fromage blanc Tarte aux pommes

*Ce plat comporte du porc. Un plat de substitution est proposé aux enfants ne consommant pas de porc.

4.3 Menu de cantine scolaire.

au menu plusieurs plats d'un repas pour les enfants de 3 ans: "tagine de dinde aux pruneaux," "veau marengo," "cabillaud aux épices du soleil."

Les enfants français apprennent aussi très tôt l'importance sociale de la parole au moment des repas. En France—plus qu'aux Etats-Unis—la fonction d'un repas n'est pas seulement de manger, mais aussi de communiquer avec les autres. Manger et parler vont ensemble. Aujourd'hui, les parents français parlent beaucoup avec leurs jeunes enfants à table. Dans une société où les deux parents travaillent et où les enfants vont à l'école dès l'âge de 3 ans, le dîner est un des rares moments de la journée où tous les membres d'une famille se retrouvent ensemble et peuvent communiquer. On encourage donc les enfants à s'exprimer, même si on n'accepte généralement pas qu'ils coupent la parole à un adulte.

L'enfant français apprend aussi très tôt à utiliser la parole à la place de la violence physique pour exprimer l'agressivité. La colère doit toujours s'exprimer verbalement ("Arrêtez de vous battre! Vous avez une langue, non?"); il est malsain de la garder pour soi et encore plus malsain de l'exprimer par des coups. La violence verbale est une manière "saine" et légitime d'éviter ou de retarder la violence physique, même si cette dernière existe bien chez les enfants français. L'expression française courante "en venir aux mains" pour désigner le fait de se battre traduit l'idée que la violence physique est quelque chose qui dépasse les limites d'un comportement normal. Le niveau d'agressivité verbale pratiqué et accepté dans la vie quotidienne est nettement plus élevé en France qu'aux Etats-Unis. Les Français expriment souvent leurs sentiments ou leurs opinions par des mots ou des expressions "extrêmes," ce qui est plus rare chez les Américains. Une phrase familière comme "écoute, tu nous pompes l'air, toi" (littéralement: *listen, you are suffocating us, you*) signifie "laisse-nous tranquilles." Le sens littéral de ces expressions est très affaibli par leur usage répété à toute occasion et il est fort possible que la personne qui "pompe l'air" puisse rire quelques minutes plus tard avec celle qui lui a lancé la phrase. L'agressivité verbale est souvent ritualisée de telle sorte qu'elle n'est pas du tout prise à la lettre: on sait que les gens ne veulent pas dire ce qu'ils disent. Ignorant les codes linguistiques français, les Américains qui visitent la France peuvent être facilement choqués par des mots qui ne blessent pas ou ne choquent pas les Français. Les Français peuvent aussi, plus facilement que les Américains, prononcer des paroles blessantes tout en restant parfaitement polis. En Amérique, la colère s'exprime aussi par des mots mais, plus souvent qu'en France, elle est soit restreinte, soit exprimée par la violence physique. Le coup de poing dans la figure précédé d'un long silence appartient au cinéma américain. Et plus qu'en France, les mots veulent dire ce qu'ils disent littéralement.

L'éducation relative aux fonctions d'élimination obéit aussi à cette conception française ritualisée de la vie quotidienne. Dès que possible, les très jeunes enfants doivent apprendre à faire leurs besoins naturels en privé: ces choses-là ne se font pas en public. Jusqu'à peu près 5 ans toutefois, les petits garçons peuvent uriner sans se mettre tout à fait à l'écart. C'est un code arbitraire, comme le fait de ne pas manger avec ses doigts. On ne transmet guère à l'enfant l'idée que le corps et ses fonctions naturelles ont quelque chose de "sale." Cette attitude est différente de celle des Américains qui, eux, cherchent surtout à éliminer de l'existence saleté, malpropreté, et mauvaises odeurs, comme si celles-ci équivalaient au "mal." Il faut dire aussi que de tout temps les Français ont accepté plus facilement que les Américains les aspects désagréables du corps humain. Une publicité française pour une eau minérale annonce, "Buvez, éliminez"; c'est un slogan impensable aux Etats-Unis. Une autre publicité pour un yaourt annonce "Bon pour le transit intestinal!" De même, alors que les Américains souffrent parfois de ce que leur interlocuteur français se tient très près d'eux, les Français, moins sensibles aux odeurs de vin, de nourriture, de sueur qui se dégagent toujours d'une foule un peu serrée, paraissent moins gênés qu'eux dans les mêmes circonstances.

Sur le plan émotionnel et sur le plan verbal, l'enfant français apprend à être très indépendant, mais dans tout ce qui concerne l'action physique et ses rapports avec le monde physique, on lui enseigne à faire attention, à être sur ses gardes. On lui apprend très vite à respecter les limites et les frontières établies pour lui par les adultes. Il serait tentant de croire que l'enfant français, restreint dans sa liberté d'action par le sens des limites qu'on lui inculque, se sent moins libre que l'enfant américain. En réalité, une fois que l'enfant français a accepté de respecter les exigences de comportement social qui lui sont imposées par les adultes, ceux-ci le laissent très libre. Ces exigences, en effet, sont purement formelles: connaître les codes et les règles. Elles ne font pas appel aux sentiments de l'enfant et n'exigent de lui aucune adhésion morale. L'enfant français n'est pas soumis aux mêmes pressions que l'enfant américain pour se sentir d'accord ou en harmonie avec le groupe dont il fait partie. Il n'apprend pas à se sentir coupable s'il ne partage pas les mêmes sentiments que ceux qui l'entourent. Les sentiments de l'enfant lui appartiennent; il est libre de penser ce qu'il veut. Parents et maîtres verront même souvent d'un oeil favorable le fait qu'il pense différemment d'eux et qu'il le dise; cela montre qu'il "a de la personnalité." L'enfant français construit autour de lui-même, autour de

4.4 Sortie scolaire à Paris.

sa "personnalité," un mur psychologique. A l'intérieur de ce mur, il est dans son monde, dans son domaine propre, il est libre, à l'abri des intrusions d'autrui.

Discussions

1. Quelle est, à votre avis, la plus importante différence entre Français et Américains dans la manière d'éduquer les enfants?
2. Quels sont les avantages et les inconvénients d'être un enfant français ou un enfant américain? Un parent français ou un parent américain? Pourquoi?
3. Pourquoi les Américains peuvent-ils être facilement blessés ou choqués par des mots qui ne blessent pas ou ne choquent pas les Français?
4. L'éducation française et l'éducation américaine peuvent-elles produire des différences entre adultes français et américains? Lesquelles?
5. L'enfant français est-elle ou est-il plus libre que l'enfant américain?

Sujets de travaux oraux ou écrits

1. Faites une analyse de la vie des enfants à Peyrane dans le livre de Laurence Wylie *Un Village du Vaucluse* (Paris: Gallimard, 1968).
2. Choisissez avec l'accord de votre professeur un roman français du 19e siècle ou de la première moitié du 20e siècle. Montrez ce que ce roman peut nous apprendre sur les mœurs familiales françaises de l'époque.
3. Si dans votre ville ou votre région habite une Française ou un Français, questionnez-la ou -le sur son enfance.
4. Allez demander à des parents français et des parents américains ayant de jeunes enfants et appartenant à des classes sociales équivalentes comment ils éduquent leurs enfants. Comparez leurs réponses et essayez de déterminer quelles différences culturelles révèlent-elles.

Chapitre 5
La jeunesse et la socialisation

Les enfants français sont éduqués dans un système qui leur demande de suivre des règles de comportement assez bien définies et de respecter des limites précises dans ce qu'ils peuvent faire ou ne pas faire. Autrefois (jusqu'aux années 1960), cela leur était imposé d'une manière rigide et autoritaire par les adultes. Ce n'est plus du tout le cas aujourd'hui. Les adultes sont beaucoup plus souples et tolérants dans leur façon d'éduquer les enfants. Les parents n'ordonnent plus beaucoup, ils écoutent, suggèrent, conseillent, cherchent à convaincre. L'approche douce et libérale domine. Toutefois, les fondements culturels du système de socialisation n'ont pas été bouleversés.

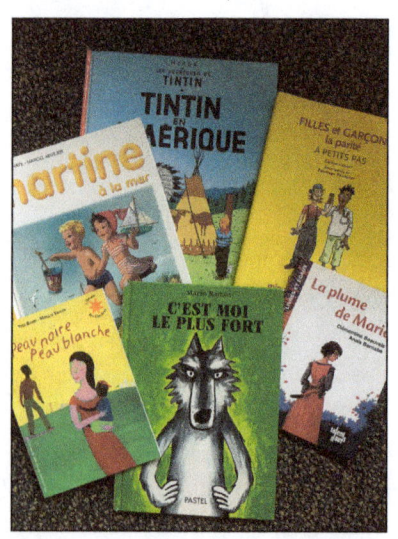

5.1 La socialisation se fait aussi à travers les livres pour enfants.

VIE PUBLIQUE, VIE PRIVÉE

Les jeunes Français apprennent très tôt que leur existence se déroule simultanément dans deux univers qui se définissent l'un par rapport à l'autre. Il y a d'une part le monde de la société qui exige que l'on connaisse et que l'on respecte—au moins dans la forme—les règles, les codes, les apparences, sous peine d'être rejeté. Il y a d'autre part—bien distinct du précédent—le monde privé et intérieur de chaque individu, lieu par excellence de la liberté, du rêve, de la fantaisie, auquel on n'accède qu'en échappant à l'autre monde. Alors que les Américains s'efforcent de ne pas séparer ces deux mondes, de les faire coïncider, les Français apprennent au contraire, dès l'enfance, à les distinguer, à les opposer, et à jouer simultanément avec chacun d'eux.

En échange du respect des règles sociales, l'enfant est assuré que les autres lui reconnaîtront un espace privé bien à lui, un sanctuaire de liberté protégé des regards extérieurs. Violer cet espace, y pénétrer sans autorisation, c'est briser un principe fondamental et risquer de susciter de violentes réactions. Cet univers privé et plus ou moins secret peut être concret et visible. A l'école, par exemple, le sac ou le cartable de l'enfant représentent ce lieu protégé. A la maison, la chambre et le petit bureau de l'enfant ou de l'adolescent jouent la même fonction. L'écrivain François Mauriac évoque ses souvenirs d'enfance:

> Avoir une chambre où j'eusse été seul, ce fut le désir frénétique et jamais satisfait de mon enfance et de ma jeunesse: quatre murs entre lesquels j'eusse été un individu, où je me fusse retrouvé enfin. Celui de mes frères qui partageait ma chambre, sans doute en souffrait-il autant que moi, car nous étions arrivés à nous rendre presque invisibles l'un à l'autre, tant nous avions su délimiter nos domaines respectifs.[1]

Il faut maintenir l'intégrité de cet espace exclusif aux frontières très précises. Devenu adulte, l'ancien élève conservera les habitudes acquises et donnera à son domicile et à son jardin le même rôle qu'à son cartable ou à sa chambre. Un bon exemple littéraire se trouve dans *Le petit prince* d'Antoine de Saint-Exupéry (1943) et au cinéma dans *Le ballon rouge* (Albert Lamorisse, 1956).

Cet espace personnel de liberté que les Français apprennent dès l'enfance à protéger jalousement peut aussi être psychologique, moral, ou intellectuel. C'est alors l'intellect, les sentiments personnels, et l'imagination qui jouent le rôle du cartable. S'il n'est pas possible d'agir comme on le veut en société, on peut toujours penser ce que l'on veut, croire ce que l'on veut: là, la société ne peut rien voir, rien imposer. C'est la liberté absolue.

Ce rôle privilégié donné au monde intérieur—considéré comme lieu de la liberté séparé du monde social extérieur—permet aux Français de supporter sans trop de difficulté des contraintes qui paraîtraient plus lourdes aux Américains: poids, par exemple, de l'énorme bureaucratie centralisée de l'Etat; poids, aussi, d'une vie sociale avec des codes et des règles moins rigides que dans le passé, mais plus rigides qu'en Amérique. Chacun apprend à trouver des lieux ou des moyens lui permettant d'échapper à ces poids. La grande valeur donnée en France à la liberté d'opinion et de pensée reflète ce rôle de "contrepoids" indispensable joué par l'esprit et l'imagination face aux contraintes de la vie sociale extérieure.

---

1. Cité dans C.D. Rouillard (sous la direction de), *Souvenirs de jeunesse* (New York: Harcourt Brace, 1957), pp. 150–151.

Dans la société américaine, on ne retrouve pas une coupure aussi grande entre un monde extérieur des convenances ou des apparences et un monde intérieur de la liberté. L'idéal américain, c'est d'en faire un bloc: ce qu'on fait ou ce qu'on dit doit normalement correspondre à ce qu'on croit, à ce qu'on pense. Il ne doit pas y avoir de dédoublement de la personne entre l'extérieur et l'intérieur. Si le monde social extérieur est un monde de liberté, pourquoi aurait-on besoin de lui opposer un monde intérieur protégé et secret? Cette façon de voir les choses fait que les Américains se comportent parfois d'une manière qui, pour les Français, constitue une atteinte choquante à la liberté de l'individu. Certains Français en concluent qu'il y a moins de liberté aux Etats-Unis qu'en France. La société américaine, disent-ils, restreint la liberté non pas par des actions du gouvernement mais, plus subtilement, en imposant aux individus d'agir dans la transparence, sans pouvoir rien cacher. L'utilisation de détecteurs de mensonge, par exemple, les choque parce qu'elle représente une intrusion intolérable (à leurs yeux) dans le monde intérieur de l'individu. Ne pas pouvoir protéger sa pensée du regard des autres, c'est la fin de la liberté. De même, la liberté d'esprit—la liberté de ne pas croire en Dieu, par exemple—leur paraît réprimée aux Etats-Unis, où les pièces de monnaie et les discours politiques officiels affirment la croyance en Dieu comme si c'était quelque chose qui était imposé à tout le monde. Ce sont les Américains qui ont inventé les réseaux sociaux, très liés aux phénomènes de *oversharing* et *too much information (TMI)*.

La "pudeur" est un concept important inculqué très tôt aux jeunes Français. Ils apprennent que le monde intérieur privé de chaque individu doit être non seulement protégé et défendu, mais qu'on ne doit pas l'exposer au regard des autres. Il est indécent de trop révéler à autrui sur soi-même. Etaler aux yeux des autres ce que l'on a de plus intime, de plus privé, de plus personnel, est choquant et répréhensible; c'est "manquer de pudeur." Cette pudeur est beaucoup plus psychologique que physique. Ce n'est pas son corps qu'il faut cacher—il fait partie du monde des apparences, on peut donc l'exposer au regard des autres—mais ses pensées, ses sentiments, et ses actes intimes. Les mêmes personnes qui, sans hésiter, se mettront presque nues sur la plage pourront être gênées d'entendre un auditeur parler de ses problèmes sexuels à la radio.

Peu d'étudiants français accepteraient volontairement de partager pendant plusieurs mois leur propre chambre avec une personne inconnue, comme le font des milliers d'étudiants américains chaque année. Ici encore, le choix des Français n'est pas lié au corps—les Français acceptent mieux la proximité physique des autres que les Américains—mais à la crainte d'ouvrir son monde privé et personnel à des inconnus. Certes, la plupart des étudiants font leurs études à l'université dans la ville la plus proche de chez eux et habitent chez leurs parents pendant leurs études. Mais lorsque les Français sont forcés de partager une chambre avec d'autres individus inconnus—étudiants, écoliers pensionnaires, soldats à l'armée, malades des hôpitaux—ils le voient comme une contrainte inévitable que l'on supporte plus ou moins bien, mais à laquelle on cherche normalement à échapper.

Contrairement à ce qui se passe dans la société américaine, les Français évitent de confondre leur identité personnelle privée et leur identité sociale. Ils font une distinction bien claire entre les deux, comme s'ils étaient deux individus différents en même temps. Il en résulte souvent un dédoublement de l'identité qui surprend et trouble les Américains. Un Américain écrivant pour une raison professionnelle à une amie qui est directrice d'une entreprise commencera sa lettre par *"Dear Mary."* Un Français écrira: "Madame la directrice et chère amie," distinguant clairement la double identité (professionnelle d'abord, privée ensuite) de sa correspondante. Dans les bureaux américains, il est courant de voir des photos familiales personnelles affichées près des postes de travail, comme pour rappeler à chacun que personne privée et personne publique ne font qu'un. Dans les bureaux français au contraire, on ne trouve pas (ou très peu) de photos familiales. Chacun veut maintenir un mur parfaitement étanche entre qui il est au travail et qui il est chez lui. De même, une employée française présente généralement une façade neutre et impersonnelle au public avec lequel elle est en contact. Elle a très conscience de remplir une fonction indépendante de sa personne, un peu comme une actrice qui joue un rôle. Elle ne porte généralement aucun badge révélant son nom. Inutile d'attendre d'elle une attention spéciale, un sourire, quelque chose de personnel. En général, elle ne vous aidera pas au-delà de ce que sa fonction lui commande: c'est à vous de vous débrouiller. La politesse, et non une quelconque *friendliness* règle ses rapports avec vous. Mais si vous réussissez à établir avec elle une relation personnelle "privée" (découverte des origines dans un même village ou des amis communs, par exemple), il y a de fortes chances pour que tout change: elle devient quelqu'un d'autre, très aimable, prête à vous aider et à vous favoriser discrètement par rapport aux autres (elle fermera les yeux sur une petite entorse au règlement, par exemple).

Les Américains ont du mal à comprendre ces attitudes face auxquelles ils se sentent perdus. Ils se plaignent que les Français sont peu serviables dans les rapports publics. Raisonnant comme s'ils étaient aux Etats-Unis, ils s'imaginent que les Français n'aiment pas les Américains. Quand un client cherche un produit dans un supermarché américain, l'employé sollicité accompagne souvent le client jusqu'au rayon pour trouver l'objet convoité, ce qui impressionne beaucoup les Français aux Etats-Unis. Quand un serveur au restaurant accueille des clients à table aux Etats-Unis, il commence par se présenter avec son prénom, ce qui frappe beaucoup les Français.

C'est une double identité qui permet à beaucoup de jeunes Français d'accepter avec détachement des critiques et des réprimandes que supporterait mal un jeune Américain. En effet, seule l'identité sociale "extérieure" des Français est touchée par ces critiques. Un enseignant français annonce en classe la mauvaise note d'un élève (5 sur 20) et critique son devoir devant tous: "Ce travail est un véritable torchon! Regardez-moi toutes ces fautes. Vous vous moquez du monde! Il faudra cesser de rêver en classe, Dupont! A refaire!" L'élève regrette la mauvaise note, s'inquiète de la réaction de ses parents, mais il est conscient que ce jugement public ne s'adresse qu'à son identité "extérieure" d'élève. C'est l'élève Dupont, sa réputation scolaire, et l'image que les autres se font de lui qui sont touchés et non Jean Dupont dans sa personne intime et privée. Les parents Dupont penseraient que leur enfant doit se créer une carapace défensive; sinon, il serait trop vulnérable, trop facilement blessé.

JEUNESSE ET LIBERTÉ

En France, l'adolescence tend à être une période de plus grande liberté que l'enfance. En réaction contre la surveillance à laquelle ils étaient soumis, les adolescents français deviennent assez facilement rebelles ou bien renfermés sur eux-mêmes. Alors, les parents "lâchent du lest" ou desserrent la surveillance. Les amis offrent un refuge, un havre de liberté loin des pressions du milieu familial. On n'a pas encore d'emploi, mais l'on commence à voyager, seul ou avec des copains, parfois à l'étranger. On fait des choses un peu folles (colorier ses cheveux en vert, par exemple). Les Français acceptent aisément ce sursis avant la prise des responsabilités d'adulte. Le service militaire obligatoire a pendant longtemps marqué l'entrée dans le monde adulte pour les jeunes hommes; il a été aboli en 1997. (Depuis, la France a une armée uniquement professionnelle.)

Ce schéma est toutefois moins clair aujourd'hui que dans le passé. D'abord parce que le contraste entre enfance "sans liberté" et adolescence "libre" est moins marqué qu'avant dans la majorité des familles; et aussi parce qu'une période intermédiaire d'une dizaine d'années s'est intercalée pour beaucoup de jeunes entre la fin

5.2 Des jeunes devant le lycée Saint-Louis à Paris.

de l'adolescence et le début de la vie adulte. En effet, entre 18 et 28 ans, la majorité des jeunes sont soit étudiants, soit chômeurs, ou bien ont un emploi instable. Les jeunes Français ont beaucoup plus de mal à s'insérer dans le monde professionnel aujourd'hui que dans le passé. Depuis les années 1980 la difficulté de trouver un emploi satisfaisant quand on est jeune a créé une sorte de "post-adolescence" pendant laquelle on accumule les diplômes, les stages de formation, et les "petits boulots" plus ou moins temporaires. Ces jeunes sont plus pessimistes, démoralisés, et cyniques sur l'avenir que leurs parents au même âge. Ils ont souvent l'impression qu'ils arrivent trop tard, qu'il n'y a plus de place pour eux, ou que la société des adultes leur laisse seulement les "miettes" du festin. Des enquêtes ont montré que cette déprime est beaucoup plus forte chez les jeunes Français que chez les jeunes Américains du même âge.

Un autre mode d'évasion (moins courant) utilisé par les jeunes Français consiste à fuir la famille ou la société. Au lieu de se replier d'une manière défensive derrière le mur qui entoure la personnalité, l'individu quitte le milieu social dans lequel il a été élevé et "coupe les ponts" avec ce milieu. Cette coupure peut être physique (on part pour ne plus revenir) ou bien simplement morale, culturelle, ou sociale. Elle peut être temporaire ou permanente. Par exemple, une jeune fille d'une famille de la haute bourgeoisie parisienne a pris en horreur les moeurs et la mentalité de son milieu social et décide de gagner (mal) sa vie en jouant des petits rôles au théâtre. Une fille d'agriculteurs, mécontente que ses parents lui demandent d'exploiter leur ferme quand ceux-ci prendront leur retraite, "claque la porte" et part faire des études universitaires à Paris. Jadis, dans l'ancienne noblesse, les fils cadets écartés de la fortune familiale suivaient assez souvent ce modèle du "rebelle." On classait aussi dans ce groupe ceux qui partaient faire leur vie dans l'empire colonial. L'individu en état de rupture avec son milieu—soit parce qu'il est en révolte contre ce milieu, soit parce qu'elle aime l'aventure, le risque, et la liberté—est un type social qui occupe une place importante dans la culture française. La littérature et le cinéma reprennent souvent ce thème du révolté ou de l'inadapté: par exemple, Thérèse dans le roman *Thérèse Desqueyroux* (1927) de François Mauriac; au cinéma, Mona dans le film *Sans toit ni loi* (1985) d'Agnès Varda, ou bien Hippo dans *Un Monde sans pitié* (1989) d'Eric Rochant.

LOI ÉCRITE ET ÉTHIQUE DU DEVOIR

Une autre forme de résistance accessible aux jeunes Français est l'action clandestine. Derrière la muraille solide qu'ils se construisent, ils peuvent manoeuvrer et réaliser en secret ce qu'ils ne pourraient accomplir à ciel ouvert. Cette possibilité d'action clandestine fait corps avec le système social sous le nom de "système D." Le "système D" est l'art de se débrouiller (D), de se dégager d'une situation difficile par des moyens non réguliers, plus ou moins clandestins (mais pas nécessairement illégaux) qu'il faut savoir trouver et utiliser à son profit. Les enfants apprennent très tôt à utiliser le "système D" et font l'admiration de leurs proches s'ils se montrent débrouillards, parce qu'on sait qu'ils feront leur chemin dans la vie.

Un système D existe dans tous les pays sous différentes formes, mais il est intéressant qu'il n'existe pas une expression explicite en anglais pour le désigner. En France, contourner ou violer les règles sociales ou les lois écrites peut être durement sanctionné, mais souvent cela n'entraîne pas la même condamnation morale qu'aux Etats-Unis. En effet, ces règles et ces lois appartiennent au monde "extérieur" des contrats et conventions arbitraires de la vie en société. Elles apparaissent donc comme détachées de la morale qui, elle, appartient au monde "intérieur" de l'individu. L'éthique est fondée sur le sens de l'honneur et du devoir à l'égard de soi-même: est immoral ce qui est déshonorant. Chez les Américains, au contraire, l'éthique est plus fondée sur le sens de l'équité (*fairness*) et du devoir à l'égard des autres: est immoral ce qui ne respecte pas la loi ou le contrat. L'éthique française tend donc à être plus subjective que l'éthique américaine. Pour les Français, ce qui est important sur le plan moral, c'est moins de respecter les lois faites par les autres que celles qu'on s'est faites pour soi-même (ou auxquelles on adhère volontairement), ce que l'on appelle les principes. Ces principes peuvent être spécifiques à l'individu, mais ils sont souvent communs à des groupes d'individus (membres d'un corps professionnel, catégorie sociale, famille). L'individu qui "a des principes" et y reste fidèle en toutes circonstances dans ses actions est beaucoup plus admiré que le citoyen respectueux des lois civiles ou divines.

Si un élève triche dans un jeu collectif à l'école, par exemple, un maître français sera tenté d'utiliser des arguments faisant appel au sens de l'honneur de l'élève qui triche, c'est-à-dire aux devoirs qu'il a envers lui-même. Il lui dira en substance: tricher est indigne de toi; en trichant tu t'abaisses; un élève qui a des principes et qui se respecte ne triche pas. Dans les mêmes circonstances, un maître américain utiliserait plutôt des arguments fondés sur le respect de la règle du jeu et les devoirs de l'élève envers les autres. Il dira en substance à l'enfant: tricher est injuste (*unfair*) pour ceux avec qui tu as accepté de jouer selon des règles équitables. La conduite de l'élève sera condamnée parce qu'il a enfreint le contrat ou la loi: immoralité et illégalité sont synonymes.

Chez les Français, la loi écrite "extérieure" (ce qui est légal) n'est généralement bien respectée—en pensée ou en action—que si elle s'accorde avec la loi "intérieure" non-écrite des principes (ce qui est perçu comme légitime). S'il y a contradiction, les chances que la loi écrite soit bafouée sont grandes; seul un système répressif puissant assure alors son application. Par exemple, en janvier 1990, le Parlement français (à majorité socialiste) a amnistié les députés et les personnages politiques qui avaient illégalement financé leurs campagnes électorales. L'amnistie, toutefois, n'était pas valable dans le cas d'un enrichissement personnel des coupables. En effet, s'enrichir personnellement à cette occasion révélait l'amour de l'argent; c'était une conduite déshonorante, contraire aux principes que tout individu respectable doit avoir. Par contre, utiliser illégalement de l'argent pour sa campagne électorale était moins vu comme déshonorant ou immoral puisque c'était fait dans un but "noble"—servir une cause politique—et qu'il s'agissait d'une simple loi écrite changeable à volonté. Dans ce cas, on pouvait donc pardonner l'illégalité. De même, un chauffeur de taxi parisien se justifiera de brûler les feux rouges tant qu'il fait attention aux autres voitures.

Si les Français acceptent difficilement les ordres et ont moins de respect pour la hiérarchie, le sens du devoir fondé sur les principes peut aussi les pousser à faire des efforts qui ne sont pas requis par la loi écrite et à aller au-delà de ce que les règlements ou les contrats les obligent à faire. Le sociologue Philippe d'Iribarne, qui a observé des ouvriers français, américains, et néerlandais dans les mêmes conditions de travail, remarque que les Français acceptent plus difficilement que les autres de suivre les ordres de leurs supérieurs hiérarchiques: ils prennent une grande liberté dans l'exécution de ces ordres. Ils les discutent, les interprètent à leur manière alors que les ouvriers américains s'efforcent au contraire de suivre à la lettre les instructions données. Toutefois, les ouvriers français n'hésitent pas à travailler beaucoup plus qu'ils ne sont obligés de le faire lorsque leur sens de l'honneur personnel ou professionnel est mis en jeu. Cela est particulièrement le cas chez les travailleurs appartenant à des corps professionnels qui ont une forte identité ou une tradition ancienne comme, par exemple, les chefs cuisiniers. Ne pas exceller dans leur travail serait un peu comme déshonorer le corps auquel ils sont fiers d'appartenir et donc s'en exclure.[2] On a souvent remarqué que les industriels et les commerçants français répugnent à se plier aux désirs des clients ou des consommateurs. Pour eux, le concept que "le client a toujours raison" n'a pas de sens. Ils tendent en effet à voir cette dépendance comme vexante et déshonorante pour eux. Leur fierté leur commande d'obéir non pas au consommateur, mais à ce qu'ils estiment, eux, être leur devoir de producteurs et de commerçants.

L'histoire de la France offre aussi de nombreux exemples d'individus qui ont fait passer leur morale personnelle ou leurs principes avant le respect des lois civiles. En 1777, le marquis de Lafayette est parti aider les insurgés américains alors que le gouvernement français, qui n'était pas en guerre contre l'Angleterre, lui a interdit de partir et a lancé contre lui un ordre d'arrestation. En 1940, le général de Gaulle a désobéi au gouvernement français et a créé une armée française basée en Angleterre pour défendre l'honneur de la France et soustraire le pays à la domination allemande. Pendant la guerre d'Algérie (1954–1962), une partie de l'armée française s'est violemment opposée au gouvernement français qui voulait négocier avec les mouvements luttant pour l'indépendance de l'Algérie. L'armée estimait que son honneur et son sens du devoir lui commandaient de continuer la guerre jusqu'au bout pour maintenir l'Algérie française.

---

2. Philippe d'Iribarne, *La logique de l'honneur. Gestion des entreprises et traditions nationales* (Paris: Seuil, 1989).

DÉFENSE COLLECTIVE, AMITIÉ, ET NON-CONFORMISME

L'apprentissage de la défensive, de la résistance aux autres se fait aussi d'une manière collective dans le milieu scolaire. L'enfant apprend alors à s'intégrer à ce qu'un sociologue américain, Jesse Pitts, a appelé le "groupe des camarades." Ces groupes servent à protéger l'élève qui, sans eux, serait isolé et sans défense face à la puissance de l'administration scolaire. Le groupe des camarades (une classe entière ou une partie de classe) est là, prêt à résister et à défier le pouvoir de l'administration et des professeurs si ceux-ci veulent imposer quelque chose que les élèves jugent excessivement arbitraire (une punition collective pour le trouble causé par un élève, par exemple). La manifestation classique de cette résistance est le "chahut"—explosion de cris et de vociférations—contre les enseignants qui manquent d'autorité personnelle. Mais cela peut aussi prendre des formes sournoises et féroces contre ces enseignants (les élèves, bouche fermée, font le son d'un bourdon volant dans la classe, ou ils dessinent une caricature du professeur sur le tableau). La classe fournit également un extraordinaire champ d'essai pour les "mots d'esprit" des élèves qui cherchent à faire rire leurs camarades.[3] Ce phénomène est représenté dans certains films (*Zéro de conduite* de Jean Vigo, 1933; *Les disparus de Saint-Agil* de Christian-Jaque, 1938), romans (*Les faux-monnayeurs* d'André Gide, 1925; *Les copains* de Jules Romains, 1913), et pièces de théâtre (*Topaze* de Marcel Pagnol, 1928). On peut trouver ce même phénomène dans les films plus récents: *Diabolo Menthe* (1977, Diane Kurys), *Le Péril jeune* (1994, Cédric Klapisch), ou *Les Choristes* (Christophe Barratier, 2004). En général, les groupes d'élèves, qui sont bien unis dès qu'il s'agit de se rebeller, ont beaucoup de mal à maintenir leur cohésion pour construire quelque chose de positif (créer un club de cinéma dans l'école par exemple). Chacun aura une opinion différente sur ce qu'il faut faire et le groupe éclatera facilement. C'est dans le refus que le groupe fait bloc et que son action est efficace.

Ces comportements appris très tôt se retrouvent dans la société adulte française. L'unité des citoyens en France se réalise généralement dans la défense, dans la résistance. Un appel à l'unité, dans quelque domaine que ce soit, doit prendre la forme d'un appel à la défense de quelque chose. Depuis la Révolution de 1789, le patriotisme français moderne s'est construit en grande partie sur l'idée de la défense du pays face à une menace militaire étrangère. Les Français ont toujours été plus fascinés par l'image des soldats qui résistent que par l'image des soldats qui attaquent. Autrefois, l'enseignement français de l'histoire dans les écoles donnait relativement peu de relief aux conquêtes et exaltait au contraire les épisodes de résistance héroïque contre un ennemi supérieur en nombre ou en moyen. Le discours politique français, depuis deux siècles, reprend aussi sans cesse l'idée de

---

3. Stanley Hoffmann, Charles P. Kindleberger, Laurence Wylie, Jesse R. Pitts, Jean-Baptiste Duroselle, François Goguel, *In Search of France* (Cambridge: Harvard University Press, 1963), pp. 255–259.

défense contre une menace existant à l'intérieur du pays même. A gauche, il s'agit de "défendre la République," "défendre la démocratie," "défendre les droits des travailleurs"; à droite, de "défendre l'ordre public," "défendre la nation," ou "défendre les libertés." Les syndicats français (contrairement aux syndicats allemands) fonctionnent essentiellement sur un mode défensif. De même, l'action en faveur de l'enseignement du français hors de France est souvent présentée comme une "défense" de la langue et de la culture françaises dans le monde.

Si, en règle générale, on doit garder pour soi tout ce qui est très personnel, il est bien évident que dans un couple on ouvre largement sa "coquille" personnelle à l'autre. C'est également le cas dans l'amitié. L'amitié à la française diffère de l'amitié à l'américaine. Elle est plus contraignante, plus tyrannique, et plus formalisée—quand par exemple l'on passe du "vous" au "tu." Le passage au tutoiement se fait généralement assez vite, après une suggestion à l'autre: "D'accord pour qu'on se tutoie?" Il faut savoir poser la question ni trop tôt (un refus serait extrêmement gênant), ni trop tard (il est difficile de tutoyer quelqu'un que l'on a vouvoyé longtemps). Depuis les années 1960, le passage au tutoiement se fait beaucoup plus vite et plus fréquemment qu'avant, surtout parmi les adolescents et les jeunes adultes. On tutoie non seulement les membres de sa famille et ses amis, mais souvent aussi ses collaborateurs et collaboratrices professionnelles d'un rang équivalent. Deux médecins travaillant dans le même service d'un même hôpital peuvent se tutoyer, mais ils ne tutoient pas leur directrice de service. Une chef d'entreprise peut appeler son secrétaire par son prénom, mais ne le tutoie pas. Le tutoiement traduit une certaine égalité et une certaine familiarité (qui peut être purement professionnelle); il n'implique pas nécessairement l'amitié. Tutoyer un adulte qu'on ne connaît pas est une marque de mépris envers cette personne.

Dans l'amitié, les Français acceptent plus facilement que les Américains l'inégalité et la perte de liberté. Selon l'ethnologue Raymonde Carroll, les Français n'ont pas peur de dépendre de leurs amis, de se reposer entièrement sur eux. L'amitié doit apparaître indestructible, elle doit pouvoir traverser n'importe quel obstacle ou mésentente passagère, sinon on n'est pas "vraiment" amis. D'où l'habitude (troublante pour les Américains) qu'ont les amis français de prouver leur amitié en jouant à s'adresser l'un à l'autre sur un ton faussement offensant: "Non mais, tu t'es vu avec cette cravate? Tu n'as pas peur de faire rire tout le monde?" Ces mots de reproche—que personne ne prend au sérieux—sont une façon de montrer que l'amitié résiste à tout, que rien ne peut la menacer. L'amitié à l'américaine, au contraire, évite tout ce qui risque de créer des liens de dépendance inégalitaires entre individus. Les rapports entre amis doivent être égaux et les faveurs doivent être réciproques, afin d'éviter l'impression que l'un "exploite" l'autre—déséquilibre qui ne gênerait pas les Français puisque pour eux c'est cela justement qui prouve l'amitié. Un Français en difficulté s'attend à ce que ses amis lui proposent de l'aider sans même qu'il le leur demande, et même qu'ils lui imposent leur aide ("Pas d'histoires, je passe te prendre ce soir à 20 heures, et nous allons au cinéma. Tu es crevé. Tu as besoin de te détendre.")⁴ Un Américain en difficulté sait que ses amis sont prêts à l'aider, mais qu'ils hésiteront à proposer eux-mêmes cette aide, pour ne pas lui donner l'impression qu'ils le "prennent en charge."

L'amitié en Amérique semble aussi plus fragile qu'en France. On ne cherche pas à affirmer—comme le font les Français—son caractère indestructible. Chacun sait que des menaces diverses peuvent y mettre fin (dépendance trop grande de l'un vis-à-vis de l'autre, dispute, distance, silence). La différence fondamentale, remarque Carroll, est que l'amitié à la française imite les liens qui unissent les membres d'une famille (soeurs, frères) tandis que l'amitié à l'américaine imite les rapports de couple. Ceci est visible dès l'enfance et l'adolescence: les jeunes Français font se connaître plus facilement leurs amis entre eux, un peu comme s'ils faisaient tous partie d'une même famille et ils sortent avec eux en groupe. On dit, "Les amis de mes amis sont mes amis." Aux Etats-Unis, au contraire, on privilégie très tôt des relations à deux, souvent instables et en compétition les unes contre les autres (par exemple, *secret pal, best friend*).⁵ La cause de ces différences tient probablement à l'enracinement des Français dans un réseau de relations très stables et serrées—quelque chose qui est rendu plus difficile par la mobilité et l'isolement des individus aux Etats-Unis.

La peur intense de perdre son caractère individuel unique dans un moule uniforme se voit dans la réticence des Français à porter des uniformes. Lorsqu'ils doivent le faire, ils s'arrangent souvent pour se différencier des autres par un détail vestimentaire. L'importance attribuée au "style" dans la culture française reflète le désir de faire apparaître la personnalité de l'individu dans ce qui est extérieur, visible, social. Avoir du style, ou un style bien particulier (dans la façon de s'habiller ou d'écrire), c'est la preuve qu'on a une personnalité unique et originale. De la même manière, les villages ruraux refusent généralement une étiquette de "village moyen" ou "village typique" et insistent au contraire sur leurs qualités uniques comparées à d'autres villages.

Tout ceci permet de comprendre pourquoi les Français ont longtemps été réticents face à la production de masse mécanisée qui nie le caractère unique de l'individu comme producteur (fin de l'artisanat) aussi bien que comme consommateur (fin du "sur mesure"). Le refus de l'individu de se laisser écraser par la mécanisation de l'existence et de perdre son originalité a été un thème à succès du cinéma français. Citons par exemple *A nous la liberté* (René Clair, 1931), *Jour de fête* (Jacques Tati, 1948), *Mon Oncle* (Jacques Tati, 1958), *Playtime* (Jacques Tati, 1967), et *Visages, villages* (Agnès Varda, 2017). Le livre de Georges Duhamel *Scènes de la vie future* (1930) illustre aussi cette attitude. Tout au cours du 20e siècle, l'Amérique a été vue en France comme un pays porteur de cette menace d'écrasement de l'individu, car c'est

---

4. Raymonde Carroll, *Evidences invisibles. Américains et Français au quotidien* (Paris: Seuil, 1987), p. 118.
5. Carroll, *Evidences invisibles*. pp. 121–132.

un préjugé courant chez les Français de croire que les Américains acceptent facilement le conformisme par la consommation de masse.

Discussions

1. Pourquoi les attaques verbales n'ont-elles souvent pas la même portée chez les Français que chez les Américains?
2. Qu'est-ce que le "système D"? Imaginez un exemple français qui illustre le "système D."
3. Pourquoi est-ce important de "savoir se défendre" dans la société française?
4. L'amitié à la française est-elle trop contraignante?
5. A votre avis, quels sont les avantages et les inconvénients de la socialisation à la française?

Sujets de travaux oraux ou écrits

1. Interrogez une Française ou un Français résidant aux Etats-Unis sur ce qu'elle ou il pense de l'amitié aux Etats-Unis.
2. Analysez les rapports entre Thérèse et son mari Bernard dans *Thérèse Desqueyroux* de François Mauriac (1927).
3. Faites une étude de l'attitude de Mona vis-à-vis de la société dans le film *Sans toit ni loi* d'Agnès Varda (1985).
4. Etudiez le phénomène de résistance collective à l'autorité dans le film *Zéro de conduite* de Jean Vigo (1933) ou dans le roman *Les faux-monnayeurs* d'André Gide (1925).

Chapitre 6
La famille

Qu'est-ce qu'une famille aujourd'hui? Un couple sans enfant, un parent célibataire, deux personnes de même sexe mariées avec enfants, ou deux parents "pacsés" avec des enfants nés d'autres parents? Aujourd'hui les couples établis peuvent être pacsés, mariés, ou sans lien légal; les enfants peuvent être adoptés ou conçus par de multiples techniques médicales. Toutes ces compositions constituent une "famille" dans la France contemporaine. L'évolution vers une conception très diversifiée de la famille n'a pourtant pas été sans controverse.

La famille "traditionnelle" (mariage hétérosexuel, deux parents, un père autoritaire) a commencé à changer après la Première Guerre mondiale. Ces changements se sont fortement accélérés entre les années 1960 et aujourd'hui. Toutefois, la famille n'a pas souffert de la même désaffection que les piliers institutionnels de la société française tels que l'Eglise catholique, l'armée, ou les partis politiques. La famille a changé de visage. Elle n'est plus la même qu'avant, mais elle reste en réalité un élément solide de la société française dans une société où la confiance dans les grands systèmes de mobilisation idéologique (catholicisme, communisme) et le prestige des institutions se sont fortement affaiblis.

Autrefois—jusque dans la première moitié du 20e siècle—on considérait généralement que l'intérêt de la famille était plus important que celui des individus qui la composaient: chacun devait, si nécessaire, sacrifier son intérêt personnel pour sauvegarder l'intérêt ou la réputation de la famille. Celle-ci pouvait facilement devenir un milieu étouffant pour ses membres. Depuis une cinquantaine d'années, la montée très forte de l'individualisme (visible dans tous les pays occidentaux) a renversé ce rapport: c'est plutôt la famille qui est vue aujourd'hui comme étant au service du bonheur de l'individu. Tant que la famille donne à l'individu l'affection, la protection, et le soutien psychologique, le lien entre les deux reste très fort. Mais si l'individu ne trouve plus dans la famille la satisfaction de ses besoins, le lien peut facilement se casser. Pour éviter les ruptures, la famille française est obligée d'accepter le particularisme de chacun de ses membres. La tolérance de la diversité individuelle (des goûts, de la sexualité, des choix professionnels), ainsi que la liberté et l'égalité de chacune et chacun, sont nécessaires à l'unité familiale. La famille est vue aujourd'hui comme une collection d'individus et non plus comme un être abstrait supérieur à ses membres. Elle est un milieu où chacun revendique une assez grande autonomie personnelle.

La même chose est vraie pour les rapports conjugaux, ce qui explique la hausse du nombre des divorces. Cette hausse a eu pour conséquence de multiplier les seconds mariages et les familles recomposées (*blended families*) avec des enfants nés de parents différents, ainsi que les familles monoparentales (*single-parent families*). La famille classique, constituée de deux parents hétérosexuels vivant avec leurs enfants communs, n'est donc plus du tout un modèle unique. Certains Français (surtout les gens âgés) ne comprennent pas ces changements et ont l'impression que la famille éclate ou qu'elle est en déclin.

La base de l'autonomie nouvelle (comme celle de l'absence d'autonomie auparavant) est largement économique. La famille, en effet, n'est plus une unité de production assise sur un patrimoine (petite exploitation agricole, petit commerce, petite entreprise artisanale) qui fait vivre tous ses membres quel que soit leur âge. De plus en plus, chaque adulte a son propre revenu (salaire, allocations de l'Etat, retraite), ce qui le rend financièrement indépendant des autres membres de la famille. Toutefois, le fait que la famille n'est plus une unité de production ne signifie pas qu'elle n'est plus une unité économique. En effet, ce que les individus achètent avec leur revenu sert souvent à tous les membres de la famille. En dehors de sa fonction psychologique, la famille d'aujourd'hui est donc surtout une unité de dépense et de consommation, c'est-à-dire un lieu de plaisir pris en commun (et non plus un lieu de travail ou d'activité pénible). D'autre part, l'autonomie financière des individus n'empêche pas les parents ou grands-parents de transmettre à leurs enfants ou petits-enfants une partie de leur richesse par toutes sortes de moyens (aide en services ou héritage, par exemple).

L'évolution de l'autonomie financière des individus concerne surtout les femmes et leur position à l'intérieur de la famille. Dans le passé, les femmes des milieux populaires étaient obligées de travailler—souvent durement et pour des salaires très bas—parce que le mari seul ne pouvait subvenir aux besoins de la famille (52% des Françaises avaient un emploi en 1921.) Chez les agriculteurs et les commerçants, les époux travaillaient ensemble. Tout le monde—femmes et hommes—considérait alors le travail des femmes comme quelque chose de négatif, à éviter si possible. Depuis les années 1960, on a vu un renversement complet de cette attitude. Le travail des femmes est perçu maintenant comme le moyen privilégié d'indépendance et d'épanouissement personnel. La femme qui reste à la maison pour s'occuper de ses enfants ne représente plus un idéal social. Le modèle dominant est celui de la femme qui a une carrière et qui est économiquement indépendante.

LA SITUATION DES FEMMES

Le déclin de la famille traditionnelle a été accompagné de changements majeurs dans la situation légale des femmes, notamment pendant la IIIe République (1870–1940). En ce qui concerne le statut de la femme en tant qu'épouse et mère, les vieilles dispositions légales qui gardaient la femme en situation de dépendance vis-à-vis du mari ont disparu. En 1884, la femme mariée a reçu le droit d'ouvrir un compte à la Caisse d'Epargne à son propre nom. L'année suivante, elle a obtenu le droit de divorcer (s'il y avait faute de l'un des conjoints). En 1907, la loi lui a donné le droit d'utiliser son salaire comme elle le désirait, sans l'autorisation de son mari.

En 1920, elle a pu adhérer à un syndicat sans l'autorisation de son mari. En 1938, la femme mariée a cessé d'être considérée juridiquement comme une mineure. En 1965, son mari a perdu le droit de lui interdire d'avoir un emploi. En 1967, elle a reçu le droit d'acheter et d'utiliser des contraceptifs. En 1970, son mari a cessé d'être légalement le "chef de famille" et elle a partagé avec lui l'autorité sur les enfants. En 1975, elle a obtenu la légalisation de l'avortement, le droit de divorcer par consentement mutuel (sans faute de l'un des conjoints), et le droit de choisir le domicile conjugal avec son mari. En 1992, le viol conjugal a été reconnu par la loi. Une loi de 2005 a réduit la durée de la procédure de divorce et a facilité encore plus le consentement mutuel. Depuis 2005, un nouveau-né ne reçoit pas automatiquement le nom de famille de son père: les parents peuvent décider du nom de famille, par exemple, le nom de la mère ou ceux des deux parents accolés avec un trait d'union (*hyphen*). Cette possibilité existait en Allemagne depuis 1976 et en Suède depuis 1982. En 2012, l'administration française interdit tout usage officiel des termes sexués (*gendered*), par exemple, "nom patronymique" (qui fait référence à la lignée paternelle), "nom de jeune fille" (*maiden name*), "nom d'épouse," et aussi "mademoiselle." C'est maintenant le "nom de famille" qui est privilégié pour tout le monde dans la documentation officielle. Depuis 2013 un mari peut prendre le nom de famille de son épouse—ou son époux—par substitution ou par adjonction dans l'ordre désiré. En somme, la femme mariée, légalement dépendante de son mari depuis des siècles, a commencé depuis la fin du 19e siècle à pouvoir contrôler petit à petit son argent, son corps, et ses décisions.

Dans les couples hétérosexuels, femmes et hommes tendent à se considérer aujourd'hui comme des partenaires égaux ayant les mêmes droits à l'épanouissement individuel dans la famille comme à l'extérieur. L'influence du féminisme et la disparition du modèle de "la femme au foyer" (*stay-at-home wife*) ont profondément changé la société française depuis les années 1960. A la maison, la spécialisation des rôles masculins et féminins, très forte dans le passé, s'est affaiblie. Certaines tâches traditionnellement "féminines" (faire la cuisine, s'occuper des enfants, faire les courses) ne le sont plus aujourd'hui. Les hommes donnent le biberon, lavent la vaisselle, aident les enfants à faire leurs devoirs, et repassent eux-mêmes leurs chemises. Toutefois, le fait que les tâches de la vie courante deviennent interchangeables ne signifie pas qu'elles sont assumées à égalité par chaque membre du couple, ce qui est encore loin d'être le cas. Malgré la vie professionnelle des femmes, les études montrent qu'elles passent beaucoup plus de temps à faire des tâches domestiques quotidiennes que les hommes: trois heures et demie par jour pour les femmes contre deux heures par jour pour les hommes.

LE MARIAGE

Etre hétérosexuel et marié n'est plus du tout le seul mode de vie en couple. Cette évolution a affecté plus ou moins fortement tous les pays occidentaux, mais a gardé une coloration particulière en France. Parallèlement aux changements légaux, les rapports entre les partenaires se sont beaucoup modifiés depuis les années 1960. Les premières mutations ont touché le mariage.

D'abord—ceci n'a été admis qu'au 20e siècle—le mariage est fondé sur l'attraction affective et sexuelle des partenaires. L'intérêt (métier, fortune, prestige social du futur partenaire) continue à influencer les choix, mais on ne l'admet plus ouvertement; on fait comme si seul l'amour comptait. L'homogamie—le fait de se marier avec une personne issue d'un milieu social identique ou proche—est élevée en France. Même depuis l'arrivée des sites Internet de rencontre, les études montrent que la recherche d'un partenaire semblable à soi-même reste la norme. Par contre, l'endogamie—la tendance à se marier entre personnes de la même aire géographique—est en baisse. Plus de 14% des mariages en 2014 ont été célébrés pour des couples dont un membre est de nationalité étrangère.

Deuxièmement, on se marie moins qu'avant. Le taux de nuptialité français (nombre de mariages pour 1 000 habitants) est inférieur à la moyenne européenne, et nettement plus bas qu'aux Etats-Unis.

Tableau 1. Taux de nuptialité Nombre de mariages pour 1 000 habitants		
	France	Etats-Unis
1910	7,8	10,3
1930	8,3	9,1
1950	7,9	11,0
1970	7,8	10,7
1980	6,2	10,6
1990	5,1	9,8
2000	5,0	8,2
2018	3,5	6,5

Le refus du mariage, très marqué chez les jeunes couples en France, est une réaction contre la tradition conjugale: vivre ensemble sans se marier pour les couples hétérosexuels, c'est refuser toute association avec l'image du couple où la femme dépend de son mari. C'est aussi une conséquence de la chute du prestige des institutions publiques et religieuses: nul besoin d'un maire ou d'un prêtre pour aimer le partenaire qu'on a choisi. Les pressions sociales qui, jusque dans les années 1960, condamnaient toute forme d'union hors mariage ont disparu. La cohabitation (l'union libre où un couple partage une même résidence) est particulièrement élevée chez les jeunes couples et elle précède très souvent le mariage, si mariage il y a. Neuf couples sur dix qui se marient aujourd'hui ont cohabité ensemble avant, contre seulement un sur dix en 1965. On constate une grande tolérance même à l'égard des naissances hors mariage (près de 60% des naissances en 2016). Il y a aussi plus de gens qui restent volontairement célibataires, ce qui était rare autrefois.

Une troisième évolution est constatée: si on se marie, on se marie plus tard dans la vie. L'âge moyen au premier mariage est monté de 24 ans en 1947 à 31 ans en 2017 pour les femmes et de 27 à 33 ans pour les hommes. Les explications sont multiples: une prolongation des études supérieures, une intégration professionnelle plus difficile étant donné la montée du chômage, et le changement des mentalités envers les obligations sociales et familiales.

Comment se marier? Les Français se marient obligatoirement à la mairie devant le maire (ou son délégué) qui, dans cette fonction, représente l'Etat. Contrairement aux Etats-Unis, l'Etat français, à cause de la séparation de l'Eglise et de l'Etat, ne reconnaît pas comme juridiquement valide un mariage religieux. Après ce mariage civil, certains couples se marient une deuxième fois (le même jour ou quelques

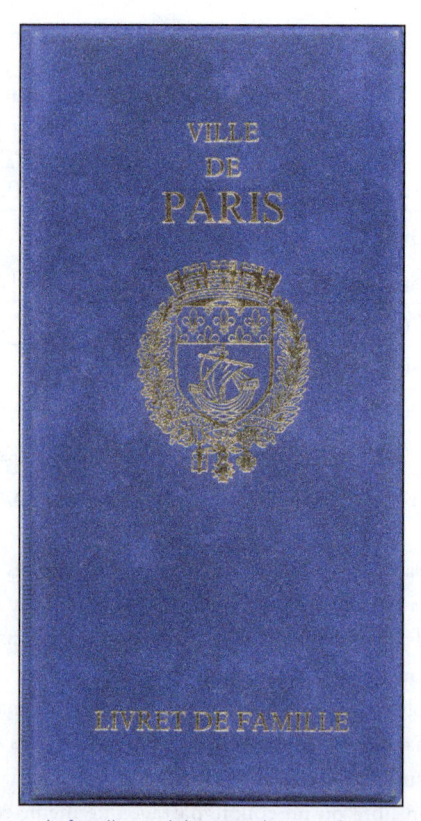

6.1 Un livret de famille est délivré par l'Etat à chaque couple lors du mariage civil. On y inscrit les actes de l'état civil (mariage, naissances des enfants, décès).

temps après) devant une institution religieuse. A titre d'exemple, sur 288 000 mariages en 2017, 90 000 couples sont aussi passés à l'église catholique.

LE PACTE CIVIL DE SOLIDARITÉ (PACS)

Le mariage continue à rester prépondérant comme mode de vie en couple: 73% des personnes vivant en couple en 2011 étaient mariées. Mais nous avons noté une évolution importante des moeurs, des législations, et des pratiques: la même année, 23% des couples vivaient en union libre et 4% des couples étaient "pacsés." Depuis 1999, le Pacte civil de solidarité (Pacs) (*civil union*) permet aux couples de même sexe ou de sexe différent d'obtenir une reconnaissance légale de leur partenariat et de bénéficier d'un grand nombre d'avantages sociaux auparavant réservés aux couples mariés, notamment des avantages financiers au regard de la Sécurité sociale, de l'assurance médicale, des impôts, et des droits de succession. Cette législation a donné pour la première fois aux couples non-mariés des droits presque égaux à ceux des couples mariés, et une reconnaissance légale aux couples homosexuels. Le mariage étant interdit aux homosexuels jusqu'en 2013, le Pacs a signifié un pas en avant pour l'égalité et les droits des personnes LGBT.

Dès son origine le Pacs a attiré les couples hétérosexuels comme les homosexuels. La grande majorité des Pacs—96% en 2017—sont conclus par des couples de sexe différent. Voté par une majorité parlementaire de gauche, le Pacs a été combattu par l'Eglise catholique et la droite politique qui le considèrent comme une attaque contre la famille traditionnelle. Mais depuis 1999, de nouvelles lois ont aligné de plus en plus le Pacs sur le mariage, surtout en matière de filiation et de nationalité. La création du Pacs représente une réponse de l'Etat à deux tendances: l'acceptation sociale de l'homosexualité et la désaffection du mariage. Le Pacs est aussi pour beaucoup de couples un pas préalable au mariage, pas seulement une alternative.

LE MARIAGE ENTRE PERSONNES DE MÊME SEXE

La légalisation du mariage entre deux personnes de même sexe était une promesse électorale du socialiste François Hollande, devenu président en 2012. Tandis que le mariage homosexuel était devenu légal dans plusieurs pays d'Europe et dans plusieurs états américains depuis le début du 21e siècle, les mouvements sociaux et les campagnes politiques en faveur du "mariage pour tous" ont provoqué en France une contre-réaction forte et surprenante. Pendant plus d'un an, des centaines de milliers de personnes ont participé aux "Manifs pour tous" (manifestations) contre le mariage entre personnes de même sexe. Certains manifestants se sont montrés violents et homophobes. L'opposition au mariage homosexuel était menée par des groupes catholiques, soutenus par des pratiquants d'autres religions et par une partie de la droite politique. Mais les enquêtes d'opinion ont montré qu'une majorité des Français était en faveur de la liberté personnelle et de l'égalité des droits pour les personnes LGBT. La loi Taubira, nommée pour la ministre de la Justice Christiane Taubira qui a proposé la loi, a été signée en 2013. Depuis, le nombre de mariages célébrés entre personnes de même sexe varie entre 6 000 et 11 000 par an en France. La France est le 14e pays au monde à légaliser le mariage entre personnes de même sexe.

Depuis la légalisation du mariage homosexuel en 2013—comme après le Pacs en 1999—la société française est retournée à la normale, comme si de rien n'était, après d'âpres contestations. En même temps, la frontière du débat s'est déplacée vers l'homoparentalité, qui était en effet une raison principale derrière l'opposition au mariage homosexuel. S'il s'agit de l'adoption d'un enfant ou des techniques de procréation médicalement assistée (PMA), des inégalités des droits de parenté entre les couples hétérosexuels et les couples homosexuels demeurent dans la loi. Aux Etats-Unis, ni l'état civil, ni l'orientation sexuelle n'est considérée pour l'accès à la PMA; par contre le coût des interventions médicales est rarement couvert par les assurances américaines.

LE DIVORCE

Comme aux Etats-Unis, le taux de divorce a beaucoup augmenté depuis le milieu du 20e siècle. Après un pic en 2005—dû à une loi qui a facilité la procédure—le taux semble se stabiliser autour de 1,9 divorces pour 1 000 habitants.

Tableau 2. Taux de divorces pour 1 000 habitants	
1960	0,6
1975	1,1
1990	1,9
2005	2,5
2010	2,1
2016	1,9

La hausse générale du taux de divorce depuis 1960 est une conséquence de la perte d'influence de la religion sur les Français, mais surtout du changement de nature du mariage: si la satisfaction amoureuse et sexuelle de chaque partenaire est le fondement essentiel du mariage, le lien matrimonial devient beaucoup plus fragile puisque cette satisfaction peut facilement faiblir ou disparaître. Le fait que 70% des demandes de divorce sont faites par les femmes montre qu'elles trouvent plus de contraintes que de bénéfices dans une structure qui reste, malgré les évolutions, inégalitaire.

Le divorce est généralement un échec douloureux pour le couple, avec des conséquences psychologiques difficiles pour les enfants et des conséquences financières négatives pour tout le monde, surtout pour les femmes. L'autorité parentale ou la garde des enfants dans les cas de divorce est presque toujours partagée en France. C'est souvent la mère qui maintient la garde principale des enfants (*primary custody*), mais à la différence du système américain, la résidence alternée, instaurée comme une option depuis 2002 en France, est devenue une forme assez commune de la garde des enfants (17% de divorces avec enfants en 2012). Avec la résidence alternée, l'enfant vit 50% du temps avec chaque parent, souvent en passant une semaine entière chez un parent, suivie d'une semaine entière chez l'autre. Même si cette structure n'est pas forcément plus facile pour les enfants, elle a le mérite d'activer la participation des pères à la parentalité.

Les divorces étant suivis de remariages, de cohabitation, ou bien de célibat, un grand nombre de familles françaises se présentent sous des formes qui étaient rares autrefois et sont devenues fréquentes aujourd'hui: familles recomposées dont les enfants viennent de parents différents, et familles monoparentales (approximativement 20% des enfants vivent avec un seul parent aujourd'hui). Dans ces nouvelles structures, les beaux-parents (*stepparents*), beaux-enfants (*stepchildren*), et demi-soeurs et demi-frères (*half siblings*) jouent des rôles qui ne sont définis que cas par cas.

LA SEXUALITÉ

En donnant aux femmes la possibilité de séparer leur vie sexuelle de la procréation, la contraception a déclenché la révolution sexuelle qui a transformé la société française—et occidentale—au cours des années 1970. Les conséquences de cet extraordinaire changement se sont faites sentir dans de nombreux domaines de la vie sociale. La société française est devenue tout d'un coup beaucoup plus permissive en matière de sexualité. L'âge des premiers rapports sexuels s'est abaissé, et la virginité au mariage a pratiquement disparu. La nudité dans la publicité et sur les plages est devenue ordinaire, la pornographie s'est généralisée, et l'homosexualité a cessé d'être un tabou. Aujourd'hui, la liberté sexuelle n'a plus rien de révolutionnaire; elle est une chose acquise et établie.

L'homosexualité n'est plus cachée comme auparavant. L'ancien sénateur Bertrand Delanoë était ouvertement homosexuel quand il fut élu maire de Paris en 2008. Des organisations ont été créées pour défendre les droits des homosexuels et lutter contre les violences et les discriminations dont ils font encore souvent l'objet. Le cinéma français n'hésite plus à montrer l'homosexualité dans les films, et sa façon de la représenter est devenue plus diversifiée et moins stéréotypée depuis *La Cage aux folles* (1973 pour la pièce de théâtre; 1978 pour le film). On peut citer par exemple *Les nuits fauves* (1992) de Cyril Collard, *Gazon maudit* (1995) de Josiane Balasko, *Sous le sable* (2000) de François Ozon, *Presque rien* (2000) de Sébastien Lifshitz, *Les aventures de Félix* (2001) d'Olivier Ducastel et Jacques Martineau, *Le placard* (2001) de Francis Veber, *La vie d'Adèle* (2013) d'Abdellatif Kechiche, et *L'inconnu du lac* (2013) d'Alain Guiraudie. A la différence des Etats-Unis, les homosexuels n'ont jamais été exclus de l'armée française. Malgré l'évolution des mentalités, l'homophobie reste "ordinaire": plus de 1 100 incidents en 2015 ont été signalés par l'association SOS Homophobie.

La notion de "transgenre" occupe depuis la fin des années 2010 la réflexion d'une petite poignée de philosophes et sociologues: comment dépasser le genre binaire, comment définir les droits des "trans," comment faire évoluer les normes? Ce questionnement sur la transsexualité et le transgenre reste très à la marge des débats publics en France, comparé aux Etats-Unis: les toilettes ont toujours été mixtes dans beaucoup de lieux publics français! Néanmoins, la France fut en 2010 le premier pays au monde à éliminer le transsexualisme de la liste officielle de maladies mentales.

L'infidélité conjugale est un domaine dans lequel l'attitude des Français diffère de celle des Américains. L'adultère jouit en effet dans la sphère publique d'une tolérance plus grande en France qu'aux Etats-Unis, ce qui n'implique pas nécessairement que sa pratique soit plus fréquente chez les Français. Il ne viendrait à l'idée de personne de refuser de voter pour un candidat ou une candidate à une élection pour raison d'infidélité conjugale. Cette indifférence s'explique par les exemples historiques venus d'en haut (écrivaines ayant des amants; monarques ayant des maîtresses), par l'ancienne séparation de l'amour et du mariage, et surtout par la coupure très nette existant entre vie publique et vie privée en France.

LA PARENTALITÉ

Grâce à la contraception, à l'avortement, et à la contraception d'urgence ou "pilule du lendemain" (la France était le premier pays à autoriser sa vente en 1999), les Françaises maîtrisent leur reproduction aujourd'hui. Etant donné ce contrôle, ainsi que le progrès féministe et la désaffection générale du mariage, c'est un paradoxe que le taux de fécondité français soit supérieur à celui de tous les pays de l'Union européenne sauf l'Irlande. Il faut noter (voir le chapitre sur la démographie) que l'Etat français rend le choix de la parenté beaucoup plus facile pour ses citoyens en offrant des avantages sociaux qui n'existent pas aux Etats-Unis: les congés de maternité et de paternité payés à plein salaire avec emploi garanti, les crèches subventionnées (*subsidized daycare*), l'école publique gratuite dès 3 ans, et les allocations familiales. Plusieurs études économiques ont montré que l'assistance familiale des gouvernements augmente la fécondité de la population.

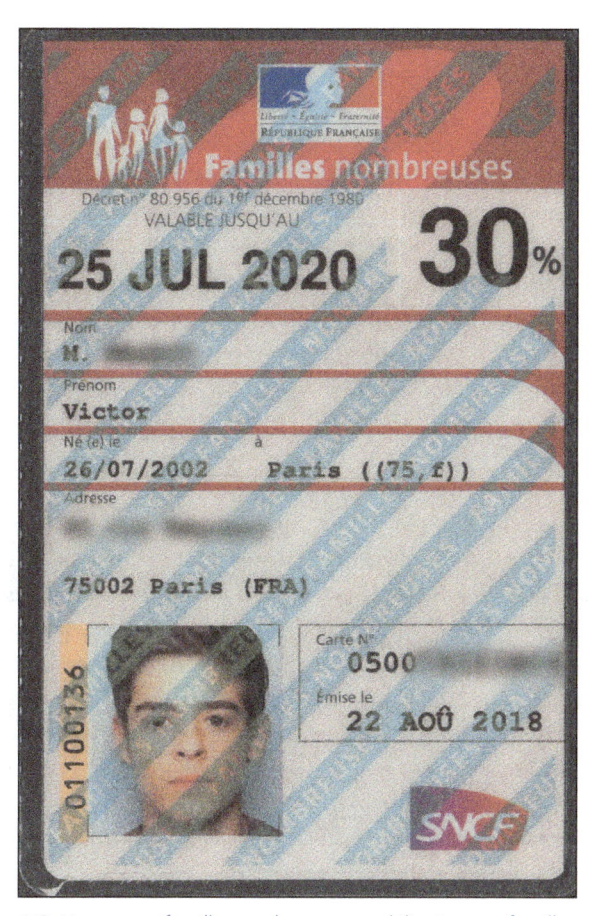

6.2 Une carte famille nombreuse est délivrée aux familles ayant trois enfants ou plus. Elle donne des réductions de prix pour les billets de train.

Contrairement à ce qui se passe aux Etats-Unis, l'avortement n'est pas un sujet de grande controverse politique en France. Depuis sa légalisation en 1975, l'interruption volontaire de grossesse (IVG) est considérée comme une question privée et médicale—pas morale—par la grande majorité des Français. Il n'y a pas de manifestations violentes devant des cliniques et pas de déclarations obligatoires par les candidats politiques pour ou contre le droit à l'avortement. Le manque de contestation ne rend pas les chiffres de l'avortement plus élevés qu'aux Etats-Unis: les deux pays ont approximativement le même taux d'avortement. En 2012, tout avortement en France est devenu à 100% couvert par la Sécurité sociale (avant 2012 les personnes démunies et les mineures étaient entièrement couvertes, mais les autres devaient payer 20% du coût).

Aujourd'hui les célibataires et les couples homosexuels exigent des droits à la parenté. Comme les femmes et les hommes de toute orientation sexuelle font des enfants plus tard dans la vie, l'infertilité est devenue un problème plus fréquent. Les traitements de procréation médicalement assistée (PMA)—la fécondation in vitro, l'insémination artificielle avec donneur—leur offrent l'espoir d'avoir un enfant. La gestation pour autrui (GPA) (*gestational surrogacy*) faite par les mères porteuses (*surrogate mothers*) est interdite en France, quelle que soit l'orientation sexuelle ou l'état civil des demandeurs. Beaucoup de Français partent à l'étranger pour concevoir par ces différents moyens: la loi française est obligée de respecter des procédures faites légalement à l'étranger. La législation évoluera certainement dans les années à venir, pour prendre en compte toutes les évolutions dans les normes de parentalité.

LA FAMILLE ET LES AUTRES

On remarque que les Français sont depuis toujours étroitement intégrés à de larges réseaux familiaux (parents, soeurs et frères, tantes et oncles, cousines et cousins) sur lesquels chaque membre du couple est sûr de pouvoir s'appuyer en cas de besoin. D'où un grand sentiment de sécurité qui rend moins nécessaire l'unité du couple. Les Américains, au contraire, ont conservé les attitudes des immigrants coupés de leurs réseaux familiaux d'origine: le couple est isolé dans la société et ne doit compter que sur lui-même; son unité apparaît donc vitale. Dans ses relations avec l'extérieur, la famille française tend à être plus fermée, plus repliée sur elle-même que la famille américaine. Les frontières du "cercle de famille" français font un peu penser aux murailles d'une forteresse: il est difficile d'y entrer, mais, une fois entré, il est également difficile d'en sortir.

La famille française, nous l'avons vu, accepte beaucoup mieux qu'autrefois l'autonomie psychologique de ses membres, mais elle ne recherche pas, comme la famille américaine, à développer précocement l'indépendance matérielle et économique de ceux-ci. On ne rencontre en France ni d'enfants payés par leurs parents pour tondre la pelouse (le concept d'*allowance* n'existe guère en France), ni de pré-adolescents vendant de la limonade devant chez eux. Personne ne s'attend à ce qu'un adolescent gagne de l'argent avant la fin de ses études secondaires; il est d'ailleurs strictement interdit par la loi de travailler avant 16 ans. Un étudiant cherchera un emploi rémunéré seulement s'il y est forcé par le manque de ressources de ses parents (les études supérieures coûtent beaucoup moins chères qu'aux Etats-Unis). Contrairement à ce qui se passe en Amérique, aucune pression sociale n'incite les jeunes à quitter le domicile familial et à voler de leurs propres ailes dès la fin de l'adolescence. Une proportion considérable d'étudiants vivent au domicile familial jusqu'à la fin de leurs études (toutes les universités sont situées dans des grandes villes), et même après. Dépendre de ses proches est considéré comme normal jusqu'à ce qu'on ait trouvé un emploi permanent. Dans l'optique française, chercher à tout prix l'indépendance individuelle, la *self-reliance*, c'est se couper de la société. "Si tu n'as jamais besoin de personne,

personne n'aura jamais besoin de toi," déclare Nathalie à Hippo dans le film *Un Monde sans pitié* (1990) d'Eric Rochant. S'appuyer sur les autres, c'est leur donner une valeur.

Cette perspective s'applique aussi bien aux couples qu'à la famille et au cercle des amis. Ceci permet de comprendre pourquoi les Français hésitent souvent (beaucoup plus que les Américains) à se déplacer d'une manière définitive loin de leur famille et de leurs amis. Grands-parents, soeurs et frères devenus adultes, et petits-enfants passent souvent leurs vacances ensemble. On se rend souvent visite, on prend des repas en commun, on discute longuement au café avec les amis, on garde les enfants des uns et des autres, on se soutient mutuellement sur le plan psychologique. Certes, on se dispute aussi, mais c'est le prix de la proximité et tout le monde l'admet. Les relations entre membres des différentes générations et entre amis proches tendent à être plus fréquentes et plus intenses qu'aux Etats-Unis. Personne ne sera étonné si un étudiant de 20 ans déclare à ses amis qu'il déjeune avec sa grand-mère chaque semaine. Les distances plus courtes séparant les individus en France expliquent en partie cette différence entre les deux pays, mais il y a surtout le désir chez les Français de disposer d'un réseau de relations sur lesquelles on peut s'appuyer en toutes circonstances. Tout ceci est très éloigné de l'idéal américain qui met en avant l'indépendance de l'individu et sa réussite par ses propres forces.

Discussions

1. Quelles sont les façons de constituer "un couple" aujourd'hui?
2. Jusqu'où va la reconnaissance sociale et légale de l'homosexualité aujourd'hui?
3. Comment l'usage de la pilule contraceptive a-t-il provoqué une révolution des mœurs en France et aux Etats-Unis à partir des années 1970? Cette révolution a-t-elle eu des effets positifs ou négatifs?
4. En quoi les relations entre femmes et hommes sont-elles semblables ou différentes en France et aux Etats-Unis?
5. Quel sont les avantages et les inconvénients de l'individualisme et d'une plus grande autonomie des individus au sein de la famille?
6. Qu'est-ce qui surprendrait le plus un Français dans la vie familiale américaine?
7. La famille française est-elle plus solide ou moins solide aujourd'hui que dans le passé?
8. La famille française est-elle plus solide ou moins solide que la famille américaine?
9. En ce qui concerne la famille, nous avons vu des évolutions simultanées dans la société et dans la législation. La loi est-elle plutôt une réaction aux changements sociaux ou provoque-t-elle le changement social?

Sujets de travaux oraux ou écrits

1. Faites une enquête auprès de plusieurs Français et de plusieurs Américains de votre âge sur ce qu'ils pensent du mariage et de la famille. Comparez les résultats.
2. Analysez la relation d'un couple dans une œuvre littéraire ou un film français de votre choix.
3. Comparez la famille telle qu'elle est montrée dans les films *Farrebique* (1946) et *Biquefarre* (1983) de Georges Rouquier.
4. Comparez les débats autour de la loi sur le Pacs (1999) et autour de la loi sur le mariage entre personnes de même sexe (2013). Vous pouvez aussi faire un lien avec les débats autour de la loi sur la parité (2000) (voir le chapitre sur la politique).
5. Faites des recherches sur l'accès à la contraception et à l'avortement pour les mineures en France et aux Etats-Unis.
6. Faites une enquête sur les sites Internet français spécialisés dans la rencontre (Meetic, Attractive World, Gleeden, par exemple) et analyser ce qui y est spécifiquement "français."
7. Faites une analyse des violences physiques ou sexuelles au sein du couple en France.
8. Recherchez les inégalités dans la loi quant à accès à l'adoption ou à la procréation médicalement assistée pour les couples mariés, les couples non-mariés, les lesbiennes, les gais, et les célibataires.

Chapitre 7
La démographie et l'Etat-providence

Aux Etats-Unis, on accorde relativement peu d'importance à la démographie, c'est-à-dire les phénomènes affectant la population d'un pays: natalité, mortalité, mariages, divorces, immigration, émigration. La démographie est vue essentiellement comme un ensemble de données que l'on constate et qui ne provoque pas d'inquiétude ni d'angoisse. L'Amérique n'a jamais eu peur d'être insuffisamment peuplée ou trop peuplée. Le gouvernement américain s'intéresse donc peu à la démographie et, sauf en matière d'immigration, il ne cherche pas à l'influencer d'une manière ou d'une autre. Les naissances, les décès, les mariages sont des affaires purement individuelles. Il en est de même pour la famille. Le gouvernement fédéral américain ne cherche pas à soutenir la famille par des lois particulières ou à aider les parents à élever leurs enfants, parce qu'il considère que cela ne le regarde pas. Le gouvernement fédéral américain n'a donc ni politique démographique ni véritable politique familiale.

En France, au contraire, la démographie et la famille jouent un rôle assez important dans les préoccupations nationales. On s'inquiète ou l'on se réjouit de leur évolution et le gouvernement s'y intéresse de près, considérant qu'il est de son devoir d'aider les parents et d'agir sur la démographie pour l'orienter dans un sens favorable à l'intérêt du pays. De même, l'Etat incite et contrôle l'immigration selon les besoins démographiques de la nation. Cette attitude suit une longue tradition française de paternalisme gouvernemental qui n'existe pas aux Etats-Unis. Cette tradition, héritée de l'ancienne monarchie et de l'Eglise catholique, a été reprise par l'Etat républicain moderne. Elle voit l'Etat comme une sorte de père qui a le devoir de protéger ses enfants et, en contrepartie, a le droit d'intervenir dans leur vie pour imposer un ordre conforme à l'intérêt supérieur de la nation.

A cette tradition paternaliste s'est ajouté l'influence plus récente de l'Etat-providence (*welfare state*) qui est aujourd'hui plus développé en Europe qu'aux Etats-Unis. L'Etat-providence est né dans les années 1930 (au moment de la crise économique) dans les pays occidentaux et s'est surtout développé après 1945. C'est un système qui assure à tous les habitants du pays une sécurité économique minimale en toutes circonstances et a pour but d'éliminer la misère de la société: en contrepartie les individus doivent remplir certaines conditions. Par exemple, l'Etat français garantit à chaque salarié français un minimum légal de cinq semaines de congés payés par an, mais il impose de prendre ces congés en deux blocs, le bloc principal ne pouvant pas faire moins de deux semaines ni plus de quatre semaines. L'Etat accorde de généreuses allocations aux femmes enceintes de revenu modeste, à la condition qu'elles subissent tous les examens médicaux (gratuits) prescrits par le système de santé.

Ce paternalisme de l'Etat français est souvent pris par les Américains pour du socialisme, ce qui est une erreur. La tradition de l'Etat protecteur et interventionniste a exercé sur la France une influence plus forte que le socialisme et n'est pas liée avec un seul courant de pensée politique. Même si la droite française a résisté à l'interventionnisme étatique dans la vie des entreprises privées, elle adhère comme la gauche à cette tradition paternaliste. C'est un gouvernement de droite ultra-conservateur, celui du Maréchal Philippe Pétain (1940–1944), qui généralisa la politique d'aide de l'Etat aux familles. Tous les Français et les partis politiques qui les représentent sont en faveur d'un système universel de protection de l'individu du berceau au tombeau qui comprend la politique familiale, le système des retraites, et le système d'assurance-santé.

LA POPULATION DANS LE PASSÉ

Pour comprendre l'importance de la démographie aux yeux des Français, il faut connaître l'évolution passée de la population française. Prenons un manuel de géographie de la classe de première (*11th grade*), celui des éditions Nathan, par exemple.[1] Le chapitre deux, consacré à la démographie de la France, est intitulé "15 milliards d'ancêtres" (le nombre d'êtres humains qui ont vécu sur le territoire de la France depuis les origines de l'humanité). Par ce titre-choc, l'élève français se trouve personnellement rattaché à l'histoire démographique de la France. Il apprend qu'il est l'aboutissement d'une lignée d'individus formidablement nombreuse: "Tu as, toi et tes camarades, 15 milliards d'ancêtres," dit le manuel. L'idée principale qui s'ancre dans son esprit est celle d'un pays qui a été très peuplé dans le passé, même si les immigrés récents et leurs descendants ne se retrouvent guère dans cette vision. La France a été pendant très longtemps le pays le plus peuplé d'Europe. Le tableau 1 montre la population du pays à travers les siècles.

Tableau 1. Evolution de la population de la France
Dans les frontières actuelles

Année	Population
Epoque de Jules César (50 avant JC)	6 700 000
Epoque de Charlemagne (800 après JC)	8 800 000
1345	20 000 000
1800	29 000 000
1920	39 000 000
1990	56 600 000
2018	67 200 000

---

1. Jean-Robert Pitte (sous la direction de), *Géographie 1ère* (Paris: Nathan, 1988).

L'importance numérique de la population de la France par rapport aux autres pays d'Europe avant le 19e siècle contraste avec sa faible croissance pendant le 19e siècle et la première moitié du 20e siècle. Jusqu'en 1815 au moins, la France fut une superpuissance mondiale, un peu comme les Etats-Unis d'aujourd'hui. Sa forte population, combinée à d'autres facteurs politiques et économiques, lui avait permis d'atteindre ce niveau. Après 1815, le géant français, que l'on surnommait à cette époque "la grande nation," commença à faiblir. Le taux de natalité en France baissa avant celui des autres pays européens. C'est une des raisons principales de l'affaiblissement démographique. Les Français ont pris conscience de cette évolution défavorable après avoir été battus par les Allemands lors de la guerre franco-prussienne de 1870. Les causes de ce déclin n'étaient pas uniquement démographiques. Les Français sont entrés moins vite dans l'ère industrielle que les Anglais, les Allemands, ou les Américains et cela a sans doute pesé plus lourd dans leur déclin relatif. Après les énormes pertes humaines de la Première Guerre mondiale (un million et demi de morts), la situation devint catastrophique: on vit même—situation unique au monde—le taux de natalité français tomber plus bas que le taux de mortalité. Un moyen sûr pour les parents d'éviter l'horreur de voir mourir un jeune fils à la guerre était de ne plus faire d'enfant. Le gouvernement décida de réagir et encouragea l'immigration. La France est alors devenue, comme l'avaient été les Etats-Unis, un grand pays d'immigration. Elle devint même, dans les années 1920, le premier pays d'immigration au monde. Plusieurs millions d'Italiens, de Polonais, d'Espagnols, de Belges, de Russes affluèrent pour travailler dans les mines, les ports, et les villes industrielles françaises.

Très peu de Français, par contre, émigrèrent à l'étranger. La France est le pays d'Europe qui a envoyé le moins d'émigrants aux Etats-Unis, ce qui explique pourquoi il y a rarement eu de communautés venues de France dans les villes américaines. Parmi les 37 millions d'Européens qui ont émigré aux Etats-Unis entre 1820 et 1990, on compte seulement 800 000 Français. Par ailleurs, un courant d'émigration de faible ampleur a été dirigé vers l'empire colonial: vers le Canada au 17e siècle et vers l'Algérie au 19e siècle. Cette quasi-absence d'émigration n'a toutefois pas résolu les problèmes démographiques.

A la veille de la Seconde Guerre mondiale, la France avait seulement deux fois plus d'habitants qu'au 14e siècle, ce qui représente une hausse beaucoup plus faible que celle des autres pays européens. En effet, si entre 1650 et 1950 la population française a doublé, celle de l'Europe a quintuplé. Le taux de natalité français a baissé plus tôt (dès la fin du 18e siècle) que dans les autres pays d'Europe. Pendant la Seconde Guerre mondiale, on a estimé que la faiblesse du taux de natalité français était une des causes profondes de la défaite militaire de 1940 et de l'invasion du pays par l'armée allemande. Le gouvernement a adopté alors une politique nataliste ayant pour but d'inciter les Français à avoir plus d'enfants. L'avortement a été considéré comme un crime contre la sûreté de l'Etat et réprimé par la peine de mort, et tout un arsenal de primes et de privilèges ont été attribués aux parents en fonction du nombre d'enfants qu'ils avaient. La principale "arme" utilisée a été les allocations familiales, une somme d'argent versée pour chaque enfant, quel que soit le revenu de la famille. Ces allocations, auparavant réservées aux fonctionnaires, ont été étendues à toutes les familles en 1940. Une prime spéciale était accordée pour le premier bébé des jeunes mariés. On a décidé de réunir toutes les lois concernant la famille dans un nouveau code, le Code de la Famille. Le régime de Vichy qui a gouverné la France pendant la Seconde Guerre mondiale a poussé la glorification de la maternité à l'extrême: au cours de cérémonies publiques, on distribuait des médailles aux mères de familles nombreuses comme témoignage de la reconnaissance de la nation. Malgré ces efforts qui ont relevé temporairement le taux de natalité après la guerre, ce taux a fortement baissé depuis deux siècles, comme le montre le Tableau 2.

Tableau 2. Evolution du taux de natalité en France
Nombre de naissances par an pour 1 000 habitants

Année	Taux de natalité
1800	32
1900	22
1955	19
2020	11

Le taux de natalité français est remonté entre 1942 et 1972, en partie grâce à la politique nataliste. Il a rechuté ensuite. Cette chute n'est pas particulière à la France. Elle a touché tous les pays industrialisés. Un système de santé développé, un niveau de vie élevé, et surtout un niveau élevé d'éducation des femmes sont des raisons qui provoquent universellement une baisse de natalité. Ceci dit, le taux de fécondité (nombre de naissances par rapport au nombre de femmes en âge de donner naissance à des enfants) est plus élevé en France que dans tous les autres pays de l'Union européenne où le soutien à la natalité et aux familles n'est pas aussi fort.

LA POLITIQUE FAMILIALE

La France d'aujourd'hui a conservé sa politique "nataliste," qui est soutenue par la majorité des Français. Les partis politiques de gauche—et ceux de droite, dans une moindre mesure—ont considéré que ces avantages correspondent aussi à la justice sociale. Le gouvernement, pense-t-on, a le devoir d'aider les parents qui assument la lourde charge d'élever les futures générations de Français. On retrouve ici la conception française des enfants comme étant sous une sorte de responsabilité collective de tous les adultes. Parmi les avantages accordés aujourd'hui aux familles par le gouvernement, citons la prime à la naissance, qui donne presque mille euros aux femmes qui ont des ressources inférieures à un certain plafond et qui se sont soumises aux examens médicaux prénatals (gratuits) requis par les services de santé publique. Les frais d'accouchement sont entièrement pris en charge par le système national d'assurance-santé géré par la Sécurité sociale.

La politique familiale destinée à concilier la vie de famille avec le travail comprend trois branches: des congés parentaux payés qui permettent aux mères et aux pères de s'occuper de leurs nouveaux-nés tout en conservant leur emploi pendant leur absence, des primes pour aider les familles à payer les dépenses pour l'entretien des enfants, et un système public et subventionné de garde des enfants en bas âge. Le Canada et les pays européens membres de l'Organisation de coopération et de développement économiques (OCDE: un groupement des pays les plus industrialisés) ont aussi des politiques familiales combinant ces trois branches d'aide et financées collectivement par un système de sécurité sociale. Les pays nordiques en particulier ont depuis longtemps instauré les politiques familiales les plus généreuses et aussi les plus ambitieuses en ce qui concerne l'égalité des sexes. Leurs politiques favorisent une distribution égalitaire du travail dans le couple: les pères sont incités à s'occuper des enfants, les mères sont encouragées à travailler, et les employées qui s'occupent des enfants dans les crèches—le plus souvent des femmes—sont qualifiées, certifiées par l'Etat, et assez bien payées. Les Etats-Unis se distinguent de ces autres pays occidentaux développés par leur absence de politique familiale.

Le congé de maternité de 16 semaines payé à 100% du salaire est un droit de toute femme salariée qui donne naissance à un enfant en France. Une partie de ce congé est obligatoire: en effet, la loi interdit aux femmes enceintes de travailler pendant les deux semaines qui précèdent l'accouchement et les six semaines qui suivent (le congé minimum obligatoire est plus long pour un troisième enfant ou pour des jumeaux). Le congé de maternité s'étend à 26 semaines pour le troisième enfant. Aux Etats-Unis, le droit de prendre un congé de maternité—non payé—de 12 semaines sans risque de perdre son emploi fut donné aux femmes et hommes en 1993 (Family Medical Leave Act); les Françaises avaient reçu ce droit en 1909. Cette protection de l'emploi ne s'applique qu'à 60% des Américains d'ailleurs car elle ne couvre que les salariés ayant au moins un an d'ancienneté et un minimum d'horaires travaillés dans une même entreprise, et les entreprises de moins de 50 employés sont exemptées. De plus, rares sont celles ou ceux couverts par la loi américaine ayant des moyens suffisants pour exercer leur droit de congé non rémunéré. En France, depuis 2002 le deuxième parent bénéficie aussi d'un congé payé. En juillet 2021, la durée de ce congé paternité est prolongée à 28 jours—dont sept sont obligatoires—après la naissance d'un enfant. Un parent qui adopte un enfant a droit à dix semaines de congé ou 22 semaines pour une adoption multiple, et reçoit une prime similaire à la prime à la naissance. En somme, le cas américain est singulier parmi les pays occidentaux: toutes les nations de l'Europe de l'ouest offrent un congé de maternité payé, et la moitié d'entre eux offre un congé de paternité payé, de même que des congés payés dûs à la maladie d'un enfant, parent, ou partenaire.

Une deuxième branche de la politique familiale comprend des primes. La Caisse d'allocations familiales (CAF), un organe de l'Etat, organise l'action sociale en faveur des familles qui comprend les prestations familiales, l'éducation, le logement, l'emploi, et la lutte contre la pauvreté. Les dépenses de la CAF pour les familles représentent 5% du PIB (produit intérieur brut), deux fois plus que la moyenne européenne. La France est donc exceptionnelle même à l'intérieur de l'Europe. Certains de ces avantages financiers sont réservés aux familles démunies, mais les allocations familiales étaient, depuis la Seconde Guerre mondiale, universelles, c'est-à-dire sans condition de ressources ni d'activité. Le principe fondateur d'universalité des allocations familiales est défendu par une majorité de Français et de partis politiques, et ceci même en temps de crise budgétaire. Le fait que même les classes moyennes et aisées en bénéficient à partir du deuxième enfant est cité comme une cause principale de la bonne santé démographique générale de la France. Chaque famille recevait le même montant à partir du deuxième enfant.

Cependant, le principe fondateur de l'universalité des allocations familiales a été bouleversé pour la première fois en 2015, quand le gouvernement du président François Hollande a modulé les allocations familiales en fonction des revenus des parents. Les allocations familiales sont maintenant considérablement réduites pour les familles aisées. En 2021, les familles au revenu minimum reçoivent à peu près 130 euros par mois pour deux enfants, 300 euros pour trois enfants, 470 euros pour quatre enfants, etc., jusqu'à ce que ceux-ci atteignent l'âge de 20 ans. Les familles plus aisées reçoivent entre la moitié et le quart de ces montants. La politique familiale est devenue donc plus redistributive et moins universelle.

Cette réforme—surprenante surtout parce qu'un gouvernement socialiste l'a exécutée—a été controversée: deux-tiers des Français sondés à l'époque étaient contre cette réforme. Mais l'acquis social coûtait trop cher à l'Etat. Plusieurs gouvernements précédents de droite et de gauche avaient bien cherché d'autres moyens de compenser un déficit de plusieurs milliards d'euros dans la branche famille du budget de la Sécurité sociale afin de ne pas toucher à l'universalité des allocations familiales. Le président Emmanuel Macron, connu pour son conservatisme fiscal, a gardé cette réforme de son prédécesseur. Certains membres de son mouvement politique, la République en marche, suggèrent même une suppression totale des allocations familiales pour les familles les plus aisées. Ajoutons qu'il n'est pas nécessaire d'avoir la nationalité française: tous les résidents légaux peuvent bénéficier des allocations familiales.

En plus des allocations familiales, et pour alléger la charge d'éducation des enfants, l'Etat accorde des avantages financiers aux familles les moins aisées sous plusieurs formes. Le complément familial (un montant de base de plus de 170 euros par mois) s'ajoute aux allocations familiales pour les familles au revenu modeste ayant au moins trois enfants. Pour les familles avec un enfant en bas âge, l'Etat contribue un montant mensuel aux dépenses d'entretien de chaque enfant de moins de 3 ans. Il y a aussi l'allocation de logement, la prime de déménagement pour les familles ayant au moins trois enfants afin de les aider à changer de logement à la naissance d'un enfant, et l'allocation de rentrée scolaire pour aider les familles à payer les livres et les cahiers de leurs enfants entre 6 et 18 ans. L'Etat aide aussi les familles monoparentales avec l'allocation de soutien familial pour toute personne assurant seule l'éducation d'au moins un enfant, et il vient au secours des familles avec un enfant handicapé avec l'allocation d'éducation d'enfant handicapé. Enfin l'allocation journalière de présence parentale est versé à tout parent ayant totalement ou partiellement arrêté de travailler pour s'occuper d'un enfant gravement malade, accidenté, ou handicapé.

La troisième branche d'une politique familiale fort répandue en Europe est un système organisé et subventionné par l'Etat de garde des enfants qui permet aux parents d'enfants en bas âge de continuer leur activité professionnelle. En France, l'allocation de garde d'enfant à domicile est attribuée aux parents qui travaillent pour faire garder leurs jeunes enfants (jusqu'à 3 ans) à leur domicile, ou bien chez une "assistante maternelle." Les assistantes maternelles (la plupart du temps des femmes, d'où la féminisation du titre de la profession) sont des personnes formées et agréées qui gardent jusqu'à quatre enfants dans leur maison et dont le service est remboursé par l'Etat: c'est le mode de garde de 33% des enfants de moins de 3 ans en 2016. Un troisième mode de garde—le plus recherché—est une crèche collective (municipale ou départementale) ou une crèche d'entreprise publique ou privée. En 2016, 18% des enfants de moins de 3 ans sont accueillis en crèche. Les crèches publiques sont administrées et financées directement par la CAF et leurs tarifs sont subventionnés par l'Etat de façon importante. Comme l'allocation de garde d'enfant est modulée en fonction des ressources de la famille, le coût pour les familles de faire garder les enfants et aller travailler est beaucoup plus abordable qu'aux Etats-Unis. Seulement 5% des enfants de moins de 3 ans aux Etats-Unis sont éligibles pour une place en crèche subventionnée, tandis que le prix des crèches privées peut monter jusqu'à 20 000 dollars par an dans les villes américaines de taille moyenne.

Ces dispositions multiples pour l'accueil du jeune enfant représentent une transformation importante dans la politique familiale française depuis les années 1980. L'organisation des modes de garde, focalisée sur la conciliation des vies familiale et professionnelle des deux parents, résulte de, et aussi contribue à, la présence accrue des femmes dans le monde du travail. Malgré ces aides, de meilleures solutions d'accueil pour les enfants sont réclamées par des familles. La plupart (43%) des enfants de moins de 3 ans en 2019 étaient gardés par leurs parents ou par la famille ou les amis des parents. Sous la pression des familles, tous les gouvernements de droite et de gauche depuis la présidence de Jacques Chirac (1995–2007) ont fait la promesse d'augmenter le nombre de places d'accueil d'enfants de moins de 3 ans, mais un déficit de 230 000 places était encore constaté en 2019, entraînant des difficultés pour le travail des mères concernées.

7.1 Ecole maternelle Léon Schwartzenberg, dans le 10e arrondissement de Paris.

L'école maternelle (*nursery school or pre-kindergarten*) offre depuis longtemps l'instruction publique et gratuite aux enfants à partir de 2 ans et demi jusqu'à l'âge obligatoire de scolarisation (fixé en 1882 à 6 ans), avec une place garantie à chaque enfant à partir de 3 ans. L'école maternelle gratuite a toujours été très prisée par les familles: 97% des enfants y étaient inscrits jusqu'en 2019, date à laquelle une loi a baissé l'âge de l'instruction obligatoire de 6 ans à 3 ans.

Pour faciliter la vie professionnelle des deux parents, la mairie de chaque municipalité finance aussi les activités périscolaires pendant les heures après l'école, le centre de loisirs le mercredi (quand beaucoup d'écoles sont fermées, ou ouvertes seulement pour la demi-journée), et les colonies de vacances en été. Comme pour la garderie, la contribution demandée à chaque famille pour payer ces activités est déterminée par le nombre d'enfants dans la famille et les revenus des parents: les plus pauvres ne paient pas beaucoup, et même les familles aisées reçoivent une petite aide de la mairie pour tout ce qui est activité périscolaire.

Enfin il existe une prime (entre 150 et 400 euros par mois), la prestation partagée d'éducation de l'enfant, pour tout parent qui cesse d'avoir un emploi ou qui réduit son activité professionnelle à un temps partiel pour s'occuper de son enfant de moins de 3 ans. Cette prime donne à un ou deux parents six mois de prestation pour le premier enfant; et pour deux enfants ou plus, une prestation jusqu'au troisième anniversaire du dernier. Connu génériquement sous l'expression "le congé parental," ou bien "le salaire maternel" par ses critiques, ce congé existe sous différentes formes depuis 1977. Cette prime est un exemple d'une politique généreuse qui a toutefois des effets secondaires négatifs sur l'égalité des sexes: étant donné les rôles traditionnels sexués dans le couple et les disparités réelles entre les salaires masculins et féminins, la prestation offre un encouragement surtout aux mères de continuer à s'occuper des enfants plus longtemps, au lieu de retourner travailler après le congé de maternité. Une étude de la CAF en 2013 a montré que les pères constituent seulement 3% des bénéficiaires de ce congé. Un objectif caché de cette mesure est d'abaisser le taux de chômage.

Dans quelle mesure la politique de soutien aux familles a-t-elle influencé la natalité? On peut constater que dès les premières années suivant sa mise en place, le taux de natalité français remonta rapidement (à partir de 1942), et, passé le *baby boom* de la fin de la guerre, continua de rester assez élevé jusqu'en 1972, puis recommença à baisser. Cette nouvelle baisse a été provoquée par différentes causes, notamment l'amélioration de la condition des femmes et du niveau de leur éducation et aussi par la légalisation de la contraception (1967) et de l'avortement (1975), les deux remboursés par la Sécurité sociale. Le taux de natalité n'a pas baissé dans les années 1970 autant en France que dans les autres pays d'Europe, et la baisse n'a pas duré aussi longtemps. Le taux de fécondité français était supérieur à deux enfants par femme en âge de procréer au début des années 2010 (2,01 enfants en 2011); par contre, ce taux diminue depuis 2015 jusqu'à seulement 1,88 enfants en 2017. Cette baisse est due en partie au recul de l'âge de première maternité. Malgré cette baisse, l'indice de fécondité en France reste le plus élevé de l'Union européenne. On peut conclure que la politique nataliste française, la plus forte en Europe, continue d'atteindre ses objectifs, mais on doit rester prudent quant aux effets des modifications de la politique familiale sur l'évolution démographique. L'état de l'économie—le marché du travail en particulier—et les changements socio-culturels (prolongation des études) sont d'autres facteurs clés affectant les décisions de parenté.

L'IMMIGRATION

La hausse de la natalité après la Seconde Guerre mondiale n'a pas réduit le besoin de faire venir des immigrés dans le pays. En effet, cette hausse a d'abord entraîné un accroissement considérable du nombre des enfants et non des travailleurs adultes dont on avait un besoin urgent pour reconstruire la France et soutenir le développement industriel très rapide des années 1950 et 1960. L'Etat a donc renouvelé son encouragement de l'immigration, qui fut massive de 1945 à 1974, avec d'abord l'arrivée d'Italiens et d'Espagnols, puis de Portugais, d'Asiatiques, et d'habitants des pays décolonisés par la France de l'Afrique sub-saharienne et du Maghreb (les pays d'Afrique du Nord, comprenant le Maroc, l'Algérie, et la Tunisie). La décolonisation française—phénomène des années 1950 et 1960—n'a pas réduit la grande dureté des conditions de vie dans les nations africaines et maghrébines indépendantes, et leurs citoyens ont continué à chercher une meilleure vie en France après les années 1960. Les Algériens constituaient en 1982 le groupe d'étrangers le plus nombreux en France.

Dans les années 1950 et 1960, l'arrivée des travailleurs immigrés était très contrôlée par les autorités françaises, et en général seuls les hommes avaient le droit de venir en France. Ils étaient hébergés dans les foyers pour travailleurs immigrés à l'écart de la population française ou bien logeaient dans des bidonvilles à la périphérie des grandes villes. Ils étaient vus comme des immigrés temporaires qui retourneraient dans leur pays après quelques années.

Suite au choc pétrolier de 1973 et à la crise économique qui a suivi, cette politique d'immigration a été arrêtée en 1974. En contrepartie, les familles (épouse, enfants, et parents) des immigrés arrivés auparavant ont été autorisées à rejoindre leur mari, père, ou fils en France. Cette politique de "regroupement familial" a eu des conséquences immenses. En effet, en permettant aux familles des hommes immigrés de venir en France, on rendait leur immigration définitive. Les adultes qui auraient souhaité retourner dans leur pays d'origine pour prendre leur retraite (ce qui était souvent le cas) ont renoncé à le faire dans bien des cas parce que leurs enfants, nés et éduqués en France, y restaient.

En réaction à la crise économique, un mouvement xénophobe se développa—comme pendant toute crise économique—qui visait les immigrés, désignés comme des boucs émissaires pour le chômage et la décroissance. Dans les années 1980, le Front national, parti d'extrême-droite hostile à l'immigration, a fortement progressé aux élections locales et nationales, recueillant jusqu'à 15 à 20% des votes. Influencés par le Front national, les gouvernements de la droite modérée ont alors entrepris de restreindre les droits des immigrés légaux et de réprimer plus fortement l'immigration illégale, par exemple, à travers les "lois Pasqua" de 1986 et 1993 (du nom du ministre de l'Intérieur qui les a proposées). Depuis les années 1990, des lois modifient régulièrement les règles qui s'appliquent au séjour des étrangers en France et à l'acquisition de la nationalité. Le regroupement familial est restreint. Il est de plus en plus difficile d'obtenir le statut de réfugié politique. Les contrôles policiers et les expulsions d'étrangers illégaux se sont multipliés. Des zones d'incarcération pour étrangers en situation irrégulière ont été créées dans les grands aéroports. Les sanctions contre les passeurs de clandestins se sont aggravées. En somme, il est devenu de plus en plus difficile pour un étranger d'entrer et de rester en France, surtout pour les citoyens des pays en voie de développement qui doivent obtenir un visa pour entrer en France.

L'immigration illégale, difficile à quantifier, augmentait au fur et à mesure que les portes de l'immigration légale se refermaient, mais elle reste relativement moins importante qu'aux Etats-Unis. Elle vient surtout des pays d'Afrique du nord et d'Afrique sub-saharienne où la situation économique reste difficile pour leurs populations. Depuis 1996, lorsque les églises Saint-Ambroise et Saint-Bernard à Paris ont été occupées par des immigrés illégaux, les difficultés multiples de la vie des "sans-papiers" (trouver un emploi, un logement, se faire soigner) ont été l'objet de nombreux débats dans les médias. D'autres crises sont advenues plus récemment. Les migrants en France ne cherchent pas toujours à y rester: depuis la fin des années 1990, des immigrés illégaux installés dans les camps connus sous le nom de la "Jungle" dans la ville de Calais espéraient partir pour l'Angleterre par les ferrys ou par le tunnel sous la Manche. Pendant une quinzaine d'années, cette situation a opposé les autorités gouvernementales aux associations d'entraide.

7.2 La "Jungle" à Calais abritait plus de 4 400 migrants étrangers. Le camp a été démantelé par les autorités françaises en 2016.

Depuis 2014, la crise des réfugiés fuyant la guerre en Syrie constitue un échec pour l'Union européenne puisqu'elle a conduit à suspendre le principe de libre circulation dans l'espace Schengen par certains pays membres. Comparée au gouvernement allemand d'Angela Merkel qui a initialement ouvert les portes de son pays aux réfugiés (ce qui a entraîné une réaction négative populiste), la France ne s'est pas distinguée par sa générosité: les frontières françaises sont restées fermées contre les réfugiés de guerre venant de l'autre côté de la Méditerranée. Très peu de réfugiés syriens ont été accueillis en France. Un climat de protectionnisme, compliqué par les attentats terroristes et la menace des mouvements populistes nationalistes, définit les réactions françaises et européennes face à cette misère humaine.

En même temps, de nombreuses organisations caritatives françaises et internationales tentent de défendre les droits des réfugiés. Des mouvements de défense ont été constitués par des citoyens pour aider les migrants menacés par la noyade en mer, pour empêcher leur expulsion une fois arrivés en France, et pour les aider à régulariser leur situation. Ils interviennent dans des cas difficiles comme celui des immigrés illégaux qui ont des enfants scolarisés en France. L'Etat, par contre, apporte une réponse plus policière à l'immigration clandestine: plus de 26 000 expulsions d'immigrés illégaux à la frontière ont été effectuées en 2017.

La politique migratoire aujourd'hui suit les principes suivants: l'immigration légale est limitée aux proches des personnes résidant en France et aux réfugiés politiques (qui doivent prouver qu'ils risquent leur vie s'ils rentrent dans leur pays). Les citoyens des pays de l'Union européenne peuvent librement s'installer en France et y travailler; ils sont juridiquement considérés comme des étrangers (ils ne peuvent pas voter aux élections nationales, par exemple), mais ils sont assimilés aux Français pour la résidence et l'emploi. Le droit du sol (naître en France donne la nationalité française) n'est pas aboli mais réduit: un enfant né en France de deux parents étrangers ne devient plus français à la naissance, mais seulement à 13 ou à 18 ans (entre-temps, il garde la nationalité de ses parents), s'il a résidé en France un certain nombre d'années. La naturalisation est possible par la durée de résidence sur le territoire français ou par le mariage avec un citoyen ou une citoyenne française: une période d'attente est toujours exigée.

On estime qu'aujourd'hui 20 millions de Français—presque un tiers de la population—ont une ascendance étrangère (cela dépend jusqu'à quelle génération on remonte pour compter). C'est pourquoi un très grand nombre de Français portent des noms italiens, allemands, russes, polonais, espagnols, portugais, et arabes. Beaucoup de noms à consonance non-française viennent aussi de régions de la France où autrefois la langue maternelle n'était pas le français (Alsace, Corse, Pays basque). La France est le pays d'Europe où l'on trouve le plus grand nombre de patronymes différents. Pour les enfants, petits-enfants, ou arrière-petits-enfants des immigrés, le nom de famille ou le prénom est souvent la seule preuve de leur héritage étranger. Le président de la République élu en 2007, Nicolas Sarkozy, est le fils d'une Française et d'un immigré hongrois. Son épouse, Carla Bruni, est la fille d'immigrés italiens. C'est la première fois que cela arriva en France, mais il faut noter que dans ces deux cas il s'agit d'immigrés d'origine aisée.

La population de la France compte 67 millions d'habitants en 2021. Dans ce chiffre, il y a près de 6 millions d'immigrés (personnes nées dans un autre pays mais résidant en France; ce chiffre inclut les naturalisés français et les non-naturalisés), soit environ 9% de la population du pays. En dépit des discours xénophobes qui attisent la peur de l'immigration, c'est un pourcentage qui n'a pas énormément changé depuis le début du 20e siècle. Les populations d'immigrés les plus nombreuses aujourd'hui en France incluent les Portugais, les Algériens, les Marocains, les autres Européens, et les originaires d'Afrique sub-saharienne. Beaucoup d'étrangers et immigrés prennent la nationalité française, comme c'est le cas pour toute vague migratoire permanente. Une fois naturalisés, l'origine étrangère des citoyens disparaît des statistiques officielles. Par souci d'égalité, et parce qu'elle ne reconnaît pas l'existence de distinctions raciales ou ethniques parmi les citoyens français, la loi française interdit l'établissement de statistiques ethniques.

Le chiffre global de 67 millions d'habitants inclut aussi plus de 2 millions d'habitants des départements et collectivités françaises d'outre-mer (par exemple, Guadeloupe, Guyane, Martinique, Réunion). Il n'inclut pas les 2 millions de Français qui résident à l'étranger. On remarque que le nombre de Français expatriés, faible dans le passé, a sensiblement augmenté depuis une trentaine d'années. Cette hausse a été en partie provoquée par l'émigration de jeunes qui ont des diplômes élevés et qui ont trouvé à l'étranger des situations plus intéressantes que celles qu'ils pouvaient avoir en France. L'unification de l'Europe et la facilité croissante des communications ont favorisé ce mouvement de milliers de jeunes Français vers d'autres pays de l'Union européenne comme l'Espagne, l'Irlande, ou l'Angleterre. Cette tendance pourrait changer avec le retrait du Royaume Uni de l'Union européenne, voté par les Anglais via referendum ("Brexit") en 2016.

LA PYRAMIDE DES ÂGES

La tendance des Français à utiliser l'abstraction et les figures géométriques (par exemple l'hexagone) pour décrire la réalité se retrouve dans la pyramide des âges, figure triangulaire qui joue en France un rôle plus important dans l'enseignement et dans les manuels scolaires qu'aux Etats-Unis. La pyramide des âges représente la population d'une société par tranche d'âge (d'une largeur proportionnelle au nombre d'individus qui sont dans chaque tranche) et par sexe. Elle transmet aux

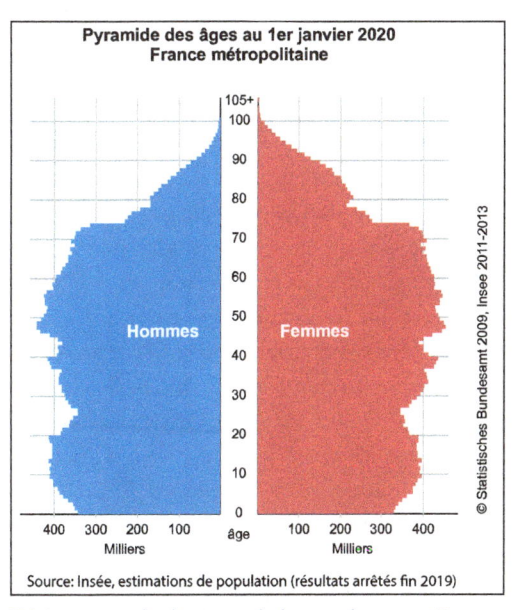

7.3 La pyramide des âges de la population en France.

enfants l'idée que la population de la France forme un ensemble fermé et cohérent dans lequel ils peuvent se situer eux-mêmes. Comme dans l'Hexagone ou dans la chaîne des générations, l'enfant reçoit toujours la réponse aux questions "Où suis-je?" et "Qui suis-je?" Chaque génération se retrouve sur la pyramide.

L'élève apprend que la forme générale de la pyramide des âges en France change avec le temps et peut ressembler à une cloche ou une toupie plutôt qu'à une pyramide, avec trop de gens âgés vers le haut et trop peu d'enfants vers le bas. De plus, un "trou" marque les deux côtés de la pyramide (les "classes creuses"), traduisant la chute brutale des naissances lors de la Seconde Guerre mondiale. En 2020, 20% des habitants de la France avaient plus de 65 ans et 24% avaient moins de 20 ans, une répartition qui ne promet pas un équilibre sain dans l'avenir. Ce phénomène de vieillissement de la population, commun à tous les pays industrialisés, est dû en fait à deux évolutions positives: l'amélioration de la condition des femmes et le développement des systèmes de santé et de sécurité sociale. La politique familiale et l'immigration sont deux réponses à la baisse générale de natalité et à la plus longue espérance de vie. L'élève français qui étudie la pyramide des âges est logiquement amené à considérer qu'elle ou il aura un rôle à jouer dans la forme que prendra cette pyramide: c'est une affaire nationale qui concerne chaque Française et Français.

LE SYSTÈME DE RETRAITES

Malgré le vieillissement de la population, le système de retraites a peu changé: c'est un système qui se veut généreux mais qui est insuffisamment financé et régulièrement menacé de déficit. En plus d'une hausse importante de l'espérance de vie, une des causes du problème est l'arrivée à l'âge de la retraite de la nombreuse génération du *baby boom*. Les retraités sont trop nombreux pour que les actifs d'aujourd'hui (les "cotisants") puissent leur donner un niveau de vie satisfaisant. Les solutions à ce problème sont connues et il n'y en a que trois, qui peuvent être combinées: hausser les contributions aux pensions, réduire le montant des pensions, ou réduire la durée de la retraite (en obligeant les actifs à travailler plus longtemps). En effet, l'âge légal de la retraite a été déjà retardé dans des pays d'Europe et aux Etats-Unis. En France une loi de 2010 a décrété que les salariés ne peuvent pas prendre leur retraite à taux plein avant 62 ans (auparavant c'était à 60 ans et après 40 ans de cotisation). L'âge réel de départ est variable selon la profession, le nombre d'années d'activité, l'année de naissance, et la pénibilité du travail (la France est le seul pays en Europe à prendre en compte ce dernier facteur). Cet âge de retraite est un droit, pas une obligation. Par contre, l'âge maximal de travail est fixé à 70 ans, ce qui fait que certaines personnes sont chagrinées d'arrêter de travailler en pleine activité, même si les syndicats sont toujours en faveur d'une baisse de l'âge de la retraite, surtout pour les ouvriers dans les industries lourdes.

Les systèmes de retraites en France sont des systèmes dits "par répartition" (on distribue à chaque retraité de l'argent collecté sous forme de taxe sur les actifs), tandis qu'aux Etats-Unis prédominent les systèmes privés de pension "par capitalisation" (on distribue à chaque retraité ce qui a été épargné pour sa retraite pendant sa vie active). On retrouve donc en France la notion de solidarité sociale (entre les générations, dans ce cas), tandis qu'en Amérique c'est au contraire l'idée d'autosuffisance qui prédomine. Il faut toutefois noter que les retraites de la Social Security américaine sont un système par répartition. Quand on considère que la pension moyenne de Social Security par an et par personne est seulement de 18 500 dollars en 2021, et que plus de la moitié des Américains ne contribuent à aucun système de retraite complémentaire, il n'est pas surprenant que beaucoup de retraités américains tombent pour la première fois de leur vie dans la pauvreté. Comparé à ce qui existe dans beaucoup de pays dans le monde (et pas seulement en Europe), l'Etat américain cherche moins à obliger les travailleurs et les employeurs à contribuer au financement d'un système collectif de retraites. Ainsi les retraites complémentaires (variant selon les professions) sont obligatoires en France, mais pas aux Etats-Unis.

Les taux de natalité et de mortalité sont similaires en France et aux Etats-Unis. Le taux de mortalité infantile, toutefois, est nettement plus bas en France qu'aux Etats-Unis en raison, sans doute, de la meilleure protection médicale des classes défavorisées en France. De même, l'espérance de vie à la naissance est plus élevée pour les femmes en France (85 ans) qu'aux Etats-Unis (81 ans), comme pour les hommes (79 ans en France; 77 ans aux Etats-Unis) (chiffres de 2018). L'être humain qui détient le record mondial absolu de longévité est une Française, Jeanne Calment, née en 1875 et morte en 1997 à l'âge de 122 ans.

LE SYSTÈME D'ASSURANCE-SANTÉ

La France a, comme les Etats-Unis, un système privé de médecine. La plupart des médecins sont des praticiens indépendants payés par leurs patients. Une minorité d'entre eux seulement (ceux qui travaillent dans les hôpitaux publics) sont salariés. Il existe, comme en Amérique, des hôpitaux publics et des hôpitaux privés (appelés "cliniques"). La grande différence entre les deux pays n'est pas dans la manière dont sont dispensés les soins médicaux, mais dans l'assurance médicale: en France, il n'y a qu'un seul assureur principal (la Sécurité sociale) qui couvre tous les habitants du pays sans condition d'activité. La France a donc ce que les Américains appellent un *single payer system* qui ressemble beaucoup à Medicare aux Etats-Unis, mais qui n'est pas réservé seulement aux personnes de plus de 65 ans. La France parvient à assurer tous ses habitants parce que l'assurance est obligatoire pour tous et parce que la prime payée pour être assuré est proportionnelle au revenu des individus. Ceci n'est pas le cas aux Etats-Unis où l'ouvrier d'une entreprise paie la même prime mensuelle d'assurance médicale que le chef de cette entreprise. L'assurance-santé n'est pas vue en France comme un *fringe benefit* laissé au choix de l'employeur, mais comme un droit fondamental, le droit à la sécurité physique. On ne peut jamais la perdre, même si l'on perd son emploi. On considère que la santé n'est pas un bien marchand comme un autre, puisqu'on ne peut pas choisir de la refuser et qu'elle doit donc être un domaine où s'exerce la solidarité sociale. Aux Etats-Unis, par contre, même après la loi appelée "Affordable Care Act" adoptée en 2010 pendant le premier mandat du président Barack Obama, le pourcentage de la population américaine sans assurance-santé se situe autour de 15%.

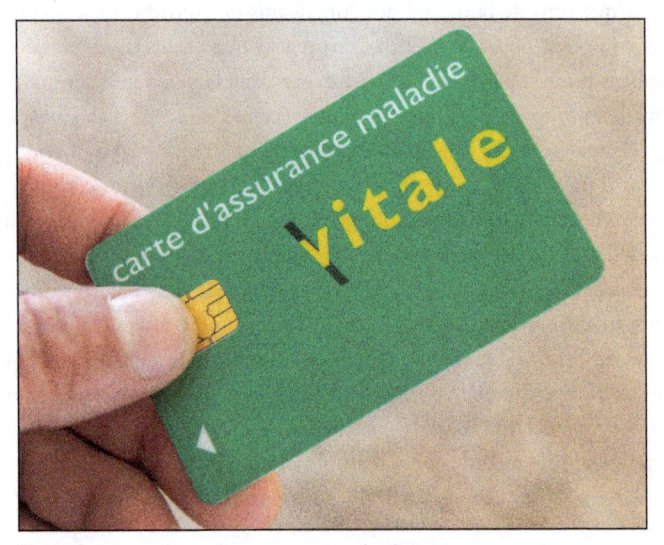

7.4 La carte vitale est la carte nationale d'assurance-santé.

Comme il n'y a qu'un assureur principal pour tout le pays, les Français peuvent choisir librement leur médecin n'importe où en France. Le tarif des actes médicaux est négocié chaque année entre les syndicats des médecins et la Sécurité sociale. L'immense majorité des médecins (appelés "médecins conventionnés") suivent ce tarif, qui est presque uniforme pour tout le pays, avec de légères variations locales liées au coût de la vie. Une visite chez le médecin, un accouchement, ou une opération d'appendicite coûtent à peu près le même prix partout en France. Il est normalement interdit aux médecins de dépasser ces tarifs. Le prix des actes médicaux et des médicaments est beaucoup moins élevé en France qu'aux Etats-Unis (trois fois moins cher en moyenne). Ceci est dû aux faits qu'il n'y a qu'un seul assureur (frais de gestion réduits), qu'il existe une réglementation très stricte des investissements en technologie médicale de pointe (pour éviter le gaspillage), que les tarifs médicaux ne sont pas libres, que le prix des médicaments est réglementé, et aussi que les études médicales sont presque gratuites en France (les médecins n'ont pas à rembourser de gros emprunts pour leurs études). Pour limiter les dépenses de santé, toute publicité pour des services médicaux (médecins, hôpitaux, médicaments) est interdite par la loi. Les fabricants de médicaments ne sont autorisés à communiquer des informations sur leurs nouveaux produits qu'aux médecins.

L'assurance médicale est financée par des cotisations, spécifiquement par une taxe de 13% du salaire à la charge de l'employeur. Les travailleurs non salariés et les chômeurs paient également une cotisation proportionnelle à leur revenu. Certains actes médicaux (les visites chez le médecin, qui coûtent entre 23 et 30 euros) et les médicaments peu chers ne sont remboursés qu'à 60, 70, ou 80% de leur prix par la Sécurité sociale. Les médicaments très chers et les hospitalisations sont remboursées à 100% sauf un forfait hospitalier minime. La plupart des Français couvrent la portion qui est à leur charge par des assurances privées à but non-lucratif souvent affiliées à des syndicats. Toutefois, depuis 2006, il est obligatoire de payer un euro non remboursable par l'assurance (*co-pay*) pour chaque visite chez un médecin, et les personnes assurées doivent avoir un médecin principal qui les autorise à voir un spécialiste.

Les médecins se plaignent du contrôle rigoureux exercé par la Sécurité sociale sur le secteur de la santé et du coût élevé des assurances contre les erreurs médicales, mais les Français sont généralement satisfaits de leur système. Son financement représente toutefois une charge de plus en plus lourde pour le budget de la Sécurité sociale. Certains ont suggéré de "fiscaliser" l'assurance-santé (c'est-à-dire de la faire payer directement par l'impôt sur le revenu et non plus par une taxe spéciale payée par les employeurs); cela allégerait le poids qui pèse sur les entreprises et les rendrait plus compétitives. Le gouvernement s'est engagé partiellement dans cette voie dès 1990 en créant un impôt spécial sur les revenus, la contribution sociale généralisée (CSG), qui sert à redistribuer le financement de la Sécurité sociale et de l'assurance chômage.

La France et les Etats-Unis représentent donc deux situations totalement opposées en ce qui concerne le rôle de l'Etat vis-à-vis de la démographie. Des avantages comme des allocations familiales, les tarifs réduits pour les billets de train pour les familles nombreuses, l'école maternelle gratuite et obligatoire dès 3 ans, ou bien des études universitaires peu onéreuses peuvent paraître excessives aux yeux de certains Américains. Ces "acquis sociaux," considérés par les Français comme des droits fondamentaux du citoyen, proviennent de la conception de l'Etat comme parent protecteur de ses enfants. Nadine Morano, ancienne secrétaire d'Etat chargée de la famille en 2009–2010 sous un gouvernement de droite, explique le succès des politiques natalistes: "Aucun autre Etat ne dépense autant que le nôtre dans ce domaine, et nous avons un bon système de garde d'enfants, c'est aussi simple que ça. Notre pays a compris depuis longtemps que pour reconstruire une nation il fallait des enfants."[2] Même si l'Etat américain offre des réductions d'impôts pour ceux qui

---

2. Citée dans Katrin Bennhold, "Femmes françaises. Et l'émancipation, bordel?" *Courrier international* (24 novembre 2010).

ont des enfants, et même si des aides existent pour les familles les plus démunies, le système américain est basé sur le principe que le sort des familles concerne seulement les parents et pas le reste de la société. Comparés aux nations similaires—les autres pays occidentaux développés—les Etats-Unis sont le pays qui offre le moins d'aide publique aux familles à tous les niveaux.

Une retraite décente et l'accès aux soins médicaux sont considérés aussi comme des droits fondamentaux en France. Le financement collectif d'un système de Sécurité sociale reflète non seulement le souci de la démographie mais aussi la valeur à laquelle les Français adhèrent: c'est le devoir de toute la société de préparer l'avenir des futures générations. Tous les membres d'une société partagent la responsabilité d'avoir des enfants bien élevés et en bonne santé qui deviendront à leur tour des membres productifs de la société. Les Américains ont au contraire une vision plus individualiste qui valorise davantage l'indépendance de chaque famille par rapport au reste de la société.

Discussions

1. Pourquoi l'Etat français attache-t-il plus d'importance à la démographie que le gouvernement américain?
2. En quoi consiste la politique familiale mise en œuvre par les gouvernements français?
3. Quelle est la relation entre la chute du taux de natalité et le recours à l'immigration?
4. De quelles manières la démographie est-elle liée avec l'égalité entre les femmes et les hommes?
5. Comment distingue-t-on, en démographie, une "bonne" pyramide des âges d'une "mauvaise?"
6. Le système de retraite français présente-t-il des avantages?
7. Que pensez-vous de l'organisation du système de santé en France?

Sujets de travaux oraux ou écrits

1. Comparez les histoires de l'immigration en France et aux Etats-Unis.
2. Faites une enquête auprès d'une dizaine d'Américaines et d'Américains sur leur accès au congé parental, à l'assurance médicale, ou à un système de retraite, et comparez-le avec ce qui existe en France.
3. Comparez l'évolution statistique des naissances et des décès de la France et des Etats-Unis au cours des vingt dernières années.

Chapitre 8
La société

Avant 1950, la société française était plus stable. Aujourd'hui, avec de profonds changements sociaux ainsi qu'avec l'évolution dans nos façons de concevoir les catégories sociales, on comprend mieux la société française dans toute sa complexité et sa diversité. Les principales manières de trancher la société pour mieux l'analyser sont par la classe, le sexe ou le genre, l'origine nationale, la religion, et l'âge. Il y a aussi des différences importantes parmi les Français selon la région où ils habitent, ainsi qu'entre la société urbaine et la société rurale. Les distinctions, voire les inégalités, ont toujours existé parmi les Français, mais depuis le début du 21e siècle, on assiste à une résurgence remarquable des inégalités.

LA RÉVOLUTION CULTURELLE ET ECONOMIQUE DEPUIS LES ANNÉES 1960

La société française d'aujourd'hui est très différente de ce qu'elle était au milieu du 20e siècle. La révolution économique et culturelle des années 1960–1970 a profondément et rapidement transformé cette société, dans ses structures mêmes. Certaines de ces transformations, comme l'affaiblissement relatif de la bourgeoisie, l'unification culturelle croissante du monde rural avec le monde urbain, ou la diversification de la composition ethnique de la population française grâce à l'immigration, étaient déjà entamées auparavant et se sont fortement accélérées dans la seconde moitié du 20e siècle. D'autres transformations importantes, comme la croissance du secteur tertiaire (*rise of the service economy*) et la révolution numérique, sont plus récentes. Si l'évolution de la société s'est faite d'une manière assez continue et régulière sur le plan économique et matériel, elle s'est faite d'une manière plus brutale sur le plan socio-culturel. En effet, l'arrivée à l'âge adulte vers 1965–1970 de la génération très nombreuse du *baby boom* (née juste après la Seconde Guerre mondiale) a marqué le début d'une transformation culturelle rapide qui a affecté toute la société.

Jusque vers 1970, la société française fut contrôlée par des adultes qui avaient connu la crise économique des années 1930 et la Seconde Guerre mondiale. Ils avaient fait entrer la France dans le monde industriel moderne, mais leur morale restait traditionnelle, exaltant le travail, l'effort, la discipline, et l'esprit de sacrifice pour des lendemains meilleurs. A partir de 1965, les jeunes de la génération du *baby boom* s'opposèrent violemment à ces adultes qui étaient leurs parents, en critiquant leur système de valeurs rigide et autoritaire. Les jeunes rêvaient d'une France plus décontractée, plus conviviale et égalitaire, plus préoccupée de la qualité de la vie dans le présent. Ce rêve, ils l'ont vu en partie réalisé: la révolution sexuelle provoquée par l'invention de la pilule contraceptive a bouleversé les moeurs; l'éducation "douce" a bouleversé les rapports des adultes avec les enfants; le développement de l'écologie a bouleversé les rapports avec la nature; le développement du régionalisme a bouleversé la centralisation autoritaire; l'arrivée d'immigrés non-européens a bouleversé l'identité ethnique et religieuse de la société; l'accès massif des individus à l'éducation secondaire et universitaire a bouleversé les catégories socio-professionnelles traditionnelles.

Les membres de la génération qui a suivi celle du *baby boom*, celle des adultes d'âge moyen aujourd'hui nés dans les années 1970 et 1980, n'ont pas eu l'expérience de changements sociaux radicaux au cours de leurs vies. Ils n'ont connu que le type de société dans lequel nous vivons aujourd'hui. Ils ont été les premières victimes du ralentissement de la croissance économique, de la forte hausse du chômage, et de l'installation du chômage de masse des trente années entre 1975 et 2005 (les "Trente Piteuses," a-t-on dit par opposition aux "Trente Glorieuses" de 1945–1975). Ils ont été aussi victimes de l'effet pervers provoqué par la hausse générale du niveau d'éducation: leurs diplômes (baccalauréat, diplômes universitaires) se sont trouvés dévalorisés par le simple fait qu'un très grand nombre de personnes les ont obtenus. Mais ce sont eux qui forment la génération la plus multiculturelle que la France ait jamais connue. Ce sont eux aussi qui ont été les plus actifs transmetteurs de la révolution technologique apportée par les ordinateurs et l'Internet depuis les années 1990. La génération des Français née dans les années 1990 et la décennie 2000 (petits-enfants des *baby boomers*) est appelée génération Y ou Z: ce sont les jeunes adultes d'aujourd'hui qui n'ont jamais connu la Guerre froide et qui appartiennent au 21e siècle. Ils ne connaissent que la "nouvelle économie" (numérique) et une culture fondamentalement changée par les médias sociaux.

DE LA "MOYENNISATION" DE LA SOCIÉTÉ À UNE RÉAPPARITION DES CLASSES

Le changement majeur qui donne un visage nouveau à la société française au tournant du 21e siècle vient de ce qu'elle n'est plus divisée comme autrefois en classes sociales rigidement séparées formant chacune un univers distinct avec ses rites, ses règles, sa langue. Vue globalement, la société française est devenue culturellement et matériellement plus homogène qu'auparavant. Cette unification relative de la société a été le résultat de l'extension massive de l'enseignement secondaire et universitaire, de la hausse très forte du niveau de vie depuis un demi-siècle, et de la généralisation de longs congés payés. La majorité des Français, aujourd'hui, peut obtenir les objets et les services qui donnent accès au même style de vie: l'automobile, le réfrigérateur, la télévision, l'ordinateur, le téléphone portable, les repas au restaurant, les sorties au cinéma, les départs en vacances, les études longues. Seule une minorité qui vit en dessous du seuil de pauvreté n'a pas accès à ce style de vie: c'est pourquoi on les appelle les "exclus" et que l'on parle d'"exclusion" pour désigner la pauvreté contemporaine. A part cette catégorie des exclus, la relative égalité des conditions de vie et d'accès au confort moderne dans la société peut sembler aller de soi à un jeune d'aujourd'hui, mais en réalité c'est un phénomène récent. Les anciennes différences culturelles de classe sont encore visibles, mais elles se sont atténuées. De même, la conscience de classe est moins intense qu'autrefois même si elle reste plus forte en France qu'aux Etats-Unis.

C'est dans la seconde moitié du 20e siècle que la France a évolué vers un nouveau modèle social dans lequel, comme aux Etats-Unis, une très nombreuse classe moyenne (*middle class*) domine la société par ses goûts et son style de vie. Cette "moyennisation" (expression du sociologue Henri Mendras) de la société française fut une véritable révolution dans un pays où la classe moyenne (la petite bourgeoisie) était autrefois sans identité bien marquée. Les membres de ces nouvelles catégories intermédiaires très nombreuses sont généralement des gens qui ont passé le baccalauréat et ont ensuite obtenu un diplôme professionnel, technique, ou universitaire. Beaucoup d'entre eux sont originaires des classes populaires, ayant des parents ou grands-parents ouvriers ou paysans. D'autres sont originaires de la petite et moyenne bourgeoisie. Ils ne sont plus en majorité des travailleurs indépendants (artisans, commerçants) mais des salariés: "cols blancs" de toutes sortes, techniciens, enseignants, ingénieurs, cadres (*managers*) de l'administration, du commerce, et de l'industrie.

La culture et les moeurs de cet immense "milieu" de la hiérarchie sociale sont d'inspiration bourgeoise mais ne forment pas un ensemble parfaitement cohérent de codes et de comportements comme la culture bourgeoise d'autrefois. Cette culture dominante est plus diverse, plus floue, sans normes précises à respecter. Chacun est libre de faire plus ou moins ce qui lui plaît; il n'y a plus de modèle unique à suivre pour la façon de manger, de s'habiller, de prendre ses vacances, de recevoir ses amis, de meubler sa maison, de vivre sa sexualité, ou d'élever ses enfants. Tout, ou presque, devient un choix individuel. Ceci peut sembler contredire le fait que la société française est de plus en plus homogène. En réalité, les distinctions sociales sont de moins en moins collectives et de plus en plus individuelles: vus de loin, tous les Français se ressemblent de plus en plus; vus de près, ils se ressemblent de moins en moins. Le sociologue Pierre Bourdieu a souligné le phénomène par lequel les jugements de goût (*taste*) de la classe bourgeoise évoluent vers des distinctions minuscules.

Malgré la "moyennisation" de la société, on assiste depuis la fin du 20e siècle à ce qui peut être qualifié d'une réapparition des classes—disons une restructuration de la société française—aux extrêmes de la hiérarchie sociale. Cette évolution sociale récente en haut et en bas de la grande masse de la classe moyenne est le résultat de l'enrichissement croissant des très riches et de l'appauvrissement des pauvres. L'écart socio-économique entre ces deux extrêmes de l'échelle sociale s'est élargi en France comme aux Etats-Unis, même si cet écart est beaucoup moins important en France qu'aux Etats-Unis.

LE "SOMMET" DE LA SOCIÉTÉ

Les catégories peu nombreuses qui sont "au-dessus" de la masse centrale dominent la société française par leur pouvoir intellectuel, financier, et politique (haute administration, personnel politique, propriétaires ou dirigeants de grandes entreprises, banquiers, avocats réputés). Héritiers de la haute bourgeoisie d'autrefois ou de l'ancienne aristocratie, ou bien ayant fait fortune plus récemment, les membres de cette élite dirigeante restent influencés par les traditions culturelles et sociales bourgeoises, bien qu'ils se "moyennisent" eux aussi. Ils se distinguent de la nouvelle classe moyenne par leur éducation élitiste (lycées les plus réputés, grandes écoles) et surtout par les positions de pouvoir qu'ils occupent dans la société. Ils vivent avec leurs familles dans le 16e ou le 8e arrondissement de Paris, dans la banlieue riche de la capitale (Neuilly, Saint-Germain-en-Laye, Versailles), ou dans les beaux quartiers des autres grandes villes. Ce "sommet" de la société s'est ouvert à des nouveaux-venus en ascension sociale depuis 1960 (membres de la petite et moyenne bourgeoisie passés par les grandes écoles), mais il reste malgré tout plus héréditaire et plus fermé culturellement que l'élite américaine.

Le prestige des positions de pouvoir n'est pas exactement le même en France et aux Etats-Unis. Le pouvoir—manifesté dans les hautes fonctions politiques et administratives—a un prestige plus grand en France. Par contre, la réussite financière est plus prestigieuse en Amérique. Bill Gates, Steve Jobs, Sam Walton, ou Warren Buffett—les meilleurs exemples restent encore des hommes—sont beaucoup plus admirés aux Etats-Unis qu'ils ne le seraient en France. On peut voir là l'héritage de l'ancienne société monarchique et militaire française par opposition à la société anglo-américaine de tradition marchande et industrielle. Le concept français de "cadre," désignant tout salarié ayant un pouvoir de commandement, montre aussi la valeur attribuée au fait d'avoir de l'autorité sur les autres. L'origine du concept est militaire (distinction entre ceux qui commandent et ceux qui obéissent). Aux Etats-Unis, un candidat aux élections fait souvent croire qu'on le pousse à se présenter malgré lui, et un dirigeant d'entreprise, par son salaire démesurément élevé, montre à tous qu'il s'intéresse à l'argent plus qu'à l'autorité qu'il exerce sur les autres. L'intégration entre le monde de la haute administration, de la politique, et de la haute finance est plus forte en France qu'aux Etats-Unis: il serait normal de voir, par exemple, un même individu être successivement haut-fonctionnaire, puis député à l'Assemblée nationale, puis dirigeant d'une banque, puis ministre, puis à nouveau haut-fonctionnaire. Passer de la haute administration à la direction d'entreprises privées (où l'on gagne plus d'argent) s'appelle familièrement "pantoufler" (littéralement *to wear slippers*).

LES CATÉGORIES "POPULAIRES"

Au-dessous de l'énorme catégorie moyenne se trouvent les catégories dites "populaires" (*working class*). On y trouve les ouvriers agricoles, les ouvriers de l'industrie, et tous les employés situés aux échelons les plus bas de la hiérarchie professionnelle (petits fonctionnaires, vendeurs dans les petits commerces, employés chargés du nettoyage, par exemple). C'est le monde des salaires bas et, souvent, des fins de mois difficiles. On loue un appartement dans une HLM de banlieue ("habitation à loyer modéré" et subventionnée). On économise pendant des années pour s'acheter un petit pavillon ou un petit appartement. On achète une voiture à crédit, le modèle le moins cher. On part en vacances chez les parents ou en camping pendant que les enfants sont placés en colonie de vacances organisée par les collectivités locales. Ce groupe social imite, autant qu'il le peut, la culture moyenne dominante.

Les membres des classes populaires vivent juste au-dessus du seuil de pauvreté. C'est eux qui forment les rangs des manifestants en "gilets jaunes" en 2018–2020: ceux pour qui une hausse d'une taxe sur l'essence peut faire une différence cruciale. Malgré leur situation précaire, les membres de cette catégorie bénéficient—surtout s'ils ont des enfants—du soutien financier de l'Etat qui peut aller parfois jusqu'à doubler leur salaire mensuel (allocations familiales, de logement, de rentrée scolaire). Comme nous l'avons vu dans le chapitre sur la démographie, l'Etat-providence français est généreux: il cherche beaucoup plus qu'en Amérique à empêcher les gens de tomber dans la pauvreté et attend moins qu'ils y soient tombés pour les aider. Ici encore, la volonté de maintenir la sécurité économique des individus et la stabilité générale de la société apparaît plus forte du côté français. Par exemple, le salaire minimum (le "SMIC," salaire minimum interprofessionnel de croissance) est plus élevé en France qu'aux Etats-Unis. En France en 2021, le SMIC est de 10,25 euros brut (*gross*) de l'heure; ou 1 555 euros par mois pour un temps complet de 35 heures hebdomadaires. Même si 29 états américains ont indépendamment haussé le salaire minimum au dessus du minimum fédéral, le minimum fédéral garanti n'est que de 7,25 dollars de l'heure brut: c'est-à-dire, 6,53 euros de l'heure. En France le SMIC suit automatiquement la hausse des prix, ce qui n'est pas le cas en Amérique où le taux n'a pas changé depuis 2009. De plus, le "smicard" français est, comme tous les autres salariés, automatiquement couvert par l'assurance-maladie nationale, et bénéficie de cinq semaines de vacances payées par an et des allocation familiales.

8.1 Une manifestante dans le mouvement des "gilets jaunes" en 2019.

LES EXCLUS ET LES INÉGALITÉS

En-dessous de la catégorie populaire se trouve celle des "exclus," c'est-à-dire des gens qui ne peuvent pas, faute de ressources, participer à la société de consommation et vivre d'une manière facile. Au premier rang de ces exclus se trouve une partie des chômeurs, ceux qui ont épuisé leurs allocations et n'ont pas de famille sur laquelle s'appuyer. Beaucoup touchent "la prime d'activité," une aide attribuée par l'Etat aux personnes sans ressources. L'objectif est d'inciter les chômeurs à retrouver une activité et entre-temps de leur apporter un supplément de ressources. Les pauvres sans abri ou "SDF" (sans domicile fixe) en France étaient estimés à plus de 300 000 personnes en 2020, un chiffre qui a doublé depuis 2012.

La pauvreté moderne est le résultat combiné de deux phénomènes: l'augmentation massive du pourcentage des salariés dans l'économie et le chômage. Un petit commerçant ou un petit agriculteur en difficulté financière pouvait vivoter; un salarié qui perd son emploi n'a brutalement plus rien: l'Etat doit venir à son aide. Contrairement à la pauvreté traditionnelle, qui était un état chronique et définitif, la nouvelle pauvreté frappe souvent des gens qui n'ont pas l'habitude d'être pauvres: ouvriers ou employés ayant perdu leur emploi, immigrés ayant accepté un déclassement social dans un nouveau pays, mères divorcées, jeunes récemment diplômés et sans travail. Ils reçoivent des secours publics d'urgence et sont également aidés par les organisations caritatives comme les "restaurants du coeur." Bien que ces "exclus" ne représentent qu'une minorité (14% de la population française vit sous le seuil de pauvreté), leur nombre a augmenté depuis 2005 en raison de la hausse du chômage. Par contre, les gens âgés, qui formaient une part importante des pauvres dans le passé, ont vu leur sort s'améliorer considérablement depuis 1960 avec la généralisation de l'assurance médicale et des systèmes de retraites indexées sur les prix.

Depuis les années 1990, les inégalités socio-économiques progressent en France. Le pays est épargné en partie par son modèle de protection sociale, mais l'écart entre les riches et les pauvres s'accroît, surtout dû au fait que le revenu moyen des plus aisés ("le 1%") a augmenté de 19% entre 1998 et 2005. Le système fiscal devient de moins en moins redistributif: l'impôt progressif sur le revenu est en fait moins progressif pour les 5% des ménages les plus riches, grâce surtout aux niches fiscales. La pauvreté s'est aussi accrue au 21e siècle et elle peut varier selon la région. Malgré la mise en place des politiques visant à améliorer l'égalité des chances, beaucoup disent que l'ascenseur social est bloqué. A cause de la ségrégation des classes sociales dans le logement et l'éducation, et la disparition du service militaire, les occasions d'interaction entre ces classes sont réduites. Aujourd'hui la tolérance banalisée des inégalités peut avoir des conséquences sérieuses: le ressentiment des couches sociales soumises à la précarité et la mise en danger des valeurs républicaines fondatrices.

FRANÇAIS DES VILLES ET FRANÇAIS DES CAMPAGNES

Sur le plan de la répartition géographique de la population, la densité de la population à l'échelon national reste modérée, loin des extrêmes que connaissent d'autres pays. Il n'y a pas de régions surpeuplées comme en Egypte ou en Inde, ni de zones totalement vides comme au Canada ou Russie. Mais la population de la France n'est pas du tout répartie d'une manière équilibrée sur le territoire du pays. Paris et son agglomération (12 millions de personnes en Ile-de-France en 2019) concentrent un pourcentage extrêmement élevé des habitants de la France (18%). La France a donc une tête monstrueuse et un corps chétif. Les quelques grandes villes françaises (Lyon, Marseille, Bordeaux, Strasbourg, Lille) viennent très loin derrière Paris. Certaines régions ont vu leur population baisser sensiblement depuis cinquante ans: le Nord et la Lorraine, régions industrielles anciennes; également le

Massif central et la Corse, régions isolées des grands courants de communication. D'autres régions ont une population à peu près stabilisée, comme l'Ile-de-France. Certaines, enfin, ont vu leur population s'accroître très vite; ce sont des pôles d'attraction: le Sud-ouest et surtout les régions proches de la Méditerranée (dynamisme économique et climat plus chaud et ensoleillé qu'ailleurs). Les migrations internes sont donc orientées vers le sud de la France. La rapidité accrue des communications (autoroutes, TGV ou trains à grande vitesse) entre le nord et le sud du pays a renforcé ces tendances.

L'exode rural vers les villes a été plus lent et plus tardif en France que dans d'autres grands pays d'Europe comme l'Angleterre ou l'Allemagne. Il a fallu attendre la Seconde Guerre mondiale pour voir la population urbaine dépasser la population rurale. Jusqu'en 1945, les gouvernements successifs ont toujours été hostiles à l'exode des campagnes vers les villes et ont plutôt cherché à le freiner pour des raisons politiques et sociales. La société rurale paraissait plus solide, plus stable que la population urbaine. Les grandes villes—surtout Paris—étaient vues par la bourgeoisie comme des nids à révolution: on risquait de multiplier les révolutionnaires en multipliant la population ouvrière des villes. On voyait l'entreprise familiale (ferme, atelier, boutique) comme le fondement le plus solide de la société. Les gouvernements ont donc fait passer des lois pour protéger les petits paysans, les artisans, et les commerçants contre la concurrence des grosses entreprises et la concurrence internationale. Cette tactique leur rapportait de nombreuses voix aux élections. Un tel système protégeait la famille comme unité de production économique, mais condamnait l'agriculture, l'industrie, et le commerce français à rester archaïques. Après 1945, cette vision fut abandonnée et l'urbanisation fut enfin considérée comme un phénomène positif et même nécessaire pour que la France se modernise: elle a donc été encouragée dans les années 1950 et 1960 et la population des campagnes françaises a rapidement baissé. Aujourd'hui, ce mouvement d'exode rural s'est inversé puisque la population rurale s'accroît, mais uniquement autour des villes. L'automobile permet en effet de vivre moins cher à la campagne et de travailler en ville, même si cela implique d'autres compromis de style de vie (longs trajets en voiture).

Le fait que la société française est restée très tardivement un pays à dominante rurale est très important, car cela signifie qu'une forte proportion de Français qui vivent aujourd'hui dans des villes (plutôt des gens âgés) ont passé leur enfance ou leur adolescence à la campagne. Ils ont gardé de cette époque une nostalgie diffuse qui marque leurs habitudes et leurs goûts et qui s'est transmise aux générations plus jeunes. L'intérêt des Français pour les produits alimentaires frais ou pour l'eau de source en bouteilles (record du monde de consommation par habitant) provient peut-être d'habitudes de goût acquises en milieu rural au cours des décennies passées. La passion des résidences secondaires—plus de trois millions en France sur un total de 35 millions de logements en 2015—provient également du désir de retrouver des racines rurales encore assez récentes.

Toutefois, les Français ont, comme la plupart des Européens, une vision plus positive des villes que les Américains. Ces derniers ont eu la tendance à fuir les villes (et surtout leur centre) dès qu'ils ne sont ni pauvres, ni immigrants récents. Ils ont recréé dans les banlieues—comme dans les campus universitaires et jusque dans les cimetières—un univers bucolique artificiel où l'on échappe à la promiscuité urbaine. Même si elle évolue aux Etats-Unis, l'hostilité diffuse à la vie urbaine ne se retrouve guère en France, où domine la tradition européenne de la "cité," lieu de rencontre et de communication. Depuis l'empire romain, la ville est associée en France à l'idée de civilisation, à la sophistication, et à la citoyenneté. A Marseille, une plaque de bronze rappelle qu'à partir de cette ville "rayonna la civilisation en Occident." (Des marins venus de Phocée, ville grecque d'Asie Mineure, fondèrent la ville de Marseille en 600 avant J.C.). En France, les membres des classes aisées ne fuient pas la ville mais sont attirés par elle. Ils habitent les belles maisons et les beaux immeubles des quartiers historiques du centre. Les pauvres sont repoussés hors des villes, vers les laides banlieues "ouvrières" avec leurs HLM souvent couvertes de graffitis. Dans la région parisienne, ces banlieues défavorisées se trouvent au nord et à l'est de Paris. Il existe aussi des banlieues riches, par exemple à l'ouest de Paris. Les universités sont historiquement en centre-ville. Le centre des grandes villes est généralement animé avec beaucoup de monde dans les rues, des magasins, et des cafés. Dans les quartiers anciens (construits avant le 19e siècle), les rues étroites sont souvent interdites aux automobiles et réservées aux piétons. Les parkings sont généralement souterrains. En même temps l'attraction exercée par les villes et la congestion humaine qui en résulte produisent des nuisances (pollution, bruit, embouteillages) qui sont souvent pires qu'aux Etats-Unis.

LA RECONNAISSANCE DU GENRE COMME CATÉGORIE SOCIALE

La place et le rôle des femmes dans la société française ont énormément évolué depuis plus de deux siècles, et surtout depuis le milieu du 20e siècle. La Révolution française et le code civil de 1804 avaient maintenu la femme comme un être juridiquement inférieur à l'homme. Sur le plan des droits civils et politiques, les Françaises sont restées longtemps en retard par rapport aux Américaines et ne se sont libérées que tardivement de la tutelle des hommes. Mais aujourd'hui, au travail, dans le monde politique, au sein de la famille, dans les médias, il n'y a pas de lieu dans la société où la conscience des inégalités du genre n'est pas réveillée et où les discriminations, auparavant ignorées par la majorité, restent incontestées.

Certes, le féminisme a une longue histoire en France. En 1791, deux ans après la Déclaration des Droits de l'Homme et du Citoyen promulguée par l'Assemblée nationale, Olympe de Gouges a publié une Déclaration des Droits de la Femme et de la Citoyenne. Il y a eu des féministes célèbres au 19e siècle: Flora Tristan, Pauline Roland, Jeanne Deroin, Marie Deraismes, Clémence Royer pour en nommer quelques-unes: leur action a mis longtemps à avoir de l'effet dans une société fondamentalement patriarcale. Au tournant du 20e siècle et depuis, les féministes françaises les plus importantes étaient des journalistes, des militantes pour les droits politiques, et des intellectuelles dont l'influence s'est répandue grâce aux livres qu'elles ont écrit. Parmi ces dernières, on peut citer par exemple Marguerite Durand, Cécile Brunschvicg, Simone de Beauvoir, Hélène Cixous, Monique Wittig, Christine Delphy, et Michelle Perrot. Aujourd'hui, le féminisme français de la "troisième vague" est plus inclusif des expériences des femmes appartenant aux minorités, et cet élargissement de réflexion intellectuelle est mené par des féministes d'origine et d'ethnicité diverses.

L'absence presque totale des femmes dans le monde politique en France a longtemps représenté un handicap majeur pour la mise en application des idées des féministes. C'est au début de la IIIe République (1870–1940), avec l'établissement définitif de la démocratie, que les choses ont commencé à changer, mais les progrès ont été lents. En 1880, les femmes ont eu pour la première fois accès à l'enseignement secondaire public. En 1945, elles ont pu voter pour la première fois (bien plus tard que dans d'autres démocraties occidentales). En 1967, elles ont eu le droit d'acheter et d'utiliser des contraceptifs. En 1975, l'avortement a été légalisé. Grâce à plusieurs lois passées au long du 20e siècle (décrites dans le chapitre sur la famille), les femmes mariées sont sorties de la tutelle de leurs maris. Les droits de la maîtrise de la procréation ont surtout permis aux femmes d'envisager de nouvelles trajectoires de vie. D'autres lois répriment les discriminations contre les femmes au travail en matière d'accès aux emplois, de salaires, de maternité, et de harcèlement sexuel (voir le chapitre sur l'économie). En 1974, on a créé un Secrétariat d'Etat à la condition féminine (devenu en 1981 ministère des Droits de la femme, puis à nouveau un Secrétariat d'Etat): depuis cette époque, les gouvernements successifs se sont sentis obligés d'institutionnaliser la protection de l'égalité des sexes par un organe politique. Il faut noter aussi la loi sur la parité des femmes et des hommes dans les élections politiques, passée en 1999. L'Etat a décrété la fin de l'usage officiel de la salutation "mademoiselle" en 2012, et la féminisation des noms des métiers proposée par le gouvernement en 1999 a été finalement reconnue par l'Académie française en 2019. Enfin, la loi sur la prostitution en 2016 sanctionne les clients et non pas les personnes prostituées. Ces conquêtes affectent les femmes en particulier, mais aussi toute la société.

L'initiative des réformes concernant le statut des femmes en France est pour une large part venue "d'en haut": c'est le gouvernement—sous la pression de féministes influentes comme Françoise Giroud, Nicole Pasquier, Gisèle Halimi, Simone Veil, Yvette Roudy, Françoise Gaspard—qui a conduit le changement. Par ailleurs, beaucoup des protections législatives contre la discrimination ont été imposées par le droit de l'Union européenne, une influence supranationale clé depuis les années 1950.

Malgré les tentatives pour renverser la hiérarchie patriarcale, les inégalités entre femmes et hommes restent importantes aujourd'hui dans tous les domaines de la société. Les femmes qui appartiennent aux minorités—les Noires et les musulmanes par exemple—continuent à souffrir d'une double discrimination. Au travail, l'écart de 19% entre le salaire mensuel net moyen des femmes et des hommes continue à frapper les esprits, ainsi que la surconcentration des femmes dans le travail à temps partiel et l'absence de femmes dans les postes de direction (le plafond de verre). L'agression sexuelle et le viol restent un fléau en France comme ailleurs, tandis que la pornographie explose sur l'Internet. A la maison, le sexisme continue à régner. La répartition des tâches domestiques reste très inégale dans les couples: on parle d'une "double journée" des femmes. Les plaintes sur la violence domestique montent mais ne représentent qu'un faible pourcentage du phénomène.

Simone de Beauvoir a écrit cette fameuse phrase en 1949: "On ne naît pas femme: on le devient." Au 21e siècle, les Français et les Françaises prennent conscience que le genre est une construction sociale et non pas une donnée de la nature.

LES IMMIGRÉS ET LEURS DESCENDANTS

Le sujet de l'immigration a été introduit dans le chapitre sur la démographie. Ici nous analyserons l'intégration des immigrés et de leurs descendants dans la société française. Nous nous pencherons aussi sur le concept d'universalisme et sur les attitudes autour de la diversité. La France a été, comme les Etats-Unis, un grand pays d'immigration. Les conditions politiques et idéologiques dans lesquelles l'immigration s'opère sont toutefois très différentes dans les deux pays.

Quatre millions d'étrangers ou 6 millions d'immigrés vivent en France, soit respectivement 6% et 9% de la population totale (approximativement 67 millions). Les deux termes prêtent souvent à la confusion: un étranger est quelqu'un qui n'a pas la nationalité du pays où il réside; un immigré est quelqu'un qui a quitté son pays d'origine pour s'installer dans un autre pays. Ces classifications se superposent: la majorité des étrangers (ils n'ont pas la nationalité française) sont aussi des immigrés (ils ont immigré en France). Mais un immigré peut être français (par acquisition de nationalité) et un étranger peut naître en France (si ses deux parents sont étrangers, cet enfant n'est pas automatiquement français). Avec une population étrangère de 6% sur son territoire, la France se trouve dans la moyenne des pays de l'Union européenne. La proportion des étrangers dans la population totale n'a jamais beaucoup varié depuis le début du 20e siècle.

Il y a eu trois périodes de grande immigration en France (à savoir, pendant les années 1870 et après les deux Guerres mondiales), liées à une croissance économique rapide avec un recrutement actif et organisé au niveau de l'Etat. Pendant des périodes de difficultés économiques (années 1880–1890, années 1930, et années 1970–1980) qui ont suivi des périodes de croissance, des réactions xénophobes sont apparues au sein de la population, et l'Etat a imposé des contrôles stricts aux frontières.

La dernière vague migratoire a été différente des deux vagues précédentes: la majorité des immigrés à partir des années 1950 venait de l'Afrique du Nord (le Maghreb) surtout et de l'Afrique sub-saharienne, et à un moindre degré des autres pays de l'Europe. Parmi la population immigrée en 2014 en France, 44% viennent du continent africain, 15% sont originaires des pays d'Asie, et 36% sont européens. (Les Européens constituaient encore 66% des immigrés en 1975.) Les immigrés maghrébins et africains ont partagé une expérience identique aux groupes d'immigrés précédents: ils occupaient les emplois les plus pénibles et les moins rémunérés en France et ils rencontraient l'hostilité de certains Français, surtout aux moments de crise économique. L'intégration des immigrés de la troisième vague (après la Seconde Guerre mondiale) fut compliquée par les faits que la France avait colonisé leurs pays d'origine et que la quasi-totalité des immigrés maghrébins était de religion musulmane, et non pas catholique comme la plupart des immigrés venant des pays d'Europe. Cette nouvelle population se distinguait de ses prédécesseurs européens par sa qualité de "minorités visibles," une expression qui est devenue commune dans les années 2000 pour décrire les personnes non européennes. Enfin, la décision gouvernementale prise en 1974 d'arrêter l'immigration nouvelle et de permettre le regroupement familial a profondément modifié la structure de la France: les familles avec les enfants s'y sont installées définitivement.

Il n'est plus cohérent de parler de la "deuxième," "troisième," ou "quatrième" génération d'immigrés de la vague de l'après-guerre car ils sont maintenant tous simplement des Français. Néanmoins, ces adultes "d'origine immigrée," comme on dit, se posent souvent des questions identitaires: ils ne se sentent pas algériens, marocains, tunisiens, ou sénégalais puisqu'ils ont toujours vécu en France, mais ne se sentent pas non plus "100% français" parce qu'ils sont souvent considérés comme "différents" ou "autres," sans égard pour leur nationalité française. Leur visibilité physique fait que la police contrôle leurs papiers plus fréquemment que ceux des autres Français: le contrôle au faciès (*racial profiling*) est controversé mais légal en France. Ce sont aussi les prénoms ou noms de famille à consonance étrangère qui informent les gens de leur différence. Les membres des minorités visibles sont victimes de la discrimination quotidienne lorsqu'ils cherchent un emploi ou un logement ("Vous n'avez pas de chance, quelqu'un vient juste de le prendre," dirait le propriétaire d'un appartement à louer). Le Front national, renommé le Rassemblement national depuis 2018, est un parti politique d'extrême-droite qui blâme souvent l'immigration pour les problèmes divers de la société et qui exhibe des sentiments xénophobes. Face aux humiliations et discriminations, les immigrés de la première génération, cherchant à se faire accepter, avaient l'habitude de courber la tête et de ne rien dire. Leurs enfants, petits-enfants, et arrières petits-enfants, eux, ne tolèrent pas d'être victimes de discriminations ou d'agissements racistes. D'où un malaise profond, accru par le chômage très élevé qui les touche (4–5 points plus élevés que le taux de chômage total en 2015).

LA LENTE RECONNAISSANCE DE NOUVELLES IDENTITÉS: LES "BEURS" ET LES "BLACKS"

Ce malaise s'est montré publiquement pour la première fois en 1983 lors d'une manifestation, "la Marche pour l'égalité et contre le racisme" (surnommée "la Marche des beurs"). (Les beurs est une auto-identification inventée et appropriée par les descendants des immigrés nord-africains qui sont nés et ont été élevés en France. "Beur" signifie "arabe" en verlan: le verlan est une forme d'argot qui inverse les syllabes, par exemple, "l'envers" donne "verlan".) La Marche des beurs était la réponse à des difficultés subies par des jeunes issus de l'immigration. Partie de Marseille avec 32 personnes, la Marche s'est terminée à Paris avec le soutien de 60 000 manifestants défilant dans la rue. C'était un grand moment d'affirmation de soi et de demande de reconnaissance pour les descendants des Maghrébins. Depuis cette époque, les mouvements antiracistes ont pris de l'ampleur. Le plus célèbre d'entre eux est SOS-Racisme, dont le principal chef a été Harlem Désir (d'origine martiniquaise).

Les Noirs immigrés et descendants d'immigrés des Caraïbes et d'Afrique sub-saharienne constituent un autre groupe de minorités sur le territoire français. Les Noirs des Antilles (Martinique, Guadeloupe) ne sont pas des étrangers: ils ont la nationalité française car les départements d'outre-mer (DROM) font partie du

8.2 Les Africains naturalisés ou les Antillais sont français et peuvent travailler dans la fonction publique, mais ils se retrouvent souvent dans des postes subalternes.

territoire français. Certains immigrent en métropole pour étudier et travailler car la situation économique y est meilleure qu'aux Antilles.

Les Africains pour leur part viennent des pays anciennement colonisés par la France: le Mali, la Côte d'Ivoire, le Cameroun, le Sénégal, le Togo, le Burkina Faso, la Guinée, le Niger, le Tchad, la République centrafricaine, et le Congo. Ils cherchent eux aussi des conditions de vie meilleures, quand ils ne demandent pas l'asile en tant que réfugiés politiques. Comme l'établissement de statistiques ethniques n'est pas autorisé, le nombre de Noirs vivant en France est inconnu et l'on ne dispose que d'une approximation: 2,5 millions de personnes ou 4% de la population. Le terme anglais les "Blacks" est souvent utilisé dans la langue familière en France.

Les immigrés d'Algérie présentent un cas particulier avec trois groupes distincts transplantés en France. A la fin de la guerre qui s'est terminée par l'indépendance de l'Algérie en 1962, un million de colons européens (les "pieds-noirs") qui y habitaient ont été précipitamment "rapatriés" en France. Les Français ont ramené aussi avec eux en France 60 000 des 200 000 soldats algériens qui avaient combattu dans l'armée française contre les indépendantistes. Ces anciens soldats, les "harkis," ont la nationalité française, mais n'ont jamais eu le droit de retourner en Algérie où ils sont considérés comme des traîtres. En France, ils ont été longtemps oubliés par les autorités françaises. Ce sont aujourd'hui des hommes très âgés. Les services qu'ils ont rendus à la France et leur loyauté à son égard n'ont été officiellement reconnus que dans les années 2000. Enfin, après l'indépendance, des dizaines de milliers d'Algériens continuèrent d'immigrer en France pour fuir les conditions politiques et économiques difficiles en Algérie.

Les populations immigrées de toutes origines ont depuis longtemps habité dans ce qu'on appelle familièrement les "cités," c'est-à-dire les grands ensembles d'immeubles à loyer réduit (HLM) situés dans les banlieues des grandes villes. Périodiquement, surtout à la suite d'incidents avec la police, des émeutes violentes éclatent dans certaines banlieues des grandes villes. Par exemple, des émeutes importantes ont eu lieu en 2005 dans plusieurs villes pendant des semaines. Les jeunes d'origine immigrée des cités sont souvent accusés par les médias de droite ou d'extrême-droite de provoquer ces émeutes tandis que les médias de gauche affirment qu'il s'agit d'une réaction à l'exclusion—le chômage et la discrimination—dont ces jeunes sont victimes. Les cités elles-mêmes—éloignées des centres urbains et caractérisées par un manque de services publics et d'espaces verts—sont devenues le symbole de cette exclusion de la population française d'origine étrangère.

LES MODÈLES DE L'UNIVERSALISME ET DE MULTICULTURALISME

La France et les Etats-Unis partagent une conception volontariste de la nationalité: l'appartenance à la nation vient d'une volonté individuelle d'adhésion, pas de l'appartenance à une origine ethnique, comme cela a été le cas dans d'autres pays, par exemple l'Allemagne. Dans son ensemble, la société américaine s'est toujours vue comme une communauté constituée d'immigrés et de descendants d'immigrés. Le concept cher aux Américains que leur pays est un *melting pot* est en fait une fausse métaphore: la société américaine est mieux représentée par la métaphore d'un grand saladier dans lequel la laitue et la tomate sont ensemble mais restent distincte l'une de l'autre, malgré la vinaigrette qui les unifie. En Amérique des gens d'origines différentes gardent souvent leurs traditions culturelles d'origine et en sont fiers: on est Italian-American ou Irish-American (les identités d'African-American ou Asian-American ont d'autres significations plus compliquées et pour la plupart racialisées). Tant qu'on respecte la constitution et la loi, il est possible d'affirmer en public son identité ethnique et sa culture nationale d'origine (dans des défilés, par exemple). Cela ne menace pas les Etats-Unis, car ce qui unit les Américains est politique et juridique et non pas ethnique, culturel, ou religieux. Les Américains donnent relativement peu d'importance à l'unité et à la cohésion dans leur société en dehors du domaine juridique. Ils voient plutôt la société comme une mosaïque ou un *patchwork* d'individus et de groupes séparés qu'il faut maintenir en paix. On appelle ce modèle multiculturaliste.

En France, la situation est différente. Même si la France partage une conception volontariste de la nationalité, la société française a toujours refusé de se voir comme constituée de groupes d'immigrés ou de descendants d'immigrés. Or, aujourd'hui, on estime qu'un tiers de la population de la France a des ancêtres étrangers. Il y a là une contradiction évidente entre l'image et la réalité. Cette contradiction a été résolue dans le passé par le silence et l'amnésie collective: les immigrés pouvaient conserver les traditions de leur nation d'origine (langue, religion, cuisine) chez eux, dans leur vie privée. Mais ils ne devaient pas manifester publiquement une identité distincte. Leur origine étrangère était censée rester invisible. La France, en effet, est un pays qui donne beaucoup d'importance à l'unité et à la cohésion dans la société, car cette unité et cette cohésion ont été très difficiles à réaliser dans le passé (voir, par exemple, les déchirements entre Français lors de la Révolution française). C'est donc un modèle non pas multiculturaliste mais universaliste ou assimilationniste, qui accepte difficilement l'existence de communautés ethniques et culturelles étrangères sur son sol. La France dit en substance aux immigrés: si vous acceptez d'oublier vos origines, de vous assimiler à la culture française, de parler français, de voir l'histoire de France comme votre propre histoire, alors vous êtes les bienvenus et nous vous traiterons comme des compatriotes quelle que soit votre origine ou la couleur de votre peau.

Cette vision d'assimilation provient d'un caractère bien ancré dans la culture républicaine française: l'universalisme. L'universalisme affirme que l'être humain est essentiellement le même partout dans le monde: les différences de races, les différences culturelles, les différences de moeurs sont des variations superficielles dues aux hasards de la géographie et de l'histoire et n'ont pas vraiment d'importance. (L'extrême-droite n'a jamais partagé cette vision.) L'approche américaine (et anglaise) permettant aux groupes ethniques de garder une identité distincte est rejetée par les Français parce qu'elle aboutit, disent-ils, à fragmenter la société en groupes ou "communautés" antagonistes. L'Amérique, avec ses ghettos et ses émeutes raciales, montre ce qu'il ne faut pas faire: on appelle cela le "communautarisme." Aux yeux de l'Etat républicain français, la bonne voie consiste à créer une société qui fait abstraction de l'origine étrangère des gens. On supprime ainsi l'objet sur lequel la discrimination s'appuie. Pourtant, les Français ne sont pas tous d'accord avec cette idéologie: certains (plus à gauche) pensent que la demande que les immigrés s'assimilent ne respecte pas suffisamment leur culture d'origine. D'autres (plus à droite) pensent que les "autres" ne sont jamais assimilables.

Beaucoup d'immigrés ont été assimilés dans la société française en suivant les préceptes universalistes et ont été traités sans distinction par rapport aux autres Français. Mais dans certains cas, la machine à intégrer n'a pas marché, soit parce que les immigrés n'ont pas "joué le jeu" des conditions demandées, soit parce qu'ils se sont heurtés à des conduites racistes et discriminatoires.

L'égalité des citoyens est un principe fondamental de la vie politique en France comme aux Etats-Unis. Aux Etats-Unis, l'égalité juridique des citoyens coexiste avec le fait que l'on reconnaît ouvertement l'existence de races et de groupes ethniques dans la société américaine. Etre raciste, c'est discriminer, c'est-à-dire ne pas traiter les individus d'une manière identique à cause de leur race ou de leur appartenance ethnique. Dans l'idéologie républicaine française—celle de l'Etat français—être raciste c'est penser en termes de races. Le concept même de "race" est répugnant pour beaucoup de Français. Les différences physiques entre les personnes sont des détails superficiels sans signification. L'égalité juridique et politique des citoyens ne peut pas coexister avec la reconnaissance de races et de groupes ethniques différents: il n'y a que des êtres humains. Cette approche de *color blindness* explique pourquoi l'Etat français interdit à ses services toute collecte d'information sur les races et les groupes ethniques. Le recensement national n'inclut aucune question sur l'appartenance raciale ou ethnique des habitants et aucune statistique officielle n'existe à cet égard. (L'interdiction ne s'applique pas aux organismes privés, mais seul l'Etat a les moyens de faire un recensement.)

L'universalisme radical hérité de la Révolution française a été un aspect de la France souvent admiré aux 19e et 20e siècles. Il a facilité l'intégration des juifs et plus tard des immigrés étrangers dans la société française. Mais l'Etat français n'a pas toujours appliqué cette idéologie d'universalisme républicain; il l'a même gravement bafouée en divers lieux et à diverses époques. Par exemple, l'universalisme clamé en métropole n'a jamais été appliqué dans l'empire colonial français, où les indigènes ont toujours été considérés comme légalement et socialement inférieurs aux Européens. Un régime politique, celui du Maréchal Pétain pendant la Seconde Guerre mondiale (1940–1944), a exclu les juifs de la société française en défendant une conception ethnique et racialisée de la nation française. Aux Etats-Unis, le principe que tous les citoyens, peu importe leur origine ethnique ou leur race, ont les mêmes droits a aussi été communément bafoué, par exemple par les lois *Jim Crow* et d'autres lois discriminatoires en existence jusqu'à la fin des années 1960. Toutes les inégalités statistiquement établies entre les Noirs et les Blancs dans la société contemporaine américaine—dans la ségrégation urbaine, dans l'accès à l'éducation, ou dans l'accès aux postes dirigeants du monde du travail—montrent que le modèle multiculturaliste n'est pas la voie royale vers l'égalité.

Une politique comme celle de l'*affirmative action* américaine a pendant longtemps été difficile à concevoir en France (voir à ce sujet les chapitres sur l'éducation). L'Etat républicain français ne connaît que des citoyens rigoureusement égaux dans leur identité abstraite et il paraîtrait raciste s'il encourageait ou protégeait des individus parce qu'ils appartiennent à un groupe ethnique ou racial particulier. Depuis une dizaine d'années, pourtant, une véritable révolution d'esprit s'effectue, car l'écart entre égalité formelle et égalité réelle commence à être reconnu. Quelques initiatives ciblées "d'action positive" (ou "discrimination positive") ont été adoptées, notamment pour aider les jeunes appartenant à des minorités à accéder aux échelons élevés de l'éducation. Une des plus intéressantes a été la décision prise depuis 2001 par l'Institut d'études politiques, une grande école à Paris, de réserver des places dans chaque promotion à des élèves ayant fait leurs études dans des lycées défavorisés de banlieue. Malgré quelques initiatives novatrices de ce genre, les inégalités structurelles entre les minorités d'origine non-européenne et les autres citoyens demeurent marquées en France, comme c'est le cas aux Etats-Unis.

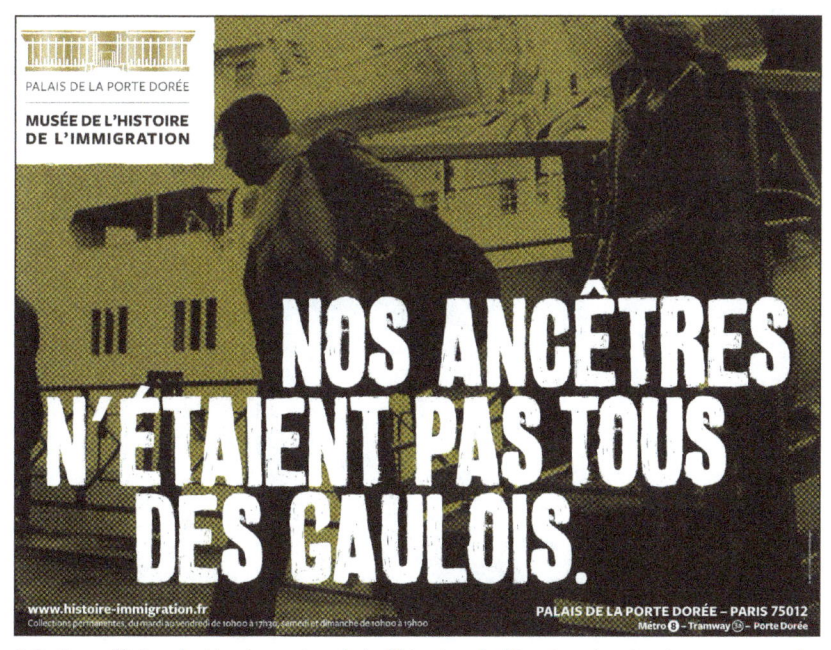

8.3 Une affiche du Musée national de l'histoire de l'immigration ironise sur un mythe national.

L'AVENIR D'UNE SOCIÉTÉ HYBRIDE

Les études sociologiques prouvent que dans leur ensemble les membres des minorités nés en France ou qui sont arrivés en bas âge s'intègrent à la société française aussi bien que les immigrés catholiques européens d'autrefois: ils apprennent les mêmes leçons à l'école publique, ils parlent français, ils se marient aux Français, ils pratiquent les même formes de consommation, leur taux de pratique de la religion baisse par rapport aux pratiques dans leur pays d'origine, et leur taux de fécondité se rapproche de celui des Français "de souche." Des Français d'origine étrangère accèdent aujourd'hui couramment aux professions telles que médecin, avocat, ingénieur, haut-fonctionnaire. On les trouve aussi de plus en plus représentés dans un domaine jadis inaccessible à leurs parents, la vie politique: les listes de candidats aux élections contiennent de plus en plus d'hommes et de femmes issues de l'immigration. Un cas exemplaire de réussite éclatante (même si exceptionnel) est celui de Rachida Dati, fille d'immigrés marocains devenue ministre de la Justice puis députée au Parlement européen. Certains signes montrent que les Français commencent à mieux reconnaître l'apport des immigrés et de leurs enfants comme partie intégrante de l'identité nationale. Des chercheurs universitaires publient une pléthore de livres sur l'immigration alors que l'on s'y intéressait peu avant les années 1980. A Paris, le Musée national de l'histoire de l'immigration a ouvert ses portes en 2007: sa devise, "leur histoire est notre histoire," renverse symboliquement le précepte traditionnel de l'assimilation ("notre histoire est leur histoire").

Pourtant, les défis restent considérables. Le niveau de vie des minorités est inférieur à la moyenne nationale, à cause d'une surconcentration dans les emplois

8.4 Rachida Dati, Garde des sceaux, ministre de la Justice (2007–2009), députée européenne (2009–2019), et maire du VIIe arrondissement de Paris depuis 2008.

précaires (nettoyage, bâtiment) et d'un taux de chômage bien plus élevé que pour la population totale. La discrimination dans l'emploi joue son rôle. Pour les enfants de familles immigrées, les résultats scolaires sont plus bas que la moyenne nationale (car la catégorie socio-professionnelle détermine la réussite). Le taux de délinquance juvénile est plus élevé chez les minorités que dans la population totale, dû aux facteurs tels que l'échec scolaire, le chômage, la discrimination, et le racisme, qui peuvent provoquer un rejet des valeurs républicaines par certains descendants d'immigrés, exclus de la société et de ses bénéfices. Cette exclusion sociale peut aussi mener vers un repli sur la communauté à laquelle on appartient (le communautarisme) ou un repli sur l'identification religieuse. Le phénomène de ré-islamisation—et l'intégrisme musulman (*Muslim fundamentalism*) en général—existe, mais il est souvent exagéré par l'extrême-droite et aussi par les médias qui cherchent le sensationnalisme. Les xénophobes font l'amalgame entre musulmans et terroristes, ne facilitant pas l'intégration des pratiquants de l'islam en France.

L'intégration prend du temps; cela peut prendre une génération. C'est un devoir non seulement pour les immigrés mais aussi pour la société d'accueil. Pour que l'intégration soit réussie, les Français sont obligés de changer la vision qu'ils se sont toujours faite de leur nation.

L'AFFAIBLISSEMENT DES GRANDES INSTITUTIONS ET L'ESSOR DES ASSOCIATIONS

Parmi les changements fondamentaux de la société française depuis 1950, il faut également souligner un affaiblissement des grandes institutions et le développement des associations. Voyageant à travers les Etats-Unis au début des années 1830, l'écrivain français Alexis de Tocqueville se disait frappé par la tendance des Américains à se grouper en toutes sortes d'organisations en vue du bien commun. Cela l'étonnait, car en France, les associations d'individus étaient alors soumises au contrôle du gouvernement. On estimait en effet qu'un des grands problèmes de l'Ancien Régime (avant 1789) avait été l'existence de groupes qui défendaient leurs intérêts égoïstes contre le bien commun: grandes familles nobles, corporations de métiers, congrégations religieuses. Selon les chefs de la Révolution, les Français ne devaient connaître qu'une seule association, celle des citoyens choisissant par voie d'élections leurs représentants qui agiraient pour le bien général du pays. Par conséquent, en 1791, la nouvelle assemblée des députés a interdit toute espèce d'association. Une dizaine d'années plus tard, le code pénal classait parmi les délits le fait de constituer une association sans l'autorisation du gouvernement. Ce n'est qu'en 1901 que les associations de citoyens ont eu le droit de se former librement en France (les syndicats étaient autorisés depuis 1884). La vie associative moderne n'a donc pas eu l'extension qu'elle avait aux Etats-Unis. Les individus et les familles sont restés longtemps isolés face aux grandes institutions nationales qui dominaient la société de tout leur poids: Eglise catholique, armée, parti politique, syndicat.

Depuis les années 1960, on constate un sensible déclin de ces grandes institutions qui n'ont plus l'influence qu'elles avaient auparavant et ne jouissent plus du même respect dans l'esprit des gens. Une des raisons principales de cette désaffection vient du fait que ces institutions, si puissantes dans la France d'autrefois, ont eu beaucoup de mal à s'adapter aux changements très rapides de la société. Elles ont gardé des structures hiérarchiques, autoritaires, et centralisées et semblent souvent incapables de répondre aux problèmes pressants qui se posent. Cela vient aussi de la hausse générale du niveau d'éducation qui a réduit l'écart entre les compétences des dirigeants de ces institutions et celles des citoyens. Les évêques, les militaires, les chefs des grands partis, les dirigeants des syndicats ont plus de mal à se faire écouter, respecter, et obéir qu'il y a un demi-siècle. L'indifférence ou le cynisme accueillent souvent leurs discours.

Parallèlement à cette évolution, on a vu se développer la vie associative, au niveau local et régional surtout. De tous côtés, des associations politiques, sportives, culturelles, artistiques, et caritatives ont été fondées. Beaucoup d'associations lient leurs adhérents autour d'un loisir ou d'une activité de plaisir. Avec le recul de la pratique religieuse, des associations à but humanitaire ou social se sont développées; leurs membres sont attirés par des oeuvres de bénévolat. Aujourd'hui, plus de la moitié des Français sont membres d'au moins une association, ce qui constitue une sorte de révolution. Le recul des grandes causes générales pour lesquelles l'individu était prêt autrefois à se sacrifier (révolution sociale, démocratie, liberté) et l'affaiblissement des institutions ont provoqué un repli des individus sur leurs intérêts particuliers que les clubs et associations de toutes sortes peuvent beaucoup mieux satisfaire.

L'ANGOISSE FACE À L'AVENIR

La société française ressent aujourd'hui un malaise profond et une angoisse face à l'avenir plus forte qu'à n'importe quel moment depuis 1940. Le problème pressant du chômage y est pour beaucoup. L'inquiétude a aussi d'autres racines plus profondes. Va-t-on être obligé de baisser les salaires et de remettre en cause les "acquis sociaux"? La main d'oeuvre française est-elle condamnée à se "tiers-mondiser" pour faire face à la concurrence des pays à bas salaires? Les générations suivant celle du *baby boom* auront-elles des retraites suffisantes? Quel sera le visage de la France si les migrants et les réfugiés des pays lointains s'intègrent dans la population? Allons-nous vers des catastrophes écologiques de grande envergure? Quel avenir réservons-nous aux enfants d'aujourd'hui? Les changements de la société au cours des soixante-dix dernières années ont semblé trop rapides à beaucoup de gens, qui ont souvent du mal à s'y adapter. A toutes ces causes d'inquiétude s'est ajoutée en 2020 la pandémie du COVID-19 qui a durablement déprimé l'économie et causé la mort de dizaines de milliers de personnes en France.

Discussions

1. Quel rôle a joué la génération du *baby boom* dans les transformations profondes de la société française depuis 1960?
2. La société française est-elle aujourd'hui une société de classes?
3. L'égalité entre femmes et hommes est-elle mieux assurée en France ou aux Etats-Unis?
4. "Vus de loin, tous les Français se ressemblent de plus en plus; vus de près, de moins en moins": qu'est-ce que cela veut dire?
5. Comment devient-on une "exclue" ou un "exclu"?
6. Quelles conséquences le chômage peut-il provoquer dans la société française?
7. Vaut-il mieux être pauvre en France ou aux Etats-Unis?
8. Que pensez-vous du modèle français d'intégration des immigrés (l'universalisme)?
9. Pourquoi les grandes institutions qui formaient autrefois l'armature de la France subissent-elles un déclin aujourd'hui?
10. Quels sont les avantages et les inconvénients du refus de l'Etat de collecter des statistiques ethniques de la population?

Sujets de travaux oraux ou écrits

1. Faites une enquête sur le chômage des jeunes en France.
2. Présentez les problèmes auxquels doivent faire face les immigrés maghrébins ou africains aujourd'hui, ou bien des jeunes d'origine maghrébine ou africaine.
3. Faites l'étude d'une des féministes françaises mentionnées dans le chapitre.
4. Faites une enquête sur un problème social majeur comme la prostitution ou les sans-abris.
5. Faites une enquête sur la révision constitutionnelle qui a en 2018 éliminé le mot "race" de la Constitution française, et les raisons pour lesquelles ce terme se trouvait dans le préambule des constitutions de 1946 et 1958.

Chapitre 9
La justice

Il faut deux mots en français pour traduire le mot américain *law*: "loi" ou "droit." Une loi est une règle écrite votée par le parlement. Le droit désigne la matière que l'on étudie à l'université. *Law school* se traduit donc par "école de droit." L'adjectif "juridique" signifie "qui se rapporte au droit," tandis que "judiciaire" signifie "qui se rapporte au système de justice." "La justice" désigne l'ensemble des moyens (tribunaux, police) mis en place pour faire appliquer les lois.

Sur le plan des valeurs, les différences sont minimes entre les Etats-Unis et la France en ce qui concerne le droit, la justice, et les lois. Les deux pays ont des systèmes de justice fondés sur les mêmes principes généraux élaborés en Europe depuis le 18e siècle: indépendance de la justice par rapport aux pouvoirs exécutif et législatif, présomption d'innocence d'un accusé, droit d'être défendu par un avocat, absence de détention arbitraire. On trouve par contre des différences importantes dans la manière dont ces principes généraux sont appliqués dans les deux pays.

Le droit et la justice américaines sont bâties sur les traditions britanniques, c'est-à-dire sur un système de droit coutumier (*common law*). Dans un tel système, il existe quelques textes juridiques fondamentaux et intangibles tels que le Bill of Rights ou la Constitution aux Etats-Unis. Toutes les lois doivent s'accorder avec ces textes. L'exercice de la justice consiste à appliquer ces textes et les lois qui en découlent à de multiples situations réelles. Pour faciliter cette tâche, on se fonde sur la jurisprudence, c'est-à-dire sur la manière dont des situations similaires ont été jugées dans le passé: les fruits du pommier de mon voisin qui tombent dans mon jardin sont-ils à moi? Des jugements passés peuvent être appliqués au cas présent.

En France, le droit et la justice sont bâtis sur les traditions du droit romain, c'est-à-dire sur un système de droit non-coutumier. Selon ce système, l'exercice de la justice est fondé sur une série de codes écrits qui édictent des règles spécifiques pour chaque type de situation qui peut se présenter. On peut citer par exemple le principe suivant du code civil français: toute personne est responsable des dommages causés à autrui par les objets qu'elle possède. Si les freins de ma voiture qui est stationnée lâchent et que celle-ci heurte une autre voiture, je suis responsable du dommage causé à cette autre voiture. Le juge va lire l'article du code civil et l'appliquer à ce cas. Les codes établissent des règles qui sont en principe permanentes et dont le champ d'application est large. Les plus importants sont le code civil, le code du travail, le code pénal, et le code de commerce. Mais on peut citer aussi le code de la sécurité sociale, le code de l'urbanisme, le code du tourisme, le code électoral, le code des douanes, le code forestier, le code des communes, le code de justice

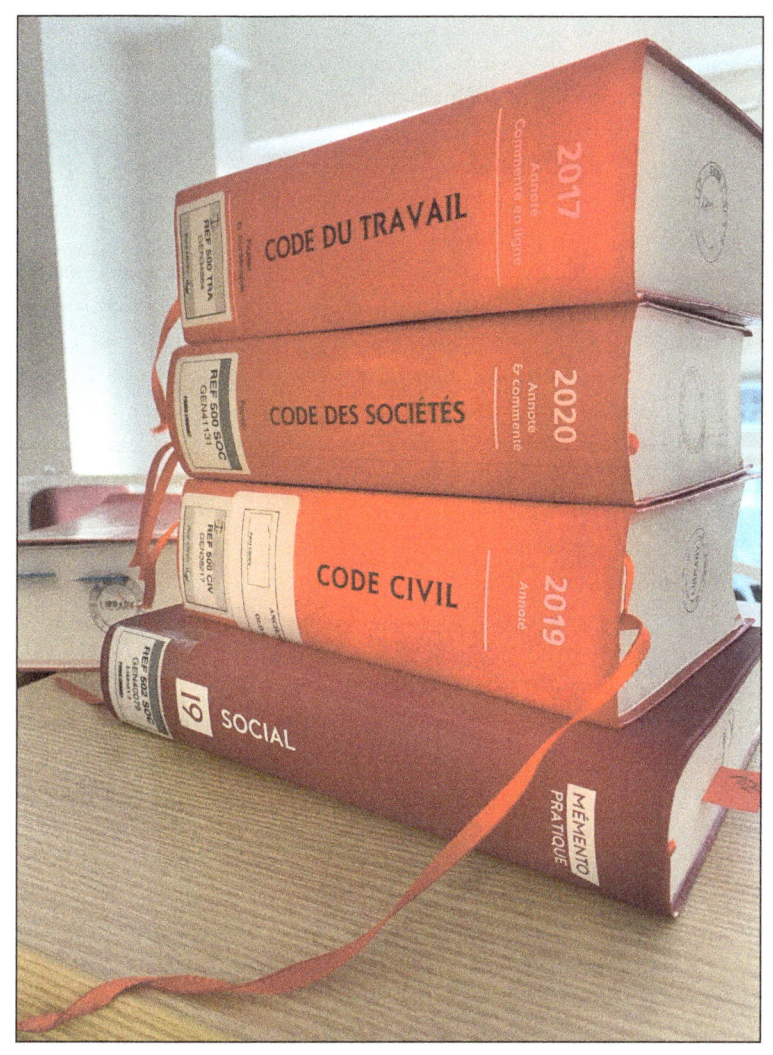

9.1 Quelques codes français.

administrative, ou le code des assurances. On compte environ soixante-dix codes en France. Le code général des impôts, par exemple, fait 2 222 pages, et le code du travail, qui régit les relations entre employeurs et employés, fait 3 142 pages.

L'ORGANISATION DE LA JUSTICE

Il existe dans l'organisation de la justice deux différences importantes entre les Etats-Unis et la France. La première tient au fait qu'aux Etats-Unis les juges sont souvent élus par les électeurs, surtout au niveau local. En France, au contraire, les juges sont presque toujours nommés par le gouvernement qui doit suivre l'avis d'un organisme indépendant, le Conseil supérieur de la magistrature. On considère que les juges doivent être isolés de l'opinion publique et de la politique. La seule exception est celle des tribunaux de commerce qui jugent les conflits civils commerciaux et où les juges sont des commerçants élus par leur pairs. L'autre grande différence tient au fait qu'en France il existe un système de justice administrative totalement séparé de la justice civile et pénale.

Les femmes et les hommes qui administrent la justice en France sont divisés en deux grands groupes: les magistrats d'une part qui représentent l'Etat, et les avocats (le "Barreau") d'autre part qui représentent les parties en cause et sont payés par elles. Les magistrats sont eux-mêmes divisés en deux groupes très distincts: les juges (appelés magistrats du Siège) et les procureurs qui accusent au nom du ministère de la Justice dans la justice pénale (appelés magistrats du Parquet). Tous les magistrats ont un diplôme de l'Ecole de la Magistrature (à Bordeaux) dont l'accès est extrêmement sélectif. Ils se voient comme un corps d'élite au service de l'Etat. Quant aux avocats, qui servent leurs clients et non l'Etat, ils sont formés dans différentes écoles spécialisées après avoir obtenu un diplôme de licence en droit.

Les femmes ont pu devenir avocates pour la première fois en 1900 et magistrates pour la première fois en 1946. Aujourd'hui, 55% des avocats et 63% des magistrats en France sont des femmes. Toutefois, la progression massive de la place des femmes dans les professions judiciaires n'a pas entraîné une répartition égalitaire des fonctions entre hommes et femmes. Les échelons les plus élevés de ces professions restent majoritairement masculins et les trois-quarts des juges pour enfants sont des femmes.

La France étant un pays démocratique avec séparation des pouvoirs, les juges (et eux seulement) bénéficient de garanties d'indépendance par rapport au gouvernement et au pouvoir législatif. Pour cette raison, ils sont nommés à vie (jusqu'à l'âge obligatoire de leur retraite) par le Président après recommandation du Conseil supérieur de la magistrature et leur carrière ne peut pas ensuite être modifiée par les autorités politiques. Le gouvernement, par exemple, ne peut pas les "muter" (changer de place) ou mettre fin à leur fonction. Avant la Révolution française, la séparation légale entre pouvoirs exécutif et judiciaire n'existait pas: la même personne (le roi) gouvernait la France et rendait la justice. Les magistrats, qui jugeaient au nom du roi, devaient acheter leur poste à celui-ci. Ils étaient ainsi propriétaires de ce poste et pouvaient le transmettre à leurs enfants ou le revendre à d'autres juristes. C'était le système de la "vénalité des charges" qui donnait aux magistrats une indépendance de fait par rapport au roi puisque celui-ci ne pouvait pas les relever de leurs fonctions. Au 18e siècle, ceci provoqua de graves conflits entre ces magistrats et le roi. Ce système a été aboli en 1789 dans le cas des magistrats, mais il existe aujourd'hui encore pour certains avocats et pour les notaires. Ces derniers sont des officiers publics qui achètent leur poste et qui ont le monopole d'enregistrement des actes juridiques entre personnes privées.

Les fondements du système judiciaire français actuel ont été mis en place par Napoléon Ier entre 1804 et 1815. On a établi alors un système plus rationnel qu'avant, mais en s'inspirant des anciennes lois en vigueur dans différentes parties de la France. Un code civil et un code pénal unifiés pour tout le pays ont été promulgués. Plus tard, d'autres codes furent rédigés. Au 20e siècle, par exemple, les règles de la conduite automobile furent groupées dans le code de la route. La France étant un pays unitaire (et non fédéral), toutes les lois sont nationales et s'appliquent partout en France; l'équivalent des *state laws* américaines n'existe pas.

Les concepts de justice et de droits de l'individu, bien qu'importants et généralement respectés en France aussi bien qu'aux Etats-Unis, diffèrent cependant dans leur application—et donc dans le traitement de l'individu—selon le pays. Aux Etats-Unis domine la crainte de voir le gouvernement abuser de ses pouvoirs pour contrôler les actions des individus et limiter leur liberté. Les institutions et les lois essaient donc souvent de protéger les individus ou les entreprises privées contre l'arbitraire possible du gouvernement. En France domine la peur de voir le gouvernement incapable de contrôler les actions des individus ou des entreprises privées qui pourraient poser un risque pour la société. On essaie donc—plus qu'aux Etats-Unis—de protéger préventivement la société contre les dangers qui peuvent venir des individus ou des groupes. La constitution française, par exemple, ne donne pas aux habitants du pays le droit universel de posséder des armes à feu. L'importance exceptionnelle donnée à ce droit par beaucoup d'Américains semble bizarre et incompréhensible aux yeux des Français. A cause des fréquents troubles politiques (émeutes, complots, révolutions), l'Etat français a toujours surveillé de près la détention des armes. Les lois règlementant l'achat des armes à feu sont donc beaucoup plus restrictives en France qu'aux Etats-Unis. Il faut obtenir un permis officiel pour posséder une arme (même un fusil de chasse) et accepter d'être fiché comme possesseur d'arme. Se déplacer dans des lieux publics en portant sur soi une arme à feu sans permis est puni de 2 à 5 ans de prison (c'est autorisé aux Etats-Unis dans certains états.) Il existe en France de puissantes associations de chasseurs qui défendent le droit de chasser, mais il n'y a pas de *lobby* des armes à feu comme la National Rifle Association. En liaison avec cette différence remarquable entre la France et les Etats-Unis on note que le nombre de massacres collectifs par arme à feu est beaucoup plus fréquent en Amérique. De 1983 à 2013, par exemple, il y eut 6 massacres en France et 78 aux Etats-Unis.

En France, on voit souvent des policiers contrôler les papiers d'identité de certaines personnes dans les rues, dans le métro, ou dans les gares. Contrairement à ce qui se passe aux Etats-Unis, les policiers ont le droit de faire de tels contrôles sans que la personne contrôlée ait commis une infraction à la loi. Ces contrôles policiers visent en majorité des personnes jeunes et des membres des minorités visibles (contrôles au faciès). L'objectif est souvent de vérifier si un individu réside légalement en France, donc les personnes en situation irrégulière sont particulièrement vulnérables à cette pratique. La plupart des Français ont une carte nationale d'identité sur laquelle se trouve leur adresse, leur date de naissance, et leur photo. Il est conseillé de l'avoir toujours avec soi.

L'administration française attribue une multitude de cartes donnant des privilèges à certains groupes particuliers: réductions de tarif ou droit de couper les files d'attente avec les cartes "canne blanche" (aveugles), d'ancien combattant, d'invalide, d'étudiant, de chômeur (réductions au cinéma, dans les musées, pour les voyages); carte de priorité dans les transports en commun (infirmes, certaines mères de famille); cartes d'économiquement faible, de "famille nombreuse," et de "senior" donnant droit à des réductions pour les voyages en train. A l'entrée des musées nationaux est souvent affichée une liste de cinq à dix cartes différentes qui permettent à leur détenteur d'entrer à prix réduit ou sans rien payer. On retrouve dans ces mesures un certain paternalisme caractéristique de l'Etat français.

LES JURIDICTIONS

Il existe en France trois catégories de juridictions (au lieu de deux aux Etats-Unis). La justice civile traite des conflits entre les personnes ou les sociétés (droits de propriété, divorce, succession, dommages). La justice pénale traite des délits et des crimes. Enfin, il existe une justice administrative totalement séparée des deux autres qui résout les conflits entre les personnes ou les sociétés d'une part et l'Etat d'autre part. C'est cette justice administrative—et non la justice civile—qui juge si les plaintes contre l'autorité publique (Etat national ou administrations locales) sont justifiées ou non.

En justice pénale, il existe trois sortes d'infractions à la loi: la contravention, le délit, et le crime. Une contravention entraîne une amende ou bien un emprisonnement de un à dix jours; le délit de six jours à cinq ans de prison et des amendes; le crime jusqu'à la prison à vie, peine maximale. La peine de mort a été abolie en France en 1981 par l'Assemblée nationale à majorité socialiste nouvellement arrivée au pouvoir avec la présidence de François Mitterrand. Jusqu'à cette date, les condamnés à mort civils étaient décapités par la guillotine (machine perfectionnée en 1792 par le docteur Guillotin pour exécuter les condamnés). Les condamnés à mort militaires étaient fusillés. La dernière exécution d'une femme par la guillotine a eu lieu en 1949, d'un homme en 1977. L'opinion publique a beaucoup évolué à cet égard depuis un demi-siècle et la majorité des Français considèrent la peine de mort comme une peine barbare appartenant à un autre âge. Un état qui la pratique ne serait pas admis à entrer dans l'Union européenne. Les Etats-Unis sont un des rares pays démocratiques qui appliquent encore cette peine.

Comme aux Etats-Unis, les tribunaux français sont organisés hiérarchiquement en fonction de la gravité des cas examinés. La justice civile comprend des tribunaux d'instance et de grande instance ainsi que des tribunaux spécialisés dans les conflits commerciaux. La justice pénale comprend (en allant du moins grave au plus grave) des tribunaux de police, des tribunaux correctionnels, et des cours d'assises. Le jury (six ou neuf jurés suivant les cas et trois juges) n'existe que dans les cours d'assises, qui jugent les crimes les plus graves. Les jurés sont tirés au sort sur la liste des électeurs du département. Ils doivent payer une forte amende (plusieurs centaines d'euros) s'ils n'ont pas obtenu de dispense et refusent de participer au jury. Il existe aussi (au civil et au pénal) des cours d'appel qui jugent une seconde fois des cas déjà jugés. Des tribunaux spécialisés pour enfants jugent les mineurs de 13 à 16 ans et les cours d'assises des mineurs jugent ceux qui ont entre 16 et 18 ans. Un tribunal spécial, la Cour de Justice de la République, est chargé de juger les crimes et délits commis par les membres du gouvernement; elle est très rarement utilisée.

Les fonctions de la Cour suprême américaine sont remplies par trois cours différentes en France: le Conseil constitutionnel, le Conseil d'Etat, et la Cour de cassation. Le Conseil constitutionnel (qui n'est pas une cour d'appel) juge si les lois sont constitutionnelles. Il le fait automatiquement pour toutes les lois au moment de leur vote, ce qui n'est pas le cas de la Cour suprême aux Etats-Unis (qui est une cour d'appel répondant uniquement aux requêtes des citoyens). Les membres de ce Conseil sont nommés par le président de la République, le président de l'Assemblée nationale, et le président du Sénat. Les anciens présidents de la République en font aussi partie de droit. Quatre des dix membres du Conseil constitutionnel sont des femmes en 2021. Le Conseil d'Etat est la juridiction administrative d'appel: si vous estimez être lésée par l'Etat (il a pris votre terrain pour construire une autoroute en payant un prix considéré insuffisant, par exemple) et si vous n'êtes pas satisfait des jugements rendus par les tribunaux administratifs sur ce litige, vous ferez appel devant le Conseil d'Etat. Un quart de ses membres (26%) sont des femmes aujourd'hui. Enfin, la Cour de cassation vérifie la légalité des jugements rendus par les autres cours de justice civile ou pénale: elle peut seulement annuler ("casser") des jugements et les renvoyer devant d'autres cours. Depuis 2019, la Cour de cassation est présidée par une femme, Chantal Arens. Contrairement aux juges de la Cour suprême américaine qui peuvent siéger jusqu'à leur mort, les juges du Conseil d'Etat et de la Cour de cassation doivent cesser leur activité quand elles ou ils atteignent l'âge obligatoire de la retraite des magistrats (67 ans). Il y a aussi dans les grandes villes des Conseils de prud'hommes chargés d'arbitrer les conflits entre employeurs et salariés et des tribunaux de commerce qui statuent sur les litiges entre commerçants.

La nomination des juristes à certaines fonctions se fait encore aujourd'hui selon des procédures anciennes datant de l'Ancien Régime (avant 1789): les avocats auprès de la Cour de cassation et du Conseil d'Etat, par exemple, ont le monopole de la défense dans ces deux juridictions. Ils forment dans chaque juridiction un "ordre," c'est-à-dire une sorte de compagnie dont le statut date de 1817. Le nombre de leurs offices est limité à 64. Nommés par le ministre de la Justice, ils sont propriétaires de leur poste qu'ils doivent acheter à leur prédécesseur.

Les juristes ou avocats français sont assez différents des juristes américains. Aux Etats-Unis, la même personne peut être avocat, procureur (*prosecutor*), et juge au cours de sa carrière. En France, par contre, la spécialisation interdit le passage de l'un à l'autre: on devient vers 28 ans soit avocat, soit procureur, soit juge et on le reste toute sa vie. L'étudiant en droit doit donc choisir très tôt la voie qu'il suivra, car il ne pourra plus changer par la suite. Le ministre de la Justice, dont le nom officiel est "Garde des sceaux," dirige les juges d'instruction (chargés de décider si quelqu'un mérite d'être poursuivi en justice pénale), les procureurs, et toute l'administration pénitentiaire. Les juristes professionnels sont beaucoup moins nombreux en France qu'aux Etats-Unis parce que le système judiciaire y est plus centralisé et aussi parce que les Français sont moins portés que les Américains à chercher une solution judiciaire aux conflits privés.

9.2 Christiane Féral-Schuhl, présidente de l'Ordre des avocats de Paris.

LA POLICE

Il existe en France trois grandes branches dans l'organisation de la police:
1. la police nationale qui dépend du ministre de l'Intérieur. Elle comprend de nombreuses branches, par exemple la Police des frontières, la Police judiciaire, la DGSI (Direction générale de la sécurité intérieure), et les CRS (Compagnies républicaines de sécurité), spécialisées dans la répression des troubles à l'ordre public.
2. la gendarmerie nationale, qui dépend du ministre de la Défense. Elle est spécialisée dans la police rurale, comme les *state troopers* aux Etats-Unis. Ce sont les gendarmes qui surveillent la circulation routière hors des villes et qui vont vous imposer une amende si vous conduisez trop vite sur l'autoroute. Leur uniforme est différent de celui de la police nationale.
3. les polices locales urbaines qui dépendent des maires des grandes villes. Elles opèrent uniquement dans ces grandes villes.

Les Français ont généralement tendance à percevoir la police comme étant au service du gouvernement plutôt qu'au service des citoyens. Cette perception peut venir de vieux réflexes hérités du temps où la France avait des régimes politiques autoritaires (rois, empereurs, état policier pendant la Seconde Guerre mondiale). Traditionnellement, on se méfie de la police; on ne l'aime pas et on ne l'admire pas. "Flic," mot familier pour désigner un policier, est plus méprisant que *cop*. Les films français à grand succès ridiculisent souvent la police comme dans *Le Gendarme de Saint-Tropez* (1964) ou *Les Ripoux* (1984), et lorsqu'elle est présentée positivement, c'est plutôt sous l'aspect d'un détective admirable pour son intelligence et ses capacités d'analyse déductive (comme le commissaire Maigret dans les romans de Georges Simenon). Les films américains dans lesquels le policier est présenté comme un héros moral cherchant à faire triompher la justice ne correspondent pas à la vision classique que les Français se font de la police. Ceci dit, en France comme aux Etats-Unis, l'image de la police varie beaucoup selon la classe sociale et l'âge des individus. Les jeunes issus de l'immigration vivant en banlieue ont généralement une vision plus négative de la police que les personnes habitant les "beaux quartiers." La police française, comme la police américaine, est régulièrement accusée de brutalité excessive, notamment lors de la répression des manifestations. Mais on constate que les policiers français utilisent leurs armes à feu beaucoup plus rarement que les policiers américains. L'assassinat de George Floyd par la police de Minneapolis en 2020 et le mouvement Black Lives Matter ont eu un grand écho en France, car ils ont rappelé la mort d'Adama Traoré, un homme noir de 24 ans tué dans des circonstances semblables par la police française en 2016.

LES POURSUITES ET LES CONDAMNATIONS

La procédure d'instruction (*investigation*) des cas criminels et leur jugement sont différents aux Etats-Unis et en France. La procédure américaine est *adversarial*: la justice cherche à établir la vérité en écoutant ce que disent l'accusation et la défense et non pas indépendamment de celles-ci. On présume que la vérité sortira de cette confrontation. La procédure française est au contraire inquisitoriale: la justice cherche à établir la vérité indépendamment de ce que disent l'accusation et la défense. C'est le rôle du juge d'instruction qui doit enquêter et présenter à ses collègues juges (et aux jurés en cour d'assises) tous les éléments objectifs du dossier sans prendre parti. Ces éléments peuvent être bons ou mauvais pour la personne accusée, mais le juge d'instruction est neutre, il n'a pas pour fonction d'accuser ou de défendre. L'accusation (procureur) et la défense (avocat) cherchent ensuite à faire interpréter ces éléments par les juges dans le sens qui leur convient.

Contrairement à ce qui se passe aux Etats-Unis, les avocats français ne peuvent pas interroger directement les témoins; seuls les juges peuvent le faire. Le talent d'un avocat français ne se manifeste donc pas dans ses questions aux témoins, mais dans sa "plaidoirie" qui cherche à convaincre les juges (et jurés) de juger en faveur de l'accusé. Dans les deux pays, un accusé qui n'a pas encore été jugé est toujours considéré innocent. Mais la procédure française donne plus de poids à l'accusation contre la personne accusée qui doit absolument se défendre, avec preuves à l'appui, si elle est innocente (d'où l'importance des alibis et des témoins qui prouvent l'innocence). Si vous êtes innocent, dit la justice française, vous allez sûrement nous donner toutes les informations qui vont éteindre tout soupçon contre vous; vous devez absolument parler car votre silence pourrait aider ceux qui vous accusent. La procédure américaine donne plus de poids à l'innocence présumée de l'accusé contre l'accusation qui doit absolument apporter la preuve de la culpabilité (d'où l'importance des témoins qui aident l'accusation): coupable ou non, vous avez le droit de ne rien dire (Fifth Amendment). Mais la procédure française ne risque pas de commettre plus d'erreurs judiciaires qu'aux Etats-Unis. En effet, dans ce dernier pays, l'accusation peut parfois prouver la culpabilité d'un innocent ou bien ne pas parvenir à prouver la culpabilité d'une personne réellement coupable.

Toute personne qui est soupçonnée par la justice d'avoir commis un délit ou un crime est "mise en examen" (*indicted*). Les membres du Parlement français (députés et sénateurs) ne peuvent pas être arrêtés par la police ni poursuivis par la justice, sauf si l'assemblée dont ils font partie l'autorise. Cette garantie, appelée "immunité parlementaire," n'existe pas aux Etats-Unis (où seul le président pourrait jouir d'une immunité jusqu'à la fin de son mandat). Elle est destinée à empêcher toute arrestation injustifiée de représentants du pouvoir législatif par l'exécutif. Les autres citoyens peuvent être arrêtés par la police et détenus pendant 24 heures au maximum (la "garde à vue"). Ce délai peut être augmenté dans les cas de trafic de drogue ou de terrorisme. Au-delà de ce délai, il faut qu'un fonctionnaire de justice (juge d'instruction ou procureur) autorise la détention. Ces garanties contre une détention arbitraire par la police (qui dépend du pouvoir exécutif, pas du pouvoir judiciaire) existent aussi aux Etats-Unis. La détention provisoire avant jugement sur ordre de la justice est fréquente et souvent longue (plusieurs mois) en France, à cause de l'insuffisance des moyens financiers de la justice. La proportion de la population totale du pays qui se trouve en prison est toutefois beaucoup plus faible en France qu'aux Etats-Unis qui sont le pays du monde ayant le plus fort pourcentage de ses habitants incarcérés.

Tableau 1. Nombre total de personnes incarcérées (2018)	
France	68 974
Etats-Unis	2 121 600

Tableau 2. Taux de détention de la population pour 100 000 habitants (2018)	
France	102
Etats-Unis	655

La télévision française a diffusé des séries télévisées souvent inspirées des séries américaines ayant pour thème des affaires judiciaires fictives. Citons par exemple *Tribunal*, populaire dans les années 1990, *Divorce* (2000), *Affaires familiales* (2000), *Le jour où tout a basculé à l'audience* (2012), ou bien le film *L'affaire SK1* (2014). On peut découvrir dans ces séries et ce film comment se déroule une audience de tribunal en France.

Les Etats-Unis se distinguent de la France et des autres pays occidentaux par le fait qu'ils sont moins préventifs et plus punitifs: ils laissent plus de liberté aux individus, mais les peines imposées par la justice y sont plus lourdes qu'ailleurs. Les enfants peuvent être accusés et jugés pour délit ou crime à partir de 11 ans aux Etats-Unis et à partir de 13 ans en France. Les personnes qui sont en prison portent des uniformes aux Etats-Unis et non des vêtements civils comme en France. Les individus incarcérés aux Etats-Unis peuvent avoir leurs bras ou leur jambes entravées par des chaînes, ce qui ne se voit jamais aujourd'hui en France. Les prisons gérées par des entreprises privées, fréquentes aux Etats-Unis, n'existent pas en France, où l'on considère que l'Etat doit toujours contrôler directement les prisons. Une proportion considérable des personnes emprisonnées en France sont des musulmans (au moins 25%), ce qui n'est pas le cas aux Etats-Unis. Mais, comme en Amérique, la proportion des prisonniers appartenant à des minorités ethniques et raciales est très élevée (aux alentours de 60% dans les deux pays).

La France a un taux général de criminalité plus bas que celui des Etats-Unis, mais ceci n'est pas vrai pour tous les types de crimes. Aux Etats-Unis, les assassinats et les délits liés à la drogue sont plus fréquents qu'en France. Par contre, les vols et les cambriolages sont plus fréquents en France qu'aux Etats-Unis. La fréquence de certains crimes et délits, comme les vols de voitures ou bien les attaques (pour voler de l'argent) dans le métro, a augmenté en France depuis les années 1970, même si statistiquement le risque d'être victime reste très faible. Cela a incité les électeurs à réclamer et à obtenir un durcissement du contrôle policier. Les longues vacances d'été des Français et leurs nombreuses résidences secondaires facilitent la tâche des cambrioleurs qui s'intéressent aux appartements et maisons inoccupées.

LOIS FRANÇAISES ET LOIS AMÉRICAINES

Certaines lois françaises n'ont pas d'équivalent aux Etats-Unis. Ainsi, en France la loi interdit de publier dans les médias la photographie d'une personne prise après qu'elle a été accusée d'un crime ou d'un délit, car tant que cette personne n'a pas été jugée, elle est considérée innocente. Aux Etats-Unis, c'est permis. En 2011, le Français Dominique Strauss-Kahn, homme politique très influent et directeur du Fonds monétaire international, fut arrêté pour tentative de viol et temporairement incarcéré à New York. Les Français furent surpris par l'accusation, et aussi scandalisés de voir des photos de lui prises juste après son arrestation dans les médias américains, car publier la photo d'un accusé menotté est interdit en France. Un autre exemple: en France il est obligatoire d'aider toute personne qui se trouve en danger, sous peine d'être poursuivi pour le délit de "non-assistance à personne en danger." Une obligation légale semblable n'existe pas aux Etats-Unis.

Enfin seul le président de la République a le droit de gracier les condamnés en France, alors qu'aux Etats-Unis le président mais aussi les gouverneurs des états ont ce droit. Ce droit de grâce, hérité des rois français, peut s'exercer pour toutes les peines, même les plus légères. Il a longtemps été de tradition que pour célébrer son inauguration un nouveau président français annule toutes les contraventions mineures reçues par les automobilistes français; cet usage a été aboli depuis une vingtaine d'années. Les grâces présidentielles sont traditionnellement accordées le 14 juillet, jour de la fête nationale. Le président des Etats-Unis a aussi le droit de gracier n'importe quelle personne condamnée par la justice.

La liberté d'expression (*freedom of speech*) est soumise en France à certaines restrictions. Ainsi, la loi française interdit tout propos public qui incite à la haine raciale ou religieuse, qui fait l'apologie des crimes de guerre, ou qui incite à discriminer en fonction de l'orientation sexuelle ou d'un handicap. Elle interdit aussi les propos injurieux contre quelqu'un, l'incitation à faire l'usage de drogues, ou le négationnisme (déni de l'existence de l'Holocauste durant la Seconde Guerre mondiale). Aux Etats-Unis, de telles restrictions n'existent pas et la loi permet de dire en public tout ce que l'on veut: il est seulement interdit de diffamer (accuser quelqu'un de quelque chose que l'on sait être faux).

Il existe aussi des lois françaises qui contredisent directement les lois américaines. Par exemple, aux Etats-Unis une lettre appartient légalement à la personne qui l'a reçue. Mais en France elle appartient légalement à la personne qui l'a écrite. La loi française donne la priorité à l'acte créateur (la propriété intellectuelle) tandis que la loi américaine privilégie l'acte de posséder le document (la propriété physique).

LA LUTTE CONTRE LE TERRORISME

Bien avant le 11 septembre 2001, la France a connu le terrorisme sur son territoire. Les attentats ont été souvent liés à la décolonisation, ou bien au régionalisme militant en métropole. Pendant la guerre d'indépendance de l'Algérie, des attentats en métropole et en Algérie ont fait plusieurs milliers de morts entre 1954 et 1962. Le conflit violent mené par les nationalistes basques, l'ETA, a fait plus de 800 victimes depuis les années 1960, surtout en Espagne mais aussi en France où les séparatistes réclamaient l'indépendance de la partie française du Pays basque. Le FLNC, mouvement nationaliste corse, a régulièrement fait des attentats terroristes en métropole et en Corse depuis les années 1970. En 1995 une série d'attentats en France était liée avec la guerre civile algérienne, menée par le GIA, Groupe islamique armé, qui luttait contre le gouvernement militaire au pouvoir en Algérie. Dans cette série, c'est surtout le détournement d'un avion d'Air France avec prise d'otages, et la bombe explosée à la station Saint-Michel-Notre-Dame du RER parisien, qui ont retenu l'attention des autorités françaises. Des actes terroristes dirigés par des mouvements indépendantistes ont aussi eu lieu en Nouvelle-Calédonie, ainsi qu'en Guadeloupe et en Martinique au cours des dernières décennies.

Plus récemment, la France a été ciblée par des terroristes agissant au nom du djihad, la lutte violente pour défendre l'islam intégriste. Parmi bien d'autres attentats, la France a subi trois attentats terroristes importants en 18 mois: l'attaque armée contre le journal *Charlie Hebdo* à Paris en janvier 2015, qui a fait 20 morts; les attentats coordonnés à Paris le 13 novembre 2015, notamment au Stade de France, dans de multiples cafés et sur des terrasses, et au Bataclan (une salle de spectacle), qui ont fait 130 morts; et enfin à Nice lors des fêtes du 14 juillet en 2016 avec l'écrasement des piétons par un camion sur la Promenade des Anglais (86 morts).

Le fait que les terroristes de ces trois attentats majeurs en 2015 et 2016 au nom du djihad sont nés en France a frappé les esprits et a provoqué une nouvelle prise de conscience que la politique d'intégration des jeunes musulmans français est dans certains cas en panne. Par ailleurs, Zacarias Moussaoui, le soi-disant *"twentieth hijacker"* des attentats du 11 septembre 2001, est français. De plus, environ 2 000 recrues françaises sont parties faire le djihad en Syrie et en Irak depuis 2014. Certes, les jeunes hommes français d'origine marocaine, algérienne, et malienne qui ont commis des actes terroristes en 2015 et 2016—au nom de l'islam—sont des exemples très rares. Néanmoins, cinq autres actes terroristes du même type ont eu lieu en 2020. Celui qui a suscité le plus d'émotion a été l'assassinat de Samuel Paty, professeur de collège, par un militant islamiste tchétchène.

La France répond aux attentats sur son territoire avec force. L'appareil antiterroriste des agences du maintien de l'ordre est bien coordonné et ceci depuis les années 1980. La loi française permet des mesures renforcées pour lutter contre le terrorisme: le suivi (*tracking*), la perquisition sans mandat, l'arrestation sur simple suspicion, la détention prolongée sans accusation, la fermeture des mosquées et l'expulsion des imams considérés comme radicalement intégristes, ainsi que la surveillance généralisée des citoyens. Même avant les attentats de 2015–2016, la population française n'a pas beaucoup protesté contre la perte de certaines libertés individuelles en échange d'une meilleure protection contre le terrorisme. Les anciens services de renseignements (*intelligence agencies*), la Direction de la surveillance du territoire (DST, équivalent du *CIA*) et la Direction centrale des Renseignements généraux (RG, équivalent du *FBI*), ont été fusionnés en 2008 dans la Direction générale de la sécurité intérieure (DGSI). En matière de prévention de radicalisation et de recrutement de terroristes potentiels, les autorités pénitentiaires ont entrepris de lutter contre l'embrigadement djihadiste dans les prisons.

Discussions

1. Quelle est à votre avis la différence la plus importante entre les systèmes judiciaires français et américain? Pourquoi est-ce la plus importante?
2. Pourquoi la peur de voir le gouvernement abuser de ses pouvoirs pour contrôler les individus est-elle plus forte aux Etats-Unis qu'en France?
3. Pour quelles raisons la justice américaine est-elle plus punitive que celle de la France?
4. Comment expliquez-vous qu'il y a beaucoup moins de massacres collectifs par armes à feu en France qu'aux Etats-Unis?
5. Les Français ont-ils eu raison d'abolir la peine de mort en 1981?
6. Etes-vous d'accord avec la loi française qui interdit aux médias de diffuser la photo des prévenus (personnes inculpées mais non condamnées)?

Sujets de travaux oraux ou écrits

1. Interrogez plusieurs Françaises ou Français résidant en Amérique sur leur opinion de la justice et de la police aux Etats-Unis.
2. Expliquez si, à votre avis, il est préférable pour un cambrioleur d'être jugé en France ou aux Etats-Unis et pourquoi.
3. Faites une enquête sur les attentats terroristes du 13 novembre 2015 à Paris.
4. Faites une étude sur l'impact du mouvement Black Lives Matter en France.

Chapitre 10
La politique

Pour parler de la structure politique française, il faut d'abord clarifier le sens de certains mots qui ne signifient pas en français ce qu'ils signifient en anglais: le mot français "administration," par exemple, se traduit par *government*; le mot français "gouvernement" signifie *administration*. *The Obama administration* se traduit donc en français par "le gouvernement Obama," car le gouvernement, c'est ce qui change. *Government intervention* se traduit par "l'intervention de l'administration," car l'administration (de l'Etat), c'est la bureaucratie qui ne change pas. Il ne faut donc pas faire de contre-sens lorsque la presse française annonce que "le gouvernement est tombé!" Le mot français "député" ne signifie pas non plus *deputy* mais représentant élu à l'Assemblée nationale. De même, le terme "libéral" signifie en français "politiquement à droite," car il est compris dans un sens uniquement économique (favorable à l'économie de libre-marché capitaliste): rien à voir avec les *liberals* américains qui eux sont à gauche et plutôt favorables à l'intervention de l'Etat dans l'économie.

DEUX GRANDS TYPES DE DÉMOCRATIE

Il existe dans le monde deux grands types de démocratie: la démocratie parlementaire, dont la Grande-Bretagne constitue le modèle original, et la démocratie présidentielle, dont le modèle est fourni par les Etats-Unis. La majorité des démocraties du monde suivent le modèle parlementaire. Les démocraties peuvent être soit des républiques (comme la France et les Etats-Unis), soit des monarchies (avec un chef d'Etat héréditaire sans pouvoir politique, comme la reine d'Angleterre).

Dans une démocratie parlementaire classique, le gouvernement doit toujours être soutenu dans sa politique par la majorité des députés de la principale assemblée élue. Le chef du parti (ou coalition de partis) ayant la majorité des sièges à l'Assemblée devient le chef du gouvernement (premier ministre) et choisit ses ministres. Le chef de l'Etat (président ou monarque) joue un rôle symbolique et n'a pas de pouvoir politique. Aucun désaccord politique fondamental entre l'Assemblée et le gouvernement n'est permis. Si un tel désaccord se produit, l'un des deux pouvoirs—Assemblée ou gouvernement—doit être immédiatement remplacé afin de rétablir l'accord. Cela peut se faire de deux manières différentes: l'Assemblée peut "faire tomber" (ou "renverser") le gouvernement, c'est-à-dire peut l'obliger à démissionner par un vote spécial appelé "motion de censure," ce qui provoque aussitôt la formation d'un nouveau gouvernement ayant une autre politique. Ou bien—deuxième option—le chef du gouvernement peut "dissoudre" l'Assemblée, c'est-à-dire peut mettre fin au mandat de tous les députés, ce qui provoque aussitôt de nouvelles élections. Qui élimine l'autre? Le premier qui réussit à le faire.

En général, le système parlementaire fonctionne bien dans les pays où il existe deux grands partis (comme en Grande-Bretagne). Dans les pays où il y a de nombreux partis comme la France, il fonctionne plus difficilement parce qu'il faut alors une coalition de plusieurs partis pour soutenir l'action du gouvernement. Comme ces coalitions sont fragiles, le gouvernement perd souvent le soutien de la majorité de l'Assemblée et "tombe." C'est pourquoi, dans le système parlementaire, les députés d'un parti votent en général tous de la même manière, comme une armée bien disciplinée. Les partis comptent donc plus que les personnes lors des élections: on vote pour un parti, souvent sans beaucoup s'intéresser aux candidats eux-mêmes (c'est le cas en France).

Dans la démocratie présidentielle à l'américaine, le gouvernement—dirigé par un président élu—n'a pas besoin du soutien permanent de la législature (le Congrès) pour gouverner. Les deux pouvoirs—exécutif et législatif—coexistent séparément et ne peuvent pas s'éliminer mutuellement. Ils peuvent seulement paralyser l'autre pouvoir (veto du président sur les lois ou refus du Congrès d'approuver les projets du président), ce qui arrive assez souvent lorsqu'ils appartiennent à des partis opposés. Seul un compromis peut alors débloquer la situation. Comme le gouvernement ne risque pas de devoir démissionner par manque de soutien des députés, on peut laisser à chaque député la liberté de voter comme bon lui semble. Ce système favorise l'action des *lobbies* ou des groupes de pression, qui peuvent plus facilement influencer les représentants et les sénateurs individuels que les partis. On comprend aussi pourquoi la presse joue un rôle politique plus important aux Etats-Unis qu'en France: comme le gouvernement américain ne peut pas être démis de ses fonctions par le Congrès, la presse joue le rôle de "surveillant" du gouvernement. La liberté de la presse est donc un élément essentiel du système politique. En France, ce rôle de surveillant est exercé d'une manière formelle et directe par l'Assemblée nationale.

LE SYSTÈME POLITIQUE FRANÇAIS

La France a eu jusqu'en 1958 un système de démocratie parlementaire "pur" avec un premier ministre (qu'on appelait "président du Conseil") et un président de la République dont le rôle était purement cérémonial. En raison du grand nombre de partis (plus de 20), ce système a souvent mal fonctionné, avec des gouvernements qui ne duraient parfois que quelques semaines ou même quelques jours. La constitution de 1958, aujourd'hui en vigueur, a établi la Ve République. (On change de république à chaque fois que l'on change de constitution républicaine: 1793,

1848, 1875, 1946, 1958.) Cette constitution, révisée en 1962, a été mise en place par le général Charles de Gaulle quand il était premier ministre. Elle maintient le système parlementaire en France, avec deux chambres élues, l'Assemblée nationale (577 députés élus au suffrage direct) et le Sénat (348 sénateurs élus au suffrage indirect), mais y ajoute une dose de système présidentiel. En effet, le président est élu au suffrage universel direct par tous les citoyens et il dispose de pouvoirs politiques importants. Il choisit le premier ministre, qui choisit ensuite les ministres formant le gouvernement. Mais le gouvernement doit toujours être soutenu par l'Assemblée nationale, qui peut "renverser" le premier ministre et les ministres, mais pas le président. Le président, toutefois, ne peut pas opposer de veto aux lois votées par l'Assemblée nationale et le Sénat.

Quand la majorité de l'Assemblée nationale est du même côté politique que le président, le premier ministre est une sorte d'"assistant" du président et se charge surtout de la gestion des affaires intérieures du pays. Mais lorsque la majorité de l'Assemblée est du bord opposé au président, la situation devient beaucoup plus compliquée, puisque le président est obligé de nommer un de ses adversaires politiques comme premier ministre. C'est ce qu'on appelle la "cohabitation" (politique). Le premier ministre joue alors un rôle beaucoup plus important et l'essentiel du pouvoir passe entre ses mains. Ses relations avec le président peuvent être dans ce cas assez difficiles, le président essayant de bloquer ou de freiner certaines de ses initiatives. Ce fut le cas lors de la première "cohabitation" d'un président socialiste (François Mitterrand) avec un premier ministre de droite (Jacques Chirac) en 1986–1988.

Tableau 1. Les présidents de la Cinquième République
1959–1969: Charles de Gaulle (droite)
1969–1974: Georges Pompidou (droite)
1974–1981: Valéry Giscard d'Estaing (droite)
1981–1995: François Mitterrand (gauche)
1995–2007: Jacques Chirac (droite)
2007–2012: Nicolas Sarkozy (droite)
2012–2017: François Hollande (gauche)
2017–2022: Emmanuel Macron (centre-droite)

Le président de la France est élu pour cinq ans (un "quinquennat") et il est rééligible une fois. Il n'y a pas de vice-président: une nouvelle élection présidentielle a lieu s'il meurt ou démissionne. Le premier ministre et les ministres restent en poste aussi longtemps que le président (qui les nomme) ou l'Assemblée nationale (qui doit soutenir leur action) le désirent. Seul le président a le droit de proposer un référendum national ou local. Parmi les questions posées dans des référendums nationaux, on peut citer l'approbation de la Constitution de 1958, l'approbation de l'indépendance de l'Algérie (1962), l'élection au suffrage universel du président de la République (1962), l'intégration de la Grande-Bretagne à la Communauté économique européenne (1972), le traité de Maastricht qui créa l'Union européenne (1992), et la réduction du mandat présidentiel de sept ans à cinq ans (2000). Tous ces référendums ont approuvé la question posée. Le référendum national le plus récent, par contre, qui demandait l'approbation d'une constitution européenne, fut rejeté par les électeurs (2005). Les référendums locaux ont surtout été utilisés dans les territoires d'outre-mer pour des questions concernant l'indépendance.

Les ministères français ne correspondent souvent pas, dans leurs noms et leurs fonctions, aux ministères américains. De plus, les noms des ministères changent souvent en France alors qu'ils restent fixes aux Etats-Unis. En 2019, l'équivalent du *Secretary of Health and Human Services* était en France le ministre des Solidarités et de la Santé. En plus des ministères qui sont similaires en France et aux Etats-Unis comme les ministères des Affaires étrangères, de l'Education nationale, de la Justice, et de l'Intérieur, la France a aussi en 2021 un ministère de la Culture, un ministère de la Cohésion des territoires (planification et aménagement du territoire), un ministère de la Transition écologique, un ministère des Outre-Mer, et un secrétariat d'Etat chargé de l'Egalité entre les femmes et les hommes. Il y a eu dans les années 1990 un ministère du Temps libre, chargé des loisirs des Français.

Le Sénat ne représente pas directement les électeurs français, mais les collectivités territoriales (communes, départements, régions). Il peut seulement proposer des modifications aux projets de lois; c'est l'Assemblée nationale seule qui vote la version définitive des lois. Comme pour le président, la durée du mandat est plus longue qu'aux Etats-Unis: neuf ans pour les sénateurs élus par des élus locaux; cinq ans pour les députés élus au suffrage universel. Les élections ont donc lieu moins souvent en France qu'aux Etats-Unis. Les Français élisent aussi au suffrage universel leurs députés au Parlement européen de Strasbourg.

Dans le passé, en France, on pouvait cumuler un poste de ministre, de député, ou de sénateur avec d'autres fonctions électives, comme maire d'une ville ou président d'un conseil régional. Lorsque Jacques Chirac, par exemple, est devenu premier ministre en 1986, il resta maire de Paris. Ce "cumul des mandats" était fréquent et a conduit à des excès: il transformait les "cumulards" en véritables seigneurs féodaux, bloquant l'accès des femmes notamment et d'autres nouveaux talents politiques aux postes de responsabilité. Le "cumul des mandats" a été restreint à partir de 2017: les députés et les sénateurs ne peuvent plus exercer de mandat local avec pouvoir exécutif comme maire ou président de conseil régional, mais ils peuvent être membres d'assemblées locales, par exemple, conseillers municipaux.

10.1 Le Palais Bourbon, siège de l'Assemblée nationale.

LES PARTIS

Depuis la Révolution française, la France est politiquement divisée en deux grands camps, la droite et la gauche. L'appellation "droite" et "gauche" utilisée dans le monde entier est en fait née à Versailles le 11 septembre 1789 dans l'Assemblée constituante française. Ce jour-là, les députés qui voulaient donner au roi Louis XVI un droit de veto sur les lois se rassemblèrent à la droite du bureau du président; ceux qui leur étaient opposés se réunirent à sa gauche. L'habitude fut ensuite conservée.

Chaque camp, droite ou gauche, défend en priorité l'un des deux grands idéaux de l'Occident: la liberté et l'égalité. La contradiction entre ces deux valeurs est la source de l'opposition entre les deux bords. Cette division droite-gauche existe aussi aux Etats-Unis, mais elle a été dans le passé plus intense et violente en France, provoquant parfois de véritables guerres civiles (pendant la Révolution, en 1830, 1848, 1870, et pendant la Seconde Guerre mondiale). Le conflit droite-gauche est aujourd'hui moins intense que dans le passé, parce que l'influence des idéologies qui soutenaient ce conflit (monarchisme, catholicisme, communisme, socialisme, anticléricalisme) s'est beaucoup affaiblie.

En France, la droite se considère comme l'héritière des idéaux de liberté individuelle de la Révolution française. Les gens de droite cherchent aussi à maintenir l'identité culturelle de la nation française et l'ordre social. Ils valorisent la patrie, la famille, la propriété, la stabilité sociale, l'enseignement privé. Ils acceptent le système du libre-marché capitaliste, mais s'en méfient parce qu'il déstabilise la société et menace les positions acquises. Ils sont donc souvent hostiles à un capitalisme très libre "à l'américaine" et préfèrent un capitalisme tempéré par certaines protections étatiques. Ils acceptent l'existence d'un "filet de sécurité" pour les plus défavorisés et une redistribution limitée des riches vers les pauvres afin de maintenir la paix sociale. Ils ont tendance à voir la nation française comme si elle était un ensemble biologique, une sorte d'ethnie. Cette vision n'exclut pas la possibilité d'accepter des nouveaux Français, mais elle implique que les immigrés doivent être assimilés dans la société.

Il existe, depuis le début du 19e siècle, deux grandes tendances dans la droite française: la droite conservatrice "autoritaire" et la droite progressiste "libérale." La tendance "autoritaire" valorise plus la famille, la nation, l'ordre, l'autorité, la centralisation de l'Etat; elle se méfie d'une liberté trop grande (économique ou de moeurs). Elle est aussi un peu hésitante à l'égard de l'unification européenne. La tendance "libérale" valorise plus la liberté, le capitalisme, l'unification européenne, l'alliance avec les Etats-Unis. Aujourd'hui, ces deux tendances sont unies dans une sorte de super-parti, Les Républicains (LR). Dans le passé ce parti a, sous des noms différents—Union pour la démocratie française (UDF), Rassemblement pour la république (RPR), Union pour un mouvement populaire (UMP)—donné au pays plusieurs présidents, premiers ministres, et de nombreux ministres.

On trouve au centre-droit de l'échiquier politique un nouveau parti important appelé La République en marche (REM), créé en 2016 par le président élu en 2017, Emmanuel Macron. Ce parti se veut pragmatique et propose des politiques qui empruntent des idées à la fois à la droite sur le plan économique et à la gauche sur le plan social. Son essor rapide peut s'expliquer par une perte de popularité des deux grands partis de droite (Les Républicains) et de gauche (Parti socialiste). Le Mouvement démocrate (MODEM) est un autre parti centriste allié à La République en marche. Les partis du centre ont souvent fourni des ministres au gouvernement parce qu'ils s'allient généralement soit avec les partis de droite, soit avec les partis de gauche.

Un parti d'extrême-droite ultra-nationaliste, le Rassemblement national (RN), pousse la tendance autoritaire à l'extrême et se distingue des autres partis de droite par son hostilité intense aux immigrés et à l'Union européenne. Le Rassemblement national s'appelait avant 2018 le Front national (FN), parti fondé en 1972 par Jean-Marie Le Pen. Son influence a beaucoup grandi dans les années 1980 et 1990 (15 à 20% des voix aux élections). A cause de la multiplicité des candidats au premier tour des élections présidentielles, ses deux dirigeants successifs réussirent, à la surprise des Français, à figurer au second tour d'une élection présidentielle: Jean-Marie Le Pen en 2002 (contre Jacques Chirac), puis sa fille Marine Le Pen en 2017 (contre Emmanuel Macron). Tous les deux perdirent l'élection, la droite modérée et la gauche étant alliées contre eux. Dans le passé, le Rassemblement national a toujours été écarté du pouvoir exécutif (des ministères) par la droite modérée chaque fois que celle-ci était au pouvoir. Une raison historique de cette exclusion tient au fait que depuis 1945 l'extrême-droite apparaissait comme l'héritière du régime de Vichy qui avait collaboré avec l'Allemagne nazie pendant la Seconde Guerre mondiale, tandis que la droite modérée se présentait comme l'héritière du général de Gaulle qui avait combattu ce régime de Vichy. Le Rassemblement national a eu toutefois quelques députés élus à l'Assemblée nationale ou au Parlement européen (dont Jean-Marie Le Pen et Marine le Pen).

La gauche se considère comme l'héritière des idéaux de démocratie sociale et d'égalité de la Révolution française. Etre de gauche, c'est être en faveur d'une égalité croissante entre les citoyens sur le plan civil, politique, et économique. C'est aussi être favorable aux immigrés, être contre l'influence de l'Eglise catholique dans la vie publique, et pour l'enseignement public. Les gens de gauche sont traditionnellement méfiants ou hostiles à l'égard du libre-marché capitaliste, qu'ils critiquent comme étant la loi de la jungle ou le droit du plus fort d'écraser le plus faible. A leur avis, l'Etat, seul organisme incarnant l'intérêt général et capable de protéger les faibles, doit exercer un certain contrôle sur les agents économiques. Ils voient la nation française comme un ensemble politique d'individus d'origines diverses ayant choisi de vivre ensemble (cette conception s'apparente plus à la conception américaine qu'à celle de la droite française). Il existe aujourd'hui en France quatre partis importants à gauche: le Parti socialiste (PS), le Parti communiste français (PCF), Europe Ecologie Les Verts (EELV), et La France insoumise (FI).

Depuis les années 1970, le Parti socialiste est moins hostile au libre-marché qu'il l'était auparavant. Il accepte le système capitaliste pour son efficacité économique, mais pense que ce système distribue d'une manière injuste la richesse qu'il produit. Il faut donc corriger cette injustice, dit-il, par une politique de redistribution des revenus des plus riches (fortement taxés) vers les plus pauvres (fortement aidés) et un système avancé de protection des salariés. Le Parti socialiste a vu son influence baisser depuis le début des années 2000, en partie parce que son acceptation du libre-marché remet en question son identité traditionnelle et crée des tensions internes. Favorables à l'unification de l'Europe, les socialistes ont été amenés à appliquer des mesures économiques imposées par l'Union européenne qui ne correspondent pas toujours à une politique traditionnelle de gauche (la stricte limitation du déficit budgétaire, par exemple). Le Parti socialiste a fourni au pays plusieurs présidents, premiers ministres, et de nombreux ministres.

Le Parti communiste français (PCF) a joui d'une forte popularité en France des années 1920 à 1970. Des ministres appartenant au Parti communiste ont fait partie des gouvernements au lendemain de la Seconde Guerre mondiale, mais très rarement par la suite. En effet, durant la Guerre froide (1947–1989) les partis de gauche alliés aux communistes durant les élections ont jugé qu'il était dangereux pour la sécurité du pays d'avoir des ministres communistes à cause des liens étroits existant entre le Parti communiste français et l'Union soviétique. L'influence du Parti communiste en France est très affaiblie aujourd'hui. Il défend farouchement le fait que certaines grandes entreprises sont (partiellement ou entièrement) propriété de l'Etat, et cherche à bloquer toute tentative de privatisation de ces entreprises. Contrairement au Parti socialiste, le Parti communiste est très méfiant vis-à-vis de l'unification de l'Europe parce qu'il craint qu'elle affaiblisse la puissance de l'Etat français et accroisse l'influence du capitalisme et des grandes entreprises multinationales en France.

Il existe également à gauche, depuis les années 1970, des partis "verts" défendant l'écologie et s'opposant à la mondialisation "sauvage" (gouvernée par le libre-marché) et à l'énergie nucléaire. Ces partis, qui font bloc aux élections, sont moins importants en France que dans d'autres pays d'Europe (l'Allemagne notamment), mais leur influence politique a progressé sensiblement depuis l'année 2000. Leur électorat tend à être plus jeune que celui des autres partis de gauche. Le principal de ces partis est Europe Ecologie Les Verts.

On trouve enfin à l'extrême-gauche quelques partis très hostiles au système capitaliste. Ils accusent la gauche traditionnelle (PS et PCF) d'être des institutions insensibles aux véritables intérêts des classes défavorisées. Le principal d'entre eux (anciennement appelé Parti de gauche) s'appelle depuis 2016 La France insoumise (FI). Ce parti a reçu le soutien d'un bon nombre d'anciens électeurs du Parti socialiste déçus par sa politique jugée trop favorable au libre-marché. La France insoumise se distingue du Parti communiste par une certaine méfiance vis-à-vis des institutions (partis, syndicats) et une conception de la politique plus centrée sur l'action locale. La FI est favorable par exemple au développement des coopératives (entreprises possédées et gérées par ceux qui y travaillent) et à l'autogestion (gestion d'une entreprise par ses salariés). Son électorat est plus jeune que celui du Parti communiste.

On assiste depuis les années 1980 à un affaiblissement des oppositions anciennes entre droite et gauche en France. Les vieilles divisions idéologiques issues de la Révolution française qui étaient très radicales autrefois n'ont pas disparu mais sont moins visibles qu'auparavant. On tend aujourd'hui à avoir une approche moins idéologique et plus pragmatique aux problèmes économiques et sociaux, par exemple, comment faire baisser le chômage. Lorsque la gauche et la droite se succèdent au pouvoir, les politiques qui doivent être appliquées par les uns et les autres pour tenter de résoudre ces problèmes ne sont généralement pas très différentes. La classe politique a souvent du mal à s'adapter à cette approche pragmatique, car pour se faire élire il faut exagérer les différences entre soi-même et ses adversaires. La rhétorique des discours électoraux au niveau national apparaît donc souvent détachée des problèmes réels, ce qui contribue à créer un certain cynisme chez les électeurs. Certaines questions, toutefois, divisent encore profondément la droite et la gauche parce qu'elles conservent une dimension idéologique: c'est le cas, par exemple, de l'immigration. La droite est plus "dure" avec les immigrés (restrictions pour acquérir la nationalité; arrestation et expulsion des clandestins) que la gauche, qui conserve l'idéal de la France patrie des droits humains ouverte aux opprimés.

En France comme ailleurs, les individus choisissent souvent de voter pour la droite ou la gauche par tradition familiale ou sociale. En général, les riches votent à droite et les pauvres à gauche, mais (comme aux Etats-Unis) ceci est loin d'être toujours vrai, car de multiples facteurs autres que l'argent influencent le choix des électeurs. Pendant longtemps, certaines régions de France—l'Ouest en particulier—ont massivement voté pour la droite: ce sont des zones où l'Eglise catholique avait conservé une influence sociale importante et où il y avait eu autrefois une forte opposition idéologique à la Révolution. Les régions qui votaient massivement à gauche étaient des zones très industrialisées (le Nord) ou à faible influence de l'Eglise catholique (région parisienne, Sud-Ouest). Aujourd'hui, ces divisions géographiques et religieuses sont en train de disparaître. On trouve des catholiques pratiquants à gauche comme à droite.

LES ÉLECTIONS

Les élections primaires n'existent pas en France. Les deux principales élections directes—présidentielle et à l'Assemblée nationale—se font en deux tours. Le premier tour, avec de nombreux candidats de plusieurs partis politiques, joue le rôle de l'élection primaire aux Etats-Unis. Seul un candidat ayant reçu plus de 50% des voix est élu dès ce premier tour. Cela arrive rarement. Le premier tour permet surtout de voir quel est le score de chaque candidat. On refait ensuite un deuxième tour (deux semaines plus tard) où seuls les deux premiers candidats du premier tour peuvent s'affronter. Ce système force les partis à se regrouper en grands blocs électoraux car plus on s'unit avec d'autres partis pour soutenir un seul candidat, plus on a de chance de gagner.

La règlementation des campagnes électorales est plus stricte en France qu'aux Etats-Unis. Les campagnes électorales durent beaucoup moins longtemps en France: elles commencent officiellement 15 jours avant les élections. Toute utilisation payante des médias (radio, télévision, Internet) pour se faire élire est interdite par loi, sous peine d'annulation de l'élection; aux Etats-Unis, au contraire, c'est la pratique courante. Les principaux moyens autorisés pour faire une campagne électorale sont les réunions publiques et les interviews non-sollicitées par les candidats dans les médias. Dans ce dernier cas, les chaînes de radio et de télévision sont obligées de donner le même temps d'antenne à chaque candidat au cours de la campagne, sous peine de fortes amendes. Les campagnes électorales coûtent surtout beaucoup moins cher qu'en Amérique, ce qui veut dire que l'argent y tient une place moins importante. Seuls les individus (4 600 euros au maximum) et les partis politiques peuvent financer les campagnes électorales. Les entreprises n'ont pas le droit de le faire (c'est permis aux Etats-Unis). La loi française limite aussi le montant total des dépenses électorales de chaque candidat à une somme maximum qu'elle ou il ne peut pas dépasser, sous peine de voir son élection annulée. Pour l'élection présidentielle de 2017, le maximum des dépenses autorisées était de 16 millions d'euros au premier tour et de 22 millions d'euros au deuxième tour. Aux Etats-Unis, il n'y a pas de limite légale pour les dépenses d'une campagne électorale. Les dépenses des campagnes présidentielles de Donald Trump et de Joe Biden en 2020 ont coûté en tout plus de 11 milliards d'euros. En France, le coût des campagnes électorales présidentielles de chaque candidat est remboursé par l'Etat jusqu'à une limite maximale (8 millions d'euros si l'on a reçu au moins 5% des voix au premier tour, 10 millions d'euros au deuxième tour). Pour toutes les élections, les affiches électorales posées sur les murs des villes sont autorisées avant le début de la campagne officielle, mais seulement six mois avant le premier tour. La dimension physique des affiches est strictement réglementée et il est interdit d'utiliser les couleurs bleu-blanc-rouge juxtaposées (couleurs réservées au gouvernement). On a aussi le droit d'envoyer par la poste des "circulaires" aux électeurs: la loi oblige à envoyer une seule circulaire pour l'ensemble de la circonscription électorale, suivant le même format de papier pour tous les candidats. Bien entendu, il arrive que les règles des campagnes électorales soient bafouées en France, et cela entraîne de temps en temps des poursuites judiciaires.

Le taux de participation aux élections nationales en France est nettement plus élevé qu'aux Etats-Unis: environ 80% des électeurs inscrits vont voter. Le taux est par contre beaucoup plus faible (environ 50%) aux élections européennes. Les élections ont toujours lieu un dimanche, mais elles peuvent avoir lieu à n'importe quel moment de l'année, comme dans toutes les démocraties parlementaires. Faire une élection un mardi comme aux Etats-Unis serait impensable, car cela serait perçu comme une tentative visant à empêcher les travailleurs salariés de voter. Lorsqu'ils vont voter, les électeurs doivent présenter une pièce d'identité, ce qui n'est pas toujours nécessaire pour voter aux Etats-Unis. Les Français votent en choisissant le bulletin en papier de leur candidat qu'ils placent dans une enveloppe et déposent dans une urne transparente. Ils ne peuvent pas eux-mêmes ajouter le nom de candidats, comme il est possible de le faire aux Etats-Unis (*write-ins*). Certains électeurs mettent un bulletin blanc dans l'urne pour montrer qu'ils n'approuvent l'élection d'aucun candidat. Les bulletins sont comptés à la main, et non pas par des machines comme aux Etats-Unis. Ceci annule les risques de malfonctionnement ou de piratage. Les bureaux de vote sont uniquement dans les mairies ou dans des écoles publiques. La réglementation des élections est unifiée pour toute la France, alors qu'aux Etats-Unis chaque état organise les élections comme il le désire.

10.2 Affiches officielles des candidats aux élections législatives de 2017.

LA CLASSE POLITIQUE

Comme aux Etats-Unis, la vie politique en France a été dans le passé entièrement dominée par les hommes. Les femmes, qui n'avaient même pas le droit de vote, en étaient complètement exclues. Il fallut attendre le milieu du 20e siècle pour voir cette situation changer. Les femmes françaises ont reçu le droit de vote très tardivement, en 1944, alors que ce droit avait été accordé après la Première Guerre mondiale dans la plupart des pays d'Europe ainsi qu'aux Etats-Unis (1920). Ce retard s'explique par la combinaison de deux préjugés masculins hostiles au vote des femmes: chez les hommes de droite dominait l'image traditionnelle de la femme qui devait rester écartée de la vie politique; chez les hommes de gauche, la crainte de voir les femmes voter à droite sous l'influence de l'Eglise catholique (alors politiquement alliée à la droite) ajoutait un autre obstacle à l'émancipation politique des femmes.

Depuis le milieu du 20e siècle, des progrès réels vers l'égalité ont été accomplis. Des femmes sont devenues ministres pour la première fois en 1947 (Germaine Poinso-Chapuis, ministre de la Santé publique), puis régulièrement à partir de 1974 (Simone Veil, ministre de la Santé). Il y a eu une femme premier ministre (Edith Cresson, 1991–1992). Toutefois, les femmes sont longtemps restées très minoritaires dans le gouvernement. Dans toutes les assemblées élues depuis 1980, le nombre des femmes s'est lentement accru, surtout au niveau local et régional (conseils municipaux, conseils généraux, conseils régionaux). Des femmes sont aussi devenues maires de villes importantes, par exemple Anne Hidalgo, maire de Paris depuis 2014. Malgré tout, cette avancée vers une meilleure représentation des femmes dans le monde politique est longtemps restée limitée, surtout au niveau national.

Constatant ce retard, très marqué par rapport à d'autres pays européens (Pays-Bas, Allemagne, pays scandinaves), les législateurs prirent une série de mesures: en 1999 une révision de la Constitution affirma le principe que les lois devaient favoriser l'égal accès des femmes et des hommes aux fonctions électives. En 2000 fut votée la "loi sur la parité," qui oblige les partis politiques à présenter le même nombre de candidats femmes et hommes aux élections organisées par listes (élections municipales, régionales, européennes). Cette loi a contribué à accroître le pourcentage des femmes élues aux élections locales, régionales, et au Parlement européen, mais ses effets ont été limités. En effet, il était possible aux partis de la contourner en payant une amende, en plaçant les femmes dans des compétitions électorales où elles avaient peu de chances de gagner, ou bien en mettant les hommes en tête de liste afin qu'ils aient plus de chances que les femmes d'être élus. Cette dernière pratique fut interdite en 2013 par une révision de la loi obligeant à alterner femmes et hommes sur les listes. Effectivement, la loi sur la parité des femmes et des hommes dans les élections politiques a dû être renforcée à plusieurs reprises (en 2007, 2008, 2013, 2014) pour lutter contre son non-respect par les partis politiques.

Toutefois, la parité des candidatures n'a pas été appliquée à l'Assemblée nationale et au Sénat où il n'y a pas de vote par liste mais seulement des candidats individuels. Cela n'a pas empêché la représentation des femmes dans ces deux assemblées de progresser, mais ces progrès restent insuffisants pour atteindre la parité. En 2017, 224 femmes ont été élues pour 577 sièges à l'Assemblée nationale, soit 38,8% des sièges (contre 5% en 1945 et 10% en 1997). En 2018 le Sénat compte 110 femmes sur un total de 348 sièges. De plus, les postes les plus influents et prestigieux de ces assemblées (président du Sénat ou de l'Assemblée) ont toujours été attribués à des hommes. On constate le même phénomène hiérarchique dans le pouvoir exécutif: le gouvernement français est en 2021 composé de 22 hommes et de 22 femmes, chiffres correspondant à la parité. Toutefois, lorsque l'on examine sa composition de plus près, il apparaît qu'un grand nombre de femmes de ce gouvernement n'ont pas le titre de "ministre," mais celui de "ministre déléguée" ou de "secrétaire d'Etat," un rang inférieur à celui de ministre. Or la parité doit signifier l'égalité aux différents niveaux de la hiérarchie. Une loi de 2012 le reconnut en obligeant à nommer des femmes à au moins 40% des postes de direction dans les métiers de la fonction publique.

Les femmes entrées en politique ont pendant longtemps eu du mal à se faire respecter: leurs adversaires masculins ont fréquemment mis en doute leur compétence et les médias, plus intéressés par leur élégance vestimentaire que par leur programme politique, ont souvent adopté un ton condescendant à leur égard. Cela a eu un effet dissuasif sur des candidates potentielles. Aujourd'hui, la situation s'est améliorée et la présence des femmes aux plus hauts niveaux du monde politique est entrée dans les mœurs. Mais beaucoup reste encore à faire pour qu'une authentique parité entre hommes et femmes soit atteinte dans ce domaine.

Un reproche fréquent fait à la classe politique française est l'absence de renouvellement. Les politiciens se font réélire ou nommer à des postes politiques (maire, député, sénateur, ministre, président) pendant des décennies, freinant l'accès de plus jeunes candidats—et notamment des femmes—à ces fonctions. Un cas exemplaire est celui de François Mitterrand dont la carrière politique dura un demi-siècle, de 1946 (député à l'Assemblée nationale) à 1995 (président).

Une autre critique fréquemment exprimée est que le personnel politique en France métropolitaine inclut très peu de Français appartenant aux minorités visibles. La composition de ce personnel ne reflète pas la diversité d'origine de la population du pays. Il y a eu toutefois un effort pour améliorer la représentation des minorités visibles dans le gouvernement depuis la présidence de François Hollande en 2012. Mais on constate le même phénomène qu'avec les femmes: on ne leur attribue généralement pas les postes prestigieux de ministres, mais seulement ceux, moins importants, de secrétaires d'Etat. Par exemple, un ancien harki (Français musulman d'origine algérienne ayant combattu dans l'armée française pendant la guerre d'Algérie) est régulièrement nommé secrétaire d'Etat aux Anciens combattants. Malgré tout, on peut citer l'exemple de Rachida Dati (d'origine marocaine) et de Christiane Taubira (originaire de Guyane française) qui furent toutes les deux ministre de la Justice.

10.3 Christiane Taubira, Garde des sceaux, ministre de la Justice (2012–2016), députée à l'Assemblée nationale (1993–2012), députée européenne (1994–1999), Conseillère régionale (2010–2015).

LES MŒURS POLITIQUES

Bien que la France soit une république et une démocratie, son gouvernement garde un style monarchique qu'on ne voit pas dans d'autres républiques comme l'Allemagne ou la Suisse. Le président et le premier ministre résident dans de splendides palais du 18e siècle (Palais de l'Elysée, surnommé "le Château," pour le président; Hôtel Matignon pour le premier ministre). Dans les cérémonies officielles, le président et les ministres sont souvent assis dans des fauteuils dorés, un peu comme sur un trône royal. On parle couramment du "règne" d'un président. On désigne souvent le gouvernement par l'expression "le pouvoir," comme si le pouvoir politique venait d'en haut et était limité au gouvernement: "Le pouvoir a décidé de faire ceci" ou "Les syndicats s'opposent au pouvoir." Les présidents et les premiers ministres conservent souvent une allure un peu hautaine qui les maintient au-dessus du commun et qui fait contraste avec le désir des présidents américains de paraître comme des "Américains moyens." On ne verrait pas, par exemple, un président français portant une casquette d'ouvrier lorsqu'il s'adresse à des ouvriers. Ceux-ci seraient très surpris et pourraient croire que le président se moque d'eux. Lorsque l'Etat finance des travaux publics de prestige (musées, opéras, bibliothèques), le président prend conseil et décide, un peu comme un monarque absolu, quel sera le plan adopté. Dans les années 2007–2012, le président Nicolas Sarkozy s'était fait critiquer pour son goût du luxe clinquant et son franc-parler qui ne correspondaient pas du tout à l'image traditionnelle d'un président.

La pratique du secret dans le gouvernement est aussi une tradition plus marquée en France qu'aux Etats-Unis. Les gouvernants français élaborent souvent leurs projets ou leurs décisions dans le secret des bureaux ministériels, puis les annoncent publiquement. Ils viennent dans l'hémicycle de l'Assemblée nationale expliquer leur politique et répondre aux questions des députés. Les *public hearings* à l'américaine, destinés à consulter l'opinion des citoyens avant l'élaboration de nouvelles lois, n'existent guère. Si les gouvernants français ont mal calculé leur coup et que le public affecté réagit négativement, cela peut tourner mal soit pour eux s'ils sont obligés de faire marche arrière, soit pour le public obligé d'accepter les mesures prises.

Lorsqu'un groupe de citoyens particulier (les étudiants, les infirmières, les conducteurs de taxis, les agriculteurs, les parents d'élèves, les employés de l'Etat, par exemple) estime que le gouvernement ignore ses désirs ou ses revendications, il "descend dans la rue," c'est-à-dire manifeste en masse dans les rues, généralement à Paris puisque c'est là que se trouvent les décideurs. Les manifestations groupant de 30 000 à 100 000 personnes dans les rues sont assez fréquentes. Parfois, cela peut être plusieurs centaines de milliers de personnes qui manifestent pour forcer le gouvernement ou le Parlement à les écouter. La protestation surgit très vite et peut prendre des formes très spécifiques: 2 000 conducteurs de camions mécontents bloquent l'accès des autoroutes avec leurs véhicules; 5 000 éleveurs de bétail mécontents vont verser du purin devant la Préfecture (bâtiment où réside le représentant du gouvernement central). Ces manifestations sont généralement calmes, mais il arrive que des heurts violents se produisent entre policiers et manifestants, avec des blessés des deux côtés. "Descendre dans la rue" était jadis (avant le 20e siècle) le seul moyen pour les classes populaires d'exprimer leur mécontentement. Aux Etats-Unis, les manifestations parfois violentes ont existé dans le passé mais ont généralement été locales (pour des conflits du travail, par exemple). Les grandes manifestations de protestation à dimension nationale comme celles pour les droits civiques des Noirs, l'opposition à la guerre du Vietnam dans les années 1960, ou Black Lives Matter en 2020 y sont plus rares qu'en France. En 1983, le gouvernement français annonça des mesures menant à une fusion de l'enseignement privé avec l'enseignement public; en 1986, il annonça une réforme du système universitaire; et en 1993, une réforme du financement de l'enseignement privé. Dans ces trois exemples, de gigantesques manifestations de rue obligèrent le gouvernement à annuler ses projets. Par contre, il put faire construire des dizaines de centrales nucléaires sans tenir compte de l'opposition anti-nucléaire, trop faible pour le faire reculer. Il avait convaincu la majorité des Français de la nécessité d'utiliser l'énergie nucléaire pour compenser la faible production de gaz et de pétrole en France. En 2019, le gouvernement dut renoncer à augmenter les taxes sur l'essence face aux manifestations de plusieurs centaines de milliers de "gilets jaunes" (gilets de sécurité routière sans manches portés par les manifestants).

En France, la vie privée de la classe politique—et des autres citoyens—est plus protégée de l'oeil des médias qu'aux Etats-Unis. En effet, la loi française interdit aux médias d'informer le public sur la vie privée des individus. Le directeur d'un journal qui révèlerait qu'un candidat aux élections est homosexuel ou qu'une ministre est infidèle à son mari risquerait une forte amende et la confiscation des exemplaires de son journal s'il était poursuivi en justice. On ne trouve donc guère en France de presse du genre *tabloid*, spécialisée dans les scandales privés du monde politique ou artistique. L'éthique de la vie politique française considère généralement comme tabou d'attaquer l'adversaire sur sa vie privée tant que rien d'illégal n'a été fait. La tradition française séparant radicalement vie publique et vie privée explique cette sévérité. Aux Etats-Unis, la frontière entre vie privée et vie publique est beaucoup moins claire et la liberté de l'information sur la vie des individus est totale. Contrairement à ce qui se passe aux Etats-Unis, les hommes et les femmes engagées dans la vie politique en France n'apparaissent généralement pas en public avec leur époux ou épouse et leurs enfants: ceux-ci appartiennent à la vie privée et n'ont donc aucune raison de se faire voir avec la personne candidate ou élue. Cela entraîne parfois des surprises lorsque le voile se lève: lors des funérailles officielles de l'ancien président François Mitterrand en 1996, sa femme, ses enfants légitimes, sa maîtresse, et la fille qu'il avait eu avec celle-ci étaient tous réunis autour du cercueil. Une telle scène aurait été inimaginable aux Etats-Unis. Les Français ont été un peu étonnés, mais pas scandalisés: un président est un être humain, et à l'heure de la mort cette humanité doit être regardée en face.

On remarque que l'administration de l'Etat (la fonction publique) en France est très peu touchée par la corruption. Celle-ci atteint surtout le personnel politique comme les ministres, les membres du Parlement, et les élus locaux. La corruption politique, qui a toujours existé en France, s'est étendue avec la décentralisation qui a donné des pouvoirs accrus aux autorités locales. Les magistrats français ont activement poursuivi et fait condamner de nombreux élus locaux—parfois des personnages importants—pour financement frauduleux de campagnes électorales ou trafic d'influence (utiliser une fonction publique pour son profit personnel). Mais par comparaison avec ce qui se passe dans beaucoup de pays du monde, la France reste (comme les Etats-Unis) un pays où le niveau de corruption est modéré.

LA CONCEPTION DE LA VIE POLITIQUE

La conception française de la vie politique et de la démocratie est différente de celle des Américains. Les Français, traditionnellement, ne partagent pas la méfiance des Américains à l'égard du pouvoir de l'Etat. Ils ont moins peur que les Américains des abus de pouvoir. Ils voient l'Etat comme ils voyaient les rois autrefois: un père que l'on craint, mais qui apporte sa protection quand on lui demande de l'aide. C'est l'Etat qui interdit et réglemente, et il peut être combattu pour cette raison. Mais c'est aussi l'Etat qui émancipe, qui protège, qui défend l'individu contre l'oppression des puissants et lui assure un espace de liberté personnelle. Sans l'Etat, les forts écraseront les faibles et ce sera la fin de la liberté. Pour les Français, les droits de l'individu (liberté civile, liberté d'expression) ne peuvent donc pas exister sans l'Etat, car c'est lui qui les donne et les fait respecter. Chez les Américains au contraire, les droits de l'individu sont vus comme quelque chose qui existe en dehors de l'Etat et qui peut donc être menacé par lui: la liberté peut alors être vue comme la quasi-absence de *government*. (C'est la position des *libertarians* et des partisans du Tea Party). Les autorités fédérales américaines, qui ont longtemps légalisé la discrimination vis-à-vis des Noirs aux Etats-Unis, ont pourtant eu aussi un rôle protecteur et émancipateur dans les années 1960 en obligeant les états du Sud à donner aux Noirs leurs droits civiques. L'attitude des Américains vis-à-vis de l'Etat est donc plus ambivalente que celle des Français.

Aux Etats-Unis règne un système de démocratie égalitariste très décentralisé. Les racines de cette démocratie américaine sont religieuses (protestantes) et morales: partout la majorité des voix doit l'emporter, non pas parce que la majorité ferait toujours le bon choix, mais parce que c'est la seule façon morale de décider lorsqu'on est tous égaux. L'essentiel est que le choix soit fait démocratiquement suivant le *due process*. Les représentants élus sont des individus comme les autres, simplement délégués pour exprimer ou appliquer la volonté des électeurs. Le sentiment d'intérêt national abstrait supérieur aux intérêts des individus n'existe pas au même degré. On parle donc d'*American people* plutôt que d'*American nation*. Le mot *nation* lui-même désigne une réalité géographique et démographique plutôt qu'un être abstrait. Le concept d'intérêt national n'existe guère que face à l'extérieur, dans le commerce international, la diplomatie, ou la guerre. L'Etat, au sens français—entité abstraite représentant l'intérêt supérieur de la nation—est quasiment absent aux Etats-Unis. La politique est le système par lequel les intérêts particuliers—les seuls qui existent vraiment—s'affrontent et se combinent. Ainsi, *political* dans le langage américain veut dire que quelque chose se rapporte au conflit entre intérêts particuliers (par exemple dans l'expression "*very political*"), alors qu'en français l'adjectif "politique" veut dire que quelque chose se rapporte à la conception de l'intérêt national (comme dans "c'est une décision politique," c'est-à-dire une décision à prendre par le gouvernement).

Comparé au système américain, le système politique français est plus enraciné dans le rationalisme de la philosophie des Lumières (18e siècle) dont le modèle était la monarchie éclairée. En France, on croit qu'il existe un intérêt général supérieur à celui des individus. L'Etat (comme le roi autrefois) est le gardien de cet intérêt au niveau national. Le pouvoir de diriger la société doit donc être donné aux plus intelligents, à ceux qui, par leurs brillantes qualités intellectuelles et leur éducation très poussée, sont les plus capables de voir où est l'intérêt supérieur de la nation et de le servir. L'individu moyen, lui, ne voit que son intérêt personnel: sa voix est donc facilement suspecte. Dans ce modèle, l'essentiel n'est pas que les décisions soient prises d'une manière morale, mais qu'elles soient les meilleures pour la société. La méthode employée pour y arriver ne va pas de soi: on peut choisir la démocratie, ce qui est le seul cas envisagé aujourd'hui par les Français, mais aussi la dictature (qui se présente toujours comme défendant l'intérêt national). Au cours des deux derniers siècles, la France a ainsi souvent oscillé entre des périodes de démocratie (les "républiques") et des périodes de pouvoir personnel (l'empereur Napoléon Ier, les rois Louis XVIII, Charles X, Louis-Philippe, et l'empereur Napoléon III au 19e siècle, le Maréchal Pétain au 20e siècle). Un tel système se fonde sur la méritocratie, c'est-à-dire le pouvoir exercé par les plus "méritants," ce qui peut signifier des choses différentes selon les régimes: cela peut être les plus doués sur le plan intellectuel ou bien les plus fidèles à l'idéologie dominante.

Un autre aspect de la vie politique est le conflit entre les intérêts particuliers des individus et l'intérêt national. En France, la politique n'est pas supposée (en théorie, au moins) être le lieu d'affrontements d'intérêts particuliers, mais de conceptions différentes de l'intérêt national. Ainsi, en principe, chaque député français ne représente pas les intérêts de ses propres électeurs, mais ceux de la nation française toute entière. (Un député n'est même pas obligé de résider dans sa circonscription électorale.) Aux Etats-Unis, au contraire, chaque représentant ou sénateur s'identifie étroitement avec sa circonscription, au point de se faire appeler par le nom de celle-ci (*the gentlewoman from Texas, the gentleman from Georgia*).

Il est évident que les intérêts particuliers des individus et des groupes sont très forts en France, comme ailleurs, mais contrairement à ce qui se passe aux Etats-Unis, le système politique tend à les considérer comme illégitimes. La France se trouve donc dans une situation un peu inverse de celle de l'Amérique: alors qu'aux Etats-Unis les intérêts particuliers s'expriment puissamment et pèsent de tout leur poids sur le système politique, en France il leur est souvent difficile de s'exprimer autrement que par des pressions secrètes ou bien par la protestation bruyante (manifestations de rue, émeutes, barrage des routes ou des voies de chemin de fer, explosion de bombes). Innombrables sont les cas où un gouvernement français a été condamné à l'échec parce que, convaincu de la justesse de ses choix, il avait superbement ignoré les intérêts de certains groupes affectés par ses décisions. Cette façon de voir le système politique pousse à lui donner une organisation autoritaire et centralisée: puisque les plus capables sont toujours (en principe) en haut de la hiérarchie du pouvoir, on ne fait pas confiance à ceux qui sont en bas pour prendre des décisions. Cela mène à un élitisme technocratique plus poussé dans le gouvernement et l'administration qu'aux Etats-Unis. L'Etat cherche à sélectionner les meilleurs pour le servir. Aujourd'hui encore, un des sommets du prestige en France est de passer à l'Ecole nationale d'administration (l'ENA) les examens très difficiles qui permettent de devenir haut-fonctionnaire à 25 ans. L'honneur et le prestige autrefois liés au service monarchique de haut rang ont été transférés à l'Etat. Et lorsqu'un personnage politique important meurt, on dit de lui qu'il fut "un grand serviteur de l'Etat." Cela permet de mieux comprendre pourquoi la classe politique française (députés, sénateurs, membres du gouvernement) compte une forte proportion d'anciens fonctionnaires de l'Etat, ce qui n'est pas le cas aux Etats-Unis. Toutefois, d'autres professions mènent aussi à la vie politique en France: avocat et professeur en particulier. Aux Etats-Unis, les élus à des postes politiques sont très souvent des avocats de profession, mais contrairement à la France, il y a peu de professeurs. En Amérique, la politique est vue comme étant liée au monde de la loi plutôt qu'au monde intellectuel.

Discussions

1. A votre avis, quels sont les avantages et les inconvénients du système politique français comparé au système politique américain?
2. Pensez-vous que la vie privée des hommes et des femmes engagées dans la vie politique doit être légalement protégée de la curiosité du public?
3. Que faudrait-il faire pour qu'il y ait, en France et aux Etats-Unis, plus de femmes dans la vie politique?
4. Que pensez-vous de la réglementation des dépenses électorales en France?
5. Vaut-il mieux voter le mardi comme aux Etats-Unis ou le dimanche comme en France?
6. Pour quel parti voteriez-vous en France? Pourquoi?

Sujets de travaux oraux ou écrits

1. Faites l'étude d'un parti politique français.
2. Faites une enquête sur l'extrême-droite en France.
3. Présentez la Constitution française de 1958.
4. Faites une enquête sur les accomplissements et les limites de la loi sur la parité.
5. Comparez l'abstention aux élections en France et aux Etats-Unis.
6. Présentez une analyse des dernières élections présidentielles ayant eu lieu en France.

Chapitre 11
L'administration

Pour comprendre la façon dont la France est administrée, il est essentiel de savoir comment elle a été formée. Le processus de création de la France a en effet été très différent du processus de création des Etats-Unis.

LA CRÉATION DE LA FRANCE

La France moderne est le produit d'une lutte féroce entre les rois de France, qui ont cherché constamment à accroître leur pouvoir et leurs pires adversaires, les grands nobles du royaume, qui voulaient conserver leurs importants pouvoirs locaux (administrer, rendre la justice, taxer). A partir de la province qu'ils contrôlaient à l'origine (la région autour de Paris appelée "France"), les rois ont fait une véritable reconquête intérieure de leur royaume, parfois les armes à la main, parfois en concluant des alliances matrimoniales avec de grands nobles. Cette lutte très compliquée a duré six cent ans, du 12e au 18e siècle. Les grands nobles ont résisté farouchement à la progression du pouvoir royal. Certains se sont soumis à l'autorité du roi et l'aidèrent en échange de faveurs diverses; d'autres se sont révoltés ou se sont alliés même avec des pays étrangers contre leur propre roi. Plusieurs ministres célèbres—au 17e siècle en particulier—ont beaucoup aidé le roi à accroître son autorité: Richelieu, Mazarin, et Colbert sont les plus connus. Le conflit s'est terminé sous les règnes de Louis XIV (1643–1715) et Louis XV (1715–1774) par la victoire de la monarchie absolue et l'écrasement des pouvoirs locaux. La Révolution française (1789–1799) et le règne de Napoléon Ier (1799–1814) n'ont pas renversé cette consolidation du pouvoir central, mais au contraire l'ont poussée à son extrême.

La France telle que nous la connaissons a donc été créée par la volonté des rois et de leurs ministres, et non par celle des habitants du pays, qui sont restés largement passifs dans ce processus. Jusqu'à la fin du 18e siècle, les habitants de la France étaient extrêmement différents les uns des autres et la majorité d'entre eux ne comprenait pas ce qu'"être français" pouvait signifier. Leur sens de l'identité n'était pas national, mais régional ou local: on se sentait breton, picard, normand, alsacien, provençal. Ce n'est qu'à la fin du 18e siècle, à l'époque de la Révolution française, que les habitants de la France commencèrent à prendre conscience qu'ils formaient une nation. Lorsque la démocratie a été instaurée au milieu du 19e siècle et qu'on a pu consulter tous les Français sur leurs désirs politiques, il était trop tard pour leur demander s'ils voulaient faire la France: elle était déjà faite.

Puisque c'est la victoire du pouvoir central contre les pouvoirs locaux qui a fait la France, les pouvoirs locaux ont longtemps été considérés comme des ennemis potentiels de la France et de son unité. De sa main de fer, le pouvoir central bloquait toute résurgence des pouvoirs locaux sous quelque forme que ce soit. Au 19e siècle, le gouvernement avait si peur des pouvoirs locaux qu'il nommait lui-même les maires des communes. L'histoire de la formation de la France permet de comprendre pourquoi ce pays est resté jusqu'à une époque très récente hyper-centralisé sur le plan politique et administratif: le gouvernement central surveillait tout, décidait de tout, et ne laissait aucune autonomie aux autorités locales. C'était l'inverse des Etats-Unis ou de la Suisse, pays très décentralisés où les autorités locales sont puissantes.

La France est, depuis la Révolution française, un pays unitaire (non fédéral), c'est-à-dire un pays où il n'y a pas de lois différentes selon les régions où l'on se trouve. (Une rarissime exception à cette règle en France métropolitaine, néanmoins, s'applique aux trois départements du Haut-Rhin, du Bas-Rhin, et de la Moselle, qui faisaient partie de l'Allemagne en 1905 lors de la séparation de l'Eglise et de l'Etat en France. Cette séparation de l'Eglise et de l'Etat n'a pas été appliquée dans ces trois départements. L'Etat y donne des subventions aux cultes religieux.) L'équivalent des états américains, avec leurs lois particulières, n'existe pas en France. C'est en 1790–1791 que fut créé en France un système d'administration moderne et rationnel que Napoléon 1er perfectionna et qui est encore la base du système actuel.

LES CULTURES RÉGIONALES

Le français a été déclaré langue officielle de l'administration française en 1539 (édit royal de Villers-Cotteret). Toutefois, en s'étendant du Moyen-Age au 17e siècle, l'autorité directe des rois de France a couvert des régions où le français n'était pas la langue des habitants. Ces régions représentaient à peu près la moitié du territoire de la France à la fin du 18e siècle et comprenaient environ 42% de la population du pays (recensement de 1806). A partir de la Révolution française, les gouvernements ont cherché à étendre l'usage de la langue française à tous les Français dans le but de renforcer l'unité nationale et de faire progresser la "civilisation" qui selon eux était représentée par la culture française. Ils voyaient les cultures et les langues non-francophones telles que le breton ou l'occitan comme des survivances archaïques du Moyen-Age qu'il fallait faire disparaître. C'était une tâche colossale que les gouvernements n'ont pu entreprendre qu'à la fin du 19e siècle: l'enseignement primaire obligatoire et gratuit en français (1881–1882) a créé la première génération de Français (celle qui a fait la guerre de 1914–1918) sachant tous parler et écrire en français. Cette francisation forcée a été brutale pour les enfants (ceux qui parlaient leur langue maternelle à l'école étaient punis). Mais les parents l'ont acceptée, en raison du prestige de la langue française, langue de la bourgeoisie et de l'éducation.

Chacun savait que pour "monter" dans la société, il fallait absolument savoir parler et écrire le français. L'unification linguistique de la France s'est donc faite au 20e siècle seulement. Claude Duneton, auteur de nombreux livres sur la langue française, raconte son premier jour à l'école, dans un village du sud de la France en 1941:

> Au moment de se mettre en rang sous la cloche, un des nouveaux s'est fait remarquer. Il était tout petit, vif, rieur, pas intimidé du tout par sa première visite; l'institutrice l'a tout de suite appelé "Trois-Pommes." Alors que nous étions tous rassemblés devant la classe, il faisait encore le clown en dehors de la file. La demoiselle lui expliquait gentiment qu'il devait se mettre sur le rang comme les autres, mais il se rebiffait: "Qué me vol?" répétait-il ("Qu'est-ce qu'elle me veut?"). C'était le fou rire général sur le rang, parce que voilà: Trois-Pommes ne connaissait pas un seul mot de français. Sa grande soeur tâchait de faire l'interprète. Elle l'avait pourtant prévenu qu'il faudrait être sage, et tout! En fait, Trois-Pommes et moi, nous représentions symboliquement, et sans nous en douter, le tournant du siècle: en ce matin d'avril 1941, j'étais là, devant la classe, le premier enfant de la commune à se présenter dont le français était la langue maternelle; il était, lui, le dernier qui arrivait à l'école sans en connaître un seul mot.[1]

Aujourd'hui encore, plusieurs millions de Français—plutôt des gens âgés, mais pas uniquement—savent parler des langues régionales autres que français. Il est difficile d'évaluer leur nombre exact car les niveaux de maîtrise de ces langues varient beaucoup selon les individus. On distingue sept langues régionales en France métropolitaine:

- l'alsacien, langue proche de l'allemand parlé dans l'est de la France, en Alsace. L'alsacien est la langue régionale qui a résisté le plus longtemps à la suprématie du français à cause de l'annexion à l'Allemagne des régions où on la parle en 1871–1918 et 1940–1945.
- le basque, langue non indo-européenne d'origine mal connue, parlée dans l'extrême sud-ouest de la France (région de Bayonne) et aussi au Pays basque espagnol.
- le breton, langue celtique parlée dans l'ouest de la Bretagne.
- le catalan, langue romane parlée dans l'extrême sud de la France (région de Perpignan) et aussi en Catalogne espagnole (Barcelone).
- le corse, langue proche de l'italien parlée en Corse.
- le flamand, langue parlée dans l'extrême nord de la France (région de Dunkerque).

---

1. Claude Duneton, *Parler croquant* (Paris: Stock, 1973). Trois-Pommes s'exprimait en occitan, langue parlée depuis le Moyen-Age dans le sud de la France.

- l'occitan, langue romane parlée dans le sud de la France, avec de nombreux dialectes (gascon, provençal, etc.). C'est la langue régionale qui a le plus grand nombre de locuteurs en métropole.

Dans les départements d'outre-mer (Guadeloupe, Martinique, Guyane, Réunion), la population locale parle quotidiennement le créole, langue dérivée du français et des langues africaines, mais l'école est en français. La majorité des habitants sont donc bilingues français-créole. Dans les territoires d'outre-mer du Pacifique, les langues canaque (Nouvelle-Calédonie) et polynésienne (Polynésie) sont parlées par les habitants d'ascendance locale.

Ces langues régionales représentent beaucoup plus qu'un simple moyen de communication. Elles correspondent toutes à une culture traditionnelle très riche englobant la totalité de la vie, avec sa littérature, ses arts, sa cuisine, ses vêtements, son style de maisons.

Voici la traduction en langues régionales de la France de l'article 1 de la Déclaration Universelle des Droits de l'Homme (1948):

Français:
Tous les êtres humains naissent libres et égaux en dignité et en droits. Ils sont doués de raison et de conscience, et doivent agir les uns envers les autres dans un esprit de fraternité.

Alsacien:
Alle Mensche sinn frei ùnn mit derselwe Dignité ùnn derselwe Rechte gebor. Sie sinn begabt àn Vermùnft ùnn minn zùenanner im Gascht vùnn Briderlichkat handle.

Basque:
Gizon-emakume guztiak aske jaiotzen dira. Duintasun eta askubide berberak dituztela; eta ezaguera eta kontzien tzia dutenez gero elkarren artean senide legez jokatu beharra dute.

Breton:
Dieub ha par en o dellezegezh hag o gwiriou eo ganet an holl dud. Poell ha skiant zo dezho ha dleout a reont bevan an eil gant egik en ur spered a genvreudeuriezh.

Catalan:
Tots els éssers humans neixen lliures i ignals en dignitat i en drets. Son dotats de rao i de consciencia i han de comportar-se fraternalment els uns amb els altres.

Corse:
Nascenu tutti l'omi liberi è pari di dognita è di diritti. Anu aq ragione è a cuscenza è li tocca à agisce tra elli di modu fraternu.

Créole de Martinique:
Tout moun ka nèt lib ek égo pou sa ki divè ek dinité-yo-a. Yo ni konsyans épi zespri, yo pou aji yonn ba lot adan an zespri fratènité.

Flamand:
Alle menschelykken weezen te wereld kommen vry en gelyk in waerdigheyd en in rechten. Ze zyn begaefd mit verstand en geweeten en moeten elkander in een geest van broederlyke vriendschap handelen.

Occitan:
Touti li persouno naisson liéro e egalo en digneta e en dre. Soun doutado de rasoun e de counscienci e li fau agi entre éli em' un esperit de freiresso.

11.1 Plaque en langue occitane à Aix-en-Provence où a vécu le poète occitan Joseph d'Arbaud.

LA DÉCENTRALISATION

Jusque dans les années 1960, Paris écrasait tout de son autorité, et dans tous les domaines les individus les plus doués cherchaient à s'établir à Paris, car on pensait qu'on ne pouvait réussir qu'à Paris. La capitale concentrait sur quelques kilomètres carrés l'élite du pays dans les secteurs politique, économique, intellectuel, et artistique. Cela faisait de Paris une ville fascinante, mais laissait le reste du pays à la traîne, avec des villes endormies et sans dynamisme. Au cours des années 1960 et surtout à partir de 1968, les Français prirent conscience des inconvénients d'une centralisation excessive. L'intégration de la France dans la Communauté économique européenne et la fin de l'empire colonial incitèrent les Français à porter plus d'attention qu'auparavant à la modernisation économique de leur pays. L'exemple de la décolonisation suggéra à certains de ses habitants qu'eux aussi étaient en quelque sorte "colonisés" par Paris et qu'ils devaient se libérer de la tutelle parisienne: si les Sénégalais étaient devenus indépendants de Paris, pourquoi les Bretons ou les Corses ne le seraient-ils pas aussi?

On vit donc se développer dans certaines régions (Bretagne et Corse surtout) des mouvements séparatistes, parfois violents mais qui restèrent toujours marginaux. Par contre, il y a eu un soutien très large de la population pour briser l'ancienne centralisation et donner une autonomie plus grande aux autorités locales élues. Les gens acceptaient de moins en moins bien que les décisions affectant l'avenir de leur région soient prises par des bureaucrates à Paris; ils voulaient que les autorités locales élues participent à ces décisions. En 1982, le gouvernement a donc entrepris une vaste réforme visant à décentraliser l'administration de la France. Cette réforme a donné des pouvoirs plus étendus aux autorités locales, mais n'a pas modifié radicalement la structure politique du pays, qui reste plus centralisée que dans les autres pays d'Europe.

Avant même cette réforme—dans les années 1970—on a assisté à un renouveau de la conscience régionaliste, surtout dans les zones du pays qui avaient une spécificité culturelle très marquée (les plus éloignées de Paris). Beaucoup de Français—des jeunes en particulier—ont cherché à redévelopper la culture non-française de leurs ancêtres, qui était en train de disparaître avec la mort des vieux paysans. Maintenant que la francisation du pays était achevée, on pouvait choisir de défendre la langue et les traditions de sa province d'origine sans risquer d'être pris pour un ennemi de la France ou un individu sans éducation. Le gouvernement a donc relâché les anciennes restrictions qui interdisaient l'usage des langues régionales dans les médias et dans le système scolaire. On a commencé, pour la première fois, à enseigner le breton, le corse, ou l'alsacien à l'école et à l'université, et à diffuser des émissions de radio et de télévision dans ces langues. Les Français collèrent à l'arrière de leur voiture des macarons indiquant leur région d'origine: BZH (Breizh) pour les Bretons, OC (Occitania) pour les Occitans, par exemple. Cet intérêt nouveau pour les racines locales a beaucoup contribué à revivifier la vie locale en France en incitant chaque village, chaque ville, chaque région à mettre en valeur son capital historique et culturel (festivals, fêtes folkloriques, musées, spectacles "sons et lumière"). Ceci a contribué au développement du tourisme des Français dans leur propre pays.

LES STRUCTURES ADMINISTRATIVES

On distingue en France trois grands niveaux d'administration locale:

1. Au niveau le plus bas se trouve la division territoriale la plus petite, la commune (*municipality*). Il y en a environ 35 000 en France, un nombre énorme pour la taille du pays. Les communes correspondent géographiquement aux villes et, dans les campagnes, aux anciennes paroisses catholiques. Leur taille et leur population varient énormément: de quelques dizaines d'habitants à plusieurs millions suivant les cas. Leurs frontières n'ont souvent pas changé depuis le 18e siècle et beaucoup ont vu leur population fondre avec l'exode rural (la plupart ont moins de 2 000 habitants). Face au nombre jugé excessif de communes et à leur fréquente dépopulation,

11.2 Mairie de Castelginest, une des 35 000 communes de France (10 000 habitants, département de la Haute-Garonne).

l'Etat a fortement incité (par deux lois promulguées en 2010 et 2015) les moins peuplées à se regrouper et à fusionner. Ceci a provoqué de vives résistances des habitants de certaines communes qui perdaient leur maire et voyaient les services publics de leur ancienne commune transférés loin de chez eux. Les ressources des communes proviennent des impôts locaux et de l'Etat.

Les habitants de chaque commune élisent pour six ans un conseil municipal dont les membres sont généralement affiliés à des partis politiques. Ce conseil municipal élit la ou le maire de la commune. Prenons l'exemple d'une maire. Elle a un double rôle: elle gère les services municipaux et représente les habitants devant l'administration de l'Etat; elle représente aussi l'administration de l'Etat face aux habitants. Par exemple, elle célèbre les mariages et tient les registres d'état-civil. Elle est chargée du maintien de l'ordre public dans la commune et peut faire édicter des "arrêtés municipaux" pour maintenir cet ordre (interdire de faire du bruit après dix heures du soir ou de stationner sa voiture dans certains lieux, par exemple.) Elle est aussi officier de police judiciaire, sous l'autorité du procureur. Elle n'a pas le droit de faire voter un budget communal en déficit. Dans les cérémonies officielles, elle porte sur l'épaule une écharpe tricolore (bleu-blanc-rouge) à frange d'or. Elle est secondée dans son travail par des adjoints choisis par elle dans le conseil municipal. Les maires se tiennent régulièrement à la disposition des habitants à la mairie (appelée "hôtel de ville" dans les grandes villes). Plus les communes sont petites et moins l'élection municipale est politisée. Etre maire n'est un métier à plein temps que dans les grandes villes. Le poste le plus prestigieux de France est celui de maire de Paris: Anne Hidalgo a commencé son deuxième mandat en 2020. Plus vastes que la commune existent deux divisions territoriales qui ont peu d'importance: les cantons (qui englobent plusieurs communes) et les arrondissements (qui englobent plusieurs cantons, sauf à Paris).

2. A un niveau plus étendu se trouve la division territoriale la plus importante sur le plan politique, le département (qui englobe plusieurs arrondissements). Les réformateurs de la Révolution ont longuement discuté pour savoir quelle dimension donner à ces départements. Un de leurs projets (qui n'a pas eu de suite) était de diviser la France en départements carrés de taille identique. Les dimensions finalement adoptées pour chaque département permettaient d'aller à cheval de la frontière du département à son chef-lieu (capitale) dans la même journée. C'est pourquoi les départements ont tous à peu près les mêmes dimensions, avec un chef-lieu souvent situé au centre. Pour détruire le vieux patriotisme provincial, on a évité d'utiliser les noms de provinces et on leur a donné des noms de cours d'eau, de côtes, et de montagnes. On trouve ainsi, par exemple, les département de la Sarthe, du Rhône, de la Haute-Loire, de la Gironde, des Hautes-Alpes, des Vosges. Il y a aujourd'hui 101 départements: 96 en France métropolitaine et 5 outre-mer. Dans chaque département, les habitants élisent un conseil départemental pour six ans. Les électeurs de chaque canton élisent deux membres du conseil départemental—une femme et un homme, suivant la loi sur la parité. Le conseil départemental élit son président, qui devient chef de l'exécutif du département.

Il y a aussi dans chaque département un préfet ou une préfète, haut-fonctionnaire nommée par le gouvernement, qui représente l'Etat national et ses services, et qui se trouve toujours au chef-lieu dans un édifice public appelé "préfecture." Chaque ministère du gouvernement de Paris a ses services et son personnel propre dans le chef-lieu avec des hauts-fonctionnaires à leur tête (inspecteur d'académie pour l'éducation, trésorier-payeur-général pour les finances, par exemple). Prenons l'exemple d'un préfet: il coordonne et supervise l'activité de tous ces services. Il est responsable du maintien de l'ordre public dans le département et il exerce un contrôle (a posteriori) sur la gestion du président du conseil départemental et sur celle des maires de son département. Il peut bloquer toute décision d'un président de conseil départemental ou d'une maire qui ne serait pas conforme aux lois. Il porte un uniforme militaire (bleu foncé orné d'or) dans les cérémonies officielles. Un tiers des préfets et préfètes ont été formées par l'Ecole nationale d'administration (ENA), institution prestigieuse qui forme les hauts-fonctionnaires. Les deux autres tiers viennent de professions diverses et peuvent être, par exemple, d'anciens magistrats ou enseignants. Afin d'éviter que préfets ou préfètes ne créent des liens personnels trop étroits avec les autorités locales, le gouvernement les nomme dans un département différent tous les quatre ou cinq ans. Les ressources des départements proviennent de taxes locales et de l'Etat.

3. La région est la plus vaste division territoriale (chacune comprend plusieurs départements) et aussi la plus récente: les régions furent créées en 1972

pour faciliter l'action économique qui s'ajustait mal à la dimension trop étroite des départements. Les régions ont pris une importance de plus en plus grande depuis leur création. On compte aujourd'hui 13 régions en France métropolitaine, qui correspondent parfois à d'anciennes provinces historiques, sans que cela ait été l'objectif du découpage qui s'est fait sur des critères économiques et géographiques. Ces régions sont les suivantes : Ile-de-France, Normandie, Hauts-de-France, Grand-Est, Bourgogne-Franche-Comté, Auvergne-Rhône-Alpes, Provence-Alpes-Côte d'Azur, Corse, Occitanie, Nouvelle-Aquitaine, Centre, Pays de la Loire, Bretagne. Chacun des cinq départements d'outre-mer est aussi une région.

Les habitants de chaque région élisent un conseil régional pour six ans lors des élections régionales. Le conseil régional choisit son président qui devient le chef de l'exécutif régional. Les compétences du conseil régional sont surtout économiques ou sociales et concernent les intérêts régionaux (par exemple les centrales nucléaires, le réseau des autoroutes, ou l'implantation de nouvelles universités). Le préfet ou

11.3 Les régions administratives de la France sont moins nombreuses et plus vastes depuis 2016.

la préfète du département où se trouve le chef-lieu de la région (Rouen pour la Normandie, par exemple) est aussi préfet ou préfète de la région. Son rôle est surtout économique (planification régionale, contrôle des investissements de l'Etat, par exemple) et ne concerne pas la vie civile ou la sécurité publique qui relèvent des préfets de départements. Les ressources de la région viennent des taxes locales, de l'Etat, et de l'Union européenne. Les régions, comme les communes et les départements, sont appelés des "collectivités locales." Il existe un débat entre ceux qui pensent que les régions devraient complètement remplacer les départements (trop petits) et ceux qui veulent maintenir les deux.

L'administration locale en France, bien qu'élue démocratiquement et autonome dans sa gestion, est sous le contrôle étroit du gouvernement national, ce qui n'est pas le cas aux Etats-Unis au niveau des états qui bénéficient d'une grande indépendance. Tout ceci explique pourquoi les Français ont beaucoup de mal à comprendre comment marche l'administration américaine très décentralisée. La première impression qu'ils ressentent en arrivant aux Etats-Unis est une impression d'anarchie. Ils arrivent dans un pays *patchwork* où les lois varient d'un lieu à un autre sans justification apparente, où il n'y a pas un système unifié pour organiser les élections ou pour gérer l'éducation, et où la peine de mort existe d'un côté d'une rivière mais pas de l'autre côté. Ils sont eux habitués à vivre dans un pays plus petit où toute l'administration fonctionne de manière parfaitement unifiée et cohérente, avec une forte tendance à ce qu'on pourrait appeler l'hyper-règlementation. Par exemple, le Code de l'environnement oblige toutes les mairies françaises à installer dans les lieux publics des tableaux où les associations de la commune peuvent afficher des informations pour les habitants. La taille et l'emplacement de ces tableaux sont réglementés: "quatre mètres carrés plus deux mètres carrés par tranche de 2 000 habitants au-delà de 2 000 habitants pour les communes de 2 000 à 10 000 habitants." Ces tableaux doivent être disposés de telle sorte que "tout point situé en agglomération se trouve à moins d'un kilomètre de l'un au moins d'entre eux."[2] On peut voir dans cet exemple le même esprit que celui qui a créé les jardins à la française où tout est géométriquement dessiné et parfaitement aligné.

LES DÉPARTEMENTS ET COLLECTIVITÉS D'OUTRE-MER

La quasi-totalité de l'immense empire colonial français a obtenu l'indépendance avant 1963. Toutefois, la France est le pays européen qui conserve aujourd'hui le plus de territoires hors d'Europe. Ces territoires (tous des îles à l'exception de la Guyane) ne sont plus des colonies, mais sont administrativement intégrés à la France métropolitaine sous l'autorité du ministère des Outre-Mer. Leur population totale se monte à environ 2,2 millions d'habitants. Ils sont de quatre sortes:

---

2. *Code de l'environnement*, articles L.581-13, R.581-2 et R. 581-3.

1. Cinq départements et régions d'outre-mer (les DROM), qui sont devenus français entre les 17e et 19e siècles: la Guyane (Amérique du Sud), la Martinique (Antilles), la Guadeloupe (Antilles), la Réunion (près de Madagascar), et Mayotte (près de Madagascar). Ces départements sont administrés comme ceux de la France métropolitaine, avec un préfet. Ils font partie de l'Union européenne et utilisent l'euro comme monnaie.
2. Cinq collectivités d'outre-mer (les COM): Saint-Martin (Antilles), Saint-Barthélemy (Antilles), Saint-Pierre-et-Miquelon (près de Terre-Neuve), la Polynésie française (Océan pacifique), et Wallis et Futuna (Océan pacifique). Ils ont plus d'autonomie que les départements d'outre-mer car ils peuvent élaborer leurs lois et règlements. Il existe des lois et règlements particuliers qui ne s'appliquent que dans certains de ces territoires. Un haut-commissaire ou un préfet représente le gouvernement national. A la différence des autres COM, la Polynésie et Wallis et Futuna ne font pas partie de l'Union européenne et utilisent une monnaie particulière, le franc-Pacifique.
3. Une collectivité d'outre-mer spéciale: la Nouvelle-Calédonie (près de l'Australie). La Nouvelle-Calédonie est encore plus autonome que les COM, avec un gouvernement local qui gère toutes les affaires intérieures. Un haut-commissaire représente le gouvernement français.
4. Un territoire d'outre-mer: les Terres australes et antarctiques françaises (non habitées en permanence) où ne séjournent que des chercheurs scientifiques.

La plupart des habitants des départements et collectivités d'outre-mer sont des Noirs descendants d'esclaves (aux Antilles), des Amérindiens (en Guyane), des Mélanésiens (en Nouvelle-Calédonie), ou des Polynésiens (en Polynésie). Deux petits territoires ont une population presque entièrement européenne: les îles Saint-Pierre-et-Miquelon, ancien centre de pêche dont les habitants sont d'origine normande et bretonne, et l'île de Saint-Barthélemy dont les habitants descendent de colons venus de Normandie. Tous les habitants des DROM-COM et de la Nouvelle-Calédonie sont citoyens français et élisent des députés et sénateurs au parlement à Paris. Les autorités locales (maires, conseils généraux, conseils régionaux, gouvernement néo-calédonien) sont constituées d'habitants du lieu, mais les préfets et haut-commissaires viennent de la métropole, ainsi que la police nationale (gendarmerie). Le niveau de vie dans ces territoires français est beaucoup plus élevé que dans la plupart des pays voisins. Par exemple, le produit intérieur brut par habitant de la Martinique était de 26 574 dollars en 2015, mais celui de la Jamaïque de 5 117 dollars en 2017. Toutefois, les DROM-COM français ne sont pas au même niveau socio-économique que la métropole, notamment en raison du chômage très élevé qu'on y trouve. Les jeunes, qui ne trouvent pas d'emploi sur place, sont souvent obligés de "s'expatrier" en métropole pour en trouver. Ainsi, les policiers et fonctionnaires noirs que l'on rencontre en France viennent généralement des Antilles françaises.

Il existe des mouvements indépendantistes aux Antilles françaises et en Nouvelle-Calédonie. Leur soutien dans la population locale n'est important qu'en Nouvelle-Calédonie, où des incidents très graves eurent lieu en 1988 (5 policiers et 22 indépendantistes tués). Dans ce territoire, la population (271 000 personnes en 2019) est divisée entre trois grandes communautés: les habitants d'origine européenne (27%) qui ont le niveau de vie généralement le plus élevé et qui veulent rester intégrés à la France; les autochtones kanaks (39%) qui ont longtemps souffert d'un statut inférieur et souhaitent en majorité l'indépendance de la Nouvelle-Calédonie; enfin les immigrés récents, Polynésiens (de la Polynésie française) et Asiatiques (34%) venus pour trouver un emploi, qui souhaitent en majorité rester intégrés à la France. Après dix ans de négociations difficiles entre les indépendantistes et les partisans du maintien dans la République française, le gouvernement français fit en 1998 signer aux deux partis antagonistes (anti-indépendance et pro-indépendance) l'accord de Nouméa (la capitale) qui donna plus d'autonomie au territoire et permit à ses habitants de décider s'ils voulaient devenir indépendants. Un référendum local sur l'autodétermination du territoire eut lieu en 2018, mais comme les Kanaks ne sont pas la majorité des électeurs, le résultat fut un rejet (56%) de l'indépendance.

LES FONCTIONNAIRES

Dès le 18e siècle, la puissance des fonctionnaires était bien établie en France. L'empereur Napoléon Ier les considérait comme des soldats civils, toujours prêts à exécuter ses ordres. Plus tard, on a appelé les maîtres d'école primaire (fonctionnaires eux aussi) les "hussards (soldats) de la République." On a toujours vu quelque chose d'un peu militaire en eux (l'uniforme des préfets le montre bien). Il existe chez les fonctionnaires une forte tradition héritée de la monarchie de loyalisme envers l'Etat qui se maintient à travers les régimes politiques différents. Les fonctionnaires doivent accomplir leur mission de service public quel que soit le gouvernement ou le régime politique en place. Ils incarnent la permanence de l'Etat. Politiquement, ils doivent rester neutres et sont tenus au "devoir de réserve" (interdiction de prendre parti publiquement sur les décisions du gouvernement). En plein bouleversement politique, par exemple quand on passait de la monarchie à la république (1848) ou de la république au pouvoir personnel (1940), beaucoup de postes essentiels de l'administration ne changeaient pas de mains. Les politiciens sont généralement obligés, lorsqu'ils arrivent à un poste gouvernemental, de se reposer sur l'expérience et la compétence des fonctionnaires. Les changements fréquents de gouvernements et de régimes politiques donnaient donc une fausse impression d'anarchie: derrière la scène politique agitée, cachés dans les coulisses, les hauts-fonctionnaires des "grands corps de l'Etat" (Conseil d'Etat, Cour des comptes, Inspection générale des finances, préfets, diplomates) faisaient marcher la France quoiqu'il arrive. Les membres de ces "grands corps," élite de l'administration française, sont généralement formés par l'Ecole nationale d'administration qui se trouve à Strasbourg.

L'EMPLOI PUBLIC EN FRANCE

Dans la fonction publique, on distingue:

- Les fonctionnaires nationaux: administration nationale et services publics nationaux (Education nationale, armée, police, musées nationaux, Bibliothèque nationale, théâtres nationaux)
- Les fonctionnaires des hôpitaux publics (médecins, infirmiers)
- Les fonctionnaires territoriaux: administration et services publics des régions, départements, et villes

La fonction publique française (administration nationale, administrations locales, et services publics tels que les hôpitaux publics ou les musées nationaux) est une énorme machine qui emploie 5,5 millions de personnes, soit 18,5% de la population qui a un emploi (30 millions de personnes). Parmi eux on compte 2,5 millions de fonctionnaires nationaux de l'Etat. Ceux-ci comprennent le personnel de l'administration du pays, mais aussi—c'est là une grande différence avec les Etats-Unis—de nombreuses autres professions qui n'ont rien à voir avec l'administration du pays: militaires, enseignants des écoles publiques, professeurs d'université, bibliothécaires, gardiens de musées, conducteurs de trains, jardiniers des ministères, pompiers, danseuses de l'opéra de Paris, acteurs du théâtre de la Comédie française, par exemple. Toutes ces personnes sont protégées par le statut de la fonction publique de l'Etat qui leur garantit l'emploi à vie et une retraite généreuse à 62 ans après une quarantaine d'années de service (environ 75% de leur dernier salaire avec hausse suivant le coût de la vie). Le niveau de leur retraite a été aligné sur celle des salariés du secteur privé depuis 2020. A l'exception des militaires, des policiers, des douaniers, des pompiers, et des gardiens de prison, les fonctionnaires ont le droit de se mettre en grève (droit que n'ont pas les Américains employés par les états ou l'état fédéral). Leur rémunération est appelée un "traitement" et non pas un salaire parce qu'ils servent l'Etat et non pas un employeur industriel ou commercial. Les fonctionnaires de l'Etat sont souvent enviés par les salariés du secteur privé à cause de leur retraite généreuse et de la sécurité de leur emploi. Les employés des administrations locales (1,9 million de fonctionnaires territoriaux) et ceux des hôpitaux publics (1,1 million de personnes) ont un statut légèrement différent de celui des fonctionnaires de l'Etat. Les salariés employés par les entreprises appartenant totalement ou partiellement à l'Etat ne sont pas dans la fonction publique et n'ont pas une garantie d'emploi aussi forte (par exemple, les chemins de fer, le métro de Paris, la Poste, Electricité de France, Engie, Air France).

Comment devient-on fonctionnaire en France? Il faut d'abord être citoyen français et avoir un casier judiciaire vierge (aucune condamnation pour délit ou crime).

Il faut aussi passer avec succès un concours (examen avec le nombre de reçus déterminé d'avance) pour le poste que l'on recherche.

Les femmes représentent environ 60% des fonctionnaires en 2018. Depuis longtemps toutefois, elles n'étaient que faiblement représentées dans la catégorie des postes supérieurs de l'administration nationale: 14% seulement en 2009. Cette situation ancienne a été jugée inacceptable et a conduit l'Assemblée nationale à légiférer pour y remédier. Une loi a été votée en 2012 qui a obligé l'administration à atteindre en 2018 un minimum de 40% de femmes dans les nouvelles nominations aux 4 000 postes de haut-fonctionnaire de l'Etat. La plupart des ministères n'ont pas respecté cet objectif et ont en conséquence été frappés d'amendes. En 2020, il y avait 50 femmes ambassadrices (3 en 1982, 16 en 2002) sur un total de 181 ambassadeurs et ambassadrices. En 2018, sur les 106 préfets et préfètes en poste territorial (y compris outre-mer), il y avait 30 femmes (une seule en 1981). Les progrès ont été réels, mais la parité n'est pas encore atteinte dans ces catégories.

L'ATTITUDE À L'ÉGARD DE L'ETAT

L'attitude des Français envers l'Etat est souvent contradictoire. Ils se plaignent beaucoup de son énorme bureaucratie, omniprésente et aveugle aux situations particulières. Mais dès qu'un problème se pose, les individus, les groupes, et les entreprises se tournent très rapidement vers l'Etat et attendent de lui la solution pour le résoudre. Le paternalisme traditionnel de la monarchie et de l'Eglise catholique a été transmis à l'Etat français: suivez mes directives, dit l'Etat, et je vous protégerai de toute ma puissance. Ce paternalisme étatique se retrouve partout, depuis le statut des fonctionnaires jusqu'aux lois qui protègent les petits commerçants contre les grandes surfaces ou les locataires contre les propriétaires. Il est beaucoup moins visible aux Etats-Unis, en partie parce que la peur de *Big Brother* y est beaucoup plus forte.

La centralisation du pouvoir donne une impression de puissance et de solidité qui peut être illusoire: en effet, en concentrant le pouvoir de décision au sommet, on concentre aussi vers le sommet les canaux de la rébellion possible. Comme le sommet est responsable de tout, tout mécontentement va se retourner directement vers le sommet. Si ce mécontentement est très fort et partagé par un grand nombre d'individus, cela crée un risque considérable pour l'autorité centrale qui peut "sauter" à la suite de manifestations monstres ou d'émeutes. Prenons un exemple: si l'on mange très mal dans les restaurants de toutes les universités américaines, il y aura 100 personnes manifestant devant la porte du bureau de chaque président d'université. Si l'on mange très mal dans tous les restaurants universitaires français, il y aura 10 000 personnes criant sous les fenêtres du ministre à Paris. Un pouvoir centralisé centralise les troubles, ce qui les rend dangereux pour ceux qui détiennent le pouvoir. Il n'est donc pas étonnant que Paris ait été une ville particulièrement active en matière de révolutions et de troubles publics depuis deux siècles.

Discussions

1. Pensez-vous que la manière dont la France a été formée permet de comprendre comment elle est administrée de nos jours?
2. Imposer l'usage du français à tous les habitants du pays était-il nécessaire?
3. Imaginez les critiques que pourraient faire les Français sur l'organisation politique et administrative aux Etats-Unis.
4. Quels sont, à votre avis, les avantages et les inconvénients du système d'administration français?
5. Existe-t-il une analogie entre les gestes des Français et des Américains (revoir le chapitre sur le corps) et leurs systèmes d'administration (centralisation chez les Français, décentralisation chez les Américains)?
6. Comment assurer la parité femmes-hommes aux niveaux élevés de l'administration d'un pays?
7. Que pensez-vous du fait que la France garde aujourd'hui des territoires outre-mer?

Sujets de travaux oraux ou écrits

1. Faites une enquête sur la modernisation de l'administration de la France sous la Révolution française et sous Napoléon Ier.
2. Comparez l'administration des régions en France et celle des états aux Etats-Unis, ou bien celle des régions en France et dans un autre pays francophone.
3. Etudiez une institution administrative française: l'Ecole nationale d'administration, le Conseil d'Etat, les préfectures, les régions, les départements, les communes, les mairies.
4. Présentez une des cultures régionales de la France métropolitaine ou d'outre-mer.

Chapitre 12
Le système scolaire: écoles, collèges, lycées

Comme l'éducation familiale, le système scolaire contribue à "former" (au sens littéral) les Français et laisse sur eux une marque indélébile. Une grande part de ce qui unit culturellement les Français est transmise par ce système. Son organisation est complètement différente de ce qui existe aux Etats-Unis.

LE SYSTÈME SCOLAIRE DANS LE PASSÉ

L'organisation actuelle du système scolaire français—dans sa structure générale— date du début du 19e siècle (règne de Napoléon Ier). C'est alors qu'on a commencé à mettre sur pied un système d'enseignement public laïc (contrôlé par l'Etat et neutre sur le plan religieux). On a débuté par le sommet—enseignement secondaire et universitaire—d'abord parce que ce sommet existait déjà (il était auparavant sous le contrôle de l'Eglise); ensuite parce que le gouvernement voulait sélectionner les meilleurs esprits pour le service de l'Etat. Ce n'est qu'à la fin du 19e siècle que le système public national a été étendu à l'enseignement primaire, qui est devenu laïc, gratuit, et obligatoire à partir de 1882 pour les enfants à partir de 6 ans (les lois Ferry de 1881–1882, nommées d'après Jules Ferry, chef du gouvernement). Progressivement, l'âge de la fin de la scolarité obligatoire a été élevé: 11 ans d'abord, puis 14 ans, puis 16 ans (depuis 1959). Le nombre d'élèves a augmenté parallèlement. L'âge du début de la scolarité obligatoire a été baissé de 6 ans à 3 ans en 2019.

Jusque dans les années 1950, l'enseignement secondaire et universitaire était poursuivi par les enfants de la bourgeoisie; seule une petite minorité d'enfants des classes populaires allaient au lycée et à l'université. Aucune loi n'en empêchait l'accès, mais il y avait des examens sélectifs à l'entrée. Le lycée comme l'université étaient des univers complètement étrangers à la culture des ouvriers et des paysans, qui désiraient souvent que leurs enfants travaillent le plus tôt possible.

L'opposition parfois violente entre l'Etat et l'Eglise catholique joua un grand rôle dans le développement de l'enseignement public aux 19e et 20e siècles. Les écoles privées, contrôlées par l'Eglise, enseignaient un système de loyauté (à Dieu, au pape, à la foi chrétienne) qui concurrençait celui de l'Etat national républicain (loyauté à la patrie, au gouvernement, à la démocratie). Pour renforcer l'Etat national et affaiblir l'influence de l'Eglise, les gouvernements développèrent l'enseignement public laïc. Une sorte de guerre scolaire opposa les maîtres d'école publique et ceux des écoles catholiques (des prêtres, en général) pour influencer les enfants. L'opposition Etat-Eglise fut particulièrement forte pendant la IIIe République (1870–1940): durant cette période, les ministres de l'Instruction publique (renommée "Education nationale" depuis 1932) furent presque toujours des francs-maçons anticléricaux, et un maître d'école publique aurait mis en danger sa propre carrière en plaçant ses enfants dans une école catholique.

Les rapports entre l'enseignement public et l'enseignement privé ont donc longtemps été très tendus en France, et cela jusque dans les années 1980. En 1984, par exemple, le gouvernement socialiste essaya d'entamer une fusion de l'enseignement privé et de l'enseignement public. En 1987, un gouvernement de droite essaya d'abolir l'ancienne loi qui accorde une journée de congé en semaine aux élèves de l'enseignement public (pour qu'ils assistent au catéchisme). Des manifestations massives les obligèrent à abandonner ces deux projets. Ces tensions—qui reflètent le débat fondamental autour de la séparation de l'Eglise catholique et de l'Etat—se sont beaucoup apaisées aujourd'hui. L'Etat soutient même financièrement l'enseignement privé sous contrat.

LE SYSTÈME SCOLAIRE AUJOURD'HUI

Contrairement au système d'enseignement américain qui est extrêmement décentralisé, l'enseignement français est centralisé et unifié sur le plan national. C'est comme si le pays tout entier ne formait qu'un seul et immense *school district* employant plus d'un million de personnes et administrant 13 millions d'élèves (2018). Le ministère de l'Education nationale contrôle toutes les écoles publiques et tous leurs enseignants. Au cours du 20e siècle, le système éducatif est devenu beaucoup plus flexible, mais il reste remarquablement cohérent et centralisé comparé au système américain avec ses milliers de *school districts* et des lois différentes dans chaque état.

La division administrative principale en matière d'éducation n'est pas la région ou le département, mais l'académie (qui groupe plusieurs départements). Dans chaque académie (il y en a 30) se trouve un recteur—haut-fonctionnaire nommé par le ministre—qui administre le système depuis l'école maternelle jusqu'à l'université. L'école primaire est dirigée par un directeur. Les écoles secondaires sont divisées en collèges (*middle schools*) dirigés par un principal, et lycées (*high schools*) dirigés par un proviseur (tous nommés par le ministre).

Les programmes scolaires, établis par le ministère de l'Education nationale, sont presque identiques partout en France (avec une certaine autonomie laissée aux établissements). Les enseignants sont recrutés suivant les mêmes critères de qualité et reçoivent les mêmes salaires partout. Le financement public des écoles est uniforme: les dépenses d'infrastructure (bâtiments) sont payés par les collectivités locales (communes, départements, régions) et le fonctionnement est pris en charge par l'Etat. Un organisme du ministère de l'Education nationale—le Conseil supérieur des programmes (CSP)—décide de tous les contenus du cursus scolaire. Les éditeurs de manuels scolaires doivent s'adapter chaque fois que les programmes sont réformés et réécrire les manuels. Les écoles peuvent choisir leurs manuels scolaires: l'édition scolaire (*textbook publishing*) est une industrie dominée par une demi-douzaine de maisons d'édition.

Etant donné la centralisation du système scolaire, il n'y a—en théorie—aucune différence de niveau entre les établissements scolaires: toutes les écoles publiques sont de qualité identique. En réalité, ceci n'est pas vrai. Les lycées des quartiers bourgeois de Paris sont réputés être les meilleurs de France, avec en haut du classement les lycées Louis-le-Grand et Henri IV (tous les deux au Quartier latin). Dans d'autres quartiers moins privilégiés, certaines écoles sont moins estimées. Ces distinctions non officielles tiennent surtout au milieu social des élèves. Elles n'ont rien à voir avec le fonctionnement et le financement de ces lycées.

En principe, chaque enfant étudie dans l'école la plus proche de son domicile. Les parents peuvent cependant faire une demande de dérogation pour choisir une

12.1 L'école élémentaire, rue Buffon dans le 5e arrondissement à Paris.

autre école pour des raisons particulières (une soeur ou frère dans le même établissement, l'enseignement d'une langue étrangère rare). C'est à Nancy, Lille, et Paris où les familles contournent "la carte scolaire" le plus en France: grâce à des dérogations, autour de 40% des élèves de ces villes sont scolarisés hors secteur. Cette ségrégation volontaire nuit aux tentatives de mixité sociale, car les familles qui ont le plus de ressources sont celles qui réussissent le mieux à contourner la carte scolaire pour placer leurs enfants dans une école réputée pour être meilleure.

Malgré cela, on ne trouve pas en France des inégalités entre écoles comme aux Etats-Unis. Le système scolaire américain, avec ses énormes différences de richesse entre les écoles, étonne beaucoup les Français.

PUBLIC ET PRIVÉ

L'enseignement privé scolarise à peu près 20% des élèves en France. Les distinctions entre l'éducation publique et l'éducation privée se jouent sur différents registres en France et aux Etats-Unis. Contrairement à ce qui se passe aux Etats-Unis, la plupart des écoles, collèges, et lycées privés sont soutenus financièrement par l'Etat, qui paie les salaires du personnel administratif et enseignant. Ces école privées "sous contrat" enseignent les programmes nationaux du ministère de l'Education nationale. En effet, l'examen donnant le droit d'aller à l'université (le baccalauréat) est toujours passé par les élèves du privé dans les écoles publiques et corrigé par des professeurs de lycée public. Les enseignants dans les établissements privés ne sont pas fonctionnaires comme ceux des établissements publics, mais s'ils veulent obtenir la même rémunération que leurs collègues du secteur public, ils doivent passer des concours spéciaux de professeur des écoles de l'enseignement privé sous contrat, du CAFEP (certificat d'aptitude aux fonctions d'enseignement du privé), ou d'agrégation. Avec le soutien de l'Etat, les frais de scolarité dans les écoles privées sous contrat en France—entre 2 000 et 6 000 euros par an, avec les livres et les fournitures (*school supplies*) en plus—sont beaucoup moins élevés qu'aux Etats-Unis. L'Etat aide les écoles privées parce que si l'on veut donner aux familles une vraie liberté de choix entre public et privé, l'argent ne doit pas être une barrière réservant l'entrée dans le privé aux enfants des riches.

Certaines écoles privées ne suivent pas les programmes scolaires nationaux des écoles publiques: celles-ci ne reçoivent pas les subventions de l'Etat et coûtent donc beaucoup plus cher. Ces écoles "hors contrat" sont très minoritaires: moins de 3% des écoles privées en 2020, ou 1 571 structures qui scolarisent 73 000 élèves (sur 13 millions en tout). Même sans contrat avec l'Etat, ces écoles sont soumises à un régime d'inspection par l'Etat sur les conditions et les contenus de l'instruction.

La grande majorité des écoles françaises privées sont catholiques (93% en 2016), ce qui soulève la critique qu'une seule religion est favorisée par le système de subventions supposé être neutre (voir le chapitre sur les religions à ce sujet).

Les tensions du passé autour de la séparation de l'Eglise et l'Etat se sont beaucoup amoindries, mais le niveau de soutien de l'Etat à l'enseignement privé reste un sujet de conflit entre la droite et la gauche aujourd'hui. La droite cherche à étendre ce soutien, la gauche à le restreindre. Depuis le début de la IIIe République quand l'enseignement est devenu laïc, gratuit, et obligatoire, l'enseignement public ne donne plus aucun enseignement de la foi catholique et n'autorise aucune référence à Dieu. Par contre, l'enseignement du fait religieux figure dans les programmes: un enseignement historique et philosophique de toutes les religions. Néanmoins, une aumônerie (catholique) peut être légalement rattachée à un établissement scolaire: dans la majorité des cas c'est à la demande des parents, et surtout dans les petites communes. Les proviseurs sont obligés de mettre un local de l'école à la disposition de l'Eglise et de faire la publicité auprès des élèves pour les activités de l'aumônerie. Ces accommodements ne sont pas offerts aux autres religions et sont un exemple de l'héritage de l'ancienne domination de l'Eglise catholique.

Dans la majorité des écoles privées sous contrat, un enseignement religieux est dispensé, mais toujours en dehors de l'horaire scolaire officiel, normalement le mercredi. Dans le système public, une éducation morale et civique est dispensée aux élèves depuis l'école primaire: on y aborde les règles de la vie sociale et politique, les principes et valeurs démocratiques, les droits humains, le sens de la responsabilité, les devoirs du citoyen, le développement de l'esprit critique.

Une différence importante entre école privée et école publique tient au fait que l'école privée peut choisir ses élèves et n'est pas gratuite, ce qui fait que l'origine sociale des élèves tend à être plus élevée dans le privé que dans le public. Cependant, le niveau intellectuel des écoles privées françaises n'est pas plus élevé que dans les écoles publiques. Le privé se distingue parfois par un certain snobisme lié à la réputation ancienne de certains établissements scolaires, comme ceux tenus par les Jésuites. L'école privée est un choix exercé quatre fois plus souvent par les familles catholiques pratiquantes que par les familles non-pratiquantes. Ce milieu est donc marqué par un certain conservatisme.

LE CORPS ENSEIGNANT

Les professeurs d'école (autrefois appelés "institutrices" ou "instituteurs") et les enseignants du secondaire de l'enseignement public sont fonctionnaires nationaux (de l'Etat) et à ce titre sont nommés dans l'école où ils enseignent par le ministre de l'Education nationale. Ce n'est pas l'école qui les choisit. Même si l'on tient compte de leur ancienneté et leurs préférences géographiques, ils doivent obéir à l'ordre qui leur est donné d'enseigner dans telle ou telle école. Ils peuvent par la suite demander à changer d'affectation. Comme tous les fonctionnaires, ils ne peuvent perdre leur emploi que pour des fautes très graves ou s'ils sont incapables d'exercer leur métier. Ils ont le droit de se syndiquer et de faire grève. Pour devenir "professeur des écoles" (primaires) ou "professeur des collèges et lycées" (secondaire), il faut d'abord obtenir un diplôme de master qui demande deux ans d'études à l'université après la licence. Il faut en plus avoir réussi un concours de recrutement très sélectif. Pour le primaire, c'est le concours de recrutement au professorat des écoles (CRPE). Pour enseigner dans un collège ou un lycée, c'est le concours du CAPES (certificat d'aptitude au professorat de l'enseignement du second degré), ou l'agrégation qui est d'un niveau de recrutement plus élevé et donc plus difficile à obtenir. Ces postes sont très convoités: pour les 6 000 places offertes pour un professeur de collège en 2018, presque 36 000 candidats se sont inscrits au concours. Si le niveau des candidats est trop bas (notes insuffisantes), on ne remplit pas tous les postes offerts. Si l'on réussit ces concours de recrutement, on devient fonctionnaire de l'Etat à vie.

Le statut social des enseignants en France—grâce à leur formation, recrutement, et rémunération—est plus prestigieux qu'aux Etats-Unis. Les enseignants du secondaire enseignent 15 à 18 heures de classe par semaine, en fonction du concours réussi (moins d'heures que leurs collègues américains). Ils arrivent à l'école pour faire leurs classes puis repartent pour préparer et corriger ailleurs. Ils n'ont pas de tâches "hors curriculum" à accomplir et seraient très étonnés d'apprendre que dans certains lycées américains le professeur qui enseigne l'histoire surveille les élèves à la cafétéria ou entraîne l'équipe de football (*soccer*). Dans le corps enseignant, 70% sont des femmes; elles sont presque 100% des enseignants dans le primaire.

Contrairement à ce qui se passe aux Etats-Unis, c'est le degré d'expertise dans une spécialité, testée par le concours, qui prévaut pour les enseignants français. Depuis toujours, la pédagogie arrive en second. Les enseignants qui ont réussi les concours de recrutement doivent toutefois faire un stage pédagogique de deux ans dans une Ecole supérieure du professorat et de l'éducation (ESPE) pour devenir titulaires. Depuis quelques années, les professeurs craignent que l'on donne trop d'importance à la pédagogie et pas assez aux connaissances des professeurs dans leur spécialité. Ils accusent le gouvernement de vouloir américaniser le système d'éducation français. En 2016 une véritable révolution dans le curriculum élémentaire et du collège a obligé les enseignants à donner moins d'importance aux connaissances et plus d'attention aux compétences, c'est-à-dire à la mise en pratique de ces connaissances. En histoire, par exemple, les notions d'évolutions et les repères sont devenues plus importantes que les dates exactes. En latin, la mémorisation des déclinaisons est remplacée par le besoin de comprendre leur rôle dans un texte. Cette réforme exige plus d'interactivité et d'interdisciplinarité: les élèves apprennent l'orthographe dans les classes d'histoire-géographie, et font des calculs sur un terrain de sport (mesurer les distances). La révision des programmes au gré des réformes et des changements de ministres—ainsi que les résistances des enseignants à ces réformes sont—une constante dans le système éducatif.

Parmi les différences notables entre la pédagogie française et américaine, on remarque que les enfants français apprennent à écrire en cursive avant d'apprendre le script (*print*). Plus tard, ils apprennent à lire le script, mais rarement à l'écrire. On donne une grande importance dans les écoles primaires françaises à la mémorisation et à une belle écriture (*penmanship*) comparé aux Etats-Unis. On peut aussi noter l'importance de la présentation à l'oral à laquelle les élèves français sont longuement entraînés pendant leurs études; ils font souvent des exposés ou sont appelés au tableau pour expliquer quelque chose devant le professeur et le reste de la classe. L'enseignement français a toujours donné beaucoup d'importance à la rhétorique, à la capacité d'argumenter et d'exprimer clairement des idées. Il entraîne constamment les élèves à organiser leurs essais et exposés selon un plan méthodique et bien équilibré.

La conception française de la relation enseignant-élève est formelle. La tradition américaine de *positive reinforcement* n'existe pas: il n'y pas de mot pour ce concept en français, ni pour *grade inflation* car cela n'existe pas non plus. On se focalise sur la réussite et non sur l'effort. Le système d'évaluation est absolu: les élèves sont mesurés contre un standard établi. La notion de *curve* (où on évalue un élève contre les autres élèves) n'existe pas non plus. Des points sont déduits pour des erreurs; on ne valorise pas la prise de risque. Dans les collèges et lycées, certains enseignants continuent à rendre les contrôles des élèves par ordre décroissant des notes, et d'autres n'hésitent pas à humilier les élèves. Aujourd'hui encore, des enseignants de primaire n'hésitent pas à dire aux élèves, par exemple, "Tu écris comme un cochon," "Tais-toi," "Tête de linotte" (*airhead*), "C'est nul," ou "C'est quoi ce torchon?"

LE CURSUS SCOLAIRE

La France est le pays du monde où la scolarisation commence le plus tôt. Un enfant français peut entrer à l'école maternelle publique et gratuite dès l'âge de 2 ans. Un tiers des enfants de moins de 3 ans vont à l'école. En 2019, l'Etat a baissé l'âge de l'instruction obligatoire de 6 ans à 3 ans. A l'école maternelle, l'enfant pratique des activités qui éveillent et stimulent son corps et son esprit (jeux éducatifs, dessin, exercices de motricité) et commence à apprendre quelques éléments de mathématiques, de lecture, et d'écriture. Cette préscolarisation en France se distingue beaucoup des Etats-Unis, classés en dernière place parmi toutes les nations développées pour la préscolarisation subventionnée. Alors que les Américains débattent encore aujourd'hui de la valeur de la préscolarisation, l'école maternelle gratuite a été instaurée en 1887 et fonctionne à grande échelle depuis 1921 pour les Français, qui la considèrent comme un droit humain universel. Offrir une éducation dès la petite enfance est un moyen sûr de réduire les inégalités sociales de naissance. Les enseignants en maternelle sont formés et payés exactement comme les professeurs du primaire et du secondaire.

De 6 à 11 ans, c'est l'école élémentaire: cours préparatoire (CP), cours élémentaire (CE1 et CE2) et cours moyen (CM1 et CM2). Vient ensuite l'enseignement

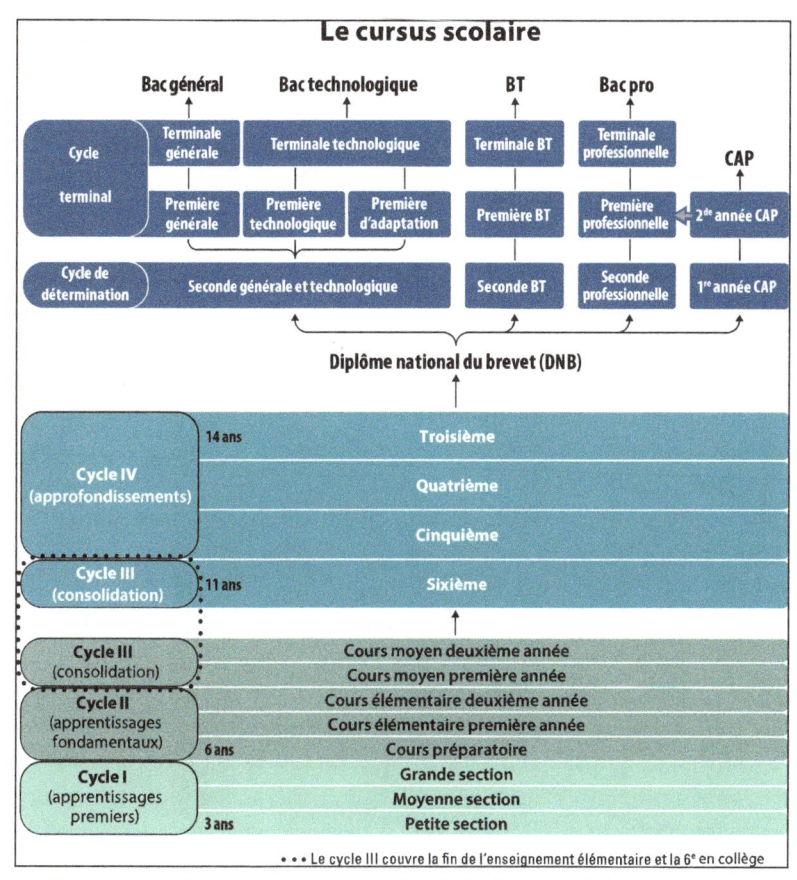

Le cursus scolaire

	Bac général	Bac technologique	BT	Bac pro	
Cycle terminal	Terminale générale	Terminale technologique	Terminale BT	Terminale professionnelle	**CAP**
	Première générale	Première technologique / Première d'adaptation	Première BT	Première professionnelle	2de année CAP
Cycle de détermination	Seconde générale et technologique		Seconde BT	Seconde professionnelle	1re année CAP

Diplôme national du brevet (DNB)

Cycle IV (approfondissements)	14 ans	Troisième
		Quatrième
		Cinquième
Cycle III (consolidation)	11 ans	Sixième
Cycle III (consolidation)		Cours moyen deuxième année
		Cours moyen première année
Cycle II (apprentissages fondamentaux)		Cours élémentaire deuxième année
		Cours élémentaire première année
	6 ans	Cours préparatoire
Cycle I (apprentissages premiers)		Grande section
		Moyenne section
	3 ans	Petite section

••• Le cycle III couvre la fin de l'enseignement élémentaire et la 6e en collège

12.2 Le cursus scolaire représente les cycles de l'éducation de la petite section au baccalauréat.

secondaire, divisé en deux étapes: quatre ans de collège (sixième, puis cinquième, quatrième, troisième) et trois ans de lycée (seconde, première, et terminale). L'enseignement au collège et dans la première année du lycée est uniforme: tous les élèves suivent les mêmes cours. Le socle commun de connaissances, compétences, et de culture (*core curriculum*) constitue l'ensemble des enseignements censés préparer tous les enfants à devenir des adultes actifs et citoyens. L'emploi du temps hebdomadaire d'un élève en sixième, par exemple, comprend: quatre heures et demie de français, quatre heures et demie de mathématiques, trois heures d'histoire-géographie et enseignement moral et civique, quatre heures d'une langue vivante, quatre heures de sciences, quatre heures d'éducation physique, une heure d'arts plastiques, et une heure d'éducation musicale.

Depuis 2016, l'apprentissage d'une langue vivante est obligatoire dès l'école élémentaire (CP ou *first grade*) et se poursuit au collège. L'anglais est la langue enseignée dans plus de 90% des cas; ensuite c'est l'espagnol et l'allemand. L'enseignement d'une deuxième langue vivante débute en cinquième (*seventh grade*). Dans les filières générales et technologiques du lycée, deux langues vivantes sont obligatoires. Certains élèves en apprennent trois.

Jusqu'à 2018, à partir de la première (*eleventh grade*), le lycée général était divisé en filières spécialisées (*tracks*): la série littéraire (L), la série économique et sociale (ES), et la série scientifique (S) qui menaient vers le baccalauréat général, l'examen donnant le droit d'aller à l'université. Chaque élève était dans une filière et chaque filière donnait la priorité à certaines matières. Dans la filière L, par exemple, on faisait beaucoup de littérature française, de philosophie, de langues étrangères, d'histoire, de géographie, mais pas de sciences économiques, et peu de mathématiques. Quelques épreuves du baccalauréat avaient lieu à la fin de la première, d'autres à la fin de la classe terminale. En principe, on reste dans la même filière en première et terminale, car chacune aboutit à un baccalauréat différent: bac L, bac ES, bac S.

Réussir le baccalauréat est obligatoire—et suffisant—pour entrer à l'université. En plus du lycée général, deux autres types de lycées existent: le lycée technologique et le lycée professionnel. Le lycée technologique enseigne huit séries, par exemple, l'industrie et le développement durable, le design et les arts appliqués, ou la santé et le social. Le lycée professionnel (*vocational high school*) forme les élèves en 75 spécialités (cela varie selon les lycées) pendant trois ans d'études. Les spécialités les plus courantes sont le commerce, le tourisme, l'esthétique, l'agroalimentaire, et le bâtiment. A la rentrée 2017, 657 000 élèves (à peu près un quart des lycéens) suivaient des cursus professionnels en France métropolitaine et dans les DOM. Ces deux autres types de lycées offrent aussi un baccalauréat (technologique ou professionnel) à la fin des études.

En 2018 tout ce système décrit ci-dessus a changé avec une réforme importante des baccalauréats général et technologique, c'est-à-dire une réforme des lycées. Pourquoi ce changement? On considère que cursus mettait trop l'accent sur des épreuves qui ne préparaient pas efficacement les élèves aux études supérieures. Même si 90% des candidats réussissaient au baccalauréat, plus de 60% des étudiants ne terminaient pas le parcours universitaire commencé. "Le baccalauréat 2021" réduit le nombre des épreuves et donne plus de poids (40% de la note finale au baccalauréat) aux études accomplies au lycée. Les études sont réorganisées autour des disciplines de spécialité choisies par l'élève, ce qui lui confère une plus grande expertise. Deux langues vivantes sont toujours obligatoires. Des passerelles entre les voies technologique et générale sont facilitées. Le baccalauréat professionnel est modernisé aussi par cette réforme. Mais à chaque réforme il y a des critiques. Des lycéens, des parents, et des enseignants critiquent "le bac 2021" sur plusieurs registres: le contenu des nouveaux programmes d'enseignement, les inégalités créées entre les matières et les établissements, et la précipitation dans laquelle cette transition s'est effectuée.

EVALUATION, SÉLECTION, ET ORIENTATION

Les autres principales différences entre les systèmes d'enseignement français et américain se rencontrent surtout autour de l'évaluation (*grading*), la sélection, et l'orientation. La sélection scolaire est plus brutale et se passe plus tôt en France qu'en Amérique. La peur de l'échec est plus forte en France car le système a la réputation d'être sans pitié pour les faibles. Le système scolaire et universitaire français considère toute note inférieure à 10 sur 20 (*C+* dans le système américain) comme un échec. Un élève qui réussit un examen ou termine un cours avec une note moyenne inférieure à ce niveau ne reçoit aucun crédit et doit recommencer ou compenser avec sa note dans une autre matière. C'est pourquoi on trouve souvent un nombre assez élevé de "redoublants" qui refont la même année une seconde fois. Le redoublement était très commun jusqu'à récemment: à peu près 40% des adultes ont redoublé une année dans leur vie scolaire. Mais depuis 2000, des réformes ont fait radicalement diminuer les taux de redoublement.

En classe de troisième (*ninth grade*), dernière année du collège, l'anxiété des parents et des élèves s'accroît. La fin de la troisième est en effet un moment clé: le conseil de classe (qui réunit proviseur, professeurs, délégués des parents d'élèves, et délégués des élèves) décide, d'après les notes de l'élève, s'il pourra passer au lycée, s'il devra redoubler la troisième, ou bien s'il sera orienté vers les études plus courtes dans l'enseignement professionnel (bac + 3 au maximum). Les parents peuvent faire appel de la décision devant une commission, mais il n'y a pas beaucoup de recours à part redoubler une année (permis une seule fois) ou intégrer un lycée privé qui accepterait le passage en seconde. Une bonne partie des Français critiquent cette orientation trop précoce qui stigmatise les enfants dès 14 ans et les exclut une fois pour toutes des voies valorisées par la société (droit, enseignement, gestion, médecine). Beaucoup critiquent les discriminations qui peuvent aussi jouer lors de ces délibérations: les filles ont été longtemps dirigées vers des métiers "féminins" (par exemple, la coiffure), et les enfants des deux sexes des milieux populaires ont peu de chances d'échapper à un destin scolaire programmé vers le bas de l'échelle. A la fin de la troisième, les collégiens passent un examen national, le brevet, pour recevoir le diplôme national du brevet.

Le passage de la classe de seconde à la première est crucial, car il peut fermer déjà des portes pour l'avenir professionnel. Les élèves doivent à ce stade choisir trois spécialités (sur une liste de douze spécialités) qui vont les orienter vers différents types de baccalauréat. Si ces spécialités n'incluent pas les mathématiques ou les sciences, les élèves savent (à l'âge de 15 ans) qu'ils ne pourront jamais faire des études de médecine ou entrer dans une école d'ingénieurs. Si un lycéen décide de changer de filière ou de passer d'un lycée professionnel à un lycée technologique ou général, il existe des stages passerelles (des années de mise à niveau ou un rattrapage en dehors du temps scolaire), mais c'est difficile et donc rare.

Plus on approche du baccalauréat, plus la tension et l'angoisse montent. Le stress culmine en classe de terminale (*twelfth grade*). Antoine, du lycée Condorcet: "Soixante-dix heures de travail par semaine. Vous connaissez un adulte qui accepterait de travailler autant?" Amélie, 16 ans: "Il n'y a plus de conversation à la maison. Mon bulletin scolaire est devenu le centre du monde." Pour faire face à l'intense pression qui pèse sur eux—leur avenir se joue sur un examen—bon nombre d'élèves de terminale font une consommation excessive de café, de cigarettes, ou touchent aux drogues douces. Les cas d'anorexie et les tentatives de suicide ne sont pas rares.

Le baccalauréat, gigantesque examen organisé avec une précision d'horloge—750 000 candidats en 2018—a lieu toujours au même moment du mois de juin dans tout le pays. Les candidats doivent passer des épreuves dans toutes les matières enseignées au lycée, mais le poids donné à chaque matière varie suivant la filière choisie. Ceux qui obtiennent des résultats globaux légèrement inférieurs à la moyenne (*C* dans le système américain) sont autorisés à passer un examen oral "de rattrapage" pour vérifier si leur niveau véritable est supérieur: s'ils réussissent, ils obtiendront le baccalauréat. Réussir l'examen n'est pas le seul souci des candidats, car les notes obtenues ont aussi une fonction cruciale. Il est difficile, en effet, d'être candidat aux institutions supérieures appelées "grandes écoles" qui proposent un enseignement formant les élites du pays si l'on n'obtient pas la mention "assez bien" (l'équivalent de *cum laude*), "bien" (*magna cum laude*), ou "très bien" (*summa cum laude*) au baccalauréat ainsi que d'excellentes notes en classe de terminale. Sans l'une de ces mentions l'espoir de faire un jour partie de l'élite dirigeante de la France se trouve réduit.

Pourtant, la réussite au baccalauréat est devenu la norme aujourd'hui: après la session orale de rattrapage, 90% des candidats ont réussi leur baccalauréat en 2018. Les mentions aussi sont devenues beaucoup moins rares: environ 50% des admis. Ces chiffres montrent une véritable démocratisation du secondaire. Le niveau d'éducation des Français n'a pas arrêté de monter tout au long du 20e siècle, et le taux de décrochage (*dropout rate*) est passé de 25% des élèves en 1975 à 10% en 2017.

Enfin, les enfants intellectuellement précoces peuvent sauter une classe (*skip a grade*), surtout au primaire, mais c'est rare au collège ou au lycée. Pour les plus doués, chaque année depuis 1747 se déroule le Concours général, une compétition qui détermine quel est le meilleur élève de France dans chaque matière enseignée en classes de première et terminale des lycées. Les candidats sont nommés par leurs professeurs et y participent sur la base du volontariat. Les lauréats (les gagnants) du concours sont reçus par le président de la République et certains grands journaux publient le texte de leur copie d'examen. Le niveau d'excellence de ces élèves est extraordinaire et très au-dessus de ce qu'on attend d'un bon élève du même âge.

LES INÉGALITÉS FILLES-GARÇONS

L'égalité entre les filles et les garçons dans le système éducatif n'a retenu l'attention des éducateurs que récemment. L'Eglise catholique a joué un rôle dans le retard de l'éducation des filles en France, mais au début de la IIIe République, les lois Ferry de 1881–1882 ont créé une véritable révolution sociale en inaugurant l'école laïque, gratuite, et obligatoire jusqu'à 13 ans pour les filles comme pour les garçons. Le baccalauréat—qui donne le droit d'accès aux études universitaires—a été longtemps fermé aux femmes. Pendant presque un siècle après les lois Ferry, les écoles ont été non-mixtes (*single sex*); c'est vers les années 1960 et 1970 que la mixité scolaire (*co-education*) est devenue la norme, favorisant ainsi une éducation paritaire pour les filles.

Aujourd'hui, les études montrent que l'école elle-même reproduit les inégalités qui continuent à nuire à l'instruction des filles. Des efforts sont entrepris de temps en temps pour éliminer les stéréotypes des manuels scolaires et pour encourager la participation des filles dans les activités sportives et les matières considérées comme "masculines." Par exemple, le gouvernement a lancé le programme "ABCD de l'égalité" en 2013 qui devait promouvoir l'égalité des sexes au sein même du programme. Mais il y a eu un contrecoup des parents, et il est difficile de modifier les habitudes des professeurs: l'initiative n'a pas été activement poursuivie. Malgré leurs meilleures performances scolaires en général—les filles réussissent mieux aux baccalauréats généraux que les garçons—et une orientation plus consciente de la part des éducateurs, plus de filles que de garçons poursuivent leur baccalauréat dans les disciplines considérées comme "féminines" (par exemple, la littérature) et moins dans les sciences. En 2017, 40% des garçons et seulement 32% des filles ont opté pour la filière S en première (*eleventh grade*), tandis que 15% des filles et seulement 4% des garçons ont opté pour la filière L. Les choix faits au secondaire ont des conséquences pour les études supérieures et les destins professionnels: les femmes représentent aujourd'hui 67% des pharmaciens, et ne sont que 29% des diplômés des écoles d'ingénieurs.

LE QUOTIDIEN DES ELÈVES

La scolarité dans l'enseignement public est entièrement gratuite. Les familles aux revenus modestes reçoivent de l'Etat une allocation de rentrée scolaire (entre 470 et 500 euros par enfant par an en 2020) pour les aider à payer les fournitures scolaires. Le prix du repas à la cantine dans les écoles publiques dépend du revenu des familles: certains enfants reçoivent une bourse; les enfants des familles aisées paient environ cinq euros par jour. En général, les livres sont gratuits en primaire et au collège mais payants au lycée (cela dépend des académies).

Dans les villes, il n'y a pas de transports scolaires: les élèves vont à l'école à pied, prennent l'autobus ou le métro, ou sont transportés par leurs parents. Dans les zones rurales, les transports scolaires sont financés par le conseil général ou régional, et les familles paient une participation au coût selon leur revenu. Si la majorité des élèves font leurs études dans une école près de leur domicile familial, un peu plus de 3% des élèves, surtout en secondaire, sont "internes." Ils étudient loin de leur domicile et sont hébergés et nourris dans leur établissement scolaire.

A la cantine, on sert aux élèves un déjeuner complet avec entrée, plat principal, fromage, et dessert. Cette période de repos au milieu de la journée dure deux heures, suffisamment longtemps pour que les enfants puissent rentrer et manger à la maison s'ils préfèrent. Pour les élèves qui restent, la récréation (*recess*) suit le déjeuner. Il est interdit d'apporter à manger à l'école, sauf si on présente une ordonnance médicale témoignant des allergies. Les distributeurs automatiques sont interdits dans les écoles pour éviter le grignotage et le développement de l'obésité.

Tout sport et toute activité extrascolaire sont pratiquées en dehors de l'école; il n'y a pas d'équipes d'école comme aux Etats-Unis. Le système éducatif offre par contre des horaires aménagés pour les enfants poursuivant—à un niveau professionnel—la danse, la musique, ou un sport. Il n'y a pas de cérémonie de *graduation*, ni de *proms*, ni de *school spirit days*. L'école française est centrée sur les apprentissages scolaires: elle n'a pas pour objet le développement de la vie en communauté. Par contre, des sorties scolaires (*field trips*) sont organisées tous les ans, ainsi que des "classes transplantées" ou "classes de découverte": il s'agit de voyages collectifs de plusieurs jours dans un nouvel environnement pour enseigner aux élèves de nouvelles compétences et apprentissages. Comparée au *homeschooling* aux Etats-Unis, la scolarisation à domicile—organisée par le Centre national d'enseignement à distance (CNED)—reste très marginale.

Les élèves sont plus engagés que les élèves américains dans les politiques qui affectent leur propre éducation. Par exemple, à chaque fois qu'une réforme de l'enseignement est proposée par le gouvernement, les élèves manifestent leurs opinions et leurs associations prennent position. Ils participent souvent dans les manifestations. Jusque dans les années 1980, les parents d'élèves français étaient assez peu impliqués dans le fonctionnement des écoles, puisqu'ils n'avaient aucun pouvoir sur la machine scolaire. Ceci n'est plus vrai aujourd'hui. Il existe trois grandes associations nationales de parents d'élèves avec des représentants pour chaque établissement scolaire. Deux d'entre elles défendent l'enseignement public et laïque, et une troisième l'enseignement privé. Elles donnent leur avis et font pression sur le gouvernement lorsque celui-ci envisage de faire des réformes.

LES RYTHMES SCOLAIRES

Depuis la fondation de l'école publique en 1882, le temps passé à l'école est la source de beaucoup de débats: les heures de la journée, les jours de la semaine, et les congés scolaires constituent un compromis entre plusieurs intérêts dans la société. Le calendrier des vacances scolaires, établi chaque année par le ministère de l'Education nationale, doit tenir compte du rythme biologique des élèves, du désir d'étaler les vacances sur plusieurs périodes pour éviter la saturation du trafic routier, et de l'intérêt des enseignants, des parents, des autorités religieuses, des transporteurs, et des agents de tourisme. Comparée à ses voisins européens, la France se distingue par un moindre nombre de jours d'école par an, et un nombre très élevé d'heures d'enseignement par an: ce qui fait que la journée scolaire est très longue.

A part l'été, les élèves ont quatre périodes de vacances de deux semaines chacune pendant l'année scolaire. Les dates de ces vacances révèlent l'héritage de l'Eglise catholique dans l'éducation d'avant la IIIe République. Trois de ces vacances sont organisées autour des fêtes religieuses: la Toussaint (en octobre), Noël (en décembre), et Pâques (en avril). On appelle ce dernier congé "vacances de printemps" depuis un effort de déchristianisation en 1981. La quatrième période de vacances est les "vacances d'hiver" (en février). La détermination des horaires scolaires reste aussi sous l'influence de l'Eglise. Depuis la fin du 19e siècle, le jeudi—changé depuis 1972 au mercredi—était une journée de congé pour permettre aux élèves de suivre des cours de catéchèse. Pour compenser, les enfants allaient à l'école le samedi (en 1969 réduit au samedi matin). L'Eglise catholique s'est longtemps opposée à ce que, pour plaire aux parents, le jour de congé soit déplacé au samedi. Elle craignait que cela ne réduise la fréquentation de l'enseignement religieux.

En 2008, justement, les cours le samedi ont été supprimés et la semaine d'école en primaire est passée à quatre jours. Après quelques années, des critiques se sont élevées contre la semaine scolaire de quatre jours (au lieu de quatre et demi ou cinq jours), même si personne ne voulait retourner à une journée d'école le samedi. Des études chronobiologiques montraient que les journées d'école étaient trop longues pour les jeunes élèves et les vacances trop prolongées pour leurs apprentissages. D'autres critiques se sont soulevées autour des inégalités sexuées car la semaine de quatre jours crée des problèmes de garde des enfants pour les familles dans lesquelles les deux parents travaillent. En effet, une journée sans école au milieu de la semaine empêche surtout les mères de travailler à plein temps: les femmes sont deux fois plus nombreuses que les hommes à ne pas travailler le mercredi. Enfin, le classement de la France en lecture, mathématiques, et sciences, comparé aux autres pays de l'OCDE (Organisation de coopération et de développement économiques), chutait: certains attribuaient cette baisse aux rythmes scolaires inadaptés aux enfants.

Donc, en 2013, le gouvernement de François Hollande rétablit la semaine de quatre jours et demi, avec une demi-journée d'école le mercredi. Cette action a provoqué des protestations importantes: grèves des professeurs, manifestations des familles, protestations des municipalités qui devaient prendre en charge les coûts de cette mesure (ouverture de la cantine, embauche des intervenants pour les activités périscolaires). Après plus de sept ans de débats sur les rythmes scolaires, un consensus n'est toujours pas établi. La semaine scolaire officielle reste à quatre jours et demi y compris une demi-journée le mercredi, mais les municipalités peuvent demander une dérogation. Depuis la rentrée 2017, un tiers des écoles primaires est retourné à une semaine de quatre jours, surtout dans les communes rurales. La majorité des grandes villes maintiennent la demi-journée du mercredi. Des questions subsistent: quel rythme scolaire facilite le meilleur apprentissage pour les enfants? Quel emploi du temps réduit le mieux les inégalités pour les familles?

QUELS OBJECTIFS POUR L'ÉCOLE RÉPUBLICAINE AU 21E SIÈCLE?

Traditionnellement, l'enseignement en France cherche à donner à l'élève une solide culture générale en lui inculquant des connaissances dans un grand nombre de domaines différents. On retrouve cette tendance à l'examen du baccalauréat général, qui teste les capacités des élèves dans les domaines suivants: littérature française, mathématiques, sciences, histoire, géographie, sciences économiques, philosophie, langues étrangères vivantes. On s'attend à ce qu'un candidat âgé de 18 ans puisse écrire pendant quatre heures sur des sujets comme "La Chine et le monde depuis 1949" (histoire), "Une inégale intégration des territoires dans la mondialisation" (géographie), "A quoi bon expliquer une oeuvre d'art?" (philosophie). Les concours d'entrée aux institutions universitaires d'élite appelées "grandes écoles" comportent une épreuve orale de culture générale sans programme, où les examinateurs interrogent les candidats sur n'importe quel sujet: l'histoire de la Russie au Moyen-Age, l'économie de l'Argentine, la poésie de Verlaine, le rôle du dollar dans les finances internationales, l'art gothique, ou la politique de la France en Afrique. Même les punitions peuvent refléter cette approche qui place un obstacle intellectuel bien élevé pour voir le sens de l'initiative et les connaissances générales qui vont permettre à l'élève de s'en sortir. Jean-François Brière, un des auteurs de ce livre, se souvient de deux sujets de punition infligés à des élèves de son collège: "Décrivez un oeuf. 30 pages" et "Vous connaissez le clair de lune. Décrivez le clair de l'autre."

Ce que les Américains appellent *general education* ou *liberal arts* est assimilé par les élèves français au lycée et non pas à l'université. Après avoir obtenu le baccalauréat, l'élève français est prêt à se spécialiser de la même manière qu'un *graduate student* américain. Les partisans de la culture générale pensent qu'elle doit rester un objectif principal de la formation scolaire. Face à eux, d'autres sont en faveur d'un enseignement plus directement rattaché à la vie des élèves et qui les prépare surtout à fonctionner dans la vie pratique et professionnelle. Le système scolaire français cherche tant bien que mal à combiner ces deux objectifs.

Malgré de multiples efforts—tous les ministres de l'Education nationale depuis les années 1950 ont cherché à réformer le système—l'enseignement français reste écartelé entre deux missions contradictoires: la formation d'une élite (mission traditionnelle) et l'éducation de masse (mission plus récente). Faire les deux à la fois est compliqué en raison du caractère monolithique du système scolaire. La manière dont on a d'abord combiné les deux missions fut très simple: on modifia massivement le système sur le plan quantitatif (davantage d'écoles, davantage de professeurs, davantage de locaux), mais pas sur le plan qualitatif (même contenu et fonctionnement élitistes). Il en résulta d'énormes tensions avec des taux d'échec considérables chez les enfants des classes défavorisées qui se trouvaient rejetés très tôt vers des métiers mal payés et sans avenir. Les partis politiques de gauche et les syndicats d'enseignants dénoncent régulièrement la tendance du système scolaire français à renforcer le déterminisme social au lieu de le déjouer. Les gouvernements successifs tentèrent par une série de réformes (la loi Haby de 1975 notamment) de remédier à ces problèmes (suppression des filières au collège, allègement des programmes, enseignement moins abstrait, suppression du classement des élèves par ordre de mérite). Tout le monde s'accorde sur le fait que le système éducatif s'est fortement démocratisé au cours du 20e siècle. Certains clament, par contre, que les principes d'égalité peuvent enchaîner un nivellement par le bas.

Un autre débat important autour de l'éducation oppose ceux qui pensent que l'école ne peut pas tolérer les différences d'identité sociale entre les élèves, car sa mission est de garantir l'égalité des citoyens, à ceux qui pensent que l'expression de la diversité sociale, culturelle, ou religieuse ne gêne pas la mission de l'école républicaine. Un exemple important de ce débat concerne la question de la laïcité au sein de l'école française; cette question est étudiée en détail dans le chapitre sur la religion.

LES INÉGALITÉS, LA DIVERSITÉ, ET L'INTÉGRATION

A ses débuts, l'école publique a intégré et "francisé" une population de jeunes élèves qui était marquée surtout par des différences de classe. Depuis la fin du 19e siècle, une éducation nationale et centralisée a beaucoup fait aussi pour effacer les différences régionales entre Français. Face à l'arrivée des élèves d'origine étrangère, surtout depuis la Seconde Guerre mondiale, le système scolaire français n'était pas bien préparé: sa fonction historique est de faire disparaître la diversité, non de la reconnaître. Par souci d'égalité, il applique le même enseignement et les mêmes critères d'évaluation à tous les élèves d'une manière rigide, sans se préoccuper en général des handicaps linguistique, social, ou cognitif de tel ou tel groupe.

L'enseignement a énormément changé au cours des soixante-dix dernières années. L'enseignement secondaire, qui était socialement et intellectuellement élitiste, est devenu un enseignement de masse démocratisé: 1% d'une classe d'âge obtenait le baccalauréat en 1880, 20% en 1970, 63% en 1995, 70% en 2018. Au cours de cette massification, la population des élèves s'est diversifiée: ce n'était plus les garçons de familles bourgeoises qui atteignaient les niveaux avancés du secondaire mais aussi les filles, les enfants des classes populaires, et les enfants d'origine étrangère. L'enseignement donné auparavant était bien adapté aux valeurs et aux intérêts des garçons d'origine bourgeoise (appréciation des idées abstraites, de la littérature, des arts), mais moins à ceux des nombreux élèves venant des classes moins privilégiées. Des reproches sévères furent lancés contre l'enseignement français, accusé de noter en réalité les élèves sur leur capacité à assimiler la culture élitiste des bourgeois, c'est-à-dire de les noter (sans le dire) sur leur classe sociale. La sélection scolaire est donc un sujet politiquement sensible en France et toute réforme qui semble renforcer cette sélection est perçue comme une attaque contre les classes défavorisées de la société.

Le capital culturel au sein des familles crée des différences entre enfants depuis un très jeune âge: par exemple, le vocabulaire utilisé à la maison, les loisirs pédagogiques (visites de musées, livres), ou les voyages à l'étranger. Des études sociologiques ont montré que la catégorie socio-professionnelle des parents (peu importe les origines nationales) est le facteur majeur dans la réussite des élèves. On peut en tirer deux conclusions, l'une optimiste, l'autre pessimiste: que les enfants des familles immigrées et ceux des familles d'origine française de la même classe socio-économique ont les mêmes chances de réussir, d'une part, et d'autre part, que l'école n'est pas un ascenseur social automatique.

On voit, en effet, que l'école ne joue pas le rôle qu'elle devrait avoir en faveur de la mobilité sociale. Aujourd'hui, les enfants d'ouvriers sont sur-représentés et les enfants de cadres supérieurs sont sous-représentés dans les lycées professionnels. En 2017, par exemple, seulement 9% des entrants aux grandes écoles avaient un parent ouvrier ou sans activité professionnelle, tandis que ces catégories constituaient 36% de la population. Ces chiffres montrent que, proportionnellement, les classes défavorisées ont moins d'accès aux études supérieures prestigieuses.

Aujourd'hui on attend de l'école républicaine qu'elle soit une force d'intégration et un moteur d'ascension pour les élèves de différentes origines sociales, nationales, et religieuses. Au fil du temps, le système éducatif a été obligé de prendre en compte une plus large conception de la diversité et de devenir plus flexible. Par exemple, la création en 1982 des zones d'éducation prioritaire (ZEP) symbolise la reconnaissance par l'Etat des inégalités existantes au sein des écoles (renommées en 2015 des réseaux d'éducation prioritaire, ou REP, et pour les plus défavorisés les REP+). En France métropolitaine, 11% des élèves dans le primaire et 13% des collégiens sont éduqués dans des écoles REP. Ces chiffres varient beaucoup selon la région: les REP comptent 27% des collégiens à Paris et 29% dans les DOM. Encore plus défavorisés (les trois-quarts ont des parents ouvriers ou inactifs), les élèves des écoles REP+ constituent entre 7 et 8% de la population des élèves en France métropolitaine et dans les DOM. Les établissements scolaires se trouvant dans les quartiers avec une concentration élevée d'enfants d'origine sociale défavorisée reçoivent donc plus de ressources que les autres écoles (par exemple, financement pour les programmes supplémentaires, tailles de classes réduites). Cette forme d'action positive (*affirmative action*) suscite moins de controverses que les initiatives pour rendre l'accès aux grandes écoles plus démocratique. A cet égard, l'aide supplémentaire pour les REP est souvent critiquée pour son insuffisance; par exemple, les enseignants les moins expérimentés se trouvent souvent face aux classes les moins bien préparées.

Un autre exemple: les élèves parlant une langue maternelle autre que le français et nouvellement arrivés dans le système scolaire français sont accueillis grâce à un dispositif d'intégration linguistique, soit dans les classes ordinaires avec un soutien particulier, soit à part jusqu'à ce que l'enfant maîtrise suffisamment le français pour rentrer dans les classes ordinaires. Ceci représente moins de 1% des élèves.

Enfin, en 2005 une loi fut votée pour trouver une solution à la scolarisation des jeunes physiquement ou intellectuellement handicapés. A la rentrée 2017, 390 000 élèves en situation de handicap ont été scolarisés, dont 80% en milieu ordinaire (*mainstreaming*). La moitié des handicaps concernent les troubles intellectuels et cognitifs. Pour les handicaps physiques, les écoles restent rarement accessibles (comme la majorité de structures construites en France y compris les transports en commun).

Malgré ces défauts et ces défis, c'est sa qualité généralement élevée et uniforme qui rend l'accès à l'éducation plus équitable en France qu'aux Etats-Unis.

LES VIOLENCES

Le problème de la violence scolaire—des incidents opposant les élèves et les enseignants ou bien les élèves entre eux—préoccupe beaucoup les parents et les éducateurs, même s'il n'a pas en France la même gravité qu'aux Etats-Unis. L'école a toujours été, dans le passé, un lieu où existait un certain niveau de violence physique et psychologique entre individus. Les enquêtes montrent une légère augmentation depuis 2000 des incidents rapportés par les élèves, mais le nombre d'incidents graves à l'école est resté assez stable au cours des années récentes. La violence scolaire comprend les insultes, le harcèlement (*bullying*), le vol des affaires scolaires, le bizutage (*hazing*), et dans une moindre mesure, la mise à l'écart, la bousculade, la moquerie, la bagarre collective, ou les jeux dangereux. Comme aux Etats-Unis, il semble que l'année de sixième soit la plus difficile pour beaucoup d'élèves.

Ce sont les fusillades meurtrières—et les fusillades de masse—qui constituent la véritable différence entre le climat de violence à l'école en France et aux Etats-Unis. On estime qu'entre 2009 et 2018, il y a eu 57 fois plus de fusillades dans les écoles américaines que dans les six autres pays du G7 réunis (288 fusillades aux Etats-Unis; 2 en France).

Discussions

1. En quoi le caractère monolithique du système scolaire français est-il un avantage ou un handicap?
2. A votre avis, qu'est-ce qui est le plus important pour un pays, l'éducation des masses ou la formation d'une élite?
3. L'importance donnée traditionnellement à la "culture générale" dans l'enseignement secondaire français vous semble-t-elle une bonne chose?
4. Que pensez-vous du système d'orientation des élèves en troisième?

5. Pensez-vous qu'il serait souhaitable d'adopter certains éléments du système scolaire français aux Etats-Unis? Ou d'adopter certains éléments du système scolaire américain en France?
6. Quels sont les avantages de l'école maternelle gratuite et obligatoire à partir de 3 ans? Y a-t-il des inconvénients?
7. Quel système éducatif favorise le plus la reproduction sociale des élites et compte le plus de barrières d'accès aux classes populaires: le système américain ou français?
8. Que peut faire le système éducatif pour réduire les inégalités quand la société entière est constituée d'inégalités?

Sujets de travaux oraux ou écrits

1. Faites une enquête auprès de plusieurs adultes français sur leurs expériences d'orientation et de sélection à l'école.
2. Faites des recherches sur l'enseignement privé ou sur les écoles maternelles en France.
3. Faites une étude comparative sur les rythmes scolaires en France et dans les autres pays de l'Union européenne.
4. Faites des recherches sur l'accueil des élèves immigrés et sur l'enseignement du français comme langue étrangère. Quelles ressources et programmes sont disponibles pour les enfants qui ne maîtrisent pas le français avant de pouvoir intégrer l'école?
5. Lisez le manuel scolaire *Le tour de la France par deux enfants* (G. Bruno, 1877) et présentez son histoire ainsi que son contexte historique.
6. Les résultats de PISA (Programme for International Student Assessment) de l'OCDE montrent que quatre facteurs principaux déterminent la réussite d'un système éducatif: rendre le métier de l'enseignement sélectif et prestigieux; diriger des ressources vers les plus défavorisés; offrir une préscolarisation de qualité; et promouvoir une culture d'élévation des standards et de progrès. Faites l'étude d'un de ces facteurs en comparant la France et les Etats-Unis.
7. Une controverse a éclaté en 2013–2014 à propos du programme "L'ABCD de l'égalité," lancé par le gouvernement pour réduire les stéréotypes filles-garçons à l'école. Faites des recherches sur cette controverse.
8. En 2017, les écoles uniques (*one-room schools*) constituaient encore 8% des écoles publiques primaires en France. Regardez le film *Etre et avoir* de Nicolas Philibert (2002) et faites une analyse des écoles uniques et du film.
9. Regardez le film *Entre les murs* de Laurent Cantet (2008) et présentez une analyse des réseaux d'éducation prioritaires (REP).

Chapitre 13
Les universités et les grandes écoles

A la différence de nombreux autres pays, la France possède deux systèmes parallèles d'enseignement supérieur (post-secondaire): le système des universités et le système des grandes écoles. L'élève français qui vient d'obtenir son baccalauréat doit généralement choisir entre ces deux systèmes: il fera ses études soit dans l'un, soit dans l'autre.

DEUX SYSTÈMES D'ENSEIGNEMENT SUPÉRIEUR

Le système des universités correspond à l'enseignement de masse ouvert à tous et non élitiste, sauf dans quelques secteurs très sélectifs comme la médecine. Il suffit d'avoir réussi le baccalauréat à la fin des études secondaires pour avoir le droit de s'inscrire dans une université française, mais seulement dans un programme d'études permis par le type de baccalauréat obtenu.

Le système des grandes écoles, accessible à une petite minorité d'étudiants, est au contraire très sélectif et élitiste. La sélectivité et l'élitisme n'ont rien de spécifiquement français. Dans la plupart des pays, y compris aux Etats-Unis, certaines universités ou certaines écoles très réputées sont beaucoup plus sélectives que d'autres et les étudiants qui en sortent vont faire partie de l'élite dans leur domaine de spécialisation. En France, l'élite est largement sélectionnée d'une manière définitive dès la fin de l'école secondaire et rassemblée dans des institutions spéciales, les grandes écoles, séparées du système universitaire. Cette sélection se fonde uniquement sur les résultats scolaires. On comprend donc pourquoi les élèves français ne vivent pas l'enseignement secondaire avec la même tranquillité d'esprit que les élèves américains: leur vie toute entière se décide au lycée et lors du passage du baccalauréat. Ce sont les notes reçues au baccalauréat qui permettront à un élève d'être candidat à l'admission à l'Ecole polytechnique, par exemple, et aux plus hauts niveaux de la fonction publique. Le prestige des grandes écoles est donc supérieur à celui des universités, car y être admis signifie aux yeux de tous que l'on fait déjà partie de l'élite de la France. La coupure entre les deux systèmes est presque complète. La cause de cette séparation remonte à la Révolution française et au début du 19e siècle, époque où l'université française était considérée comme trop détachée du monde technique et économique par les gouvernants qui voulaient créer des institutions spéciales pour former une élite moderne prête à servir l'Etat. L'enseignement supérieur dans les pays qui ont fait partie de l'empire colonial français aux 19e et 20e siècles (par

13.1 Najat Vallaud-Belkacem est la première femme ministre de l'Education nationale, de l'Enseignement supérieur et de la Recherche (2014–2017).

exemple au Maroc, au Sénégal ou à Madagascar) est généralement structuré sur le même modèle qu'en France.

LES GRANDES ECOLES

La plupart des grandes écoles ont été créées entre 1740 et 1880, période pendant laquelle les institutions de l'Etat français contemporain ont été mises en place. Les trois quarts d'entre elles sont publiques et gratuites, les autres privées et payantes. L'idée, courante aux Etats-Unis, que le niveau élevé des frais de *tuition* reflète l'excellence d'une institution est inconnue en France. Les Français ne font pas de rapport entre qualité et cherté dans le domaine de l'enseignement, car les institutions les plus sélectives et les plus prestigieuses sont gratuites.

Il existe environ 200 grandes écoles en France, certaines très réputées et prestigieuses, d'autres moins connues. Au sommet de la pyramide du prestige, on trouve: l'Ecole polytechnique (surnommée "X"), sorte de Massachusetts Institute of Technology français qui forme des ingénieurs de très haut niveau (en principe pour servir l'Etat); l'Ecole nationale d'administration (l'ENA), sorte de *graduate school* qui forme les hauts-fonctionnaires de l'Etat; l'Ecole normale supérieure de la rue d'Ulm (l'ENS, surnommé "Normale sup"), qui forme des chercheurs et professeurs d'université; l'Institut d'études politiques de Paris (l'IEP, surnommé "Sciences Po"); l'Ecole des hautes études commerciales (HEC Paris), qui forme des dirigeants d'entreprises; l'Ecole centrale de Paris (ingénieurs); l'Ecole supérieure des mines de Paris (ingénieurs); l'Ecole nationale des ponts et chaussées (ingénieurs des travaux publics); l'Ecole des chartes (archivistes de l'Etat); l'Ecole de la magistrature (magistrats); l'Institut national agronomique (surnommé "Agro," ingénieurs agronomes); la Fondation européenne pour les métiers de l'image et du son (la FEMIS, métiers du cinéma); et les grandes écoles militaires (officiers). Sous ce niveau se trouvent des dizaines de grandes écoles moins prestigieuses mais très sélectives.

Toutes les grandes écoles sont aujourd'hui ouvertes aux femmes, ce qui n'était pas le cas jusque dans les années 1970. L'Ecole polytechnique (l'X), par exemple, admit des femmes pour la première fois en 1972. Le major (*valedictorian*) de la première promotion mixte fut une femme. Créée en 1794, l'X est militarisée: elle est dirigée par un général; ses élèves—femmes et hommes—portent des uniformes militaires; et ils ont le privilège de marcher en tête de la parade militaire qui a lieu à Paris chaque année lors de la fête nationale, le 14 juillet. Quelques grandes écoles sont privées et ont des droits d'inscription relativement élevés: c'est le cas de Sciences Po à Paris, de HEC Paris, et des écoles de commerce formant des dirigeants d'entreprises. Ceci vient du fait que dans le passé l'Etat français s'était désintéressé de l'enseignement des affaires commerciales qui semblaient concerner les intérêts privés.

Comment entre-t-on dans une grande école? Il faut au minimum avoir eu d'excellentes notes en classe terminale et une mention "assez bien," "bien," ou "très bien" au baccalauréat. Cela permet d'être admis dans une "classe préparatoire" ("prépa") où l'on prépare pendant deux ans les concours d'entrée des grandes écoles (examens avec nombre d'admis limité). Ces classes ont lieu dans les lycées publics ou privés: les candidats aux grandes écoles continuent donc à fréquenter le lycée après avoir obtenu le baccalauréat. Les "prépas" qui sont réputées les meilleures se trouvent dans certains lycées à Paris. Elles sont divisées entre trois grandes filières: la filière sciences et ingénierie, la filière littéraire, et la filière économique et commerciale (appelée "filière HEC" du nom de l'Ecole des hautes études commerciales). Chacune de ces filières a des sous-spécialités qui donnent plus ou moins d'importance à certaines matières. Les élèves de première année en classe préparatoire sont surnommés les "bizuths," ceux de deuxième année les "carrés," et ceux qui redoublent leur deuxième année les "cubes."

Après deux années de travail très intensif (30 à 40 heures de cours par semaine et autant d'heures de travail personnel), les candidats se présentent à l'examen d'entrée d'une grande école (et souvent à plusieurs) qu'ils pensent pouvoir "intégrer." Ces examens sont appelés des "concours" parce que le nombre de candidats admis est fixé d'avance. Ils sont très sélectifs (de l'ordre de un admis pour 10 à 20 candidats selon les écoles). Chaque école admet (en fonction de sa taille) entre 40 et 200 candidats environ par an. Si l'on échoue, on peut redoubler une fois la deuxième année de la classe préparatoire pour tenter sa chance à nouveau l'année suivante, ou bien aller à l'université.

Si l'on est admis dans une grande école, on y passe généralement trois années d'étude en suivant des cours dans différentes matières. Les élèves (on ne dit pas "étudiant" pour les grandes écoles) passent parfois aussi un concours de sortie destiné à les classer selon leurs performances. C'est le cas, par exemple, à l'ENA: les élèves choisissent les postes dans la haute administration dans l'ordre de leur classement au concours de sortie. Chaque groupe d'élèves admis lors du concours d'entrée dans une grande école s'appelle une "promotion." Le meilleur élève à la sortie est appelé le "major" de sa promotion. Les élèves des grandes écoles qui forment des fonctionnaires (l'X, l'ENA, l'Ecole des chartes, notamment) reçoivent un salaire pendant leurs études s'ils s'engagent à servir l'Etat pendant dix ans. Certains élèves très brillants font plusieurs grandes écoles successivement (l'X puis l'ENA, ou Normale sup puis l'ENA, par exemple).

Les anciens élèves des grandes écoles monopolisent les plus hautes places dans l'administration nationale (ce qu'on appelle les "grands corps" de l'Etat) et la direction des grandes entreprises publiques et privées. Dans tout gouvernement, la majorité des ministres et des membres de leurs cabinets (leurs collaborateurs immédiats) sont passés par une grande école. Les anciens élèves des grandes écoles—mais pas les étudiants des universités—gardent pendant toute leur carrière un esprit de corps et sont souvent organisés en cliques plus ou moins rivales dans la haute administration. Etre passé par une grande école prestigieuse est, dans la société française, comme un titre de noblesse qui ouvre souvent des portes qui resteraient normalement fermées. Face aux diplômés de l'université, les anciens élèves des grandes écoles partent favoris: tout le monde sait que le choix pour un poste de haut niveau penchera généralement en leur faveur. On conserve le titre d'ancien élève d'une grande école (surtout les plus réputées) pendant toute sa vie. Depuis la première carte de visite jusqu'au faire-part de décès, on peut inscrire après le nom: "ancien élève de l'Ecole polytechnique."

Le système des grandes écoles a des qualités reconnues: il donne à la France des élites très compétentes et surtout très aptes à voir les choses de haut, à comprendre les problèmes dans leur ensemble. Mais il a aussi été vivement critiqué: c'est un système très malthusien où le nombre d'admis est très limité, sans souci des besoins du marché, dans le but de maintenir la difficulté d'accès et la valeur des "produits." Ce système recrute ses élèves surtout dans la bourgeoisie: les autres catégories sociales et les minorités d'ascendance étrangère sont fortement sous-représentées; les femmes restent aussi sous-représentées dans certaines grandes écoles. Ce système donne aussi un pouvoir considérable à des individus organisés en corps professionnels puissants et très soucieux de défendre leur territoire et leurs privilèges. Il produit des technocrates trop conscients de faire partie d'une élite et sûrs d'avoir toujours raison. Ils décident de loin, souvent sans bien connaître les conditions sur le terrain. Mais il n'a jamais été question de remettre en cause le système des grandes écoles: il forme une bonne partie de l'élite du pays et les associations d'anciens élèves sont très puissantes. Dans un but de décentralisation et de déconcentration des canaux d'accès au pouvoir, certaines grandes écoles ont été déplacées hors de Paris (Polytechnique à Palaiseau dans la région parisienne, l'ENA à Strasbourg). Ces déménagements ont suscité une féroce opposition des élèves et des anciens élèves avant d'être effectués.

LES UNIVERSITÉS

Les universités sont beaucoup plus anciennes que les grandes écoles. L'université de Paris, par exemple, fut créée en 1200, celle de Toulouse en 1229, celle de Bordeaux en 1441. (D'autres universités, généralement plus petites et situées dans des villes moyennes, sont de création récente, postérieure à 1960.) Malgré leur ancienneté, les universités occupent une position inférieure par rapport aux grandes écoles sur le plan du prestige. Cela ne vient pas des professeurs—aussi compétents dans les universités que dans les grandes écoles—mais des étudiants, qui n'ont pas subi la sélection féroce imposée à leurs camarades des grandes écoles. De plus, les universités ont souffert de l'effet pervers de la dépréciation des diplômes provoqué par l'énorme accroissement du nombre des étudiants depuis 1960. On comptait 186 000 étudiants dans l'enseignement supérieur en France en 1959; il y en avait 2,6 millions en 2017. La valeur économique et sociale d'un diplôme de licence (trois années d'études universitaires) est donc actuellement à peu près équivalente à celle du baccalauréat en 1950. Il existe quelques exceptions à cette situation, en particulier les études de médecine qui font partie des universités, mais dont l'accès est très sélectif.

Le système des universités publiques (et non plus ecclésiastiques comme auparavant) fut créé en 1806 par Napoléon Ier. On en compte 59 aujourd'hui, toutes financées et contrôlées par le ministère de l'Enseignement supérieur. Leur nombre a été réduit en 2018–2019 par suite du regroupement de plusieurs universités en une seule. Cinq d'entre elles sont localisées outre-mer: l'université des Antilles, l'université de la Guyane, l'université de la Réunion, l'université de la Nouvelle-Calédonie, et l'université de la Polynésie française. Les universités sont très souvent spécialisées dans un secteur donné: sciences humaines, droit et économie, sciences. Elles portent généralement le nom de la ville où elles se trouvent, sauf dans le cas de la Sorbonne à Paris, qui fut créée en 1253 par Robert de Sorbon. S'il y en a plusieurs dans une même ville, on ajoute un chiffre (Université de Bordeaux 2). Comme ailleurs en Europe, les universités françaises sont toujours situées dans des villes importantes ou à leur proximité immédiate: la vie universitaire, en effet, est depuis le Moyen-Age liée au monde urbain. Certaines universités ont une meilleure cote (réputation) que d'autres à cause de la qualité de leurs formations, mais on ne trouve pas entre les universités françaises des différences de niveau et de prestige comparables à ce qui existe entre les universités américaines.

13.2 La façade de la Sorbonne (datant du 17e siècle) au Quartier latin. Le nom "Sorbonne" est partagé par l'Université Paris I Panthéon-Sorbonne, l'Université Paris III Sorbonne Nouvelle, l'Université Sorbonne Paris Nord (Paris XIII), et Sorbonne Université.

Certaines institutions publiques offrent uniquement des formations courtes (deux ans) menant à des métiers scientifiques et technologiques: ce sont les "instituts universitaires de technologie" (IUT). L'admission (sur dossier) dans ces IUT après le baccalauréat est assez sélective car les places sont limitées. Il existe quelques universités privées catholiques qui offrent toute une gamme de diplômes (y compris en théologie et en études bibliques). La plus importante se trouve à Lille (34 000 étudiants). Elles ont une bonne réputation et accueillent aussi de nombreux étudiants étrangers.

L'université en France n'offre aucune vie sociale spécifique, seulement un enseignement. Les étudiants habitent en ville, vont au théâtre ou au cinéma en ville, achètent leurs livres dans les librairies de la ville, se réunissent avec leurs amis dans les cafés de la ville. Leur seul contact avec l'université consiste à assister aux cours, à aller à la bibliothèque, et à passer des examens. Le *college* américain auto-suffisant et replié sur lui-même dans la verdure d'un campus n'a pas d'équivalent en France.

Dans les années 1960, on créa de nouvelles universités et des campus modernes avec résidences pour étudiants dans les banlieues des grandes villes, mais sans y mettre ce qui donne aux campus américains une vie culturelle et sociale autonome (théâtre, librairie, centre des étudiants, stade, salle de sport, piscine). On peut citer les campus de l'Université de Bordeaux à Talence ou de l'université de Grenoble. On raisonnait toujours comme si le campus était intégré à la ville. Ceci explique pourquoi les campus universitaires français restent avant tout des lieux de passage: on y entre pour assister au cours, puis on rentre chez soi. A la différence des universités américaines, le sport compte peu dans les universités françaises, sauf pour celles et ceux qui se destinent à devenir professeurs d'éducation physique.

Comme toutes les universités donnent des diplômes (par exemple une licence d'anglais) ayant la même valeur, la seule chose qui incite les étudiants à partir étudier loin de chez leurs parents est l'absence de la formation spécialisée qu'ils veulent suivre dans l'université la plus proche de chez eux. Beaucoup d'étudiants continuent donc à résider chez leurs parents et vont à l'université de leur ville comme ils allaient auparavant au lycée. Les autres quittent le domicile familial et logent en résidence universitaire ou louent des chambres en ville. La tradition américaine qui consiste à quitter ses parents pour aller faire des études universitaires n'existe pas en France: pourquoi partir loin de sa famille et de ses amis si on peut l'éviter?

Comme le baccalauréat suffit pour entrer à l'université, celle-ci est en principe obligée d'accepter tous les bacheliers qui s'y inscrivent, la seule restriction étant la limite physique du nombre de places dans les salles de cours. Il faut donc s'inscrire le plus vite possible (électroniquement) à l'université de son choix. Depuis 2018, les étudiants utilisent pour cette tâche "Parcoursup," une application mise en place par le ministère de l'Enseignement supérieur. Les candidats créent un dossier et expriment leurs vœux d'affectation, puis acceptent ou refusent les propositions d'inscription qui leur sont faites par diverses universités. Parcoursup est critiqué comme trop lent, trop opaque, et générateur d'anxiété pour ses utilisateurs.

Les universités françaises sont dirigées par un président élu par un conseil d'administration de l'université et sont généralement administrées suivant des règles identiques, sous le contrôle du ministère de l'Enseignement supérieur. Depuis 2012, les universités ont une plus grande autonomie de gestion financière qu'auparavant. Leur financement est public à près de 100% (Etat et régions). Les frais d'inscription (*tuition fees*) dans les universités françaises sont bas: en 2019, ils oscillaient entre 170 euros par an pour la licence et 2 500 euros par an pour les écoles d'ingénieurs. Les frais d'inscription en médecine représentent à peu près 500 euros par an. Pour les étudiants français et leurs familles, ces coûts apparaissent tout à fait normaux. Ils ne comprennent pas pourquoi les Américains paient si cher pour avoir accès à l'université qui, à leurs yeux, doit être un service public, comme l'école primaire ou secondaire. L'Amérique, dans ce domaine, ne leur semble pas être vraiment démocratique.

Dans chaque université française, des "restaurants universitaires" réservés aux étudiants offrent des repas subventionnés par l'Etat. On peut y manger (entrée, viande ou poisson avec légumes, fromage, dessert) pour 3,25 euros. La nourriture y est copieuse mais peu variée. L'Etat verse aux étudiants venant de familles aux revenus modestes une allocation pour les aider à se loger s'ils doivent quitter le domicile familial. L'Etat leur offre aussi des bourses et des prêts sans intérêt. Certains étudiants ont un emploi à temps partiel, mais cela est moins fréquent qu'aux Etats-Unis. Les employeurs et les syndicats français, en effet, ont toujours été assez réticents vis-à-vis de l'emploi des étudiants qui sont jugés instables et intéressés surtout par leurs études.

La licence française est plus spécialisée qu'un *bachelor's degree* (*B.A.* ou *B.S.*) américain. On suit des cours uniquement dans ce que les Américains appellent le *major*. Faire une licence d'histoire, par exemple, veut dire suivre uniquement des cours d'histoire. Il n'y a pas de *general education requirements* parce que cela a déjà été acquis au lycée. L'idée que l'étudiant doit se chercher, doit apprendre à trouver sa voie par tâtonnements académiques qui le mèneront progressivement vers un *major* n'existe pas. Le système présume que l'on sait exactement ce que l'on veut étudier dès la fin du lycée et il laisse peu de place aux changements d'orientation. Depuis 2012, certaines réorientations en cours d'études ont toutefois été rendues possibles. Les standards à atteindre à chaque niveau sont définis avec précision (ce que doit savoir un diplômé de littérature française, de sociologie, de chimie). Une fois qu'il a choisi son orientation ou sa filière (par exemple études d'anglais avec spécialisation nord-américaine), le candidat doit suivre un cursus assez rigide qu'il ne peut guère modifier lui-même.

Les universités françaises ont en 2002 appliqué la "réforme LMD" (licence-master-doctorat) qui harmonise les diplômes universitaires dans les pays de l'Union européenne (UE) afin que les diplômes acquis dans un de ces pays soient reconnus comme équivalents dans les autres. Le système LMD a, comme aux Etats-Unis, trois diplômes principaux: la licence ("Bac + 3 années," équivalent au *bachelor's degree* aux Etats-Unis), le master ou maîtrise ("Bac + 5," équivalent au *master's degree* aux Etats-Unis), et le doctorat ("Bac + 8").

Les étudiants français peuvent facilement partir étudier pendant une ou plusieurs années dans un autre pays d'Europe grâce au programme d'échanges universitaires Erasmus (*European community action scheme for the mobility of university students*). Chaque année, plusieurs milliers d'étudiants français partent étudier dans un autre pays d'Europe tandis que les universités françaises reçoivent de nombreux étudiants venus des autres pays de l'UE. Les crédits qu'ils obtiennent dans une université européenne sont automatiquement validés dans leur propre université. Certaines formations (à Sciences Po ou dans les écoles de commerce, par exemple) obligent les étudiants à aller étudier pendant un an à l'étranger. Depuis une dizaine d'années, certaines universités et grandes écoles françaises offrent des cours donnés entièrement en anglais. Cela est surtout le cas dans les grandes écoles commerciales comme HEC Paris ou l'ESSEC (Ecole supérieure des sciences économiques et commerciales). Cela donne une maîtrise de l'anglais à leurs étudiants français (ou étrangers) et facilite les échanges internationaux.

Une autre particularité du système français d'enseignement supérieur tient au fait que la recherche de haut niveau ne se fait pas uniquement dans les universités comme aux Etats-Unis, mais aussi dans des institutions spéciales distinctes des universités. Une des plus réputées est le Centre national de la recherche scientifique (CNRS), qui est le plus grand organisme de recherche en Europe, employant 11 000 chercheurs payés par l'Etat dans toutes les disciplines imaginables. L'Ecole des hautes études en sciences sociales (EHESS) est un autre organisme de recherche public employant 800 chercheurs. Le Collège de France, créé au 16e siècle par le roi François Ier, regroupe cinquante professeurs d'université éminents du pays: ces professeurs peuvent se consacrer en toute liberté à la recherche, leur seule obligation étant de faire plusieurs conférences publiques par an. La France se range en septième place parmi les pays du monde pour la recherche scientifique et produit 3,2% des publications mondiales dans ce domaine. Elle se classe en quatrième place dans le monde pour le nombre de prix Nobel reçus (70), derrière les Etats-Unis (388), le Royaume-Uni (133), et l'Allemagne (109).

Depuis 2013 les universités françaises offrent une panoplie de plus de 500 cours en ligne dans 39 matières différentes sur la plate-forme "FUN" (France université numérique). Ce sont souvent des cours utiles pour une remise à niveau pour l'entrée

13.3 Université d'Aix-Marseille à Aix-en-Provence. L'université comprend plusieurs campus à Marseille et à Aix-en-Provence.

à l'université ou pour le passage d'une spécialité à une autre. Ils sont gratuits et ouverts à tous, mais FUN ne délivre pas de diplôme.

LES ENSEIGNANTS ET LES ETUDIANTS

Contrairement à ce qui se passe aux Etats-Unis, où les universités recrutent librement leurs enseignants parmi tous les candidats qualifiés où qu'ils se trouvent, le système français de recrutement des professeurs établit une pré-sélection au niveau national. Pour être nommé à un poste universitaire permanent, il faut non seulement avoir obtenu un doctorat, mais aussi réussir à être placé sur une "liste d'aptitude" établie au niveau national par le Conseil national des universités; cela exige généralement d'avoir déjà publié des articles ou des livres, c'est-à-dire d'être un chercheur confirmé. Les universités recrutent leurs enseignants permanents sur ces listes. Elles emploient aussi des enseignants temporaires assez souvent détachés de l'enseignement des lycées. Les salaires des professeurs, tous employés de l'Etat, sont fixés au niveau national et ne se négocient pas. A la différence des universités, chaque grande école recrute librement ses propres enseignants-chercheurs. Certains enseignants sont fonctionnaires de l'Etat, d'autres sous contrat.

L'université française, comme les universités européennes en général, conserve un caractère assez féodal: les professeurs les plus éminents, femmes ou hommes, ressemblent à des seigneurs entourés d'une cour de vassaux (jeunes enseignants, étudiants de doctorat) qui travaillent fidèlement sous leur dépendance. Sans ce "patronage," il sera plus difficile aux jeunes chercheurs ayant terminé leur doctorat de trouver un poste. Les rivalités entre ces "patrons" sont assez fréquentes et mènent à des luttes internes dont les étudiants n'ont aucune idée.

Le corps enseignant des universités et grandes écoles, avec 37% de femmes (2019), s'est beaucoup féminisé, mais on en est encore loin de la parité. On constate aussi de fortes variations selon les secteurs d'enseignement, avec une proportion plus élevée de femmes enseignantes dans les lettres et les sciences humaines que dans les disciplines scientifiques et techniques. A cause du plafond de verre (*glass ceiling*), il y a encore peu de chercheuses aux niveaux élevés de l'échelle professionnelle.

La proportion de femmes parmi les étudiants des universités et les élèves des grandes écoles a énormément augmenté depuis un demi-siècle: 55% aujourd'hui, mais avec de fortes variations selon les secteurs d'étude et les futurs niveaux de rémunération. Seulement 29% des élèves des écoles d'ingénieurs sont des femmes, mais on trouve 70% d'étudiantes en lettres et sciences humaines. Certains secteurs d'études traditionnellement "féminins" restent encore aujourd'hui très majoritairement suivis par les femmes (diplôme d'infirmière, par exemple). Par contre, des formations traditionnellement "masculines" comme le droit ou la médecine sont aujourd'hui largement féminisées, mais avec de grandes variations selon les spécialisations: par exemple les femmes sont plus nombreuses parmi les médecins pédiatres que parmi les médecins cardiologues.

Les étudiants américains qui arrivent en France sont souvent étonnés par les rapports entre professeurs et étudiants. Une certaine distance semble les séparer et certaines marques de respect hiérarchique subsistent. Il est toujours considéré comme irrespectueux d'interrompre un cours magistral en posant une question au professeur ("encore un étudiant américain," penserait un professeur ainsi questionné). Mais les "travaux dirigés" sous la conduite d'un enseignant débutant (T.A. ou *teaching assistant*) donnent l'occasion aux étudiants d'appliquer ce qu'ils ont appris en cours magistral; les questions et les discussions sont alors multiples.

Faire "évaluer" les professeurs par leurs étudiants (*teacher evaluations*) serait difficilement accepté, car pour les Français cela implique un rapport de type commercial: les étudiants seraient vus comme des clients. Cela s'oppose absolument à leur conception de l'enseignement qui n'est pas contractuelle, mais hiérarchique: les professeurs détiennent le savoir et le transmettent aux étudiants. Les étudiants sont des disciples; ils reçoivent ce qu'on leur donne. Ceci dit, l'évaluation par les étudiants des enseignements qui leurs sont donnés (pas des enseignants) est obligatoire en France depuis 2002, mais cette obligation a du mal à s'imposer, et elle est mal respectée. De plus, les professeurs n'estiment pas devoir se préoccuper de la présence ou de l'absence des étudiants, ni des mauvaises notes qu'ils leur attribuent. C'est aux étudiants de faire le nécessaire pour être prêt le jour de l'examen.

L'inscription à l'université donne le droit d'assister aux cours offerts par les enseignants ainsi que de passer les examens universitaires, et rien de plus. Les étudiants français reçoivent des conseils des enseignants pour le choix de leurs cours, mais ils ne s'attendent pas à être conduits et conseillés par eux dans chaque aspect de leur travail. Les étudiants qui ne parviennent pas à se débrouiller indépendamment face à leurs notes de cours, à leurs révisions d'examen, ou à leurs recherches auront beaucoup de mal à achever avec succès leurs études.

L'idée, courante aux Etats-Unis, que tout le monde, à n'importe quel âge, peut commencer des études universitaires et obtenir un diplôme—et que cela est surtout une question de temps et d'argent—est inconnue en France. L'université française n'est pas, comme peut l'être l'université américaine, un lieu qui offre la possibilité d'une seconde chance, d'une seconde carrière. Le système éducatif français porte sur les individus un jugement précoce et définitif, valable pour le reste de la vie. Il est difficile, voire impossible, de changer de voie, de revenir en arrière, de rattraper le temps perdu. Quand même, quelques efforts ont été faits depuis quelques années pour établir des "passerelles" permettant de passer d'un cursus à un autre mais cela reste exceptionnel. La formation continue et les cours du soir existent, mais ne sont pas aussi développés qu'aux Etats-Unis; ce sont généralement les entreprises elles-mêmes qui s'en chargent et en font bénéficier leurs propres employés.

Entrer à l'université en France ne garantit nullement que l'on en sortira avec un diplôme. Les taux d'échec aux examens universitaires sont, en effet, beaucoup plus élevés qu'aux Etats-Unis, surtout au niveau de la licence. Il n'est pas rare de voir 20 ou 30% des étudiants rater un cours: toute note inférieure à 10 sur 20

(*C+* américain) signifie l'échec en France. On rencontre ainsi beaucoup d'étudiants qui passent les mêmes examens pour la deuxième ou la troisième fois. L'absence de sélection à l'entrée de nombreuses formations et la quasi gratuité de l'université est une cause de ces taux élevés d'échec et d'abandon des études. Dans un pays où l'on donne une très grande importance aux diplômes pour obtenir un emploi, cette situation aggrave le chômage des jeunes.

Les universités françaises ont toujours reçu un grand nombre d'étudiants étrangers. A Paris, ils ont même un lieu de résidence qui leur est réservé: la Cité internationale universitaire de Paris dans le 14e arrondissement. Aujourd'hui, la majorité des étudiants étrangers (358 000 en 2019, dont un peu plus de 50% de femmes) viennent des pays du Maghreb, de la Chine, et des pays de l'Union européenne. Les étudiants étrangers ne venant pas de l'UE peuvent s'inscrire pour suivre des cours dans les universités françaises et obtenir des diplômes français, mais leurs droits d'inscription sont plus élevés que ceux des Français. Les grandes écoles reçoivent aussi des étudiants étrangers, généralement à la suite d'accords passés avec des institutions très sélectives. Elles envoient aussi des élèves à l'étranger, et pas seulement en Europe. Par exemple, Sciences Po a créé un programme de *dual bachelor's degree* avec Columbia University et University of California, Berkeley.

LES PROBLÈMES

Depuis les années 1960, les problèmes des universités françaises sont nombreux et endémiques: moyens matériels et financiers insuffisants, manque de place pour les étudiants, manque d'enseignants, salaires des professeurs peu attrayants. Les gouvernements français n'ont jamais accordé à ces problèmes une attention prioritaire. La plupart des dirigeants politiques et des hauts fonctionnaires, en effet, viennent des grandes écoles et considèrent les universités avec une certaine condescendance. Les universités françaises, très dépendantes de l'Etat, apparaissent relativement "pauvres" financièrement par rapport à celles de certains autres pays d'Europe (l'Allemagne notamment) ou des Etats-Unis: pour chaque étudiant, elles dépensent en moyenne la moitié de ce que dépense une université publique américaine. Dans les scores internationaux comparant les universités du monde entier (classement de Shanghai), les universités françaises se placent loin des premières places. En 2020, seulement cinq universités françaises se qualifiaient parmi les 100 premières universités du monde et la première université française, l'université Paris-Saclay, se trouvait au 14e rang mondial. Depuis une dizaine d'années, les responsables politiques ont réagi à cette situation et ont cherché par divers moyens à rendre les universités françaises plus compétitives sur le plan international (regroupement d'universités, soutien financier accru à la recherche, y compris par des aides provenant de l'Union européenne). Des expériences limitées de financement privé des universités, par exemple par des contrats de recherches avec des entreprises, ont aussi été mises en place.

Certains réformateurs (à droite surtout) souhaiteraient donner une liberté académique et financière beaucoup plus grande à chaque université, en s'inspirant du modèle américain, par exemple en donnant aux universités la possibilité de sélectionner librement leurs étudiants. C'est la voie qu'avait tenté de suivre le président Nicolas Sarkozy (2007–2012). Face à l'opposition de la gauche, des enseignants, et de la majorité des étudiants, qui voient le système universitaire américain comme critiquable—un pays où il faut être riche pour aller à l'université, dit-on—ces réformateurs se sont heurtés à de fortes résistances. La majorité des étudiants restent très attachés à un système universitaire quasi-gratuit et uniforme sur le plan national. Ils se mettent en grève (souvent avec le soutien de leurs professeurs) et "descendent dans la rue" massivement dès qu'ils voient apparaître une menace à leur capacité à faire des études, par exemple une hausse des droits d'inscription, une sélection à l'entrée des universités, ou un manque de professeurs.

Dans la réalité de la vie sociale, les études avec droits d'inscription très faibles ne signifient pas que la compétition pour obtenir des diplômes est égalitaire. Cette compétition serait réellement égalitaire si les étudiants venaient tous d'une même famille. Le capital culturel transmis aux enfants par leur famille (connaissances générales sur le monde, curiosité intellectuelle, façon de s'exprimer) joue un rôle crucial dans la réussite scolaire et universitaire. Le système éducatif français a longtemps ignoré ou sous-estimé ce facteur d'inégalité et a survalorisé l'égalité formelle du système d'enseignement (traitement identique pour tous). Dans les années 1970, le sociologue Pierre Bourdieu avait remarqué que les critères de valeur utilisés pour juger les élèves ou les étudiants ne sont pas socialement neutres, mais favorisent les enfants des classes dirigeantes de la société. Depuis ce diagnostic, les inégalités dans l'accès à l'enseignement supérieur se sont accrues. En 2016–2017, 64% des effectifs des grandes écoles étaient enfants de cadres et membres de professions intellectuelles supérieures, alors que ces catégories socio-professionelles représentaient seulement 23% de la population. Dans les rangs des universités, les enfants de milieux favorisés sont aussi sur-représentés.

Face à cette situation, des mesures ont été prises pour tenter de remédier aux inégalités d'accès à l'enseignement supérieur, notamment aux grandes écoles. En 2001 par exemple, l'IEP (Sciences Po) Paris créa une voie d'admission particulière pour des candidats venant de lycées situés dans les quartiers socialement défavorisés. Cette mesure pionnière était assez étonnante, car elle ne suivait pas le principe universaliste d'égalité absolue entre tous les candidats à l'admission. Les enfants d'ouvriers sont passés de 1% des élèves en 1998 à 4,5% en 2011. Les résultats furent décevants car cette voie d'admission particulière fut utilisée aussi par des candidats venant de classes sociales relativement élevées. Sciences Po a donc décidé d'abolir le concours d'entrée à partir de 2021 et de le remplacer par une préadmission sur dossier (résultats du bac, rédaction d'un essai) suivie d'un entretien oral: c'est une révolution dans le monde des grandes écoles toujours très attaché aux concours d'entrée. L'ESSEC (Ecole supérieure des sciences économiques et commerciales) créa en 2002 un système de soutien scolaire renforcé pour des élèves de lycées de milieu populaire afin de faciliter leur réussite au concours d'entrée. Ce type de programme a eu des résultats favorables et a été imité par d'autres grandes écoles en partenariat avec des lycées situés en zones socialement défavorisées: des dizaines de milliers de lycéens ont bénéficié de ce soutien spécial dans toute la France. En 2010, toutes les classes préparatoires aux grandes écoles furent obligées d'inclure 30% d'élèves provenant de familles aux revenus modestes (bénéficiant de bourses de l'Etat). Ces mesures radicales visent à extraire les meilleurs élèves venant de milieux défavorisés pour faciliter leur accès aux formations élitistes du système d'enseignement français. Au concours d'entrée à l'ENA, on a créé des places réservées spécialement à des candidats qui ne sont plus de jeunes étudiants, mais sont plus âgés et sont déjà fonctionnaires de l'Etat (c'est le concours "interne"). Cela a permis d'élargir le recrutement des hauts-fonctionnaires. Les résultats de toutes ces initiatives ont été positifs, mais cela n'a eu que des effets limités sur la diversité sociale des élèves des grandes écoles.

Discussions

1. Est-il exact de dire que la vie des jeunes Français se décide au lycée?
2. Faut-il abolir les grandes écoles en France?
3. La quasi-gratuité des études universitaires n'a-t-elle que des avantages?
4. Les universités urbaines (à la française) sont-elles préférables aux universités localisées sur des campus isolés (à l'américaine)? Quels sont les avantages et les inconvénients de chaque système?
5. Quelles réformes proposeriez-vous si vous étiez ministre de l'Enseignement supérieur en France?

Sujets de travaux oraux ou écrits

1. Présentez une grande école française de votre choix.
2. Comparez le système d'admission des étudiants dans l'enseignement supérieur français (universités et grandes écoles) et dans le système universitaire américain.
3. Expliquez comment fonctionne le système d'échanges d'étudiants entre universités européennes (Erasmus). Quels sont ses avantages?
4. Interrogez un étudiant ou une étudiante française de passage sur votre campus à propos de son expérience universitaire en France et aux Etats-Unis.

Chapitre 14
L'économie

La France a aujourd'hui le 7e rang mondial pour le produit intérieur brut (PIB) derrière les Etats-Unis, la Chine, le Japon, l'Allemagne, le Royaume-Uni, et l'Inde. Elle est presque à égalité avec ces deux derniers pays, donc proche de la 5e place.

LA CONCEPTION FRANÇAISE DE L'ÉCONOMIE DANS LE PASSÉ

Pour comprendre la structure et le fonctionnement de l'économie française, il faut—comme pour le système politique ou l'éducation—remonter aux valeurs fondamentales de la culture française. L'influence de la morale catholique et du rationalisme centralisateur sur les Français permet de comprendre certaines différences essentielles entre l'économie française et l'économie américaine.

La morale catholique a longtemps exalté l'esprit de sacrifice et elle a été hostile au profit commercial et financier, car le profit était le signe de l'esprit de lucre (*greed*), donc du mal. L'Etat français a continué à exalter cet idéal désintéressé: "L'égoïsme est un vice incompatible avec la République," proclamaient autrefois les manuels scolaires français. Bien entendu, comme partout ailleurs, il y a toujours eu des Français qui aimaient le profit et qui se sont enrichis, parfois beaucoup et très vite. Mais (c'est cela qui est important) l'attitude de ces Français allait contre la morale dominante dans la société, la morale enseignée à l'école, à l'église, dans les familles. Il fallait cacher son goût pour le profit ou bien risquer d'être publiquement critiqué et méprisé. Ceci aide à mieux comprendre pourquoi dans le passé les bourgeois français ont souvent été tentés par le "rêve aristocratique": ressembler à des nobles permet de faire croire que l'on n'a pas cherché à posséder ce que l'on a et qu'on l'a hérité. Dans les codes traditionnels de la bourgeoisie française, la richesse ne doit jamais s'étaler d'une manière trop visible; elle doit rester discrète et se laisser deviner plutôt que de se laisser voir. Il faut éviter tout ce qui fait "nouveau riche."

Cet héritage culturel n'a évidemment pas été très favorable au développement du système économique de libre-marché. On trouve donc encore aujourd'hui en France un vieux fond d'hostilité et de crainte vis-à-vis du capitalisme. Ceci explique pourquoi l'attitude des Français à l'égard du libre jeu du marché économique est plus hésitante et ambivalente que celle des Américains. Le libre-marché capitaliste, en effet, se concilie difficilement avec la conception française de la liberté comme droit d'exister plutôt que droit de faire. Permettre aux plus forts économiquement et aux plus efficaces d'éliminer les plus faibles, n'est-ce pas légitimer la loi de la jungle, c'est-à-dire le contraire d'un monde humain, ordonné, et civilisé où chacun a le droit d'exister? Dans le chapitre sur la nature humaine nous avons noté la répulsion traditionnelle de la culture française à l'égard de la nature incontrôlée, de tout ce qui est "sauvage." Au milieu du 19e siècle, le théologien Henri Lacordaire affirmait ainsi, "Entre le fort et le faible, entre le riche et le pauvre, entre le maître et le serviteur, c'est la liberté qui opprime et la loi qui affranchit" (1848). L'expression "capitalisme sauvage," qui désigne dans la bouche des Français une économie de marché non réglementée, traduit bien une répulsion morale.

Dans le passé, cette méfiance culturelle vis-à-vis du capitalisme a beaucoup favorisé les succès électoraux des partis socialiste et communiste en France. Elle a aussi été utilisée par l'extrême-droite nationaliste qui voyait le capitalisme comme exclusivement préoccupé de profit, sans souci de l'intérêt national. Jusqu'au milieu du 20e siècle, les capitalistes français eux-mêmes (banquiers, propriétaires d'entreprises, d'usines) avaient souvent peur de la concurrence, de la compétition. Leur idéal était que tout reste stable, que chaque producteur ou vendeur ait sa part de marché, s'en contente et n'agresse pas les autres. Mettre en faillite un concurrent ou renvoyer un employé après de longues années de loyaux services étaient vus comme des actes inhumains et méprisables. Il ne fallait pas, en effet, que la machine économique dérange l'équilibre des rapports humains et sociaux; sans doute les révolutions et les guerres l'avaient-elles fait trop souvent. Cette manière de voir les choses a contribué à ralentir la modernisation économique du pays au 19e et au début du 20e siècle, même si la France brillait dans quelques secteurs de pointe comme l'automobile. A cela, il faut ajouter les considérations politiques: en effet, les partis du centre et de droite qui ont été souvent au pouvoir à cette époque craignaient que le développement de l'industrie n'accroisse le nombre des ouvriers d'usine qui voteraient pour l'extrême-gauche socialiste et communiste; ils n'avaient donc aucune envie de favoriser la multiplication des usines.

LES NOUVELLES ATTITUDES VIS-À-VIS DE L'ÉCONOMIE

Cette vision traditionnelle a commencé à changer après 1945 lorsque les Français ont pris brusquement conscience de leur retard économique, accusé d'avoir contribué à leur défaite face à l'Allemagne en 1940. L'exode rural vers les villes, par exemple, a enfin été accepté comme une conséquence inévitable de la modernisation du pays et a même été encouragé par les gouvernements, ce qui aurait été impensable auparavant. Les Français sont alors dans l'ensemble devenus beaucoup plus pro-industriels, productivistes, et modernisateurs qu'auparavant. C'est la période des "Trente glorieuses" années—1945–1975—pendant lesquelles la France a connu la croissance économique la plus forte et la plus rapide de son histoire (une allusion aux "trois glorieuses" journées de la révolution de 1830). Durant cette période, la "société de consommation" que nous connaissons aujourd'hui (surabondance d'objets à bas prix, crédit facile, chacun dépense le plus possible) a remplacé la "société de pénurie" (confort matériel réservé à une minorité, la majorité des gens dépensent le moins possible et épargnent) qui avait toujours existé dans le passé. Le pouvoir d'achat du salaire moyen en France a doublé entre 1950 et 1970, ce qui est tout à fait extraordinaire dans l'histoire économique du pays. La croissance économique s'est poursuivie après 1975, mais à un rythme beaucoup moins rapide. Depuis les années 1980, et surtout depuis la crise financière de 2008, la croissance économique et le pouvoir d'achat du salaire moyen stagnent.

Tout de même, les Français ont, dans leur majorité, toujours été hostiles à l'instauration dans leur pays d'une économie entièrement contrôlée par l'Etat et qui nierait toute liberté individuelle. Les mêmes valeurs qui les poussent à s'opposer au capitalisme—le grand respect pour tout ce qui est individuel, distinct, et unique—les conduisent aussi à refuser un système économique collectiviste complètement soumis à l'Etat (comme c'était le cas en Union Soviétique).

Cette double peur—à l'égard du capitalisme et à l'égard de l'économie étatisée—fait que les Français ont très souvent hésité pour savoir exactement quel régime économique était le meilleur pour leur pays. Cette question a été très débattue en France au 20e siècle et a engendré des affrontements politiques parfois violents

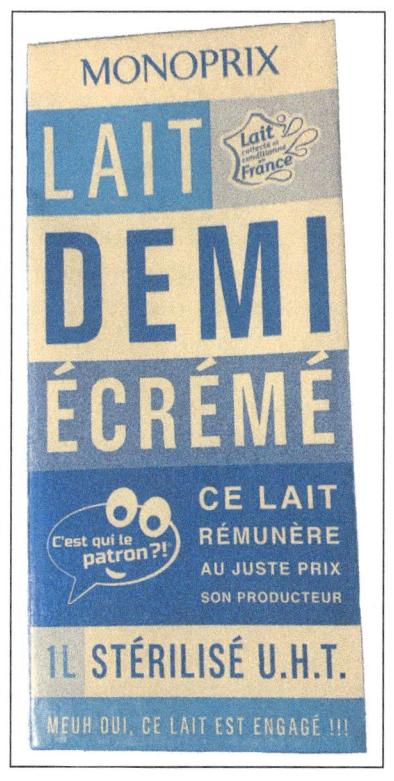

14.1 Un lait qui rémunère "au juste prix" et ne sous-paie pas son producteur.

entre la droite (plus favorable au libre-marché capitaliste) et la gauche (plus favorable à l'économie étatisée). Depuis les années 1970, la montée de l'individualisme, le développement de la société de consommation, et le déclin des systèmes communistes ont clairement favorisé la cause de l'économie de libre-marché en France, sans pour autant mettre fin aux hésitations et contradictions des Français.

L'enrichissement accéléré de la France a aussi contribué à changer sensiblement les attitudes des Français. Une vaste majorité d'entre eux reconnaissent aujourd'hui l'efficacité du système capitaliste et ils acceptent mieux qu'avant la compétition en matière économique et la légitimité du profit. Une révolution des esprits s'est produite dans ce domaine depuis les années 1980. Mais certains préjugés anciens subsistent, par exemple celui contre l'enrichissement individuel trop rapide, qui reste souvent suspect. Les Français conservent aussi certaines traditions politiques qui font que leur capitalisme est (comme celui des Allemands ou des Japonais) assez différent du capitalisme à l'américaine.

LE RÔLE DE L'ETAT DANS L'ÉCONOMIE

Aux Etats-Unis, le gouvernement est vu, en principe, comme une sorte d'arbitre chargé de faire respecter les règles du jeu économique. Sa principale fonction est, comme en politique, de s'assurer que le combat est juste (*fair*), que les lois de la compétition sont bien respectées par tous. En temps normal (c'est-à-dire en dehors des situations de crise), il intervient, mais son action pèse surtout sur l'environnement juridique, financier, ou sanitaire, par exemple, dans lequel opère l'économie de marché, et il laisse les agents économiques (entreprises) libres d'agir à leur guise. Son soutien est direct et massif (achats, crédits, réductions d'impôts) dans certains domaines à valeur stratégique pour l'économie (armements, agriculture, pétrole et gaz, prêts immobiliers, exportations, par exemple). Le gouvernement fédéral ne possède pas d'entreprises en dehors de quelques services publics comme la poste. Tout comme les principes de la démocratie, la loi du libre-marché tend à être vue par les Américains comme un donné "naturel," quelque chose qui va de soi: démocratie et libre-entreprise leur semblent aller ensemble. Démocrates et républicains sont d'accord là-dessus, même s'ils se divisent sur le point de savoir où placer les limites de l'intervention étatique. Ici encore, l'Etat est facilement perçu comme une menace pour la liberté (*Big Brother*) plutôt que comme son promoteur comme en France. Le gouvernement surveille en arbitre comment les entreprises "jouent," mais qui gagne et qui perd ne le concerne pas. D'une manière générale, en effet, on présume en Amérique que ce qui est bon pour l'efficacité économique est bon aussi pour la société, et la recherche de l'efficacité économique est vue comme l'affaire des entreprises, non du gouvernement.

En France, les choses sont assez différentes, car l'Etat ne considère pas son rôle de la même manière. Il se voit comme étant non seulement l'arbitre, mais aussi une sorte d'entraîneur (*coach*). La logique est la suivante: les agents économiques privés ne suivent que leurs intérêts particuliers, sans souci du bien commun de la société et de la nation. Il faut donc une force à la fois directrice et dynamisante pour guider leurs activités dans un sens favorable à l'intérêt collectif national. L'Etat est cette force directrice qui stimule l'énergie des "joueurs" et les incite à aller dans la bonne direction pour que l'"équipe France" soit gagnante. Ici encore, on retrouve l'idée française de l'Etat comme force de progrès et guide "éclairé" qui montre la direction à suivre et lance des initiatives audacieuses. Ce rôle peut parfois contredire celui de l'Etat protecteur. Par exemple, le gouvernement peut décider de construire des centrales nucléaires, provoquant une réaction négative des habitants des régions avoisinantes qui se sentent "trahis" par l'Etat. En réalité, les nombreuses et parfois violentes manifestations de certaines catégories professionnelles contre le gouvernement en France n'expriment pas une hostilité fondamentale contre l'Etat, mais plutôt une déception à son égard. C'est parce que les agriculteurs, les routiers, les pêcheurs, les chauffeurs de taxi, ou les petits commerçants ont l'impression que l'Etat-protecteur et la classe politique qui gouverne les abandonne et trahit sa mission en ne les protégeant pas qu'ils laissent exploser leur colère. Le mouvement de protestation des "gilets jaunes" de 2018–2020 a suivi ce modèle: ils se sentaient abandonnés par l'Etat qui semblait sourd à leurs revendications.

Le gouvernement français intervient donc plus directement dans l'économie que le gouvernement américain. Cette forme de capitalisme où le gouvernement joue un rôle de leader économique a été appelée le "dirigisme." La France est le pays occidental où, depuis 1945, ce système a été le plus poussé. Le dirigisme français n'est pas particulier aux gouvernements de gauche; ceux de droite l'ont aussi pratiqué—par exemple, lorsque le général de Gaulle était président entre 1959 et 1969—avec une approche plus pragmatique (promouvoir l'intérêt économique national) et moins idéologique (méfiance à l'égard du capitalisme) que ceux de gauche.

Au-delà des facteurs proprement culturels et moraux, deux éléments historiques importants permettent de comprendre pourquoi le dirigisme a occupé une telle place en France. Il y a tout d'abord l'ancienne tradition "mercantiliste" (il faut développer le commerce pour accroître la puissance de l'Etat) de la monarchie des 17e et 18e siècles. Les rois de France considéraient comme un devoir de leur fonction d'encourager les innovations et de protéger l'industrie nationale par toutes sortes de moyens (concession de monopoles ou de privilèges fiscaux). Le monarque était lui-même créateur et propriétaire d'entreprises modèles, les "manufactures royales" telles que la manufacture des Gobelins qui fabriquait des tapisseries. On se tournait automatiquement vers lui pour obtenir un soutien, une protection, ou une interdiction. La disparition de la monarchie n'a pas aboli cette façon de voir les choses: l'Etat républicain moderne a en quelque sorte pris la place du roi.

Plus récemment, les deux guerres mondiales ont également beaucoup favorisé le dirigisme. Par deux fois, ces guerres ont rendu nécessaire l'intervention directe et massive du gouvernement dans l'économie afin d'orienter et de coordonner l'effort de guerre, puis l'effort de reconstruction nationale. Les systèmes de contrôle et de planification étatiques mis en place pour affronter ces circonstances difficiles ont été conservés par la suite et mis au service de la croissance économique. Ceci fut le cas notamment après 1945: il fallait pousser vigoureusement le pays à se moderniser et abandonner la vision nostalgique d'une France rurale et traditionnelle protégée des laideurs du monde industriel.

Une Américaine qui observe la France est généralement frappée par l'importance du rôle de l'Etat dans la vie économique française. Elle est surprise, notamment, par le nombre et l'ampleur des grèves qui sont directement dirigées contre le gouvernement et que peuvent lancer les postiers, les conducteurs de train, les dockers, les médecins, les infirmières, les enseignants, les gardiens de musée, les employés du métro de Paris, les journalistes de Radio France, le personnel des centrales nucléaires, les danseurs de l'opéra de Paris, ou les ouvriers fabriquant des cigarettes. Toutes ces personnes, en effet, et beaucoup d'autres, travaillent pour des entreprises publiques ou bien ont des revenus contrôlés par l'Etat. Cette Américaine est encore étonnée d'apprendre qu'en 2019 l'Etat français contrôlait financièrement directement ou indirectement 1 751 sociétés employant 767 000 personnes. Une grande partie de ces sociétés sont des filiales de trois grands groupes: Electricité de France (EDF), la Société nationale des chemins de fer français (SNCF), et la Poste.

Ce secteur public important est l'héritage de presque cinquante années de nationalisations d'entreprises privées, entre 1936 (chemins de fer) et 1981. L'objectif de ces nationalisations—généralement réalisées par des gouvernements de gauche—était de donner à l'Etat le contrôle de secteurs-clés de l'économie pour pouvoir mieux orienter celle-ci dans la bonne direction. Dans certains cas, les entreprises publiques sont en compétition directe avec des entreprises privées. La Poste elle-même entre en compétition avec les banques, offrant des comptes bancaires (les comptes de chèques postaux) et toute une variété de placements financiers et d'assurance-vie.

Dans les années 1980, un grand nombre de dirigeants politiques et économiques du pays ont pris conscience que les entreprises publiques n'étaient pas mieux gérées que les entreprises privées. Les pressions exercées par le gouvernement ou la certitude de ne pas faire faillite pouvaient même conduire les entreprises publiques à une gestion laxiste qui risquait d'être coûteuse pour l'Etat. Le mouvement s'est donc inversé et les gouvernements de droite qui sont arrivés au pouvoir en 1986 puis en 1993 ont commencé à privatiser un certain nombre d'entreprises publiques importantes (chaînes de télévision, banques, compagnies d'assurance, sociétés pétrolières). L'objectif de vendre au privé la majorité des entreprises ou des parts d'entreprises possédées par l'Etat est aujourd'hui bien avancé. Mais un tel mouvement a suscité dans le passé et continue à susciter des résistances, car les salariés de ces entreprises veulent généralement que l'Etat continue à les contrôler. Ils voient cela comme garantie pour leur emploi, car contrairement aux employeurs privés le gouvernement est toujours soucieux de ne pas accroître le chômage. D'une manière générale, il y a eu un recul très marqué du dirigisme en France depuis la fin des années 1980, époque où l'effondrement du communisme en Europe de l'Est a conduit à valoriser le libre-marché.

La place de l'Etat dans l'économie se manifeste également par une réglementation plus serrée et plus intrusive qu'aux Etats-Unis. Un grand nombre de prix sont contrôlés plus ou moins directement par l'Etat: pain, lait, essence, gaz, charbon, électricité, chemins de fer, métro parisien, taxis, tarifs médicaux, médicaments, places dans les théâtres et opéras nationaux, par exemple. L'Etat (loi Lang) oblige à respecter un prix unique national (imprimé sur le livre) pour chaque livre vendu en France, et interdit aux libraires de donner des réductions de plus de 5% afin de protéger les petites librairies. Les commerçants ne peuvent vendre des produits soldés (*on sale*) que pendant deux périodes de six semaines en hiver et en été dont les dates sont fixées par le gouvernement: à partir du dernier mercredi de juin à 8 heures du matin pour les soldes d'été et à partir du deuxième mercredi de janvier à 8 heures du matin pour les soldes d'hiver. (Quelques exceptions à ces règles sont accordées dans les régions frontalières où l'on craint la concurrence des nations voisines.) L'Etat interdit aux propriétaires de logements de faire expulser des locataires entre le 1er décembre et le 15 mars, parce qu'il fait froid (ce n'est pas le cas aux Etats-Unis). L'Etat doit approuver la création de chaque pharmacie et de chaque poste de notaire.

L'Etat en France réglemente souvent à l'échelle nationale des éléments de la vie économique qui, aux Etats-Unis, sont déterminés par le marché ou par des contrats entre syndicats et employeurs. Ceci est particulièrement vrai pour la législation du travail, plus développée et beaucoup plus protectrice des salariés en France qu'aux Etats-Unis. Le Code du travail réglemente dans les moindres détails les rapports entre employeurs et salariés. En France, les salariés sont obligatoirement embauchés par un contrat avec leur employeur. Il y a deux types de contrats: le contrat à durée déterminée (CDD) qui est temporaire, et le contrat à durée indéterminée (CDI) qui est permanent. Contrairement aux employeurs américains, qui peuvent licencier (*fire or lay off*) leurs employés permanents non syndiqués sans donner d'explication à personne, les employeurs français doivent justifier tout renvoi de personnel permanent (CDI) devant l'Inspection du travail, qui peut faire annuler le licenciement par un tribunal si les justifications lui paraissent insuffisantes. On considère en effet que les employeurs ont assumé une responsabilité sociale en employant du personnel; ils doivent rendre des comptes à la société sur cette responsabilité. Tout salarié en France peut demander quelles sont les causes de son licenciement (ce n'est pas le cas aux Etats-Unis): l'employeur doit répondre dans les dix jours qui suivent. L'Etat français dit également aux employeurs combien de jours de vacances ils doivent attribuer à leurs employés (ce n'est pas le cas aux Etats-Unis). Il interdit aux employeurs de remplacer des grévistes par de nouveaux employés ou de faire travailler les femmes enceintes en fin de grossesse (c'est permis aux Etats-Unis).

LES STRUCTURES ECONOMIQUES

La France a longtemps été un pays où dominait massivement la petite entreprise familiale dans le commerce et l'industrie. Quelques grosses entreprises seulement avaient une dimension nationale, appartenant presque toujours à des familles et portant leur nom (Renault, De Wendel, Dassault, par exemple). Il n'y avait pratiquement pas d'entreprises géantes à l'échelle mondiale comme on en trouvait en Allemagne, en Angleterre, ou aux Etats-Unis. Depuis les années 1960, un grand nombre de petites entreprises ont disparu en France, et l'on a assisté à l'essor de puissantes sociétés multinationales d'origine française étendant leurs affaires au monde entier. Certaines de ces sociétés sont la propriété partielle ou entière de l'Etat. Citons par exemple Michelin (pneus), Alcatel (télécommunications), Alstom (matériel ferroviaire), Total (pétrole), Bouygues (travaux publics), BNP Paribas (banques), Danone (alimentation), L'Oréal (produits de beauté), Peugeot-Citroën (automobile), Schneider (matériel électrique), Areva (centrales nucléaires), Club Méditerranée (tourisme), Saint-Gobain (matériaux de construction), et LVMH (produits de luxe). L'Etat a encouragé les fusions et les concentrations afin de créer de grosses unités capables de tenir tête aux grandes entreprises américaines ou européennes. Cela a parfois donné de bons résultats, dans les secteurs pétrolier ou sidérurgique par exemple, mais a aussi conduit à des échecs cuisants, dans le domaine de l'informatique notamment (ordinateurs et logiciels) où la France n'a pas réussi à établir une industrie nationale. Toutefois, en France comme aux Etats-Unis, ce sont toujours les petites et moyennes entreprises (les PME) qui dominent par leur nombre.

L'économie française s'est complètement transformée au cours des soixante-dix dernières années. Sous la pression de la concurrence ouverte par l'unification du marché des pays de l'Union européenne, la France a rapidement rattrapé son retard initial et a créé une des économies les plus performantes du monde. L'agriculture, en particulier—la plus puissante d'Europe—a effectué une révolution technique complète. La France est aujourd'hui le troisième exportateur mondial de produits agricoles et alimentaires après les Etats-Unis et les Pays-Bas, à égalité avec le Brésil. Dans quelques secteurs, l'industrie française est parvenue aux premières places mondiales, égalant ou dépassant les Etats-Unis sur le plan technologique: énergie nucléaire, transports ferroviaires, aviation, ingénierie en travaux publics, et armements, par exemple. De plus, dans quelques domaines de la vie quotidienne, les Français sont technologiquement plus avancés que les Américains: c'est le cas par exemple des trains à grande vitesse (TGV), beaucoup plus rapides que les trains américains. Le tourisme reste un des secteurs les plus brillants de l'économie française avec le premier rang mondial pour le nombre de visiteurs étrangers (89 millions en 2018). Malgré cela, la balance commerciale du pays (le rapport entre la valeur totale des exportations et la valeur totale des importations) est depuis longtemps négative. La France importe plus qu'elle n'exporte à cause de l'énorme facture

14.2. Train à grande vitesse (TGV).

énergétique (la France n'a pas de pétrole et peu de gaz), de la taille trop petite de beaucoup d'entreprises industrielles peu capables d'exporter, et de la concurrence des pays à bas coûts de production.

Dans certains secteurs économiques, la France n'a pas voulu ou n'a pas pu faire face à la concurrence étrangère et le déclin a été rapide: l'industrie française des appareils-photos, très développée jusqu'aux années 1970 (marques Gallus, Cornu, Cord, Coronet, Drepy, Kinax, Atoms, Rex) et celle des motocyclettes (marques Scorpa, Voxan, Magant-Debon, Peugeot, Terrot), par exemple, ont disparu. C'est le cas aussi de la fabrication des chaussures. Le textile est en fort recul; l'électronique aussi (postes de télévision, articles électro-ménagers) face à la concurrence des produits asiatiques. L'industrie française est prise entre deux feux: d'une part, son champ de hautes performances n'est pas aussi large que celui des industries américaine, japonaise, ou allemande; elle n'excelle que dans quelques secteurs bien définis. D'autre part, elle est mal équipée pour affronter la compétition des pays à bas salaires, qui ne sont pas seulement des pays du tiers-monde, mais aussi ceux d'Europe de l'Est, membres de l'Union européenne, où les lois sociales sont différentes et le niveau de vie plus bas qu'en France. Ceci crée parfois de brusques revendications de protectionnisme dans certaines professions (chez les agriculteurs ou les pêcheurs, par exemple).

Un reproche fréquent fait par les Français eux-mêmes aux industriels et aux gouvernants de leur pays est leur passion pour les projets audacieux qui mettent en valeur la prouesse technologique, mais dont les gains économiques sont discutables. Leur héritage culturel conduit souvent les Français à concevoir les réalisations industrielles comme si elles étaient des oeuvres d'art uniques: on s'enthousiasme pour l'aspect technique et novateur d'un projet et l'on attache moins d'importance à son coût ou à sa rentabilité. On compte ainsi depuis un demi-siècle un certain nombre de réalisations françaises techniquement brillantes qui font l'admiration des étrangers, mais qui ont été difficiles à commercialiser ou trop coûteuses

14.3 Le vignoble du Clos Vougeot en Côte de Nuits (Bourgogne) produit l'un des grands crus les plus réputés de France.

à reproduire: l'avion supersonique Concorde, l'usine marémotrice de la Rance (un barrage hydroélectrique sur la mer), la centrale nucléaire Superphénix, le procédé de télévision SECAM, ou plus récemment l'avion géant Airbus 380 dont la production cesse en 2021. La culture économique française est plus ancrée dans une éthique de l'honneur, de la prouesse, et du prestige qui pousse à valoriser la création. Le côté positif de cette tendance est qu'elle conduit à produire des objets de très haute qualité; le danger est qu'elle conduit à croire que cette très haute qualité suffit pour faire vendre un produit.

Le système de taxation est aussi un domaine de l'économie où la France apparaît très différente des Etats-Unis. Comme dans le reste de l'Union européenne, la taxe levée par l'Etat français sur les produits et les services achetés (appelée "taxe sur la valeur ajoutée" ou TVA) est beaucoup plus élevée qu'aux Etats-Unis. Le gouvernement fédéral américain, en effet, ne collecte pas de taxe générale sur la consommation; l'essentiel de ses revenus vient des impôts sur le revenu et sur les plus-values du capital. Une cause historique de cette différence tient sans doute à ce que les péages et les taxes sur la consommation sont beaucoup plus anciennes—remontant au Moyen-Age en France—que l'impôt sur le revenu, créé au 20e siècle. On remarque également que la fraude fiscale est plus difficile à pratiquer sur les taxes sur la consommation que sur l'impôt sur le revenu: l'Etat français préfère donc le système dans lequel il y a moins de fraude. Aux Etats-Unis, les souvenirs de la Boston Tea Party et l'idéal démocratique d'une "contribution volontaire" des citoyens aux dépenses publiques ont fait privilégier les impôts sur la propriété et le revenu plutôt que sur la consommation. Sur tout ce que l'on achète en France (biens et services), la TVA est normalement de 20% du prix. Il y a des taux réduits de 2 à 10% pour certains produits et services (hôtels, restaurants, livres, alimentation, médicaments, places de théâtre et de concert). Contrairement à ce que l'on voit aux Etats-Unis, les prix affichés incluent toujours les taxes. Les taxes sur l'électricité (35%), l'essence (64%), et les cigarettes (80%), qui visent à freiner la consommation, sont extrêmement élevées.

Les "charges sociales" sur les salaires que paient obligatoirement les employeurs et les employés (assurances médicales et de chômage, retraites, allocations familiales) sont également plus élevées qu'aux Etats-Unis. Par contre, l'impôt sur le revenu est plus faible en France qu'aux Etats-Unis, surtout pour les gens à bas et moyen revenus: 60% des foyers fiscaux français (22 millions sur 38 millions) ne paient aucun impôt sur le revenu. Les Américains s'étonnent souvent du poids de la fiscalité en France et se demandent comment les Français peuvent le supporter. En réalité, les taxes sur la consommation peuvent apparaître plus "volontaires" que l'impôt sur le revenu, car on peut refuser d'acheter un produit trop taxé. Mais lorsque ces taxes sont extrêmement élevées, comme c'est le cas en particulier sur l'essence en France, leur niveau peut susciter des réactions hostiles. Toutefois, d'une manière générale, les Français acceptent le poids élevé des taxes et impôts parce qu'il savent qu'une grande partie de cet argent leur revient sous la forme de gratuité de services (écoles maternelles, universités, frais médicaux), d'allocations multiples (familiales ou de maternité), et d'une infrastructure de haute qualité (routes, réseaux de transport).

Tableau 1. Pourcentage du produit intérieur brut (PIB) collecté par les taxes sur le revenu, la propriété, et la consommation en 2017	
France	46%
Danemark	46%
Suède	44%
Italie	42%
Allemagne	37%
Espagne	34%
Grande Bretagne	33%
Canada	32%
Suisse	28%
Etats-Unis	27%

Bien que la France et les Etats-Unis soient des pays offrant des niveaux de vie moyens comparables, les différences de prix de certains produits ou services entre les deux pays peuvent être énormes. C'est par exemple le cas des frais médicaux et des médicaments, qui coûtent beaucoup plus cher aux Etats-Unis qu'en France.

Cette différence est due au fait que les Etats-Unis sont le seul pays occidental où le prix des frais médicaux et des médicaments est librement fixé par ceux qui les fournissent, et non pas négocié avec le gouvernement.

LES FEMMES DANS L'ÉCONOMIE

Les femmes ont toujours joué un rôle important dans la vie économique en France, mais ce rôle a beaucoup changé au cours du 20e siècle. A la suite des bouleversements provoqués par les deux guerres mondiales qui ont soudainement enlevé des millions d'hommes au marché du travail, les Françaises ont été amenées à exercer des professions qui étaient auparavant occupées surtout par les hommes: ouvrière d'usine, employée des postes, secrétaire, infirmière, enseignante dans les écoles, serveuse dans les restaurants, par exemple. Parallèlement à cette évolution se développa, sous l'influence du féminisme, un mouvement revendiquant plus d'égalité entre les hommes et les femmes. Ce mouvement prit de l'ampleur à partir du milieu du 20e siècle (droit de vote aux femmes en 1944) et s'accéléra à partir des années 1970, affectant la situation des femmes dans la vie économique. Des lois nouvelles ont été votées et des règlements nouveaux ont été promulgués afin de lutter contre les inégalités et les discriminations dont les femmes étaient victimes dans le monde du travail.

Sur le plan de l'égalité de situation avec les hommes dans le travail, les progrès ont été limités, et beaucoup reste encore à faire. En 2017, 7% des hommes et 30% des femmes travaillaient à temps partiel: il y a là une source très importante d'inégalité entre les deux sexes. Les emplois peu qualifiés et précaires sont en majorité occupés par des femmes. Ces inégalités sont souvent la conséquence de discriminations plus ou moins subtiles. Mais d'autres causes jouent aussi qui peuvent handicaper le tracé professionnel des femmes, par exemple si elles quittent leur travail pour élever leurs enfants ou pour suivre leur partenaire au lieu de son nouvel emploi. On remarque que les filles ont en moyenne de meilleurs résultats scolaires que les garçons: leur taux de réussite au baccalauréat est supérieur à celui des garçons. Mais elles perdent cet avantage par la suite parce que la pression sociale tend à décourager leur entrée en nombre égal vers les études scientifiques et commerciales de haut niveau qui donnent accès à l'élite économique. La proportion des femmes a beaucoup augmenté dans certaines professions comme médecin, juge, avocate, ou professeure d'université; mais ce sont des professions que l'on pourrait appeler "sociales" (où l'on travaille avec les personnes) et non pas des professions attachées à la production et à l'économie (où l'on travaille avec les choses) comme l'architecture, l'ingénierie, ou la banque: là, les femmes restent minoritaires.

Une législation importante a été mise en place au cours des cinquante dernières années pour tenter de remédier aux discriminations et inégalités entre femmes et hommes dans le monde du travail. En 1972, une loi donna aux femmes l'égalité de rémunération avec les hommes pour un travail égal. Cette loi fut renforcée en 2006, mais elle n'est pas toujours appliquée dans la pratique. En 1974 fut créé un Secrétariat d'Etat à la condition féminine (devenu en 1981 Ministère des droits de la femme, puis à nouveau Secrétariat d'Etat). En 1975, une loi a interdit toute discrimination fondée sur le sexe dans l'emploi. La loi Roudy de 1983 favorisa l'égalité professionnelle des femmes avec les hommes. En 1992, puis à nouveau en 2002 et 2012 furent votées des lois réprimant le harcèlement sexuel au travail. La loi Génisson de 2001 chercha à remédier aux inégalités entre hommes et femmes dans l'accès à l'emploi, la formation professionnelle, la promotion, et les conditions de travail. Elle oblige les entreprises à rendre un rapport sur les progrès accomplis dans ce domaine. Une loi de 2002 réprima le harcèlement moral (créer délibérément de mauvaises conditions de travail pour faire partir volontairement un salarié que l'on ne peut pas renvoyer). Un "label égalité" a été attribué depuis 2006 aux entreprises qui font avancer l'égalité entre les sexes dans l'emploi. Enfin, une loi en 2006 s'est attaquée de nouveau aux inégalités de rémunération avec l'objectif de faire disparaître ces inégalités en 2010, objectif qui n'est toujours pas réalisé aujourd'hui.

Ces lois ont été souvent mal respectées et les progrès ont été lents. Un problème particulièrement aigu est celui du plafond de verre, c'est-à-dire les discriminations et obstacles parfois peu visibles qui bloquent l'accès des femmes aux postes de direction. En 2011, la loi Copé-Zimmerman a fixé un quota obligatoire de femmes dans les conseils d'administration (*board of directors*) des entreprises: 20% au minimum en 2014 et 40% en 2017. Cet objectif a été atteint (elles étaient 43% en 2019). Mais l'accès des femmes aux plus hautes fonctions des grandes entreprises reste rare. Isabelle Kocher, la première femme à diriger une entreprise du CAC 40 (les 40 plus grandes entreprises françaises cotées en bourse, équivalent au *Fortune 500* des entreprises américaines) n'a été nommée à ce poste qu'en 2016; l'entreprise est Engie. On peut également citer Sophie Bellon et Anne-Marie Couderc, présidentes du conseil d'administration des entreprises CAC 40 (Sodexo et Air France-KLM, respectivement). Malgré les progrès accomplis, la France reste loin derrière les pays d'Europe (Norvège, Suède, Pays-Bas) qui ont le meilleur rang pour l'égalité hommes-femmes en matière de salaires et d'accès aux postes de direction.

On remarque que la législation française a favorisé les femmes qui veulent combiner un emploi avec les rôles de mère: interdiction de licencier les femmes enceintes, congés de maternité payés, allocations familiales, crèches subventionnées, écoles maternelles gratuites. Les pères bénéficient aussi de congés de paternité. C'est une différence majeure avec les Etats-Unis où ce type d'aide publique n'existe pas. Ces mesures ont contribué à une hausse importante du taux d'emploi des femmes en France depuis les années 1970. En 1975, 53% des femmes âgées de 15 à 64 ans avaient un emploi. En 2018, ce chiffre était de 68% (comparé à 75% des hommes). Ce taux français est toutefois plus bas qu'aux Etats-Unis, ce qui semble paradoxal puisqu'il est plus facile de combiner maternité et emploi en

France qu'aux Etats-Unis. L'explication tient au fait que les Françaises entrent sur le marché du travail plus tard en âge que les Américaines et en sortent plus tôt (retraite plus précoce).

LA CULTURE DU TRAVAIL

La manière dont les Français considèrent le travail dans leur vie, ce que l'on pourrait appeler la "culture du travail," est différente en France et aux Etats-Unis. Dans le rapport entre travail et loisirs, les Français valorisent plus la qualité de vie que les Américains. Ils considèrent plus facilement que le but de la vie ce sont les loisirs, et que le travail n'est qu'un moyen d'y parvenir. Si le choix leur était proposé, ils accepteraient plus facilement que les Américains de gagner moins d'argent pour avoir de plus longues vacances. Tous les salariés en France ont légalement droit (après un an d'emploi) à cinq semaines de congés payés par an. Aux Etats-Unis, la loi n'oblige pas les employeurs à donner des congés payés à leurs salariés. Sur les lieux de travail, les Français s'arrêtent toujours de travailler—en général une heure, quelquefois deux—pour déjeuner à midi. Personne n'apporte son déjeuner dans un sac en papier. Déjeuner à son poste de travail avec un sandwich correspond à une attitude américaine qui n'établit pas de frontières très claires entre les activités. Pour les Français, travail et repas sont rigidement séparés: il faut donc quitter son lieu de travail et s'asseoir à table, généralement avec ses collègues de travail dans un restaurant d'entreprise, cafétéria, café, ou bien à son domicile.

Une autre différence intéressante entre la France et les Etats-Unis se trouve dans la hiérarchie des employés, par exemple, avec le mot "cadre" qui désigne chez les Français tout salarié (femme ou homme) ayant une autorité sur d'autres individus dans son travail. Il y a différents niveaux de cadres dans la hiérarchie du travail: cadres subalternes, cadres moyens, cadres supérieurs. Si l'on n'est pas cadre, on ne fait rien d'autre que d'exécuter des ordres. Cette séparation entre cadre et non-cadre distingue celles et ceux qui ont un pouvoir de commandement dans l'entreprise de celles et ceux qui n'en ont pas.

LE SYNDICALISME

Les syndicats sont restés interdits en France jusqu'en 1864. Ils ont ensuite été tolérés puis officiellement autorisés en 1884. Le syndicalisme s'est alors développé régulièrement, avec les mêmes luttes que dans les autres pays industrialisés pour se faire reconnaître, soumis comme ailleurs à l'hostilité systématique des chefs d'entreprise. Une des périodes où le syndicalisme a le mieux prospéré est celle du Front populaire en 1936–1938: les gouvernements de gauche de l'époque ont fait accorder aux salariés des avantages nouveaux, en particulier le droit à des congés payés annuels (alors deux semaines). En 1946, le droit de se syndiquer et celui de faire la grève furent inscrits dans la Constitution elle-même (ce n'est pas le cas aux Etats-Unis).

Aujourd'hui, toutefois, les syndicats français sont plus faibles et moins bien organisés que ceux des pays de l'Europe du Nord (Allemagne, Angleterre, Scandinavie). Leur faiblesse principale vient du fait qu'ils ont toujours été divisés et politisés. Les querelles idéologiques ont souvent joué contre l'unité d'action pour la défense des travailleurs. Le taux de personnes ayant un emploi qui sont membres d'un syndicat est très bas en France: seulement 11%, contre 35% en Italie et 74% en Finlande (2018). Aux Etats-Unis, le taux de syndicalisation est également très bas (11%). Une autre cause de la faiblesse des syndicats en France vient de ce que la loi française oblige toutes les entreprises de plus de 10 salariés à avoir des délégués élus du personnel et celles de plus de 50 salariés à avoir un comité d'entreprise, organe élu représentant les salariés. Délégués du personnel et comités d'entreprises remplissent des fonctions (défendre les intérêts des salariés, surveiller les conditions de travail) qui doublent dans une certaine mesure celles des syndicats.

Bien que le nombre de leurs membres soit relativement réduit par rapport au nombre total des salariés, les syndicats français jouent un rôle politique et social très important, car ils ont le pouvoir de déclencher des grèves suivies par l'ensemble des salariés à l'échelle nationale. Ils participent toujours aux négociations avec les employeurs ou avec le gouvernement. Les conflits entre employeurs et salariés sont portés devant des tribunaux spécialisés: les conseils des prud'hommes dans le secteur privé, et les tribunaux administratifs dans le secteur public.

Le droit de grève ne s'applique pas de la même manière aux Etats-Unis et en France. Aux Etats-Unis, la grève est généralement vue comme un dernier recours si les diverses négociations ou médiations ont échoué; c'est une action souvent dure et

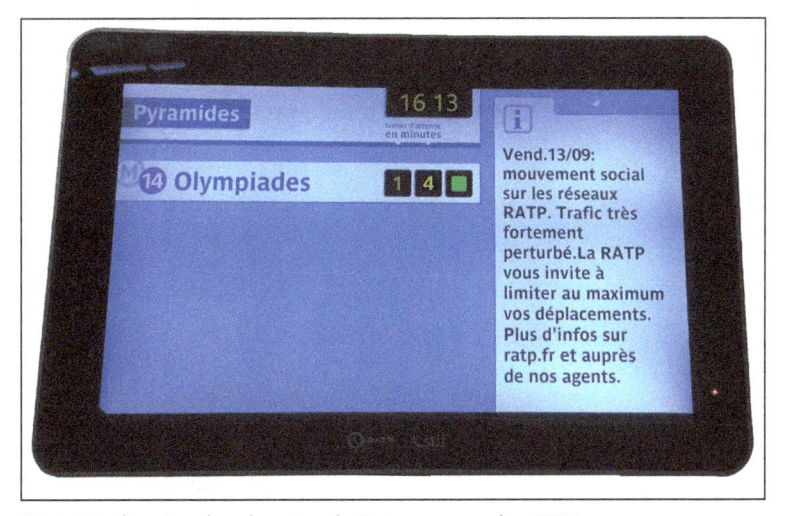

14.4 Avis de grève dans le métro de Paris en septembre 2019.

longue, mais rare. En France, on commence plus facilement une grève dès le début d'un désaccord afin de faire pression sur l'employeur et on négocie sérieusement ensuite. On fait souvent des "grèves d'avertissement" d'une heure ou deux avant de lancer le mouvement. Il y a donc beaucoup plus de grèves en France qu'aux Etats-Unis, mais elles durent moins longtemps.

Comme aux Etats-Unis, les syndicats jouent un rôle essentiel dans les négociations sur les salaires et les conditions de travail. Mais jusqu'à une époque récente en France, ces négociations se faisaient assez souvent en bloc pour toute une profession ou branche d'activité (métallurgie ou industrie textile, par exemple), ce qui n'était pas le cas aux Etats-Unis (les lois anti-trust l'interdisent.) Ces accords généraux s'appellent des "conventions collectives" et s'appliquent à tous les salariés de la branche. Des lois adoptées sous la présidence d'Emmanuel Macron en 2018 ont mis fin à ce système et ont établi la possibilité de négocier sur les salaires et les conditions de travail localement à l'intérieur de chaque entreprise. L'objectif de ces mesures était de libérer les entreprises des contraintes rigides qu'imposaient sur elles les conventions collectives.

Il y a des centaines de différents syndicats professionnels en France. Beaucoup d'entre eux sont affiliés à de vastes organisations syndicales nationales: les principales sont la CGT (Confédération générale du travail) d'obédience communiste, la CFDT (Confédération française démocratique du travail) proche du Parti socialiste, FO (Force ouvrière) puissante chez les fonctionnaires, et la CFTC (Confédération française des travailleurs chrétiens) d'obédience chrétienne de gauche. Il existe aussi un syndicat spécifique pour les cadres, la CFE-CGC (Confédération française de l'encadrement). De nombreux syndicats regroupent les membres d'un seul secteur professionnel (médecins, enseignants, métiers du bâtiment, fonctionnaires, policiers, métiers de l'automobile, par exemple). La FEN (Fédération de l'Education nationale), qui regroupe les enseignants, est sans doute le plus important de ces syndicats professionnels en raison du poids qu'il exerce sur le succès ou l'échec de toute réforme scolaire. La France a également un syndicat patronal regroupant des dirigeants d'entreprises: le MEDEF (Mouvement des entreprises de France) qui défend les intérêts des entreprises et non des salariés.

LE CHÔMAGE

Le chômage, qui a beaucoup augmenté depuis 1970, est depuis des décennies un des plus graves problèmes auxquels est confrontée la société française. Depuis 1985, entre 8% et 10% de la population active (en âge de travailler) est en chômage, environ deux fois plus qu'aux Etats-Unis. La situation est particulièrement difficile pour les jeunes de moins de 25 ans, diplômés ou non, qui ont souvent beaucoup de mal à trouver un emploi. En 2019, 18% d'entre eux sont en chômage. Leur situation est pire encore dans les départements et collectivités d'outre-mer

(DROM-COM) qui souffrent d'un taux de chômage plus élevé qu'en métropole. Les personnes d'origine immigrée et les femmes ont, comme les jeunes, des taux de chômage beaucoup plus élevés que la moyenne de la population, à cause des discriminations. Les cadres sont eux aussi touchés par le chômage, bien qu'à un moindre degré que les autres catégories de salariés.

En général, les chômeurs français sont mieux protégés que les chômeurs américains. Les salariés qui sont licenciés doivent être avertis de leur licenciement un mois à l'avance et trois mois à l'avance s'ils sont cadres (aucun avertissement aux Etats-Unis). Pendant cette période, leur employeur doit leur concéder deux heures par jour d'absence (payées) pour qu'ils puissent chercher un nouvel emploi. Ils peuvent recevoir des allocations de chômage pendant 23 mois (6 mois aux Etats-Unis) et sont toujours couverts par l'assurance-maladie nationale (le chômeur américain perd son assurance-maladie). Toutefois, ces allocations françaises peuvent être réduites si les chômeurs refusent les offres d'emploi qui leur sont faites.

Les mesures prises par les gouvernements français de gauche ou de droite pour faire baisser le chômage (stages de formation, salaire minimum réduit pour les jeunes, réduction des taxes payées par les employeurs) n'ont eu que des effets temporaires et limités. Les critiques politiquement situés à droite dénoncent le coût élevé de la main d'œuvre (assurance-santé, retraite, assurance-chômage, congés payés de cinq semaines) et les lois rigides protégeant l'emploi des salariés: quand il est difficile de licencier des salariés, disent-ils, on hésite à en embaucher de nouveaux. Les critiques politiquement situés à gauche pensent qu'une reprise économique engendrée par des augmentations de salaire permettrait de renverser la situation. Mais le taux de croissance de l'économie française (comme ailleurs en Europe) reste faible: 1,7% en 2018. Les nombreuses délocalisations d'entreprises françaises vers les pays à bas salaires (Europe de l'Est, Afrique, Asie) font chuter le niveau de l'emploi dans certaines villes et provoquent l'opposition virulente des salariés et des syndicats. Grèves, manifestations, occupation d'usines, séquestration des dirigeants parfois, et appels au secours de l'Etat ponctuent régulièrement cette désindustrialisation du pays. Un autre problème tient au fait que les Français sont relativement peu attirés par la création d'entreprises (*entrepreneurship*), souvent perçue comme trop risquée.

En réponse à cette situation difficile depuis les années 1980, un nombre croissant de jeunes Français diplômés se sont expatriés vers d'autres pays d'Europe ou plus loin, vers le Québec par exemple. De leur côté, les gouvernements, de droite comme de gauche, ont mis en place de nombreuses mesures pour lutter contre le chômage. Le gouvernement socialiste de Lionel Jospin a fait voter en 1998 une loi qui réduit la durée légale du temps de travail à 35 heures par semaine, au lieu de 39 heures auparavant (40 heures aux Etats-Unis). L'objectif était d'inciter les entreprises à embaucher plus de personnel, réduisant ainsi le chômage. Cette réduction du temps de travail (RTT) a eu des effets positifs sur l'emploi, mais elle n'a pas produit une réduction importante du chômage. En 2008, le président Nicolas Sarkozy (droite), hostile à la semaine de 35 heures, a fait voter des mesures qui permettent à ceux qui le désirent de travailler plus longtemps. L'année suivante, il a également fait voter par le Parlement une loi qui facilite l'ouverture des magasins le dimanche (auparavant interdite). Les salariés qui travaillent le dimanche sont volontaires et sont payés le double de leur salaire normal. Cette loi a suscité beaucoup d'opposition de la part de ceux qui pensent qu'elle nuira à la vie de famille, souvent centrée sur les activités dominicales.

C'est le président Emmanuel Macron, élu en 2017, qui a été le plus actif sur le plan des réformes sociales et économiques. Il a mis fin à l'impôt sur la fortune pour que quelques contribuables très riches ne soient plus tentés de quitter la France. Il a réformé le Code du travail dans le but de faciliter l'embauche et le licenciement des salariés. Il a diminué les cotisations sociales que doivent payer les salariés et les impôts sur les profits des entreprises. Il a réduit le nombre des fonctionnaires et a introduit chez ceux-ci une rémunération individualisée basée sur le mérite (au lieu de l'ancienneté). Il a également réformé l'assurance-chômage, en donnant la possibilité à des salariés qui quittent volontairement leur emploi de bénéficier de cette assurance si leur départ est motivé par le projet de se former à un autre métier. L'objectif de toutes ces mesures d'inspiration libérale était de stimuler la croissance économique en abolissant ou en modifiant certaines règles rigides qui, d'après le président Macron, freinaient la croissance.

Parmi les nombreuses mesures prises par les gouvernements successifs pour lutter contre le chômage, on peut aussi citer les primes à la création d'entreprise, les stages financés par l'Etat pour les jeunes rémunérés en-dessous du SMIC, et le soutien financier des pré-retraites. La plupart de ces mesures ont eu des effets positifs, mais insuffisants pour régler le problème du chômage qui reste endémique. Seul un taux de croissance plus élevé permettrait sans doute de le résoudre.

Discussions

1. Que pensez-vous du dirigisme à la française?
2. A votre avis, quelle est la principale force de la France en matière économique? Sa principale faiblesse?
3. Les femmes françaises bénéficient-elles dans leur vie professionnelle de certains avantages par rapport aux femmes américaines?
4. Quels sont les avantages et les inconvénients pour une entreprise d'être la propriété de l'Etat? Et pour ses salariés?
5. Que pensez-vous du système français de taxation, notamment son objectif de réduire la consommation de certains produits?
6. Les Etats-Unis devraient-ils s'inspirer de la France en matière économique? La France devrait-elle s'inspirer des Etats-Unis?

Sujets de travaux oraux ou écrits

1. Faites l'étude d'une branche de l'économie française: industrie automobile, énergie nucléaire, tourisme, agriculture, industries de l'armement, etc.
2. Comparez les législations française et américaine du travail à partir de quelques cas précis: les licenciements, les grèves, les congés payés, ou les congés de maternité, par exemple.
3. Comparez la situation des femmes dans un secteur économique particulier en France et aux Etats-Unis.
4. Faites une enquête d'une grève récente en France.
5. Faites une étude sur le chômage des jeunes en France et sur les mesures prises par le gouvernement français pour faciliter l'emploi des jeunes.
6. Choisissez une entreprise cotée au CAC 40 et consultez en ligne les biographies des membres de son conseil d'administration. Quels liens remarquez-vous entre les études faites et les parcours professionnels poursuivis par ces personnes? A votre avis, ce conseil d'administration est-il suffisamment diversifié?

Chapitre 15
La France, l'Europe, et le monde

La place de la France et des Français dans le monde a été profondément bouleversée depuis la fin de la Seconde Guerre mondiale. Deux processus parallèles ont produit ce bouleversement: la perte par la France de son empire colonial, et l'intégration de la France dans une Europe unifiée. Cette période a vu également l'émergence de la francophonie, concept qui permet à la France de maintenir une influence globale.

ذكرى و تخليدا لأرواح الجنود المسلمين الذين قتلوا أثناء الحرب العالمية الثانية من أجل فرنسا في الوحدات التالية وأيضا في أفواج عدة سنغالية و في فيلق صومال

Régiments de Spahis Marocains
1er RSM 3e RSM 5e RSM
2e RSM 4e RSM

4e Régiment de Spahis Tunisiens

Groupe de Tabors Marocains
1er GTM 3e GTM
2e GTM 4e GTM

6e Bataillon Porté de Tirailleurs Nord-Africains

Régiments de Pionniers Sénégalais
487e RPS 622e RPS 623e RPS

Bataillons Autonomes de Tirailleurs Sénégalais
17e BATS 64e BATS
19e BATS 66e BATS

Régiments d'Infanterie Coloniale Mixte Sénégalaise
5e RICMS 27e RICMS
6e RICMS 28e RICMS

15.1 Plaque à la Grande Mosquée de Paris honorant les soldats musulmans des troupes coloniales tués pendant la Première Guerre mondiale (spahis, tabors, pionniers, et tirailleurs sont des catégories de soldats coloniaux).

LA FIN DE L'EMPIRE COLONIAL

Depuis le milieu du 19e siècle et jusqu'à la Seconde Guerre mondiale, la France a contrôlé le deuxième empire colonial du monde en superficie (après l'empire britannique). Cet empire couvrait un territoire plus vaste que les Etats-Unis et était réparti sur tous les continents, mais surtout en Afrique et en Asie du Sud-Est. La France était alors une grande puissance politique comparable aux Etats-Unis. L'empire colonial était composé de colonies dirigées par des gouverneurs français et de protectorats ayant un souverain indigène placé sous le contrôle de l'administration coloniale française. Des gouverneurs généraux supervisaient des groupes de colonies: Indochine française, Afrique occidentale française (AOF), Afrique équatoriale française (AEF). Une grande école, l'Ecole coloniale à Paris, formait les futurs administrateurs.

L'empire colonial était un univers dans lequel une petite minorité d'Européens dominait la masse des indigènes qui étaient dépourvus de droits civils et politiques. Seule une minorité d'indigènes avait accès à l'éducation et aux soins médicaux fournis par les colonisateurs. Les colonies procuraient des matières premières (phosphates, caoutchouc, bauxite, par exemple) et des produits tropicaux à la France. Elles fournissaient aussi des soldats, et ont joué un rôle très important pendant les deux guerres mondiales pour soutenir l'effort de guerre français contre l'Allemagne. L'armée française qui, avec les Américains et les Anglais, a libéré la France de l'occupation allemande en 1944, avait été formée en partie dans l'empire colonial.

Après 1945, la France, affaiblie par la guerre, dut faire face au développement rapide des mouvements anti-colonialistes dans ses colonies. Pendant dix ans, les gouvernements français réagirent à ces menaces par des réformes et par la répression: pour rester une grande puissance, il semblait indispensable de conserver un empire colonial. Cette vision mena la France à conduire deux guerres coloniales: l'une en Indochine contre les nationalistes communistes dirigés par Hô Chi Minh (1947–1954), qui aboutit à la défaite de l'armée française et à l'indépendance du Vietnam, du Laos, et du Cambodge en 1954; l'autre en Algérie (1954–1962), qui aboutit à l'indépendance de l'Algérie en 1962. A partir de 1956, un virage fondamental fut pris par les dirigeants de la France. Face à la pression croissante des mouvements anti-colonialistes, ils abandonnèrent l'idée qu'il fallait conserver un empire colonial, car cela risquait de coûter très cher à la France en vies humaines et en argent. Il valait mieux investir dans la modernisation de la métropole et renforcer sa puissance économique au moment où l'Europe était en voie d'unification. Ils décidèrent donc d'accepter le processus de décolonisation de l'Afrique française (Maroc et Tunisie en 1956, colonies d'Afrique sub-saharienne en 1958–1960).

Cependant, un gros problème se posa dans le cas de l'Algérie française après que des combattants du Front de libération nationale (FLN) entrèrent en rébellion contre le pouvoir colonial en 1954. Une minorité (10%) de la population de ce territoire était composée de Français d'origine européenne vivant là depuis le 19e siècle (les "pieds-noirs"). Ces Européens refusaient absolument l'indépendance de l'Algérie, car cela aurait signifié qu'ils seraient séparés de la France et que le pouvoir politique du pays (qu'ils contrôlaient) serait passé aux indigènes musulmans formant 90% de la population. Le général Charles de Gaulle, nouveau premier ministre en 1958, tenta d'abord de rassurer les pieds-noirs en leur disant que la France garderait l'Algérie française et en menant une guerre sans merci contre les indépendantistes. Le FLN commit des actes terroristes et l'armée française commit des atrocités (la torture). Puis, face à l'énorme coût financier et humain de la guerre (27 000 soldats français et entre 300 000 et 400 000 algériens tués de 1954 à 1962) et au soutien croissant de la population musulmane pour le FLN, le général de Gaulle (devenu président) décida de négocier avec les indépendantistes les conditions menant à l'indépendance du pays. Ceci provoqua une réaction furieuse des Européens d'Algérie et des généraux qui commandaient l'armée française dans ce territoire. Ils accusèrent le gouvernement de trahison et se révoltèrent (1961–1962). Quelques-uns d'entre eux tentèrent même d'assassiner le président de Gaulle. Cette révolte des pieds-noirs visant à bloquer l'indépendance fut brutalement écrasée par des troupes venues de France. La guerre se termina par l'indépendance de l'Algérie (juillet 1962) et l'exode précipité d'un million d'Européens d'Algérie vers la France surtout, et parfois vers l'Espagne. Ces pieds-noirs, qui quittaient définitivement le pays de leur naissance en abandonnant tous leurs biens, étaient désespérés et pleins de ressentiment contre le gouvernement français qui, disaient-ils, les avait abandonnés. Environ 60 000 soldats musulmans (les harkis), membres des troupes auxiliaires qui avaient fait partie de l'armée française contre le FLN, passèrent également en France en 1962 (ils n'eurent jamais le droit de retourner en Algérie). Un ministère spécial, le ministère des Rapatriés, fut créé pour aider les rapatriés d'Algérie à rebâtir leur vie en France métropolitaine. En réalité, ils furent souvent mal reçus par la population de la métropole, assez indifférente à leurs difficultés.

Le statut colonial des territoires français en Amérique a été aboli en 1946, mais ces territoires sont restés français: Saint-Pierre-et-Miquelon, la Martinique, la Guadeloupe, et la Guyane française sont devenus alors des départements ou des territoires d'outre-mer assimilés à la métropole. Les habitants de ces territoires, français depuis le 17e siècle, étaient considérés comme plus "francisés" que ceux du reste de l'empire colonial. L'ancienneté de leurs liens avec la France et leurs populations réduites étaient vues comme permettant ce type de réforme.

Les pays qui ont gagné leur indépendance par une guerre contre la France (Vietnam, Algérie) ont fortement limité leurs liens avec l'ancien colonisateur. Par contre, ceux qui ont obtenu leur indépendance simplement par la négociation ont pour la plupart conservé des liens étroits avec la France. La structure des nouveaux états indépendants—langue française officielle (unique ou avec une autre langue), enseignement scolaire et universitaire, administration, système juridique, défense—a été généralement copiée sur ce qui existait en France. Plusieurs milliers de conseillers français (appelés "coopérants") ont été envoyés dans les anciennes colonies immédiatement après leur indépendance pour former des responsables locaux dans tous les domaines (technique, financier, militaire, scolaire, médical). Des accords de défense avec ces pays ont permis à la France de garder des bases militaires en Afrique sub-saharienne (à Dakar, Abidjan, Libreville, et Djibouti). L'armée française devait intervenir si la sécurité des pays nouvellement indépendants était menacée (elle le fait encore au Mali et au Tchad aujourd'hui). La monnaie de ces pays, le franc CFA (Communauté financière africaine), est restée liée à celle de la France par son taux de change fixe avec l'euro. Les intérêts culturels, industriels, et commerciaux de la France dans ses anciennes colonies ont été généralement préservés, en s'appuyant assez souvent sur des gouvernements locaux tenus par des "hommes forts" peu respectueux de la démocratie. Le truquage des élections et la répression des opposants leur a permis de se maintenir au pouvoir. La France a souvent été accusée de "néo-colonialisme" à cause de l'influence qu'elle a continué à exercer dans la politique intérieure et l'économie de ses anciennes colonies d'Afrique.

Le rapport qu'entretiennent aujourd'hui les Français avec leur passé colonial apparaît complexe et ambivalent. Ce passé est relativement récent et douloureux, notamment en référence à l'Algérie. Beaucoup de Français ont dans leur famille d'anciens administrateurs coloniaux, d'anciens combattants des guerres coloniales, ou des pieds-noirs. Deux visions de la colonisation difficiles à réconcilier entrent souvent en conflit dans la mémoire collective des Français: d'une part la colonisation est largement reconnue aujourd'hui comme ayant été une entreprise de subjugation des peuples colonisés par les Européens, entreprise jugée condamnable pour des raisons morales; d'autre part, l'image traditionnelle de la France civilisatrice et modernisatrice, qui construit des routes et ouvre des écoles et des hôpitaux, reste ancrée dans leur mémoire. En 2017, par exemple, alors qu'il était candidat à la présidence Emmanuel Macron déclara: "Oui, en Algérie il y a eu la torture, mais aussi l'émergence d'un Etat, de richesses, de classes moyennes, c'est la réalité de la colonisation. Il y a eu des éléments de civilisation et des éléments de barbarie." Devenu président de la France en visite en Algérie, il affirma que la colonisation avait été un "crime contre l'humanité." Cette phrase déclencha une vague de protestations: "Honte à Emmanuel Macron qui insulte la France à l'étranger" (député de droite Gérald Darmanin); "Cette détestation de notre histoire, cette repentance permanente est indigne d'un candidat à la présidence de la République. Il y a quelques temps, M. Macron trouvait des aspects positifs à la colonisation" (député de droite François Fillon).

Tableau 1. Les 23 pays qui ont fait partie de l'empire colonial français en Afrique et en Asie et la date de leur indépendance:
Le Liban (1944)
La Syrie (1944)
Le Vietnam (1954)
Le Laos (1954)
Le Cambodge (1954)
Le Maroc (1956)
La Tunisie (1956)
La Guinée (1958)
Le Sénégal (1960)
La Mauritanie (1960)
Le Mali (1960)
La Côte d'Ivoire (1960)
Le Togo (1960)
Le Burkina-Faso (1960)
Le Tchad (1960)
La Centrafrique (1960)
Le Cameroun (1960)
Le Congo-Brazzaville (1960)
Madagascar (1960)
L'Algérie (1962)
Les Comores (1975)
Djibouti (1977)
Le Vanuatu (ex-Nouvelles Hébrides, 1980)

LA GUERRE FROIDE

La menace communiste venant de l'Union soviétique durant la Guerre froide (1947–1989) entraîna l'intégration en 1949 de la France dans l'OTAN (Organisation du Traité de l'Atlantique Nord ou NATO), alliance défensive liant les pays européens aux Etats-Unis. Pourtant, en 1966, le général de Gaulle, président de la République, retira la France des organismes militaires de l'alliance (mais pas de l'alliance elle-même), ce qui entraîna la fermeture définitive des bases militaires américaines en France. De Gaulle refusait la logique des blocs (bloc occidental ou bloc communiste) et voulait qu'en matière diplomatique la France suive une "troisième voie" indépendante des Etats-Unis et de l'Union soviétique. L'unification de l'Europe ainsi que le développement par la France d'une arme nucléaire indépendante des Etats-Unis ont constitué pour lui un moyen d'affirmer l'indépendance de la France face aux deux superpuissances.

L'UNIFICATION DE L'EUROPE

L'unification de l'Europe est un rêve ancien. Certains penseurs avaient déjà fait des projets dans ce sens aux 17e et 18e siècles. Il fallut attendre le milieu du 20e siècle et le carnage de deux guerres mondiales pour que ce rêve commence à devenir réalité. Ce sont deux Français, Jean Monnet, un économiste, et Robert Schuman, alors ministre des Affaires étrangères, qui lancèrent l'unification de l'Europe en un seul bloc économique et politique après la Seconde Guerre mondiale. Leur idée de départ était d'intégrer l'économie de l'Allemagne avec celle de la France pour empêcher toute nouvelle agression allemande contre le reste de l'Europe. On avait compris qu'il ne fallait pas mettre l'Allemagne à l'écart et lui imposer de lourdes réparations, comme on l'avait fait en 1919 (Traité de Versailles). Il fallait au contraire l'intégrer le plus possible avec les autres pays d'Europe si l'on voulait éviter un retour du nationalisme allemand. Depuis cette époque, le processus d'unification du continent a été bâti sur une entente étroite entre la France et l'Allemagne. Cette entente a été un renversement complet des rapports hostiles traditionnels entre les deux pays.

Dès le départ, les pays qui se lancèrent dans le processus d'unification de l'Europe eurent du mal à s'accorder entre eux. Les uns voulaient que l'unification se fasse par une coopération croissante entre les pays, chaque nation restant souveraine et libre de ses décisions. La France et plus tard la Grande-Bretagne ont longtemps penché vers cette solution. Les autres voulaient que l'unification se fasse par une fusion ou intégration des pays d'Europe en un seul bloc politique et économique qui transférerait la souveraineté des nations à l'Europe unifiée fédérale. L'Allemagne, en raison des dommages causés par son propre nationalisme, a été plutôt favorable à cette voie. En raison de ce conflit fondamental, la construction de l'Europe depuis soixante-dix ans s'est faite à mi-chemin entre ces deux positions, mêlant la coopération et l'intégration.

La première étape de la construction de l'Europe unie a été la Communauté européenne du charbon et de l'acier (CECA), créée en 1951. Les six pays groupés dans la CECA (France, Allemagne, Italie, Belgique, Luxembourg, Pays-Bas) ont créé en 1957 la Communauté économique européenne (CEE ou Marché commun) qui mettait en marche l'unification économique de ces pays (Traité de Rome). On a supprimé les frontières commerciales et unifié le système des taxes sur les marchandises, les normes de fabrication des produits, et les lois sur le commerce. Les pays membres ne pouvaient plus négocier des accords commerciaux avec des pays-tiers, cette tâche étant réservée à la CEE. L'unification a été renforcée par la réconciliation officielle entre la France et l'Allemagne au début des années 1960, lorsque le général de Gaulle était président. Des cérémonies franco-allemandes marquèrent d'une manière visible que les deux peuples étaient désormais alliés et amis. Diverses initiatives soutenant ce rapprochement ont été lancées. L'Office franco-allemand pour la jeunesse, par exemple, fut créé pour développer les échanges entre les jeunes des deux pays.

La construction de l'Europe unie n'a pas été facile. Au cours des années 1960 et 1970, il y eut de grosses difficultés. La France refusa à deux reprises l'entrée de la Grande-Bretagne dans la CEE parce que ce pays voulait conserver des liens privilégiés avec les pays du Commonwealth. Par ailleurs, certains états membres ont refusé d'appliquer des règles prévues par le Traité de Rome. On n'arrivait pas à décider si les décisions votées par la CEE devaient être prises à la majorité des états membres ou à l'unanimité (ce qui donnait à chaque état un droit de veto). On avait commencé par ce qui était facile (l'unification douanière) et plus on avançait, plus l'unification était difficile à accomplir car elle touchait des domaines sensibles sur le plan de la souveraineté politique et sur le plan social: les normes de sécurité très élevées d'un pays membre pouvaient, par exemple, bloquer les produits venant d'un autre pays membre.

Chaque pays cherchait à gagner le plus possible et à perdre le moins possible dans le processus d'unification. La crise économique et la montée du chômage et de l'inflation dans les années 1970 poussèrent en effet chaque pays à se protéger en se repliant sur ses propres intérêts, par exemple, en baissant la valeur officielle de sa monnaie nationale par rapport aux autres monnaies, ce qui facilitait les exportations vers les autres pays membres (les produits du pays étaient moins chers) et freinait les importations venant de ces pays (les produits des autres pays étaient plus chers). Ceci contredisait le principe d'un marché réellement unifié.

A force d'efforts considérables et de compromis douloureux, les choses avancèrent. En 1973 la Grande-Bretagne, le Danemark, et l'Irlande entrèrent dans la CEE. En 1981 ce fut la Grèce; puis en 1986 l'Espagne et le Portugal; en 1995 l'Autriche, la Suède, et la Finlande; en 2004 Chypre, Malte, la Slovénie, la Pologne, la Hongrie, la République tchèque, l'Estonie, la Lettonie, la Lituanie, la Slovaquie; en 2007 la Bulgarie et la Roumanie; et en 2013 la Croatie. Aujourd'hui, à la suite du retrait de la Grande-Bretagne (Brexit, voté par les électeurs britanniques en 2016), l'UE regroupe 27 pays comptant 440 millions de citoyennes et citoyens parlant 24 langues officielles.

C'est à partir de 1985 que l'intégration politique et économique du continent européen s'est accélérée et des progrès considérables vers l'unification ont été réalisés. Il y eut trois étapes majeures:

L'ACTE UNIQUE EUROPÉEN (1986)

Cet accord, appliqué en 1992, élimina tous les obstacles (fiscaux, techniques, légaux, commerciaux) à la libre-concurrence à l'intérieur de la CEE. L'Etat français a dû cesser de donner des subventions à certaines compagnies aériennes françaises, par exemple, parce que cela aurait faussé la concurrence européenne. Les compagnies aériennes anglaises ou allemandes avaient maintenant le droit de transporter des passagers entre deux villes à l'intérieur de la France. Les compagnies françaises pouvaient faire la même chose en Allemagne ou en Angleterre. L'Acte unique a également introduit le vote à la majorité pour les décisions importantes dans la CEE. Toutefois, le vote de chaque pays a un poids différent en fonction de sa population. Le vote à l'unanimité est devenu exceptionnel, ce qui a facilité la prise des décisions.

LA CONVENTION DE SCHENGEN (1990)

Cet accord, signé par 22 des états membres de l'UE dont la France, et 4 pays non membres de l'UE (l'Islande, la Norvège, la Suisse, et le Liechtenstein), a éliminé les contrôles d'immigration et de police aux frontières entre les pays signataires. On ne s'arrête plus pour passer d'un pays à l'autre; les contrôles se font uniquement sur les personnes venant de l'extérieur de la zone Schengen. Ainsi, un touriste venant de France entre en Belgique ou en Allemagne sans aucun contrôle d'identité, comme s'il se déplaçait à l'intérieur de la France. Personne n'avait jamais vu cela dans le passé. Cette fin des contrôles veut dire que la police d'un pays doit avoir parfaitement confiance dans la police des autres pays membres de la convention. L'absence de contrôle aux frontières signifie que les immigrés illégaux ou les criminels recherchés peuvent passer librement d'un pays à l'autre. Depuis 2014 l'afflux de réfugiés provenant d'Afrique et de Syrie aux frontières de la Grèce, de l'Italie, et de l'Espagne a créé beaucoup de tensions entre les pays de l'UE qui s'accusaient mutuellement d'être soit trop, soit pas assez ouverts aux réfugiés. Depuis 2015 certains d'entre eux, y compris la France, ont pour de courtes périodes rétabli les contrôles à leurs frontières. Lors de la pandémie de COVID-19 en 2020, les pays de l'UE (et hors UE de la zone Schengen) ont coordonné entre eux une série de mesures limitant la liberté de circulation entre les pays membres en fonction du degré d'infection touchant chaque pays (obligation de se faire tester, confinement en cas de test positif).

LE TRAITÉ DE MAASTRICHT (1992)

Ce traité a transformé la CEE en Union européenne (UE) et a préparé l'union politique et monétaire de l'Europe. Les dirigeants français ont vu cet accord comme un moyen de réduire la puissance croissante de l'Allemagne qui venait de se réunifier avec l'Allemagne de l'Est ex-communiste. Les électeurs français ont approuvé ce traité par référendum, mais de justesse (50,8% pour), car beaucoup d'entre eux ne voulaient pas voir la France perdre trop de son indépendance en matière économique et financière.

En 2002, les monnaies nationales de 19 pays de l'UE (y compris le franc français) ont disparu pour être remplacées par l'euro, la monnaie unique européenne. Ainsi, l'unification monétaire est faite dans ces pays: un seul type de billets et de pièces de monnaie y circule. Cette unification monétaire a beaucoup facilité les échanges commerciaux entre les pays de l'UE. Mais elle a imposé des règles strictes aux gouvernements nationaux en matière budgétaire et financière. Ceux-ci, par exemple, ne peuvent plus dévaluer leur monnaie nationale pour stimuler leurs exportations. Quelques pays membres (Grande-Bretagne, Bulgarie, Croatie, Danemark, Hongrie, Pologne, République tchèque, Roumanie, et Suède) ont gardé leur monnaie nationale.

15.2 Il existe sept billets de 5 à 500 euros, de taille et de couleur différentes. Des images d'architecture dessinées de manière générique symbolisent le patrimoine partagé des pays membres.

L'intégration de l'UE en matière de politique étrangère est encore limitée, car chaque état reste indépendant dans ce domaine. C'est également le cas dans le domaine militaire et dans celui de la sécurité nationale: la coopération entre les états membres est très avancée (par exemple dans le domaine du renseignement sur les réseaux criminels), mais il n'y a pas de véritable intégration. La création d'une armée européenne intégrée reste à l'état embryonnaire: c'est l'"Eurocorps" qui coordonne sous un commandement unifié quelques milliers de soldats appartenant aux forces armées de plusieurs pays européens.

LES INSTITUTIONS EUROPÉENNES

L'UE est gouvernée par cinq institutions. Ces institutions ne sont pas semblables à celles d'un véritable état. En effet, les gouvernements nationaux conservent une grande part de leurs pouvoirs, même s'ils en ont cédé une partie à l'UE. Les données suivantes tiennent compte du retrait de la Grande-Bretagne après Brexit:

- Le Conseil de l'UE (27 ministres, un par état) qui se réunit généralement à Bruxelles (Belgique), est l'organe souverain des décisions (il joue donc le rôle d'une assemblée législative souveraine). Il s'appelle "Conseil européen" lorsqu'il regroupe les chefs de gouvernement (au lieu de ministres). La voix de chaque état dans ce Conseil n'est pas égale, mais proportionnelle à sa population.
- La Commission de l'UE (27 membres nommés par les états, un par état) fait appliquer les décisions du Conseil et le droit européen (elle joue le rôle de l'exécutif). Elle siège à Bruxelles. Elle emploie environ 13 000 fonctionnaires européens.
- Le Parlement européen représente les peuples des états membres de l'UE. Ses 705 députés (dont 74 Français) représentant 448 millions d'habitants sont élus pour cinq ans au suffrage universel dans toute l'UE. Il siège à Strasbourg (France). Chaque pays a un nombre fixe d'élus proportionnel à sa population. Les différents partis nationaux essaient d'avoir le plus d'élus possible. Le Parlement européen doit approuver les lois européennes proposées par le Conseil. Il vote le budget de l'UE et peut forcer la Commission à démissionner.
- La Cour de justice européenne (27 juges nommés par les états, un par état) a un rôle judiciaire spécifique. Elle vérifie que les états de l'UE appliquent les lois européennes (une loi nationale ne peut pas leur faire obstacle). Son siège est à Luxembourg (duché de Luxembourg).
- La Cour des comptes européenne contrôle le budget et les finances de l'UE (qui proviennent de contributions versées par chaque état).

15.3 Tract du parti politique français La République en marche (REM) pour les élections au Parlement européen en 2019.

LES FRANÇAIS ET L'UNION EUROPÉENNE

Une majorité de Français approuvent l'existence de l'UE, mais souvent avec une certaine inquiétude. Beaucoup d'entre eux ont peur que la France perde une trop grande partie de son indépendance nationale et sa spécificité. En France, le Traité de Maastricht, on l'a vu, fut approuvé de justesse. Une forte minorité de Français sont opposés à l'unification politique de l'Europe. Le Rassemblement national (anciennement le Front national) et une partie de la droite conservatrice s'y opposent par nationalisme. Les partisans de l'extrême-gauche s'y opposent aussi parce qu'ils voient dans l'unification de l'Europe la progression du libre-marché capitaliste sur le continent européen. Des enquêtes ont montré que ce sont les membres des classes les plus éduquées de la société qui sont les plus favorables à l'unification de l'Europe. Ces Français voient là un moyen de contrebalancer le pouvoir des Etats-Unis et de la Chine, et de faire de l'Europe l'une des grandes puissances mondiales du 21e siècle.

La France a beaucoup bénéficié de l'unification économique de l'Europe, qui a contribué à enrichir le pays. Elle s'est trouvée intégrée à un marché sans frontières de plus de 400 millions de consommateurs. Les subventions massives de l'UE ont aidé la France à moderniser son agriculture qui est devenue une des plus productives du monde. L'industrie agro-alimentaire, secteur très puissant de l'économie française, a pu accroître énormément ses exportations vers tous les pays de l'UE. Le secteur industriel français a aussi été obligé de se moderniser rapidement pour faire face à la concurrence des autres pays d'Europe sur le marché français. Tous les Français peuvent travailler librement dans tous les pays de l'UE; quant aux citoyens des pays de l'UE, ils peuvent venir travailler librement en France. La couverture sociale française (assurance maladie, retraites) est valide dans tous les pays de l'UE. Tous les citoyens de l'UE ont le même passeport rouge foncé, avec la mention de leur nationalité.

L'unification de l'Europe a aussi provoqué des changements dans la vie des Français et dans la gestion du pays. La France a dû modifier ou abolir certaines lois françaises pour les mettre en accord avec les normes européennes. Prenons quelques exemples parmi beaucoup d'autres: il a fallu abolir une ancienne loi française qui interdisait de faire travailler les femmes la nuit dans les usines (loi destinée à protéger les femmes et leurs enfants): cette loi était jugée discriminatoire par la Cour de justice européenne. La France a dû également modifier les taux de la TVA (taxe sur les biens et les services) sur la plupart des produits pour les mettre au même niveau que dans les autres pays de l'UE, c'est-à-dire à 20%. La France a dû adopter un système d'étiquetage des produits unifié pour toute l'UE. Elle a dû suivre les normes environnementales de l'UE. Ses pêcheurs ont été obligés d'utiliser des filets conformes à la réglementation européenne. L'UE a imposé aux Français, y compris à leur gouvernement, un certain nombre de réformes qui allaient dans le sens du libre-marché.

15.4 Un passeport français-européen n'est pas nécessaire pour traverser les frontières entre les pays membres de la zone Schengen.

Un problème majeur dont souffre l'UE tient au fait que l'unification progressive du continent a été essentiellement un projet technocratique conçu par les élites politiques et administratives des pays concernés en réponse aux dévastations des deux guerres mondiales. Cette unification n'est pas venue de la volonté des citoyens. C'est une sorte de mariage d'intérêt entre les pays membres. Même s'il existe un certain attachement émotionnel pour l'UE aujourd'hui, le patriotisme reste toujours national. Quand les individus ou les groupes sont bénéficiaires du soutien financier de l'UE, ils sont satisfaits et ne disent rien. Quand ils estiment que l'UE, à travers sa législation et sa réglementation, nuit à leur indépendance ou à leurs intérêts, ils invoquent bruyamment la défense de l'intérêt national pour s'y opposer. Il y a donc souvent de fortes résistances à l'unification croissante des lois et des règles provenant des autorités de l'UE à Bruxelles, surtout lorsque ces lois et règles vont dans un sens favorable au libre-marché capitaliste et restreignent le rôle de l'Etat en France. Cette résistance s'est exprimée dans le refus des Français d'approuver le projet de constitution européenne par référendum en 2005.

Il faut ajouter que les gouvernements des états membres de l'UE appartiennent souvent à des partis idéologiquement opposés. Cela ne facilite pas l'entente entre eux. Les risques de désaccord entre les pays membres sont donc élevés. Les conflits entre le gouvernement français et les autorités de l'UE ne sont pas rares: en 2010, par exemple, l'UE accusa la France de refuser d'incorporer dans ses lois nationales les standards européens de protection des minorités ethniques et linguistiques (protection de leur culture, de leur langue, de leur religion). Les lois françaises, en effet, ne reconnaissent jamais d'existence légale collective à des minorités ethniques ou linguistiques. Cela provoqua une violente confrontation entre le président français Nicolas Sarkozy et la Commission de l'UE. La France n'a jamais ratifié la législation européenne en cette matière. Mais il existe des domaines, comme la réglementation de la chasse ou la couleur des phares de voiture, où la Cour de justice européenne a le pouvoir de forcer la France à changer ses lois pour les adapter au droit de l'UE.

L'élection des membres du parlement européen au suffrage universel a eu pour objectif de rendre le fonctionnement de l'UE plus démocratique. Le taux de participation des Français aux élections européennes reste toutefois très faible: 42% en 2014, 50% en 2019, beaucoup moins qu'aux élections nationales (environ 80%). La politique de l'UE est souvent perçue comme distante des électeurs, car tout ce que fait l'UE (aides financières, législation, réglementation) est toujours transmis par les autorités nationales. Les citoyens n'ont donc pas de contact direct avec les autorités de l'UE, sauf avec leurs députés au parlement de Strasbourg.

Depuis le début des années 2000, les gouvernements successifs de gauche et de droite ont tenté de "rapprocher" l'UE des citoyens. Les bâtiments publics (mairie, préfecture) arborent toujours le drapeau de l'UE à côté de celui de la France. Les programmes et les livres scolaires d'éducation civique et d'histoire doivent inclure des chapitres sur la formation et le fonctionnement de l'UE. L'obligation d'apprendre une ou plusieurs langues étrangères parlées dans l'UE autres que l'anglais (allemand, italien, espagnol) a aussi été renforcée.

Le vote du Brexit par les électeurs britanniques en 2016 a été le premier cas d'un renversement du processus d'intégration européenne. Les Français ont été surpris par les résultats de ce vote. L'industrie agro-alimentaire française exporte beaucoup

15.5 Adopté en 1955, le drapeau de l'Union européenne avec le chiffre symbolique de 12 étoiles d'or représentant l'union entre les peuples d'Europe.

de produits vers la Grande-Bretagne; elle pourrait donc souffrir de la rupture de ce pays avec l'UE. Les pêcheurs français pourraient perdre le droit de pêcher dans la zone économique britannique. Les Français n'auront plus la liberté de trouver un emploi outre-Manche. Les étudiants français ne pourront plus aller étudier à Oxford ou Cambridge avec le programme Erasmus. Le Brexit est un divorce qui remet en cause un demi-siècle d'intégration politique, économique, et commerciale entre la Grande-Bretagne et l'Europe continentale. Le président Emmanuel Macron s'est fait le défenseur de l'unité de l'UE face au risque de voir d'autres pays quitter l'union.

LA FRANCOPHONIE ET LA PRÉSENCE DE LA FRANCE DANS LE MONDE

La France occupe encore aujourd'hui dans le monde une place beaucoup plus importante que sa taille ne le justifie. Elle a été une grande puissance européenne et mondiale du 17e au milieu du 20e siècle. Aujourd'hui, elle reste une puissance mondiale moyenne. Elle doit ce rang à son réseau d'influence hérité de son passé, ainsi qu'à sa puissance économique et militaire actuelle.

Le français est aujourd'hui la cinquième langue la plus parlée dans le monde avec environ 300 millions de locuteurs. Langue de communication favorite des élites européennes du 17e au 19e siècle, le français conserve aujourd'hui encore son statut de langue internationale, en compétition avec l'anglais. Aux Jeux olympiques, deux langues officielles sont utilisées: le français et l'anglais. Le français est une des six langues officielles des Nations unies. C'est aussi la langue officielle de l'Union postale universelle, organisme qui coordonne les services postaux du monde entier.

L'ensemble des 29 pays qui ont le français pour langue administrative ou officielle constitue la "francophonie." Mis à part la France, la Belgique, la Suisse, le Luxembourg, et Monaco, tous ces pays sont d'anciennes colonies françaises ou belges. La grande majorité d'entre eux sont en Afrique. On compte trois grandes organisations qui oeuvrent pour soutenir la francophonie:

- L'Organisation internationale de la francophonie (OIF), dont le siège est à Paris, est une organisation internationale qui regroupe 54 pays ou gouvernements membres, ainsi que 7 membres associés et 27 membres observateurs (voir la carte ci-après). Le rôle de l'OIF est de développer la coopération entre les pays membres sur le plan de la langue, de l'éducation, de la culture, et du développement social.
- L'Agence universitaire de la francophonie, dont le siège est à Montréal, entretient la collaboration entre 909 établissements francophones d'enseignement universitaire dans 113 pays. Elle agit aussi comme un organisme de conseil pour les universités francophones.
- L'Assemblée parlementaire de la francophonie, dont le siège est à Paris, regroupe les membres de 74 parlements et organisations interparlementaires affiliées. Elle facilite les échanges et entretient la collaboration entre ses membres.

L'OIF et les autres organisations de la francophonie se présentent comme l'expression d'une voix particulière dans le monde, hors des blocs politiques, oeuvrant pour le progrès culturel et social. Elles ont toutefois suscité certaines critiques. Certains y ont vu une sorte d'instrument néo-colonial permettant à la France de conserver son influence culturelle et politique sur un grand nombre de pays. La prééminence de la langue française, par exemple, a été accusée d'empêcher les langues africaines de jouer un rôle important dans les affaires internationales.

Si la France n'est plus aujourd'hui qu'une puissance moyenne dans le monde, elle conserve toutefois une place privilégiée dans la diplomatie internationale puisqu'elle occupe un des cinq sièges permanents au Conseil de sécurité des Nations unies (avec les Etats-Unis, la Russie, la Chine, et la Grande-Bretagne). Son réseau d'ambassades et de consulats est un des plus étendus du monde. La France est membre de l'OTAN. Elle est la deuxième puissance militaire en Europe après la Russie et possède l'arme nucléaire depuis les années 1960. En raison des territoires qu'elle contrôle encore à travers le monde—des îles surtout—son "domaine maritime" (les zones maritimes sur lesquelles elle a des droits exclusifs) couvre 11 millions de kilomètres carrés; il est le deuxième du monde en étendue après celui des Etats-Unis.

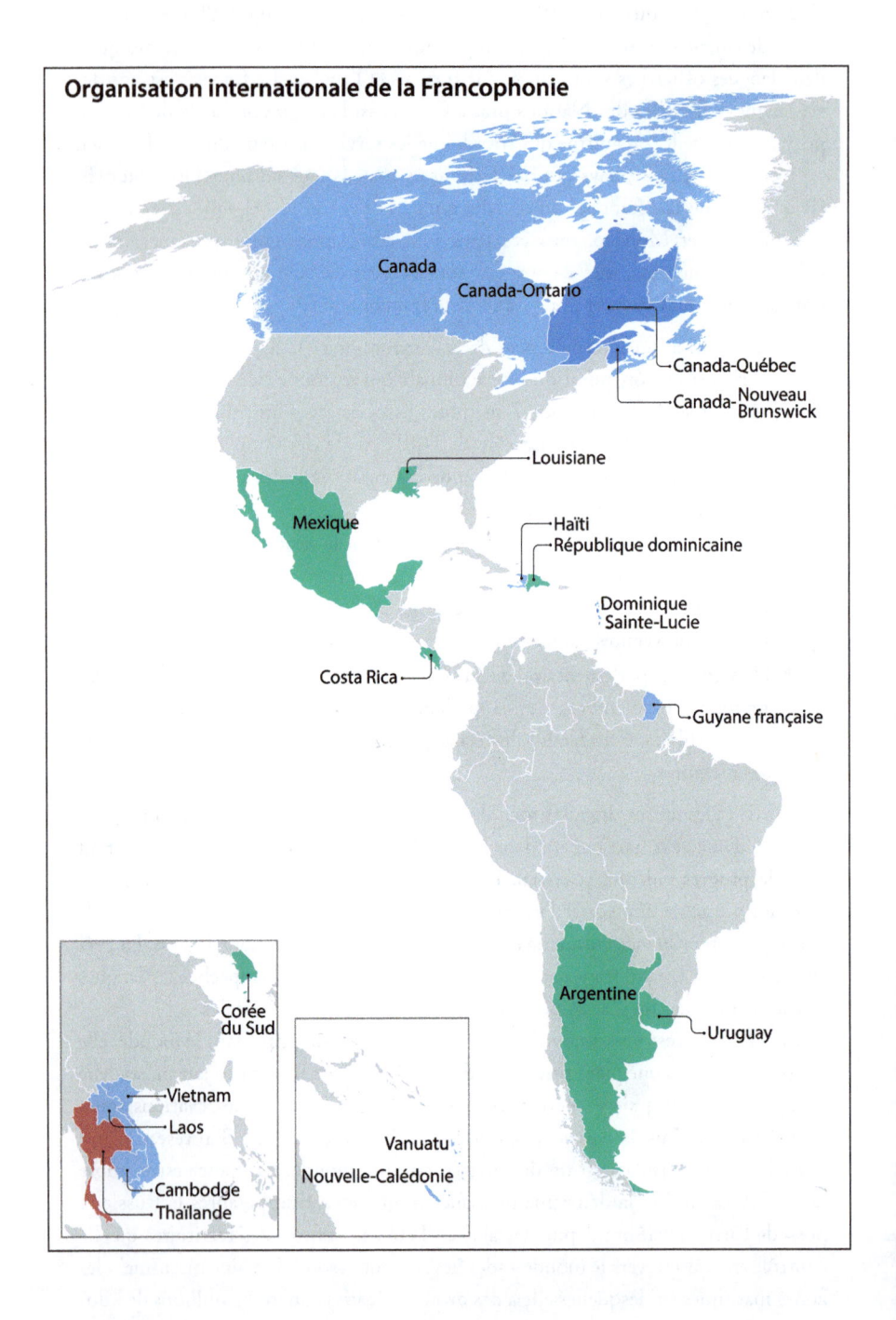

Organisation internationale de la Francophonie

- Canada
- Canada-Ontario
- Canada-Québec
- Canada-Nouveau Brunswick
- Louisiane
- Mexique
- Haïti
- République dominicaine
- Dominique
- Sainte-Lucie
- Costa Rica
- Guyane française
- Argentine
- Uruguay
- Corée du Sud
- Vietnam
- Laos
- Cambodge
- Thaïlande
- Vanuatu
- Nouvelle-Calédonie

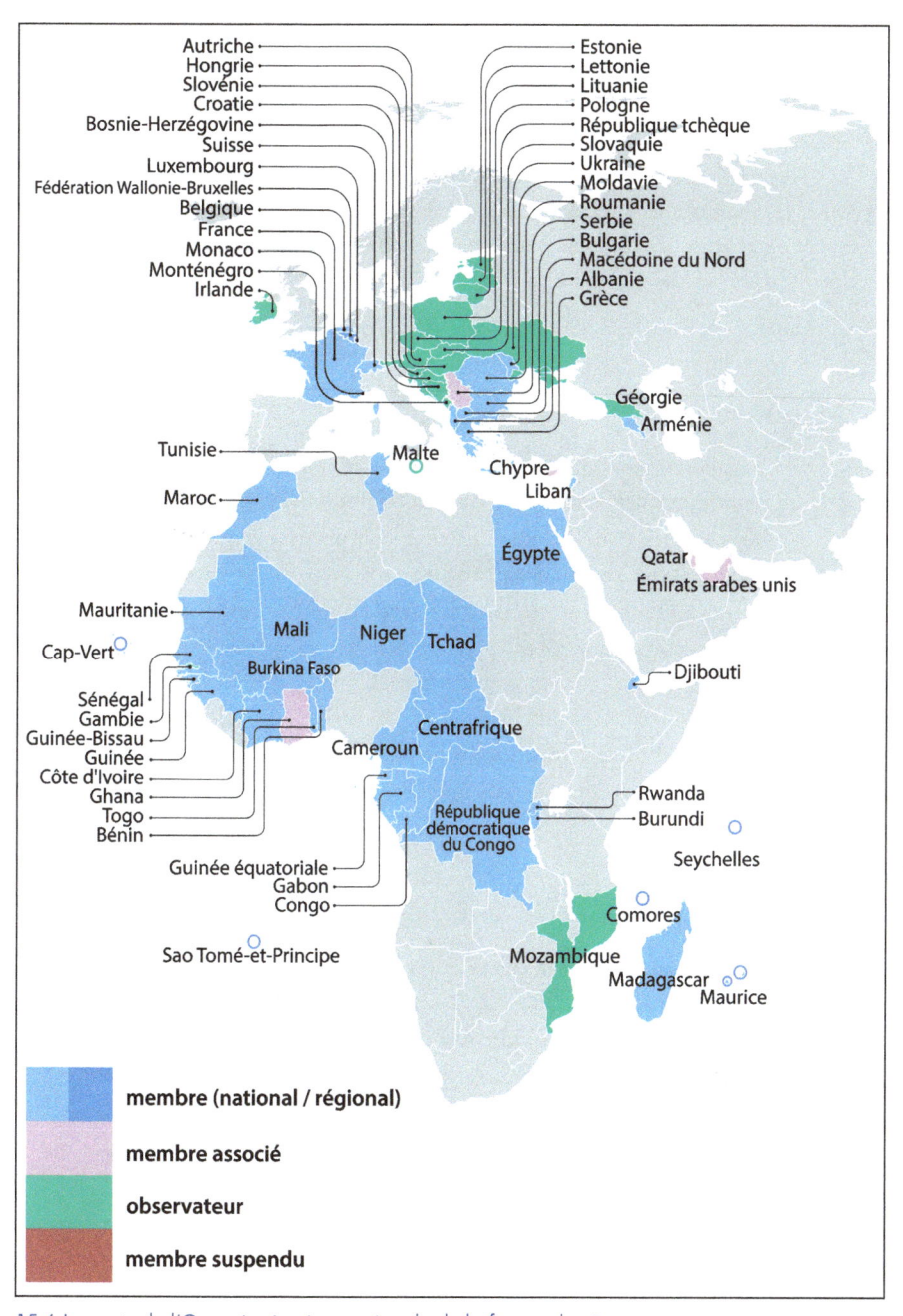

15.6 La carte de l'Organisation internationale de la francophonie.

La France a mené plus de 200 opérations militaires hors de ses frontières de 1962 à aujourd'hui, soit sous pavillon français, soit sous pavillon international (UE, Nations unies). Ses forces armées sont intervenues surtout en Afrique francophone (au Tchad, en Mauritanie, en Côte d'Ivoire, en République centrafricaine, en République démocratique du Congo, au Mali, au Niger, au Rwanda) et, plus récemment, au Moyen-Orient (au Liban, en Syrie, en Irak, au Koweït, en Afghanistan). L'armée française reste très impliquée aujourd'hui dans les opérations de lutte contre les militants islamistes au Mali, au Burkina Faso, au Tchad, et au Niger. La France entretient actuellement quatre bases militaires permanentes au Sénégal, en Côte d'Ivoire, au Gabon, et à Djibouti.

Discussions

1. Etait-il nécessaire à la France d'avoir un vaste empire colonial pour être une grande puissance mondiale? Pourquoi ou pourquoi pas?
2. Quels sont les avantages et les inconvénients pour un grand nombre de pays de l'UE d'avoir une monnaie unique?
3. Défendez l'unification de l'Europe face à une étudiante ou un étudiant qui est hostile à cette idée.
4. L'UE est-elle une menace pour les Etats-Unis?
5. L'utilisation de la même langue (le français) peut-elle constituer une base solide d'entente entre différents pays? Pourquoi? Pourquoi pas?
6. Les institutions de la francophonie sont-elles une forme de néo-colonialisme?

Sujets de travaux oraux ou écrits

1. Faites une enquête sur la colonisation et l'indépendance d'un territoire colonial français.
2. Faites des recherches sur l'idée d'unification de l'Europe avant 1945.
3. Faites une étude de l'impact de la Guerre froide entre l'Union soviétique et les pays occidentaux (1947–1989) sur la France et les Français.
4. Présentez ce qu'est la convention de Schengen et les problèmes liés à son application aujourd'hui.
5. Faites une étude de l'Organisation internationale de la francophonie.
6. Faites l'interview d'une personne habitant l'UE et posez-lui une dizaine de questions sur la manière dont l'UE affecte sa vie et celle des autres habitants de son pays.

Chapitre 16
Les symboles

Avec le monde des symboles, nous abordons l'étude des Français non plus sous l'angle de l'organisation sociale, mais sous celui des croyances et des présupposés sur lesquels s'appuient la religion, les loisirs, l'art, la littérature. Nous ne nous intéressons plus ici aux rapports des Français avec le milieu physique, social, ou économique, mais à leurs rapports avec les idées. Au niveau le plus élémentaire, les symboles seront peut-être des conventions rudimentaires, par exemple, les règles de grammaire de la langue française ou la règle de la priorité à droite sur la route. Au niveau le plus complexe, les symboles peuvent être un lieu historique avec tout ce qu'il évoque, par exemple, un vers célèbre d'un poème que l'on cite dans certaines circonstances, ou bien la conception des vacances du Club Med.

Les mots, les actes, les objets n'ont souvent pas la même signification pour les Français et pour les Américains. Le drapeau français, par exemple, n'évoque pas pour les Français exactement la même chose que le drapeau américain pour les Américains. Dans l'esprit des Français, le drapeau bleu-blanc-rouge signifie évidemment l'appartenance à la nation française, mais il peut évoquer aussi autre chose. Le drapeau tricolore produit de la Révolution française s'est en effet longtemps opposé à d'autres drapeaux portés aussi par des Français: le drapeau blanc des royalistes ou le drapeau rouge des socialistes et des communistes au 20e siècle. Aujourd'hui, le drapeau tricolore flotte près du drapeau bleu étoilé de l'Union européenne sur tous les édifices publics, impliquant que la nation française et l'Europe se complètent harmonieusement. Mais le drapeau appartient toujours au domaine public. S'il était placé sur un mât dans un jardin ou à la fenêtre d'une maison, cela représenterait l'intrusion d'un symbole public dans le domaine privé. Les Français pourraient donc croire que cette maison est un édifice public comme la mairie. Il faut savoir cela pour comprendre pourquoi, en France, les gens ne placent jamais le drapeau national chez eux comme le font les Américains. Nous sommes ici dans le monde des symboles, au coeur de la culture.

L'univers des symboles est plus flou, fluctuant, et difficile à saisir que celui des institutions et des comportements observables. Il est plus difficile à comprendre pour les étrangers. Les symboles, en effet, n'ont de sens que vus de l'intérieur du contexte culturel dans lequel ils opèrent. Il faut voir les symboles français avec des yeux de Français pour les comprendre. Cela exige d'avoir acquis une grande familiarité avec la France et sa culture.

Les symboles sont souvent au coeur de l'incompréhension et des malentendus entre peuples de cultures différentes. Les Français, par exemple, ont du mal à comprendre pourquoi le président des Etats-Unis prête serment sur la Bible le jour de son investiture. Ce mélange entre politique et religion les laisse perplexes, car pour eux la politique appartient à la sphère publique et la religion à la sphère privée; il ne doit y avoir aucune confusion entre les deux. De même, le béret masculin et l'accordéon, qui signifient "France" dans l'esprit des Américains, n'ont pas la même signification pour les Français qui y voient seulement deux objets appartenant traditionnellement à la culture des classes populaires. Pour les Américains, ces deux objets sont perçus comme des symboles nationaux (la France); mais pour les Français, ils n'ont rien de spécifiquement français, ce sont simplement des symboles sociaux.

La culture française est fortement orientée vers le stylisé et le symbolique. Cela veut dire que pour les Français les mots, les actes, et les objets évoquent très souvent beaucoup plus que ce qui est dit ou montré. Un mot ou un geste suffisent pour signifier beaucoup de choses; la forme elle-même exprime le fond. En 1940, les

16.1 Jeanne d'Arc est un symbole national avec diverses significations. Sa statue orne la place des Pyramides à Paris.

Français opposés au régime du Maréchal Pétain collaient sur leurs lettres les timbres représentant le Maréchal avec la tête vers le bas et non pas droite. Tourner ainsi un timbre suffisait pour exprimer le refus d'un système et d'une philosophie politiques.

L'importance des symboles dans la culture nationale française s'explique sans doute par l'histoire particulière du pays. Dans une nation extrêmement diverse où ni l'histoire, ni la géographie, ni la langue, ni l'économie n'unifiaient la population au départ, l'unité n'a pu se faire que par la construction d'un puissant système symbolique qui transcendait les réalités concrètes. Cette unité a été bâtie à partir des éléments que tous les habitants de la France avaient en commun: le roi avec son gouvernement et sa cour, puis l'Etat républicain qui jouèrent un rôle déterminant dans la création d'une culture française nationale. Avant le 20e siècle, toutefois, cette culture nationale n'imprégnait pleinement que les élites de la société et partiellement seulement les autres classes.

L'originalité des symboles nationaux français a parfois été poussée très loin. Pendant une douzaine d'années (1793–1805) lors de la Révolution française, la France remplaça le calendrier chrétien occidental par un nouveau calendrier "républicain": les années commençaient avec l'an I de la Révolution (1792); les mois portaient de jolis noms comme floréal, fructidor, germinal, pluviôse; les semaines étaient remplacées par des décades de dix jours, le lundi devenant primidi, le mardi duodi, le mercredi tridi. On parlait de "la loi du 15 ventôse an V" (5 mars 1797). Ce calendrier a disparu, mais certaines créations toutes aussi originales de la Révolution française ont été adoptées dans le monde entier (excepté aux Etats-Unis): c'est le cas du système métrique.

A cause de son ancienneté, le système symbolique français est très profondément enraciné dans l'histoire. Les symboles venant d'un passé lointain sont toujours vivants et ils retiennent une grande puissance d'évocation ou d'émotion. Ils se mêlent aux symboles d'aujourd'hui d'une manière qui peut surprendre les Américains qui sont plus habitués à établir une coupure entre passé et présent. En France toute nouveauté est facilement rattachée à un symbole ancien. Aujourd'hui encore, la plupart des manifestations de masse à Paris partent de la place de la Bastille ou y aboutissent, parce que c'est le lieu emblématique de la protestation populaire depuis la prise de la prison de la Bastille par le peuple parisien le 14 juillet 1789. Toute manifestation est vécue comme faisant écho à celle de 1789 sur les mêmes lieux.

La culture nationale française a été pendant longtemps (quatre siècles au moins) en expansion constante, à l'intérieur de la France, en Europe, puis dans le reste du monde. A partir de la Révolution française, elle a été vue par les Français et par certains étrangers comme une expression de l'universalisme. De même que la Révolution française était vue comme ouvrant une ère nouvelle pour l'humanité entière, la culture française était vue comme ouverte et accessible à l'humanité entière. L'apogée de son influence dans le monde fut sans doute atteint pendant la IIIe République, c'est-à-dire à la fin du 19e siècle et dans la première moitié du 20e siècle lorsque la France possédait un vaste empire colonial. En 1930, les écoliers

16.2 Un symbole national: la prise de la Bastille par le peuple de Paris le 14 juillet 1789, tableau de Jean-Pierre Houel (1789).

indochinois, comme ceux de l'Algérie, du Sénégal, de Madagascar, de la Martinique, et de la Guyane apprenaient à réciter par cœur les fables de La Fontaine et à chanter la chanson patriotique française "En passant par la Lorraine avec mes sabots." Même les chefs des mouvements anti-colonialistes opposés à la France (Hô Chi Minh en Indochine ou Habib Bourguiba en Tunisie, par exemple) se disaient grands admirateurs de la littérature et des arts produits en France. Dans beaucoup de pays d'Europe et d'Amérique, la culture française jouissait d'une faveur spéciale chez les gens des classes dominantes. Jusqu'en 1940, Paris est apparu aux Français et aux francophiles comme la principale capitale intellectuelle et artistique en Occident.

Depuis la Seconde Guerre mondiale, on a assisté à une transformation profonde de la culture nationale en France. A l'intérieur du pays, l'influence croissante d'une culture mondiale scientifique, technologique, et médiatique a affaibli les références symboliques traditionnelles. Les jeunes Français d'aujourd'hui sont branchés sur l'Internet et ne peuvent plus citer de mémoire tous les chefs-lieux des départements français ni les fables de La Fontaine. L'école met de plus en plus l'accent sur des matières sans contenu symbolique national (mathématiques, sciences, technologie, économie) et de moins en moins sur des matières à contenu national (français, littérature, histoire, géographie). L'Union européenne conduit à minimiser les différences nationales, notamment dans le domaine social et économique. Les symboles catholiques ont disparu de la vie sociale (cloches des églises qui sonnent, processions dans les rues, prêtres en soutane, vêtements de deuil), tandis que ceux qui marquent l'appartenance à la religion islamique (port du foulard chez les femmes) sont apparus. Un grand nombre de jeunes ont des parents ou grands-parents immigrés qui ont pu leur transmettre un héritage culturel étranger, mais pas l'héritage culturel français (par exemple, les chansons françaises traditionnelles). Les nombreux restaurants proposant une cuisine étrangère (asiatique, nord-africaine, sud-américaine) font concurrence aux restaurants français traditionnels. L'anglais pénètre la langue française sous la forme du "franglais" répandu dans les médias et la publicité, mais aussi chez les jeunes: "C'est super-cool pour surfer sur le Web," dira une lycéenne en parlant d'un logiciel informatique.

A l'extérieur de la France aussi, l'influence de la culture française a reculé. Les générations qui ont été scolarisées après 1960 dans les pays aujourd'hui indépendants de l'ex-empire colonial sont moins imprégnées par la culture française que leurs aînés. Les Français ne peuvent plus maintenir comme auparavant leur langue et leur culture dans des pays qui ont parfois tourné le dos à la culture française après l'indépendance (le Vietnam, l'Algérie). La Guerre froide a fait reculer l'influence ancienne de la langue et de la culture françaises dans les pays de l'Europe de l'Est comme la Roumanie ou la Pologne. Enfin, certains éléments du système symbolique américain, par l'intermédiaire de la langue anglaise, du cinéma, de la télévision, de la musique, des loisirs, se sont répandus dans le monde entier formant l'embryon d'une sorte de culture mondiale à dominante technologique, médiatique, et commerciale. Des Français en visite en Pologne, au Japon, ou en Israël communiqueront sans doute avec leurs hôtes en anglais plutôt qu'en français. Et ni à Varsovie, ni à Tokyo, ni à Tel-Aviv on n'aura besoin de leur expliquer ce qu'on mange dans les restaurants McDonald's ou quel goût a le Coca-Cola.

Les Français sont conscients de ces changements. Certains les acceptent sans difficulté, estimant qu'il est normal et inévitable que le statut et la nature de la culture française évolue. Celle-ci ne peut pas rester, disent-ils, dressée comme un monument que l'on admire sans y toucher, dans une sorte de splendeur intemporelle. Toute culture vivante bouge, assimile des emprunts extérieurs, et ne doit pas rester figée. D'autres, au contraire, voient dans ces changements une menace intolérable sur la culture française et l'identité de la France. Il faut s'opposer à la décadence, disent-ils, en défendant la langue et la culture française, notamment contre l'influence du monde "anglo-saxon" qui cherche à étendre partout ses modes de pensée et de comportement.

En réalité, la culture nationale française n'a jamais été figée ni parfaitement homogène. Elle a toujours été ouverte aux influences venues d'autres pays qu'elle a assimilées d'une manière originale. Ceci reste aujourd'hui plus vrai que jamais.

Discussions

1. A votre avis, qu'est-ce qui explique l'attraction pour la culture française que l'on a souvent constatée chez les membres des classes dominantes en Europe et en Amérique?
2. Comparez l'utilisation du drapeau national en France et aux Etats-Unis.
3. Quels symboles américains (idées, objets, activités, personnages) peuvent signifier "Etats-Unis" dans l'esprit des Français?
4. Par quels moyens les Français pourraient-ils défendre la place de leur langue et de leur culture dans le monde?

Sujets de travaux oraux ou écrits

1. Présentez le personnage historique de Jeanne d'Arc et la valeur symbolique qu'elle représente dans la culture nationale française. Comment les partis politiques de droite ou de gauche se sont-ils servis de ce symbole?
2. Faites une étude sur la création du système métrique ou bien sur le calendrier républicain en vigueur pendant la Révolution française.
3. Comparez Marianne et Uncle Sam: leur origine, leur utilisation.

Chapitre 17
Les religions

La religion est un domaine dans lequel les Français diffèrent beaucoup des Américains. La France est—comme l'Espagne ou l'Italie—un pays traditionnellement catholique où une majorité écrasante de la population a, dans le passé, proclamé son allégeance à l'Eglise de Rome. Les attitudes des Français et leur culture sont encore aujourd'hui profondément marquées par le catholicisme, même si la place de l'Eglise dans la société s'est beaucoup réduite. D'autres particularités: les populations juives et musulmanes de France sont les plus nombreuses dans l'Europe de l'Ouest, et l'islam est la deuxième plus importante religion en France.

HISTOIRE DU CATHOLICISME ET DE L'ANTICLÉRICALISME

Le fait qu'il y avait tant de catholiques en France a donné dans le passé au clergé (cardinaux, évêques, curés, clergé enseignant) un pouvoir d'influence considérable sur les Français. Parce que l'Eglise est organisée suivant le modèle d'une monarchie absolue qui exige l'obéissance du clergé et des fidèles, elle a été vue comme une puissance redoutable par ceux qui détenaient le pouvoir civil en France (rois, gouvernements républicains). Le pape apparaissait comme une autorité supranationale en concurrence directe avec le gouvernement national pour diriger le comportement des citoyens. C'est pourquoi les gouvernements français se sont souvent méfiés de l'Eglise et ont été à certaines époques anticléricaux (c'est-à-dire ouvertement hostiles au pouvoir du clergé et de l'Eglise). Les rois ont parfois attaqué le clergé (Louis XV, par exemple, avait expulsé les Jésuites de France au 18e siècle), mais en général la monarchie française a maintenu une étroite alliance avec l'Eglise. L'Eglise soutenait la monarchie et la monarchie soutenait l'Eglise, avec un partage entre les deux du pouvoir et de l'influence sur la société. Les rois de France portaient le titre officiel de "roi très chrétien" (que l'on retrouve sur les pièces de monnaie d'avant la Révolution) et le pape considérait officiellement la France comme "fille aînée de l'Eglise," signifiant une filiation directe et privilégiée entre la papauté et la France.

A partir du milieu du 18e siècle, par suite de la vulgarisation de la philosophie des Lumières qui prêchait le rationalisme, l'influence de l'Eglise sur la société française commença à décliner. On vit l'incroyance et l'athéisme se développer dans certains milieux et certaines régions, créant un terrain favorable pour l'anticléricalisme. Les partisans de la Révolution française de 1789 (qui voulaient abolir la monarchie absolue et établir une démocratie) voyaient l'Eglise catholique comme une alliée de l'absolutisme monarchique. Pour eux, lutter contre la monarchie et lutter contre l'Eglise allaient ensemble. Ils pensaient donc que pour empêcher le retour de l'absolutisme, l'Etat devait être anticlérical. A partir de 1792, les gouvernements républicains furent généralement anticléricaux, parfois violemment. De nombreux prêtres furent emprisonnés et exécutés pendant la Révolution, et une partie du clergé fut expulsée de la France en 1905 lors de la séparation de l'Eglise et de l'Etat. Les gouvernements monarchiques, autoritaires, et non républicains (Napoléon Ier, Napoléon III, les rois Louis XVIII, Charles X, Louis-Philippe au 19e siècle, et le Maréchal Pétain au 20e siècle) ont été au contraire favorables à l'Eglise et soutenus par elle. On peut citer à cet égard le Concordat de 1801, accord passé entre Napoléon Ier et le pape qui, pendant plus d'un siècle, a accordé aux cultes catholique, protestant luthérien, protestant calviniste (réformé), et juif le soutien financier de l'Etat.

Jusqu'en 1945, l'Eglise catholique a donc été, en France, assimilée avec la droite politique. Etre prêtre et être catholique pratiquant voulaient dire voter à droite. Tout catholique gardait à l'esprit le souvenir des massacres de prêtres commis en 1792–1794 par les "ancêtres" des partisans actuels de la gauche. Les gens de gauche convaincus, eux, ne mettaient pas les pieds à l'église et "bouffaient du curé" (se moquaient du clergé; étaient anticléricaux). Dans chaque village de France, le maître d'école publique (l'instituteur), gardien des valeurs républicaines (démocratie, rationalisme, langue française), était en concurrence avec le curé, gardien des valeurs catholiques (obéissance au pape et aux évêques, foi chrétienne, latin). Les partisans de l'instituteur étaient appelés les "rouges" (couleur de la Révolution); ceux du curé les "blancs" (couleur de la monarchie). L'Eglise catholique a été étroitement impliquée dans cette sorte de guerre civile latente qui divisa les Français en deux camps opposés (droite-gauche) de la Révolution à 1945.

Jamais les Etats-Unis n'ont connu de situation semblable sur le plan religieux. La variété des confessions pratiquées, leur organisation souvent démocratique, et le fait qu'aucune n'a jamais dominé l'ensemble de la société font que le gouvernement américain ne s'est jamais senti lui-même menacé par un pouvoir religieux. Aucun clergé d'Amérique n'a été vu par les citoyens comme l'allié puissant d'un régime oppresseur à abattre. La religion dominante, le protestantisme, s'opposait par principe à la puissance du clergé catholique. Même si des protestants étaient hostiles aux "papistes" irlandais, italiens, ou québécois, l'anticléricalisme a eu peu de raisons de se développer comme politique publique. D'autre part, les Etats-Unis (et les autres pays d'Europe) ont été moins profondément influencés que la France par l'idéologie rationaliste et sceptique des Lumières qui faisait voir la religion comme une sorte de superstition destinée à asservir l'intelligence des individus. La foi en Dieu et la religion en général sont donc restées mieux acceptées en Amérique.

LA LAÏCITÉ

Les relations particulières entre l'Eglise et l'Etat en France ont donné naissance à un concept très important et toujours en vigueur aujourd'hui : la laïcité (*secularism*). L'Etat républicain en France est aujourd'hui laïque, c'est-à-dire officiellement neutre sur le plan religieux. La laïcité comprend quatre facettes ou principes. D'abord, c'est la liberté de conscience. Il n'y a ni croyance obligée, ni croyance interdite. Toute croyance—et l'incroyance—est permise, et l'Etat ne s'en préoccupe pas car la religion est une affaire privée. Deuxièmement, il y a égalité entre toutes les religions. L'Etat ne privilégie aucune religion. La loi ne discrimine pas contre une religion ou ses pratiquants. Troisièmement, la laïcité signifie la neutralité de l'Etat vis-à-vis de toute religion. L'Etat n'intervient dans aucune religion ou sa pratique. (Bien évidemment les religions doivent respecter la loi.) Enfin, la neutralité des religions vis-à-vis de l'Etat signifie qu'aucune religion n'intervient dans les affaires politiques. La religion n'a pas de pouvoir ou d'autorité officielle dans la société. Ces quatre principes de la laïcité semblent évidents aujourd'hui, mais il ne faut pas oublier la domination de l'Eglise catholique dans l'ordre politique avant et même après 1789 en France.

La laïcité en France diffère beaucoup du *secularism* américain. Tandis que le *secularism* américain est né de la demande de la liberté de conscience, la laïcité française—d'origine anticatholique—est focalisée sur la non-interférence de la religion dans l'Etat. Aux Etats-Unis et en France, l'Etat est laïque, et la religion est considérée comme relevant de la vie privée des individus, mais la laïcité américaine n'a jamais eu de connotation anticléricale comme celle de l'Etat français.

Aux Etats-Unis, les politiciens prêtent serment sur la Bible avant d'entrer dans leurs fonctions. "*In God We Trust*" est écrit sur le dollar. La majorité des enfants (cela dépend de l'état) récitent tous les jours à l'école publique, "*... one nation under God ...*" dans le Pledge of Allegiance (les mots "*under God*" ont été ajoutés en 1954). Les évènements sportifs professionnels et les compétitions pour enfants commencent souvent avec une prière. A la fin des discours politiques, des élus disent souvent, "*God bless America.*" Tous ces exemples sont choquants pour les Français, qui y voient une immixtion de la religion dans les affaires publiques et politiques. Mais la laïcité est un principe qui s'applique dans les deux pays de manière sélective. En France, l'Etat finance des écoles confessionnelles sous contrat (la grande majorité sont catholiques). Sur les 11 jours fériés français, six sont catholiques; sur les 11 jours fériés américains (*federal holidays*), un seul est religieux (Noël). Aux Etats-Unis les débats sur l'avortement sont dominés par les groupes religieux et sont politisés; en France l'avortement est considéré plutôt un sujet médical et donc privé. En France, la conception de la laïcité donne la primauté à l'Etat. Par exemple, l'état civil règle les déclarations de naissance, de mariage, et de décès. Les cérémonies religieuses traditionnelles liées à ces événements majeurs de la vie sont permises *après* que l'Etat joue son rôle; les baptêmes et les mariages religieux ne sont pas reconnus par l'Etat.

Aux Etats-Unis par contre, l'Etat n'oblige pas les couples de faire un *civil wedding* car il reconnaît les mariages religieux.

A partir de la Révolution, la vision laïque a eu un effet émancipateur pour les religions minoritaires et historiquement opprimées en France: le protestantisme et le judaïsme étaient enfin traités par l'Etat comme égaux au catholicisme. Jusqu'à la séparation de l'Eglise catholique et de l'Etat en 1905, l'administration subventionna ainsi les cultes (catholique, protestant, juif), considérés comme des services publics. Depuis 1905, l'Etat a cessé toute aide financière aux différents cultes. Tous les édifices religieux existant avant cette date sont devenus—et sont encore aujourd'hui—propriété publique.

Cette loi de séparation de l'Eglise et de l'Etat n'a pourtant jamais été appliquée aux trois départements d'Alsace et Lorraine (Haut-Rhin, Bas-Rhin, Moselle) qui faisaient partie de l'Allemagne de 1871 à 1918 quand la loi fut signée en France. Lorsque ces départements sont redevenus français en 1918, leurs habitants ont obtenu qu'on maintienne chez eux le Concordat napoléonien de non-séparation entre l'Etat et les cultes religieux qu'ils connaissaient lorsqu'ils faisaient partie de la France avant 1871. Ainsi, en Alsace et Lorraine, l'Etat rémunère aujourd'hui encore le clergé des quatre cultes mentionnés dans le Concordat: catholique, protestant luthérien, protestant calviniste, et juif. Suivant le système hérité des rois (qui nommaient les évêques), les évêques de Strasbourg et de Metz sont nommés par le président de la République et non pas par le pape. La loi de séparation ne s'applique pas non plus en Guyane française: le régime des cultes y est régi encore par une ordonnance royale de 1828.

C'est dans l'éducation qu'ont lieu beaucoup de conflits entre la religion et la laïcité en France, car c'est à l'école que l'Eglise gardait son emprise sur la population et c'est là que les futurs citoyens sont formés. Aujourd'hui, l'éducation publique laïque est un principe cher pour toute tendance politique, malgré certaines différences entre la droite et la gauche. On peut constater trois évolutions depuis la Seconde Guerre mondiale. D'abord, depuis les années 1950 les écoles privées (majoritairement catholiques) sont intégrées dans la mission étatique de l'éducation nationale via les contrats d'association: 97% des écoles privées suivent les programmes d'enseignement développés par le gouvernement républicain. Deuxièmement, depuis les années 1990 et surtout après 2000, les programmes de l'école publique incluent l'enseignement laïque "du fait religieux." Ce n'est ni la foi ni une instruction religieuse qui est offerte, mais cet enseignement comprend les "faits religieux" qui font partie de l'histoire, du patrimoine, et de la culture générale (par exemple, "Qu'est-ce que la Bible?" ou "Qu'est-ce que le Coran?") Les "faits religieux" sont traités en respectant le principe de la laïcité et avec distance intellectuelle par les enseignants qui sont des fonctionnaires de l'Etat. Dernière évolution à propos de la laïcité à l'école: la limitation de l'expression religieuse, surtout manifestée par la loi de 2004 interdisant les signes religieux portés ostensiblement (un foulard musulman pour les filles, une calotte juive pour les garçons, par exemple) dans les écoles, collèges, et lycées publics.

Les deux premières évolutions signifient une sorte de relaxation de la laïcité: étant donné la solidité de la séparation de l'Eglise et l'Etat et l'élimination de l'influence de l'Eglise catholique dans l'éducation, il n'était plus nécessaire de maintenir une distinction rigide entre éducation publique et privée. La dernière évolution—l'interdiction des signes religieux—a d'autres causes. Depuis longtemps, nous l'avons vu, c'était la gauche (surtout la branche jacobine et étatiste de la gauche) qui prêchait la laïcité comme une forme d'anticléricalisme. Aujourd'hui, c'est surtout la droite qui utilise les principes de la laïcité pour réglementer l'islam. La défense militante de la laïcité vis-à-vis de l'islam domine le programme du parti politique d'extrême-droite, le Rassemblement national. D'autres Français regrettent que la laïcité soit devenue elle-même "comme une religion."

Les Français ne sont pas d'accord sur le sens et la portée de la laïcité. La notion de la religion comme appartenant au domaine de la vie privée des individus divise le plus les opinions. Une partie de la population croit que la pratique religieuse doit être refoulée autant que possible de la sphère publique parce que la religion est— comme l'origine ethnique ou étrangère—considérée un facteur de division sociale. Ces personnes soutiennent la loi de 2004 interdisant les signes extérieurs d'appartenance religieuse portés ostensiblement dans les établissements scolaires publics. L'argument principal derrière l'interdiction est que, pour favoriser l'égalité, chaque élève doit apparaître d'une manière neutre: tout signe religieux porté ostensiblement nuit à la neutralité laïque voulue par l'Etat.

Cette loi, signée cent ans après la loi sur la séparation de l'Eglise et de l'Etat, représente une nouvelle interprétation de la laïcité, focalisée sur la notion du privé. Un grand débat a eu lieu avant le passage de la loi autour des expressions "ostensibles," "ostentatoires," et "portés ostensiblement." Quand est-ce qu'un signe religieux porté ostensiblement en public devient de la revendication ou du prosélytisme? Comment une religion comme l'islam peut-elle être invisible quand certaines de ses pratiques concernent des réglementations vestimentaires et alimentaires? Comment maintenir une séparation entre la religion et la vie publique lorsque la construction d'une école musulmane, par exemple, requiert l'accord de l'Etat républicain à tous les niveaux (national, municipal)? Comment réconcilier une laïcité ouverte (emphase sur la tolérance de toute religion) et une laïcité fermée (tendance à considérer toute visibilité d'une religion comme une forme d'intégrisme [*fundamentalism*])? Si le catholicisme est devenu laïcisé pendant la deuxième moitié du 20e siècle, beaucoup de Français attendent la même chose de l'islam au 21e siècle, c'est-à-dire, un "islam laïcisé."

Ceux qui souhaitent une séparation stricte entre la religion et la vie publique ont parfois des difficultés à reconnaître l'imprégnation durable du catholicisme dans la culture française. Par exemple, le dimanche est un jour de repos traditionnellement chrétien: la majorité des magasins et entreprises sont fermées le dimanche. Certaines

17.1 Après un siècle de construction, l'église Saint-Eustache dans le quartier des Halles à Paris a été consacrée en 1637. Elle est un édifice public appartenant à l'Etat aujourd'hui.

pratiques ou lois "neutres" peuvent avoir des effets discriminatoires: nous avons vu que des milliers d'églises catholiques sont devenues la propriété de l'Etat et sont classifiées comme des monuments historiques faisant partie du patrimoine national. A ce titre, ces édifices sont entretenus aujourd'hui aux frais de l'Etat. Mais la loi de 1905 a aussi interdit à l'Etat de financer avec de l'argent public de nouvelles constructions religieuses. Les musulmans, qui se sont installés en France de manière significative après la loi de 1905, ont beaucoup de mal à construire des lieux de prières sans le soutien de l'Etat. Un dernier exemple: 93% des établissements scolaires privés sont catholiques. Le financement public par l'Etat des écoles privées constitue donc une subvention dont bénéficie surtout une seule religion. Cette "neutralité" vis-à-vis des écoles privées aboutit dans les faits à une situation inégalitaire.

L'EGLISE CATHOLIQUE AUJOURD'HUI

Depuis 1945, les rapports entre l'Eglise et l'Etat en France se sont améliorés. D'abord parce que l'Eglise catholique s'est réformée et modernisée, notamment au Concile de Vatican II (1962–1965). L'accent a été mis dorénavant sur la foi individuelle intériorisée. L'Eglise abandonna le latin et les rites grandioses hérités des siècles passés. Elle entama un dialogue avec les protestants et les orthodoxes. Dans les années 1950–1960, le clergé catholique avait cherché à se rapprocher de la classe ouvrière pour la "reconquérir" à la foi: des prêtres-ouvriers allèrent travailler en usine, devenant parfois chefs syndicalistes. Une partie du clergé catholique sympathisa de plus en plus avec certaines idées de la gauche: l'esprit de partage, d'égalité, et de soutien aux pauvres les conduisait à se ranger du côté de ceux qui étaient vus comme opprimés dans la société. Seule une petite minorité de catholiques intégristes (ultra-conservateurs) refusèrent toutes les réformes du Concile et accusèrent le pape d'avoir trahi le catholicisme.

La vieille division idéologique héritée de la Révolution (la République contre l'Eglise catholique) était dépassée, mais d'autres divisions sont apparues. Une fois que la démocratie fut établie définitivement en France—c'est-à-dire depuis 1870 (sauf une interruption importante pendant la Seconde Guerre mondiale)—l'Eglise devint progressivement associée avec la droite républicaine, malgré le courant socialiste au sein du clergé après la Seconde Guerre mondiale décrit ci-dessus. En dépit d'une meilleure entente entre l'Eglise et l'Etat, il y eut tout de même quelques accrochages depuis le milieu du 20e siècle: le lieu de conflit le plus important étant encore l'école. Sous la pression des partis de droite au pouvoir, l'Etat a entrepris de soutenir financièrement l'enseignement privé (lois Barangé de 1951, Debré de 1959, Guermeur de 1977, toutes combattues sans succès par la gauche). En 1982, la gauche nouvellement arrivée au pouvoir accepta pour la première fois le principe de l'aide publique à l'enseignement privé, mais proposa en échange une réforme qui conduisait à faire disparaître l'indépendance de l'enseignement privé par rapport à l'Etat. La réaction de l'Eglise et des écoles privées fut immédiate: de gigantesques manifestations (soutenues par la droite) contre les projets du gouvernement obligèrent celui-ci à annuler la réforme.

Parallèlement, on a assisté à un phénomène nouveau dans la société: l'anticléricalisme était remplacé de plus en plus par l'indifférence: on n'écoute plus ce que dit l'Eglise. Telle est d'ailleurs l'attitude d'une partie croissante de la population se disant catholique. A part une petite minorité (qui a manifesté contre le mariage entre personnes de même sexe en 2012–2013), les catholiques français ont des opinions beaucoup plus libérales que la doctrine catholique: une bonne partie est en faveur des femmes prêtres et des prêtres mariés, et sont scandalisés par les révélations de pédophilie commise et cachée par la hiérarchie ecclésiastique (les cas de pédophilie sont aussi communs en France qu'ailleurs). L'influence de l'Eglise sur la société a donc énormément diminué par rapport à ce qu'elle était encore au milieu du 20e siècle. La baisse de l'influence de la religion dans les affaires humaines est un développement universel lié à la modernisation d'une société; pour les Français cette baisse affecte principalement le catholicisme.

CROYANCES ET PRATIQUES RELIGIEUSES

La France est un pays peuplé de catholiques, de musulmans, de protestants, et de juifs, mais aussi d'un grand nombre d'agnostiques et de non-pratiquants. Si les statistiques officielles sur l'appartenance religieuse sont interdites en France, des sondages peuvent fournir quelques renseignements sur les croyances et pratiques religieuses. Presque la moitié des Français (45%) ont déclaré en 2011 ne pas croire en Dieu. Ce chiffre est trompeur, pourtant, car presque 90% des Français qui se considèrent non croyants reconnaissent être d'origine catholique: effectivement, presque 70% de la population est baptisée. Malgré la baisse de niveaux de croyances depuis les années 1950 (pour le catholicisme ainsi que pour d'autres religions), la grande majorité des Français gardent une identité catholique et le pays reste imprégné de culture catholique.

La France et les Etats-Unis diffèrent non seulement par l'histoire des rapports entre la religion et l'Etat, mais aussi par la prédominance de différentes religions. Les deux nations sont des pays à dominante chrétienne mais avec d'importantes distinctions. La majorité des Américains (51%) sont protestants, comparé à 2% en France. Aux Etats-Unis, le catholicisme est une religion minoritaire (24%). On compte 16% des Américains qui se déclarent non-affiliés à une religion mais sont probablement d'origine chrétienne. Les juifs constituent 2% de la population américaine (0,5% des Français). Les pratiquants du bouddhisme et de l'hindouisme sont aussi rares aux Etats-Unis qu'en France. Le poids de l'islam en France (8% de la population; la deuxième plus grande religion), lié au passé colonial français et à la géographie méditerranéenne, dépasse de loin la place de l'islam aux Etats-Unis (1% des Américains sont musulmans).

Les Français et les Américains se distinguent aussi par leurs niveaux de croyance et de pratique religieuses. Si 55% des Français déclarent croire en l'existence de Dieu ou d'un esprit supérieur, environ 80% disent la même chose aux Etats-Unis. La France est le quatrième pays du monde le plus athée, après la Chine, le Japon, et la République tchèque: 29% des Français sondés en 2012 se sont déclarés des athées convaincus. La pratique religieuse est également beaucoup plus faible en France qu'aux Etats-Unis (et que dans d'autres pays catholiques d'Europe comme l'Irlande ou la Pologne). En 2011, seulement 5% des catholiques français déclaraient aller à la messe chaque dimanche, et seulement 25% des musulmans français à la mosquée le vendredi. Ce dernier taux est comparable à la pratique religieuse des Américains de toutes les religions.

La pratique religieuse a fortement baissé en France depuis les années 1970, surtout chez les jeunes. Le passage à l'église catholique se fait pour seulement 29% des mariages en 2010 et les baptêmes se font de plus en plus rare. Le recrutement des prêtres et des religieuses (*nuns*) est de plus en plus difficile: beaucoup de paroisses n'ont plus de curé; des églises doivent être fermées; les collèges et lycées privés n'ont plus d'enseignants membres du clergé. On a recours à l'arrivée de prêtres catholiques de l'étranger pour combler le vide, comme aux Etats-Unis. On constate aussi que l'ancien contraste entre régions à très forte pratique religieuse (Bretagne, Alsace, par exemple) et régions à très faible pratique (Bassin parisien) est en train de disparaître.

La laïcisation de la société—phénomène ancien et graduel—s'est brusquement accélérée après 1960. En quelques décennies, les symboles religieux—c'est-à-dire catholiques—ont perdu la fonction qu'ils occupaient depuis plus de mille ans dans la société française. Les églises sont souvent transformées en salles de concert. On les visite appareil de photo en main, comme on visiterait les ruines d'un temple grec qui n'a plus de fonction dans la société contemporaine; et il faut mettre des pancartes pour rappeler aux touristes qu'il y a encore des gens qui les considèrent comme des lieux de culte. Les calvaires (une statue du Christ en croix sur le bord des routes) et les processions catholiques dans les rues n'existent presque plus. Jusque dans les années 1950, on pouvait voir des gens faire le signe de croix lorsqu'ils passaient devant une église: ces gestes ont disparu depuis longtemps. Il est rare de voir aujourd'hui des personnes avec une croix en cendres sur le front le mercredi des Cendres.

La pratique de la religion a baissé aussi en Amérique depuis la Seconde Guerre mondiale, mais elle reste plus forte qu'en France, pour des raisons qui ne sont pas uniquement religieuses. Dans une nation d'immigrés et d'individus mobiles comme les Etats-Unis, où les gens se trouvent facilement isolés, une communauté des fidèles a souvent représenté un substitut à la famille étendue offrant soutien et sécurité.

LES MUSULMANS

La deuxième religion pratiquée en France est l'islam, avec environ 5 millions de fidèles, soit 8% de la population du pays. C'est depuis les luttes pour l'indépendance des pays colonisés par la France (années 1950) que la croissance importante des musulmans en France a commencé, même si des musulmans en provenance d'Afrique du Nord, d'Afrique sub-saharienne, et de Turquie avaient déjà immigré en France.

Il n'existe pas une seule interprétation de l'islam en France et les musulmans français sont aussi diversifiés que les catholiques français. Les musulmans ne constituent pas un groupe homogène mais ont de multiples formes de croyances et de pratiques religieuses, ainsi que des origines nationales et doctrinales très diverses. Il ne faut pas non plus faire l'amalgame entre "musulman" et "arabe." Les étiquettes "musulman," "arabe," et "immigré" sont souvent utilisées de façon interchangeable: c'est un glissement langagier qui doit être évité. En fait, un Arabe n'est pas forcément musulman et un musulman n'est pas forcément arabe. Un Arabe est quelqu'un qui parle la langue arabe. Seulement la moitié des musulmans en France sont arabes. Un Arabe peut être de religion chrétienne ou autre. Les musulmans français et les Français qui parlent arabe ne sont ni étrangers, ni forcément immigrés. Ce que ces trois catégories de personnes en France ont en commun est qu'elles sont toutes particulièrement touchées par la discrimination, le chômage élevé, et l'exclusion sociale.

Avant les années 1980, l'islam n'a pas été considéré comme un "problème" ou un danger en France. Dans les années 1970 la pratique de l'islam a été même encouragée, par exemple au sein des usines avec une pause du travail autorisée pour la prière. C'est surtout le développement de l'extrême-droite depuis les années 1980 qui a incité à des réactions hostiles chez certains Français, suggérant que cette religion—et les immigrés qui l'ont importée—sont difficilement compatibles avec les moeurs et la laïcité de la société française.

L'intégration des musulmans dans la société française constitue un débat récurrent. Qu'il s'agisse du port du foulard, de la construction des mosquées et des écoles musulmanes, du menu dans les cantines scolaires (qui contient souvent du porc), du sexe des médecins dans les urgences hospitalières, ou de la mixité dans les cours d'éducation physique à l'école ou dans l'accès aux piscines publiques, le débat tourne toujours autour de la question de l'accommodement. Qui doit faire des concessions: les musulmans ou la société française?

Le port du foulard (ou du voile) musulman (ou islamique) demeure le conflit le plus significatif. En 1989, la direction d'un collège à Creil dans l'Oise a ordonné à trois jeunes filles portant un foulard islamique sur la tête de l'enlever et, face à leur refus, les a expulsées. Cet incident a pris bientôt la dimension d'un grand débat national, car c'était non seulement la laïcité, mais aussi toute la conception française de l'intégration des minorités qui était en jeu. Pour certains Français, le port du foulard représentait—et représente encore—un refus de s'assimiler aux normes culturelles françaises. Ces Français ont peur de voir se développer en France une société faite de communautés fragmentées "à l'américaine." Les opposants au port du foulard mettaient l'accent sur une interprétation particulière de la laïcité: que la religion ne doit pas s'immiscer dans la vie publique et qu'elle doit se manifester seulement dans la vie privée. D'autres Français, au contraire, cherchaient à dédramatiser la situation et prêchaient la tolérance. Ils défendaient le droit des filles de s'habiller comme elles le voulaient. Ils insistaient sur une autre interprétation de la laïcité: que l'Etat ne doit pas interférer dans une religion ou sa pratique; sinon la liberté de conscience est invalidée.

De longs débats dans les médias ont opposé les partisans et les adversaires du foulard dans les écoles publiques. On s'est beaucoup interrogé sur les motivations et les implications du port du foulard pour les filles musulmanes, ainsi que pour leurs familles, leurs camarades de classe musulmans et non-musulmans, leurs enseignants, et la société en général. Le débat n'a pas toujours évité l'islamophobie. Au cours des années suivantes, les incidents se sont multipliés et plusieurs dizaines de jeunes filles ont été expulsées de leur collège ou de leur lycée (elles ont dû suivre un enseignement par correspondance ou s'inscrire dans une école privée). Une commission gouvernementale, la Commission Stasi, a été finalement créée pour réfléchir sur la laïcité. Après quinze ans d'"affaires du foulard," une loi de 2004 a interdit le port du foulard musulman—et tout signe religieux porté ostensiblement—dans les établissements scolaires publics français (écoles, collèges, et lycées, mais pas les universités). Depuis, le foulard a été aussi interdit pour toutes les fonctionnaires lorsqu'elles sont au poste de travail.

Les Français sont restés divisés sur la loi, mais les choses se sont calmées après 2004. Peu de cas difficiles se sont présentés à la rentrée scolaire suivante. Depuis la promulgation de la loi, deux options s'offrent aux musulmanes portant le foulard: elles peuvent l'enlever et étudier dans le système public; ou bien elles peuvent étudier dans une école privée (les écoles catholiques admettent les élèves non-catholiques et permettent le port du foulard). On a constaté que certaines filles font un troisième choix: elles arrêtent leur éducation. C'est une conséquence prévisible qui nuit à l'intention supposée de l'interdiction du voile, c'est-à-dire l'intention d'intégrer des jeunes musulmanes dans les normes culturelles françaises.

En 2010, une autre loi est adoptée, cette fois avec moins de polémique. Le voile "intégral" (couvrant une partie ou la totalité du visage) a été interdit dans tout lieu public en France (rue, métro, magasin, lieu de travail, etc.). Les arguments justifiant cette loi étaient surtout d'ordre sécuritaire: voir le visage entier d'une personne est nécessaire pour les interactions de la vie quotidienne et pour assurer la protection contre la criminalité.

Dans l'éducation publique ce sont les règlements non seulement vestimentaires mais aussi alimentaires qui affectent les élèves de religions minoritaires, par exemple en ce qui concerne la viande servie dans les cantines. Un "menu de substitution," remplaçant le porc par une autre viande, est depuis longtemps offert dans les établissements scolaires. C'est un exemple d'un accommodement de l'Etat vis-à-vis des minorités religieuses (musulmanes et juives). Cet accommodement est néanmoins mis en question de temps en temps par des adhérents de l'extrême-droite qui dénoncent une "violation" de la laïcité, et qui oublient que le poisson est aussi offert aux élèves (catholiques) le vendredi. Les accommodements de l'Etat envers des religions minoritaires dans la vie scolaire sont en fait mitigés. Depuis 1967 le ministère de l'Education nationale inclut les fêtes de toutes les religions au calendrier scolaire en conseillant aux professeurs d'éviter d'organiser des examens importants ces jours-là. Par contre, la recommandation de la Commission Stasi d'instaurer deux jours fériés supplémentaires (une fête musulmane et une fête juive) au calendrier scolaire pour mieux contrebalancer le poids du christianisme n'a pas été suivie.

D'autres questions sur la place de l'islam dans la société française soulèvent des polémiques, par exemple la construction des mosquées. Pour 3 millions de musulmans *pratiquants* (tous les chiffres ici sont des estimations), il existe en France à peu près 2 500 salles de prières ou mosquées, dont seulement une dizaine de mosquées "architecturales" (Paris, Evry, Lyon, Montpellier, Mantes-la-Jolie, Roubaix, Lille, Mulhouse). En comparaison, les 11 millions de catholiques *pratiquants* bénéficient d'au moins 40 000 églises de paroisse et d'une centaine de cathédrales. Une étude en 2012 a montré qu'il y a donc 275 fidèles pour un lieu de culte catholique, comparé à 1 200 fidèles pour un lieu de culte musulman. C'est surtout à partir des années

17.2 La Grande Mosquée de Paris, inaugurée en 1926 dans le 5e arrondissement de Paris, abrite aussi un salon de thé et un hammam.

1980 avec la montée du Front national (Rassemblement national aujourd'hui) que l'hostilité dans l'opinion publique et les obstacles bureaucratiques sont devenus fréquents face aux projets de construction des mosquées. Etant donné l'absence des lieux de culte formels, la prière islamique en plein air dans certains quartiers de grandes villes est devenue une nécessité, une pratique qui est à son tour dénoncée par l'extrême-droite comme un signe d'islamisation croissante et une invasion de l'espace public. Par ailleurs, faute de subventions de l'Etat français, les quelques mosquées qui ont été construites en France ont été financées par des groupes religieux ou politiques basés en Algérie, au Maroc, en Tunisie, ou en Arabie Saoudite; l'extrême-droite critique ce soutien comme une infiltration.

La formation des imams est un autre sujet qui fait débat. Leur formation en France est organisée le plus souvent par des dirigeants religieux étrangers formés eux-mêmes à l'étranger. Après une longue période de négligence, et de peur que quelques imams en France prêchent la misogynie, l'antisémitisme, l'intégrisme, et même le djihad, l'Etat a encouragé, tardivement, une mise en place d'une formation islamique en France. Plusieurs instituts de formation d'imams existent maintenant, mais les mosquées continuent à employer des imams de l'étranger. Parallèlement aux efforts pour former des dirigeants musulmans français, le gouvernement a régulièrement eu recours à la fermeture de certaines mosquées et à l'expulsion d'imams jugés extrémistes et contribuant à la radicalisation des jeunes. Les autorités essaient de distinguer les imams prêchant l'islamisme (idéologie politique) de ceux qui prêchent l'islam (religion).

Le Conseil français du culte musulman (CFCM), un organisme représentatif des diverses communautés musulmanes, a été créé en 2003 pour organiser les écoles musulmanes, les mosquées, et les imams. Cet organisme donne à l'islam une représentation auprès des autorités publiques équivalente au Consistoire central israélite de France pour le judaïsme, à la Fédération protestante de France pour le protestantisme, ou à la Conférence des évêques de France pour le catholicisme.

La peur de l'intégrisme musulman s'est renforcée à la suite des actes terroristes commis au nom de l'islam sur le territoire français. Cela rend parfois difficile la conciliation entre, d'une part, une société majoritairement catholique avec une marge islamophobe, et d'autre part, les adhérents d'une religion minoritaire essayant de vivre dans un pays laïque. On parle de la nécessité de transformer l'islam *en* France en un islam *de* France.

LES PROTESTANTS

La troisième religion pratiquée en France est le protestantisme avec 1,3 million de fidèles, soit 2% de la population. Les protestants français ont souffert de violentes persécutions de la part des catholiques aux 16e et 17e siècles. Le massacre de la Saint-Barthélemy (1572); la prise de La Rochelle, ville protestante (1628); la violente répression des "dragonnades" (1681); et la Révocation en 1685 de l'Edit de Nantes de 1598 (qui avait rendu le protestantisme légal en France): tous ces événements restent gravés dans les mémoires protestantes. Depuis la Révolution, les protestants ne sont plus persécutés en France et leurs rapports avec les catholiques sont bons. L'Eglise protestante en France a généralement des positions plus libérales que l'Eglise catholique sur le plan moral et social, par exemple sur le rôle des femmes dans le culte et sur les questions de mariage et de sexualité (divorce, contraception, avortement, homosexualité). En 2010, 12% des pasteurs en France étaient des femmes (à peu près 200 pasteures).

La majorité des protestants français sont calvinistes (on dit "réformés" en France), et un quart des protestants (en Alsace surtout) sont luthériens. Les mouvements protestants évangéliques comme le baptisme ou le pentecôtisme (centré sur l'expérience spirituelle personnelle) se sont développés fortement depuis une vingtaine d'années et constituent un tiers des protestants. Il n'existe pas de télé-évangéliste français, par contre, comme Billy Graham ou Joel Osteen. En dépit de leur croissance, ces mouvements évangéliques restent marginaux.

LES JUIFS

Une autre religion historiquement pratiquée en France est le judaïsme, avec plus de 300 000 fidèles, soit environ 0,5% de la population. Comme pour les autres religions, beaucoup de juifs (ou "israélites") sont juifs d'identité mais non croyants. La France est aujourd'hui le pays d'Europe occidentale qui compte la plus importante minorité juive. On distingue deux groupes principaux: les juifs ashkénazes (40% des juifs en France), originaires d'Europe centrale, qui étaient autrefois implantés dans l'est de la France; et les juifs séfarades (60%), originaires de l'Espagne et de l'Afrique du nord, plus nombreux dans le sud-ouest de la France. La distinction entre ashkénazes et séfarades est moins tranchée aux Etats-Unis.

Les juifs, présents en France depuis le Moyen-Age, ont énormément souffert de persécutions au cours des siècles. Leur situation s'est sensiblement améliorée à partir de la Révolution française qui leur a accordé l'égalité civile avec les chrétiens (égalité que les juifs n'avaient pas ailleurs en Europe à cette époque). Mais l'antisémitisme se développa beaucoup par la suite, avec l'appui tacite de l'Eglise catholique. Il fut particulièrement virulent entre 1880 et 1945, comme ailleurs en Europe. Les antisémites français (qui étaient politiquement à droite) accusaient les juifs de détruire les valeurs traditionnelles de la société chrétienne par le marxisme, le freudisme, ou le capitalisme, et d'avoir trop de pouvoir dans le monde des finances. L'Affaire Dreyfus (1894–1906), au cours de laquelle un officier juif de l'armée française fut faussement accusé d'espionnage au profit de l'Allemagne, fut un des épisodes les plus dramatiques de l'antisémitisme en France. Pendant la Seconde Guerre mondiale (1940–1945), le gouvernement français du Maréchal Pétain ("le régime de Vichy") était officiellement antisémite, comme celui de l'Allemagne nazie. L'Etat français a alors créé toute une panoplie de législation restrictive contre les juifs (par exemple, dans la fonction publique, les professions, les lycées, et les universités). L'Etat les a obligé à porter une étoile jaune sur leurs vêtements et a activement participé à l'internement des juifs dans les camps en France. Les autorités françaises ont collaboré avec les nazis pour déporter 75 000 juifs de France. Le rôle de la France dans l'Holocauste reste une des taches les plus sombres de son histoire.

L'antisémitisme, qui avait beaucoup reflué après 1945, est réapparu dans les années 1980, avec plusieurs attentats contre des synagogues et des cimetières juifs. Depuis le début du 21e siècle, une hausse alarmante d'attaques antisémites a été recensée en France (687 incidents rapportés en 2019), de même qu'ailleurs en Europe et aux Etats-Unis. Parfois ces actes sont commis par des extrémistes

> A LA MÉMOIRE DES ÉLÈVES DE CETTE ÉCOLE
> DÉPORTÉS DE 1942 A 1944 PARCE QUE NÉS JUIFS,
> VICTIMES DE LA BARBARIE NAZIE
> AVEC LA PARTICIPATION ACTIVE
> DU GOUVERNEMENT DE VICHY.
>
> ILS FURENT ASSASSINÉS DANS LES CAMPS DE LA MORT.
> PLUS DE 120 DE CES ENFANTS VIVAIENT DANS LE 13ème.
>
> 29 mars 2006   NE LES OUBLIONS JAMAIS

17.3 Plaque honorant la mémoire d'enfants juifs déportés pendant la Seconde Guerre mondiale, Paris.

néo-nazis, suprémacistes blancs, et nationalistes, parfois par des musulmans intégristes. (L'extrême-droite et des groupuscules néo-nazis commettent aussi des actes et des injures racistes contre les musulmans; ils instrumentalisent un antisémitisme supposé des musulmans pour justifier leur islamophobie.) A cause de la hausse des actes antisémites (menaces, insultes, harcèlement, violences, vandalisme), un certain nombre de juifs français envisagent souvent de quitter la France pour Israël. Comme aux Etats-Unis aujourd'hui, on note que les propos et actes antisémites sont de plus en plus décomplexés et ouverts, par exemple, dans le cas de graffitis dans les grandes écoles.

LES AUTRES CROYANCES

Le bouddhisme est la quatrième religion en France, avec plus d'adhérents que le judaïsme. Il y a environ 600 000 bouddhistes en France; les deux-tiers sont originaires des pays d'Asie, notamment du Vietnam. Parmi l'autre tiers, on trouve depuis vingt-cinq ans de plus en plus de convertis, attirés par la méditation et la transformation personnelle. Le nombre de mormons—de L'Eglise de Jésus Christ des Saints des Derniers Jours—monte aussi: approximativement 38 000 fidèles en France métropolitaine et 26 000 dans les départements et collectivités d'outre-mer. C'est une religion sans antécédent en France, importée de l'état de l'Utah. Le prosélytisme des mormons ne trouve pas de terrain fertile dans une France laïque, qui n'est guère ouverte à l'interdiction de la consommation d'alcool. Pourtant, les mormons ont ouvert en 2017 leur premier temple en France, au Chesnay, près du château de Versailles. Quant aux témoins de Jéhovah et à l'Eglise de scientologie—les deux d'origine américaine—la France ne les considère pas comme étant des religions mais des sectes (*sectarian cults*).

La franc-maçonnerie n'est pas une religion, mais elle s'y apparente par certains côtés comme ses rites et ses croyances. C'est un espèce de club philosophique engagé dans la politique. Depuis le 18e siècle, les francs-maçons sont nombreux et puissants en France. Ils se veulent les héritiers directs de la philosophie des Lumières. Le rationalisme, le libéralisme politique (la république démocratique), la liberté de conscience et d'expression, et la recherche du progrès social représentent les bases traditionnelles de leur idéologie, qu'ils essaient de mettre en application par l'action de leurs membres, lesquels sont nombreux dans les milieux dirigeants du pays. Les francs-maçons ont généralement un niveau d'éducation élevé et votent en majorité à gauche. Ils ont dans le passé été hostiles à l'Eglise catholique, étant notamment de farouches défenseurs de la laïcité. Aujourd'hui encore, l'Eglise interdit aux catholiques de devenir francs-maçons. On compte environ 135 000 francs-maçons en France. Ils sont organisés en petits groupes appelés "loges" qui sont fédérés en diverses "obédiences." Il y a une dizaine d'obédiences en France, dont la plus importante est le Grand Orient de France. Aujourd'hui un quart des francs-maçons sont des femmes: celles-ci ont longtemps été exclues de la franc-maçonnerie. Face à leur exclusion, les femmes ont créé des loges féminines, par exemple la Grande Loge féminine de France créée en 1946. D'autres loges sont aujourd'hui mixtes. Les francs-maçons se recrutent toujours par cooptation (les membres actuels choisissent les nouveaux membres) et leurs activités sont marquées par un certain manque de transparence.

LA SÉCULARISATION ET LA MONTÉE DE NOUVELLES VALEURS

Les soixante-dix dernières années ont été marquées par une crise profonde des rapports entre les Français et leurs religions, surtout vis-à-vis de l'Eglise catholique étant donné sa prééminence dans le paysage religieux. Alors que la société de consommation promet la satisfaction immédiate des désirs matériels de chacun, l'Eglise catholique a continué de promettre un paradis lointain que l'on ne pouvait atteindre qu'à force d'altruisme, de pénitence, et d'interdictions (du divorce, de la contraception, des relations sexuelles avant le mariage). Elle s'est donc trouvée déphasée par rapport à l'évolution générale des moeurs et des mentalités. De plus, les fonctions sociales de l'Eglise (d'enseignement et d'assistance) ont été en grande partie transférées à l'Etat. La religion se trouve donc marginalisée dans la société. Elle est devenue une affaire individuelle. Même les nouveaux courants spirituels qui sont apparus dans le catholicisme, comme le mouvement charismatique, prônent une relation plus directe avec Dieu, court-circuitant en quelque sorte le clergé, à la manière des protestants évangéliques.

En effet, alors que l'influence du catholicisme sur les Français faiblit, on remarque que certaines valeurs appartenant davantage à la culture protestante les séduisent. Bien que les protestants soient très minoritaires en France, les valeurs culturelles protestantes comme l'individualisme, l'hostilité à la centralisation, l'acceptation de l'économie de marché et du profit, et la recherche de l'égalité dans les rapports sociaux ou de l'éthique dans la vie publique imprègnent plus qu'auparavant la société française.

Ayant abandonné des communautés religieuses soudées d'antan, beaucoup de Français sont à la recherche d'autres moyens de créer des liens sociaux, de nourrir leurs besoins spirituels, de se consacrer à des oeuvres caritatives, ou d'exprimer leurs valeurs en dehors d'un cadre prescrit par des religions. Les mouvements associatifs et bénévoles sont très actifs en France, surtout en faveur de la solidarité, de la justice sociale, de l'écologie, et de l'aide aux plus démunis (par exemple, en faveur des sans domicile fixe [SDF] ou des migrants). Deux associations de secours international—Médecins sans frontières et Médecins du Monde—sont d'origine française.

Tandis que les Français sont aussi aptes que les Américains à travailler pour des oeuvres caritatives sous forme de volontariat, ils sont moins prêts à leur donner leur argent. Des raisons historiques et culturelles expliquent cette différence. D'abord, l'Etat-providence français se charge de la redistribution des revenus et du filet de sécurité dans la société. C'est donc l'Etat (et non pas les citoyens) qui est considéré responsable de l'aide aux plus démunis. Ensuite, le système français de taxation n'encourage pas le don caritatif comme le fait le système américain. Et enfin, la grande majorité des dons caritatifs aux Etats-Unis sont versés aux organisations religieuses (125 milliards de dollars en 2018 données par les individus; c'est plus que le double de la deuxième plus grande cause de dons caritatifs américains: l'éducation.) Il faut se souvenir des taux de croyance et de pratique religieuse pour comprendre pourquoi cette voie de bienfaisance n'est pas très populaire en France.

Discussions

1. Est-il exact de dire que la France est un pays catholique?
2. Dans quelle mesure les débats autour de la laïcité et l'islam aujourd'hui sont-ils semblables ou différents des débats concernant la laïcité et le catholicisme en 1905?
3. Quels pays est le plus laïque: la France ou les Etats-Unis?
4. Etes-vous pour ou contre la loi qui interdit les signes religieux portés ostensiblement dans les écoles, collèges, et lycées publics?
5. Le rap islamique et la pizza halal: sont-ils des exemples de la ré-islamisation des jeunes musulmans ou plutôt de l'adaptation des jeunes musulmans à la société française?

Sujets de travaux oraux ou écrits

1. Faites des recherches sur l'Affaire Dreyfus (1894–1906) et montrez comment l'antisémitisme a divisé la France en deux à cette époque.
2. Faites une enquête sur les francs-maçons, les protestants, les bouddhistes, ou les mormons en France.
3. Faites une étude sur les différences entre l'islamophobie et l'antisémitisme chez les adhérents contemporains de l'extrême-droite.
4. Présentez la situation des mosquées en France: sont-elles organisées par nationalités ou par doctrines islamiques? Quels sont les courants doctrinaux les plus importants?
5. Faites une étude du rôle des catholiques dans le mouvement contre le mariage des personnes de même sexe (la "Manif pour tous") dans les années 2010.
6. Faites des recherches sur la controverse autour du "burkini" sur les plages françaises (été 2016).
7. Faites une enquête sur l'usage en France du financement participatif (*crowdfunding*) pour des projets caritatifs.

Chapitre 18
La vie culturelle et intellectuelle

La France "patrie des arts et de la culture" est une image bien enracinée chez les étrangers, mais aussi chez les Français eux-mêmes. Comme toujours, une telle image contient à la fois une part d'illusion et une part de vérité. Il est faux, bien entendu, de s'imaginer que la plupart des Français sont des gens hautement cultivés ayant du goût pour tout ce qui est intellectuel ou artistique; ceux qui le croient seront cruellement déçus. Mais il est vrai que la culture de l'esprit, les arts, la littérature, occupent depuis longtemps dans la société française une place plus large et jouissent d'un prestige plus grand que dans la société américaine.

LE PRESTIGE SOCIAL DE LA CULTURE INTELLECTUELLE

Les conditions dans lesquelles la France s'est unifiée ont conduit au développement d'un système symbolique particulièrement puissant. La France a aussi eu pendant très longtemps une classe dominante oisive (noblesse, haute-bourgeoisie) qui a lutté contre l'ennui en se consacrant à la vie intellectuelle et aux arts. Appartenir à l'élite de la société est ainsi devenu synonyme de s'intéresser à la littérature, à la philosophie, à l'histoire, à la géographie, à la musique, à la peinture, à l'architecture. Par extension, l'inverse est devenu également vrai: s'intéresser à la vie intellectuelle et artistique, c'était d'une certaine manière rejoindre l'élite, cela faisait "monter" dans l'échelle sociale et donnait du prestige. Ne pas s'y intéresser, c'était se condamner à ne jamais être reconnu comme une partie de l'élite. Tout ceci a donné un grand prestige social à la culture intellectuelle.

Le clergé catholique savant, qui dirigeait les consciences, a fourni aussi le modèle d'une classe d'intellectuels professionnels respectueusement écoutés parce qu'ils détenaient un savoir inaccessible à la masse des habitants. Calquant leur rôle sur ce modèle, les intellectuels laïques—l'"intelligentsia"—se voient eux-mêmes et sont souvent vus par les autres comme une sorte d'élite dont la profession est de penser et de réfléchir à tous les problèmes de la vie en société. On attend des intellectuels qu'ils parlent, qu'ils donnent leur avis, et qu'ils "éclairent" ceux qui sont moins savants ou moins informés. Les médias en France leur accordent souvent une très grande place (longues interviews, articles, éditoriaux). Etre considéré comme un "grand intellectuel" (tels que Simone Weil ou Raymond Aron) a longtemps représenté un des sommets de la réussite dans un pays qui valorise plus la compétition intellectuelle que la compétition économique.

Ceci dit, l'influence traditionnelle des intellectuels dans la société française a beaucoup baissé depuis les années 1980. La forte hausse du niveau général d'éducation distingue moins les intellectuels de la population que dans le passé; ils sont donc moins écoutés. L'influence des technocrates, spécialistes d'un domaine précis, dans les débats publics s'est accrue à leurs dépens. La profonde transformation des médias au cours des décennies récentes avec la multiplication des sources d'information et le développement des médias électroniques font que leur message est plus difficile à faire passer.

Les conditions historiques dans lesquelles les Etats-Unis se sont développés n'ont pas conduit les Américains à survaloriser la culture intellectuelle. Le protestantisme, qui prône le contact direct avec la parole divine sans l'intermédiaire d'un clergé savant, n'a pas produit le modèle d'une classe savante, même si les pasteurs sont souvent écoutés et respectés dans la société. Le fait que l'Amérique soit historiquement un pays d'immigrés arrivés sans fortune établie—donc sans possibilité de mener une vie oisive—a conduit les Américains à valoriser les réalisations socialement utiles plutôt que le jeu des idées. Il y a toujours eu, bien sûr, des intellectuels, des écrivains, et des artistes aux Etats-Unis, mais ils ont généralement été—et sont encore aujourd'hui—plus isolés du reste de la société qu'en France. Leur prestige social et leur influence sont moins étendus. Ils sont plus concentrés dans les universités qu'en France et moins présents dans les médias. Le concept d'*"ivory tower"* souvent appliqué au monde universitaire américain exprime bien cette réalité. Qu'une grande écrivaine, un philosophe renommé, ou une célèbre professeure de littérature joue un rôle politique national aux Etats-Unis semblerait assez surprenant.

En France, cela n'étonnerait pas, car les liens entre la vie intellectuelle et la vie politique y ont toujours été plus étroits qu'aux Etats-Unis. Au 18e siècle déjà, Diderot et Voltaire s'opposaient au gouvernement monarchique absolu. Au 19e siècle, des écrivains comme François-René de Chateaubriand, Alphonse de Lamartine, Victor Hugo, ou Emile Zola étaient aussi des figures du monde politique. Au milieu du 20e siècle, Louis Aragon, Simone de Beauvoir, Aimé Césaire (qui fut député à l'Assemblée nationale), François Mauriac, Jean-Paul Sartre, sont, parmi d'autres, entrés dans les grands débats politiques du moment. Depuis les années 1980, on peut citer les philosophes Régis Debray, Alain Finkielkraut, et Bernard-Henri Lévy ou bien l'historienne Elisabeth Badinter (tous membres de la génération du *baby boom*) comme représentants de cette longue tradition de l'intellectuel critique engagé politiquement. Une nouvelle génération de jeunes intellectuels a émergé depuis une vingtaine d'années qui correspond moins au modèle traditionnel.

LE RÔLE DE L'ETAT DANS LA VIE CULTURELLE

Une des choses qui surprennent le plus les Américains en France est le rôle joué par l'Etat français dans la culture et les arts. L'Etat intervient partout, dirigeant ou subventionnant les compagnies théâtrales, les orchestres, les musées, les compagnies de danse, les festivals, les expositions, les films, et les grands projets architecturaux. Il possède de magnifiques salles de théâtres, les "théâtres nationaux" comme l'Opéra de Paris et la Comédie française auxquels sont attachés des acteurs, musiciens, chanteurs, et danseurs qui sont tous fonctionnaires payés par l'Etat. Le ministre de la Culture dirige la politique de l'Etat en matière culturelle et artistique, avec un budget de plus de 11 milliards d'euros en 2021. L'Etat républicain a en effet conservé le rôle de protecteur de la culture—de mécène—hérité des rois: encourager la culture et les arts fait partie de ses devoirs. Manquer à ce devoir provoquerait beaucoup de critiques; cela donnerait l'impression que l'Etat lui-même méprise l'héritage culturel français.

Contrairement à ce qui se passe aux Etats-Unis, le mécénat venant du secteur privé (entreprises, fondations, individus) pour la culture et les arts est traditionnellement faible en France, car les Français s'attendent à ce que l'Etat soit le mécène. Toutefois, depuis la loi Aillagon de 2003 qui encourage les dons privés avec des crédits d'impôts, le mécénat privé s'est accru fortement, souvent à travers la création de fondations financées par les entreprises. Le mécénat d'entreprise provient surtout des grandes sociétés aux marques très connues (par exemple LVMH, l'Oréal, Schlumberger, Total, Renault), mais de plus en plus de moyennes entreprises participent aussi à ce soutien. Les dons des entreprises dans le domaine culturel équivalaient à 7% du budget du ministère de la Culture en 2014. Aux Etats-Unis, il n'y a pas de ministère de la Culture et les dons des mécènes privés (individus ou entreprises) sont globalement très supérieurs à ce que donne le gouvernement fédéral ou les gouvernements des états pour la culture et les arts. Le budget du National Endowment for the Arts, organisme fédéral de soutien aux arts, était de 155 millions de dollars en 2019. D'une manière générale, le gouvernement aux Etats-Unis ne voit pas comme un de ses devoirs de soutenir la culture et les arts. Il laisse aux dons privés (parfois très élevés) le soin de le faire, et encourage ces dons par des exonérations fiscales.

18.1 La Bibliothèque nationale de France possède 15 millions de livres et d'imprimés.

LA PLACE DE PARIS DANS LA VIE CULTURELLE

Une autre particularité de la France est la domination de la capitale—Paris—dans le domaine des arts et de la culture. On ne retrouve pareille suprématie d'une seule ville ni aux Etats-Unis, ni ailleurs en Europe. Jusque dans les années 1960, Paris écrasait le reste de la France par le poids de ses activités et de son prestige. Il était pratiquement impossible à un écrivain, un artiste, ou un intellectuel de "réussir" ailleurs qu'à Paris. La capitale attirait tout ce que la France produisait de meilleur en matière intellectuelle et artistique. Les grandes compagnies de théâtre, d'opéra, et de danse, les grands orchestres, les grands musées, les grands écrivains, les grands philosophes, les grands professeurs d'université, les grandes maisons d'édition, les grandes écoles, tout ce qui était "grand" se trouvait concentré à Paris. Ce qui se faisait en dehors de Paris était considéré comme de second rang. Cette situation était évidemment défavorable à la vie culturelle et artistique provinciale, mais elle faisait de Paris une ville fascinante pour tous ceux, Français et étrangers, qui s'intéressaient à la culture intellectuelle et aux arts.

Les choses ont beaucoup changé au cours des soixante dernières années. Depuis les années 1960, en effet, on a pris conscience du dommage provoqué par une concentration excessive des activités culturelles et artistiques sur Paris. Sous l'impulsion du premier ministre chargé des Affaires culturelles, l'écrivain André Malraux, le gouvernement a commencé à déconcentrer la culture et les arts en créant dans chaque grande ville de province une Maison de la Culture, sorte de centre culturel financé par l'Etat. Ces Maisons de la Culture offraient des concerts, des pièces de théâtre, des expositions, des bibliothèques, et d'autres activités. Aujourd'hui, les grandes villes françaises (Lille, Strasbourg, Lyon, Marseille, Montpellier, Bordeaux en particulier) ont des orchestres symphoniques, des compagnies de théâtre, de danse, d'opéra, et des musées qui peuvent souvent rivaliser avec ce qui existe à Paris. Certains festivals de province comme celui d'Aix-en-Provence pour la musique ou celui d'Avignon pour le théâtre ont une réputation mondiale. Il existe aujourd'hui 19 centres chorégraphiques nationaux subventionnés par l'Etat et les collectivités régionales, qui forment des danseurs, accueillent des compagnies de danse, et soutiennent leurs projets. Le festival international Montpellier-Danse accueille chaque année les meilleures compagnies de danse de France et du monde. L'Etat a multiplié dans les grandes villes le nombre de "conservatoires" (départementaux, régionaux, et nationaux), établissements publics d'enseignement (gratuit) de la musique, du théâtre, et de la danse où l'admission, très sélective, se fait sur concours. On peut y entrer dès l'âge de 7 ans. Louvre-Lens, une annexe du musée du Louvre, a été ouvert à Lens, une ville du nord de la France. Même dans les petites et moyennes villes, les concerts, les expositions, les festivals de toutes sortes se sont multipliés. Le soutien de l'Etat ne s'est pas du tout limité à la "haute culture" (pièces de théâtre, concerts classiques ou de jazz); des formes d'expression populaires en ont bénéficié aussi, comme le cinéma, les cirques, la bande dessinée, la musique folklorique, et le rock.

Des universités nouvelles ont été créées dans de nombreuses villes moyennes qui n'en avaient pas (Le Mans, Brest, Amiens, par exemple). Des maisons d'édition de province sont devenues importantes (Privat à Toulouse, par exemple). Aujourd'hui, il n'est plus vrai qu'un artiste très doué ou une brillante intellectuelle cherchent toujours à s'établir à Paris. Beaucoup choisissent la province.

La télévision semble avoir joué un rôle important dans ce mouvement de dissémination culturelle de Paris vers la province entre les années 1960 et 2000. Elle a apporté chez tous les Français—qu'ils habitent Paris ou un village isolé de montagne—les mêmes images et les mêmes sons. Beaucoup d'entre eux se sont dit, "Pourquoi ne pourrions-nous pas nous aussi avoir les mêmes concerts, les mêmes films, les mêmes expositions, les mêmes pièces de théâtre ici, chez nous?" L'Internet a, depuis 2000, renforcé ce désenclavement culturel des provinces françaises.

Les Maisons de la Culture ont souffert d'avoir souvent été mêlées à des conflits politiques entre les partis de gauche et de droite qui tentaient de prendre le contrôle de ces établissements. Cela les a conduit au déclin aujourd'hui. Mais cette expérience de démocratisation de l'accès à la culture a favorisé le mouvement qui s'est développé à partir des années 1960 pour soutenir la vie culturelle et artistique dans les provinces françaises. Le budget du ministère de la Culture a été considérablement accru par les gouvernements socialistes après 1981 (on l'augmenta de 100% en 1982!). La décentralisation administrative, en donnant plus de pouvoirs—et d'argent—aux élus locaux, a beaucoup contribué aussi à ce mouvement de décentralisation culturelle.

Malgré tous ces changements, Paris reste aujourd'hui le principal foyer intellectuel et culturel en France et l'un des premiers dans le monde. Le centre Beaubourg, sorte d'énorme Maison de la Culture parisienne, a été construit dans les années 1970. De nouveaux musées publics ont aussi ouvert leurs portes dans les années 1980 (Musée Picasso, Musée d'Orsay) ainsi qu'un nouvel opéra (l'Opéra Bastille). Des musées privés financés par des dons ont également été ouverts. Aucune ville française ne menace d'égaler Paris et peu de grandes métropoles mondiales peuvent rivaliser avec la capitale française pour l'abondance et la diversité des activités artistiques et culturelles. Chaque jour, par exemple, les Parisiens ont le choix entre une centaine de pièces de théâtre et plus de trois cents films dans les salles de cinéma.

LE RÔLE DE LA LITTÉRATURE

Un autre aspect important de la vie intellectuelle en France est le rôle particulier joué depuis des siècles par la littérature. Celle-ci occupe en effet dans la société— surtout parmi les catégories bourgeoises et moyennes—une place plus importante qu'aux Etats-Unis. Les grands écrivains du passé—des hommes à de rares exceptions près—sont considérés comme des sortes de héros nationaux, d'un rang comparable à George Washington, Thomas Jefferson, ou Abraham Lincoln aux

Etats-Unis. Plusieurs d'entre eux (Voltaire, Jean-Jacques Rousseau, Victor Hugo, Alexandre Dumas, Emile Zola, André Malraux) ont été inhumés dans le mausolée du Panthéon à Paris, sur le fronton duquel sont inscrits les mots, "Aux grands hommes, la patrie reconnaissante." Certains écrivains ont reçu des funérailles nationales. Quand on demanda au président Giscard d'Estaing (1974–1981) ce qu'il aurait aimé être s'il n'avait pas été président de la France, il a répondu "un grand écrivain." Le Panthéon n'accueille pas que la sépulture d'hommes et d'écrivains. Quatre "grandes femmes" (contre 73 "grands hommes") y ont été inhumées en témoignage de leurs accomplissements (une cinquième femme y a été placée près de son mari). Il a fallu attendre 1995 pour y faire "entrer" pour la première fois la sépulture d'une femme pour ses accomplissements: la célèbre chimiste Marie Curie (décédée en 1934). Les trois autres sont Germaine Tillion (2015), Geneviève de Gaulle-Anthonioz (2015), et Simone Veil (2017), toutes membres de la Résistance durant la Seconde Guerre mondiale ou déportées dans des camps de concentration. La sépulture d'une seule personne noire (originaire de Guyane française) s'y trouve depuis 1949, celle de Félix Eboué (1884–1944), gouverneur général de l'Afrique équatoriale française qui se rallia à la France libre du général de Gaulle en 1940. Ni ces femmes, ni le gouverneur n'étaient des écrivains; d'autres accomplissements ont justifié leur inhumation au Panthéon.

Le respect dont sont traditionnellement entourés les écrivains vient du rapport spécial des Français avec leur langue. La langue française a été le symbole élémentaire, la matière première—littéralement—de la culture nationale. Dès 1539, l'usage du français est devenu obligatoire dans tout le système judiciaire de France (édit royal de Villers-Cotteret). Les Français identifient donc étroitement leur langue avec la construction de leur nation—ce qui n'est pas le cas des Américains. L'unification nationale s'est faite par le remplacement des langues régionales par le français. L'identité française est donc inséparable de la langue française: l'une ne se conçoit pas sans l'autre; et la langue est inséparable de la littérature. Il existe donc, par l'intermédiaire de la langue française, une relation étroite entre l'identité nationale et la littérature. Depuis des siècles, la littérature a été un moyen privilégié pour exprimer les valeurs de la société française.

Les Français voient souvent le cinéma comme un prolongement de la littérature. Le film est une oeuvre d'art dont l'auteur-réalisateur est mis sur le même plan qu'un romancier ou un dramaturge. Un bon nombre de films français, d'ailleurs, mettent à l'écran une oeuvre littéraire ou s'en inspirent. Citons par exemple: *Madame Bovary* de Gustave Flaubert (Jean Renoir, 1933 et Claude Chabrol, 1991), *La Chartreuse de Parme* de Marie-Henri Beyle dit Stendhal (Christian-Jaque, 1948), *Thérèse Raquin* d'Emile Zola (Marcel Carné, 1953), *Les Trois Mousquetaires* d'Alexandre Dumas (André Hunebelle, 1953), *Le Rouge et le Noir* de Marie-Henri Beyle dit Stendhal (Claude Autant-Lara, 1954), *Le Comte de Monte Cristo* d'Alexandre Dumas (Robert Vernay, 1954), *La Princesse de Clèves* de Madame de la Fayette (Jean Delannoy, 1961), *Germinal* d'Emile Zola (Yves Allégret, 1963 et Claude Berri, 1993), *La Religieuse* de Denis Diderot (Jacques Rivette, 1966 et Guillaume Nicloux, 2012), *Le Grand Meaulnes* d'Alain Fournier (Jean-Gabriel Albicocco, 1967 et Jean-Daniel Verhaeghe, 2006), *Le Hussard sur le toit* de Jean Giono (Jean-Paul Rappeneau, 1995), *La Captive* de Marcel Proust (Chantal Akerman, 2000).

La chanson est aussi vue comme un prolongement de la littérature et les chanteurs les plus célèbres comme Juliette Gréco, Georges Brassens, Edith Piaf, Gilbert Bécaud, ou Charles Aznavour ont été traités comme des héros de la culture nationale. En décembre 2017, le cortège funèbre du chanteur Johnny Hallyday à Paris fut suivi par plusieurs dizaines de milliers de personnes. Le président de la République, Emmanuel Macron, prit la parole lors de la cérémonie: "Johnny était une part de nous-mêmes, une part de la France," a-t-il proclamé devant la foule.

La plus prestigieuse institution littéraire en France est l'Académie française où depuis l'année 1635 siègent 40 membres cooptés à vie parmi les grands écrivains et intellectuels français ou francophones. On les surnomme "les Immortels." La défense de la langue française et la rédaction du dictionnaire de l'Académie sont leurs principales charges. Lors de son admission, chaque membre doit faire l'éloge de son prédécesseur au même siège. Cette règle implacable a conduit certains écrivains à refuser d'être admis à l'Académie pour ne pas avoir à faire l'éloge de quelqu'un qu'ils n'aimaient pas du tout. Dans les cérémonies officielles, les membres de l'Académie française portent un uniforme noir brodé de vert (l'"habit vert") et une épée. L'Académie française est restée longtemps opposée à la féminisation des noms de métiers, de titres, ou de fonctions (par exemple "madame la professeure" au lieu de "madame le professeur," ou "madame la première ministre" au lieu de "madame le premier ministre"). En 2019, l'Académie a finalement accepté cette féminisation, que l'administration de l'Etat avait déjà mise en pratique en 1998. L'écriture dite "inclusive" va plus loin en modifiant le genre grammatical masculin des termes génériques qui englobent les femmes et les hommes ensemble (par exemple, "les électeurs vont voter dimanche" devient "les électeurs.trices vont voter dimanche"). Ce type d'écriture est encore peu pratiqué et n'est pas accepté par l'administration de l'Etat.

Le monde littéraire français est un monde où les hommes ont toujours occupé le devant de la scène. Les femmes y sont présentes depuis longtemps, mais surtout comme médiatrices et non pas productrices—elles tenaient les salons littéraires où se réunissaient les écrivains aux 17e et 18e siècles. Comme dans les arts, leur créativité a été dans le passé systématiquement étouffée: la création littéraire et artistique était considérée comme un terrain réservé aux hommes. Les écrivaines célèbres comme Madame de la Fayette (17e siècle), Madame de Sévigné (17e siècle), George Sand (19e siècle), Colette, Simone de Beauvoir, ou Marguerite Yourcenar (première moitié du 20e siècle) sont des cas exceptionnels.

La situation a considérablement changé depuis les années 1960. La littérature et l'édition littéraire sont aujourd'hui des terrains occupés aussi par les femmes. Mais il a fallu attendre 1981 (depuis 1635!) pour qu'une femme, Marguerite Yourcenar, devienne membre de l'Académie française. L'Académie compte 6 femmes (sur 40 membres) en 2021, et c'est une femme, Hélène Carrère d'Encausse, qui en occupe la principale fonction, celle de secrétaire perpétuelle (depuis 1999).

L'émergence des théories féministes a aussi marqué le paysage intellectuel français depuis un demi-siècle. Des auteures comme Gisèle Halimi, Luce Irigaray, Hélène Cixous, Christine Delphy, Monique Wittig, ou Julia Kristeva ont contribué à renouveler l'analyse de la société dans une perspective féministe. L'historienne Michèle Perrot a été la pionnière de l'histoire des femmes, qui met en lumière le rôle et le point de vue des femmes dans les événements historiques.

Une autre évolution majeure récente est l'affaiblissement du concept de littérature "nationale" française et l'élargissement du champ de la littérature au-delà des frontières de la France métropolitaine. Ceci a mené à l'apparition du concept de "littérature francophone," c'est-à-dire d'une littérature définie par la langue employée et non plus par la nationalité de celle ou celui qui écrit. Il y a eu quelques rares précurseurs de cet élargissement tels que René Maran (écrivain antillais, prix Goncourt 1921) ou Léopold Sédar Senghor (poète sénégalais publié dans les années 1940–1950 et président du Sénégal entre 1960 et 1980). Mais c'est surtout depuis les années 1980 que la scène littéraire française s'est ouverte à des auteurs écrivant en français qui viennent des Antilles, du Maghreb, de l'Afrique sub-saharienne, ou même de pays non francophones. On compte bon nombre de romanciers et dramaturges originaires de ces régions du monde parmi les auteurs publiés par les grandes maisons d'édition françaises. Certains d'entre eux se sont établis en France. Citons parmi d'autres Francis Bebey, Mongo Beti, et Calixthe Beyala (Cameroun), Andrée Chedid (Egypte), Mohammed Dib (Algérie), Yanick Lahens (Haïti), Werewere Liking (Côte d'Ivoire), Alain Mabanckou (Congo Brazzaville), Antonine Maillet (Canada), Albert Memmi (Tunisie), Tierno Monénembo (Guinée), Aminata Sow Fall (Sénégal). Cette évolution a touché les plus hautes sphères du monde littéraire: Senghor a été le premier Noir à entrer à l'Académie française en 1984. L'écrivaine d'origine algérienne Assia Djebar est entrée à l'Académie en 2005 et l'écrivain d'origine libanaise Amin Maalouf en 2011. Aujourd'hui, le romancier Dany Laferrière, originaire d'Haïti, est aussi membre de l'Académie.

Les éditeurs et les milieux littéraires de la France métropolitaine ont initialement manifesté une certaine résistance face à l'émergence de la littérature "francophone" qu'ils considéraient comme marginale. Ce n'est plus le cas aujourd'hui. Le concept de littérature "francophone" lui-même est contesté, parce qu'il sépare cette littérature de la littérature "française." De plus, un grand nombre d'auteurs de la littérature "francophone" vivent en France et sont français. Le concept de "littérature-monde" englobant toutes les littératures de langue française a ainsi été proposé comme étant préférable à celui de littérature "francophone."

LITTÉRATURE, CINÉMA, ET MUSIQUE BEUR ET DE BANLIEUE

Le monde littéraire français ne s'est pas seulement étendu vers l'extérieur, mais aussi vers l'intérieur du pays avec l'apparition à partir des années 1980 de la littérature "beur," ou littérature de "banlieue." Ce nouveau courant littéraire, produit par des auteurs issus de l'immigration maghrébine et africaine, est centré sur l'expérience vécue par les jeunes Français d'origine maghrébine et africaine et les habitants des "cités" (grands ensembles d'appartements à bas loyer) dans les périphéries défavorisées des grandes villes françaises. La publication en 1983 du roman *Le Thé au harem d'Archi Ahmed* de Mehdi Charef a marqué l'entrée en scène de ce courant de littérature beur auquel appartiennent aussi des auteurs comme Azouz Begag (*Le Gone du Chaâba*, 1986), Farida Belghoul (*Georgette!*, 1986), Mohand Mounsi (*La Noce des fous*, 1990), et Rachid Djaïdani (*Boumkoeur*, 1999). Ces œuvres sont souvent autobiographiques: le racisme, l'exclusion sociale, le chômage, et les questionnements sur l'identité sont des thèmes qui y sont fréquemment abordés. A partir des graves émeutes de 2005, une nouvelle génération d'auteurs a poursuivi un courant appelé la "littérature de banlieue," moins tournée vers l'autobiographie et plus vers les problèmes auxquels sont confrontés les habitants des banlieues. C'est le cas par exemple de Karim Amellal (*Cités à comparaître*, 2006), Faïza Guène (*Kiffe kiffe demain*, 2005), ou Didier Mandin (*Banlieue Voltaire*, 2006).

L'équivalent cinématographique de ces courants, le cinéma "beur" ou "de banlieue," est apparu dans les années 1990 avec *Hexagone* de Malik Chibane (1994) et *La Haine* de Mathieu Kassovitz (1995). *Le Thé au harem d'Archi Ahmed* a été adapté au cinéma par Mehdi Charef (1985) et *Le Gone du Chaâba* par Christophe Ruggia (1997). On peut citer également *Wesh wesh, qu'est-ce qui se passe?* de Rabah Ameur-Zaïmèche (2002), *Voisins voisines* de Malik Chibane (2005), *Des Poupées et des anges* de Nora Hamdi (2008). Un des principaux cinéastes de ce courant est Abdellatif Kechiche (*La Faute à Voltaire*, 2000; *L'Esquive*, 2003; *La Graine et le mulet*, 2007). Tous ces films mettent en scène des protagonistes appartenant aux minorités ou issus de l'immigration et qui vivent dans les banlieues des grandes villes.

La musique "rap," influencée par la culture des banlieues, a renouvelé la musique populaire. C'est une forme d'art de protestation, plus politisée en France qu'aux Etats-Unis, qui parle du racisme, de l'exclusion sociale, et des discriminations dont souffrent les minorités. Les précurseurs de ce genre musical sont les groupes comme IAM, NTM, ou encore Ministère AMER. Diam's a été également une pionnière féminine. Aujourd'hui le rap est devenu la musique la plus populaire en France et son essor ne fait que s'accroître. Parmi les rappeuses et rappeurs en vogue au début de la troisième décennie de ce siècle, nous pouvons citer Casey, Chilla, Kery James, Maître Gims, Nekfeu, PNL, Sianna, et Soprano.

LES PRIX LITTÉRAIRES

Aucun pays du monde n'offre autant de prix littéraires que la France (environ 1 500). Les plus prestigieux sont le prix Goncourt, le prix Femina, le prix Interallié, le prix Renaudot, et le prix Médicis. Ils sont généralement décernés pour des romans. Le prix Goncourt est attribué chaque année depuis 1903 par un jury au cours d'un déjeuner dans un restaurant (Drouant à Paris). Les auteurs qui gagnent le prix Goncourt reçoivent seulement un chèque de 10 euros, mais leur livre est assuré d'un tirage de plus de 100 000 exemplaires dans l'année qui suit. Les médias saluent les attributions de grands prix littéraires comme des événements culturels majeurs mentionnés dans la première page des journaux et aux informations télévisées.

Il a fallu attendre 1944 pour qu'une femme, Elsa Triolet, reçoive le prix Goncourt pour son roman *Le Premier accroc coûte deux cents francs*. Il a été attribué plusieurs fois à des femmes depuis cette époque et notamment à Simone de Beauvoir (1954), Antonine Maillet (1979), Marguerite Duras (1984), Pascale Roze (1996), Paule Constant (1998), Marie Ndiaye (2009), Lydie Salvayre (2015), et Leila Slimani (2016). Toutefois, la prédominance masculine dans la sphère la plus élevée de la littérature subsiste encore: la grande majorité des lauréats du prix Goncourt au cours des décennies récentes ont été des hommes.

On remarque que depuis 1979 les lauréats de ce prix ne sont plus toujours d'origine française. Elles ou ils sont aussi canadienne (Antonine Maillet), d'origine marocaine (Leila Slimani et Tahar Ben Jelloun), libanaise (Amin Maalouf), russe (Andrei Makine), franco-américaine (Jonathan Littell), afghane (Atiq Rahimi), et sénégalaise (Marie Ndiaye). Il n'est plus nécessaire d'être français ou d'origine française pour être reconnu comme un excellent écrivain de langue française. Cela souligne aussi que le français n'est pas une langue "fermée" réservée aux métropolitains, mais une langue universelle ouverte à toutes les origines. Toutefois, cette évolution oblige à repenser le rapport traditionnel entre langue, littérature, et nation française, et à se poser la question: le concept de littérature "française" est-il, comme celui de littérature "francophone," dépassé? Doit-on parler aujourd'hui de "littérature-monde" transnationale comme certains auteurs le suggèrent?

LA LITTÉRATURE COMME ARME POLITIQUE

La littérature en France peut aussi devenir une arme politique—ce qu'elle est rarement aux Etats-Unis. Certains chefs-d'oeuvre littéraires français ont été des "machines de guerre" dans les conflits politiques ou sociaux de leur temps: par exemple, dans ses *Lettres à un provincial* (1656–1657), Blaise Pascal défend les jansénistes (catholiques à la morale rigoriste et aux tendances opposées à la monarchie absolue) contre les jésuites. Dans sa comédie *Le Tartuffe* (1664–1667), Molière attaque les "dévots" (catholiques qui multiplient les gestes d'attachement à la religion). Dans les contes de Voltaire (1694–1778), nous trouvons les idées-clés philosophiques du 18e siècle français—justice sociale, haine de la guerre, tolérance religieuse. Dans ses romans de la série des Rougon-Macquart (1871–1893), Emile Zola dépeint avec un réalisme extrême les misères sociales de son époque. Dans *Thérèse Desqueyroux* (1926), François Mauriac attaque la bourgeoisie, qu'il peint comme insensible et uniquement préoccupée de bienséances sociales. Il est également assez courant en France—mais beaucoup moins aux Etats-Unis—que des écrivains renommés écrivent des articles dans la presse pour prendre position dans les débats politiques du moment.

LANGUE ET NATION

Ayant l'habitude de confondre la nation française avec ceux qui parlent la langue française, les Français sont souvent tentés d'assimiler les autres peuples francophones à eux-mêmes. Ils ont du mal à imaginer qu'on puisse parler français sans être français. Jacques Toubon, ministre de la Culture, célébrant à Paris la journée de la francophonie, déclarait en 1994, "C'est une fête de famille qui s'élargit au monde entier à la gloire d'un patrimoine linguistique dont la richesse démontre le caractère indispensable à l'équilibre de notre monde." Cette attitude agace souvent les Suisses, les Belges, et les Québécois qui n'ont pas du tout le sentiment que les Français sont un peu suisses, belges, ou québécois parce qu'ils parlent la même langue qu'eux.

Un autre aspect important de cette conception nationale de la langue est la peur de voir le français perdre sa "pureté," et surtout d'être "contaminé" par l'anglais à l'intérieur de la France et supplanté par lui à l'étranger. La France a des lois sur l'emploi de la langue qui interdisent d'utiliser des mots étrangers dans les textes officiels ou dans les annonces d'emploi qui doivent toujours être en français. La langue et la culture sont vues comme des enjeux géopolitiques majeurs. En 2009, un groupement d'associations de défense de la langue française publia l'appel suivant:

> "Langue de la République" (article II de la Constitution), le français est une condition du vivre-ensemble national et républicain, et, selon les sondages récents, il est pour 80% de nos concitoyens un des principaux piliers de l'identité nationale. Or, le français est aussi gravement menacé chez nous qu'au Québec, en Afrique francophone, en Wallonie ou en Suisse romande [...] L'heure est donc venue d'appeler tous les citoyens à la résistance linguistique [...] La défense de notre héritage linguistique implique une protection et une promotion active de la langue française, de la diversité linguistique et de la francophonie, sur notre continent et dans le monde [...] Si une langue de portée mondiale comme la nôtre finissait par être supplantée sur sa terre natale, quelle autre langue, en Europe, pourrait résister au rouleau compresseur de l'anglo-américain?

Cet activisme militant en faveur de la langue française sur le plan mondial est spécifiquement français, mais il n'est pas suivi par tous les Français. Certains d'entre eux ne partagent pas les ardeurs des "puristes" et le sort de la langue française dans le monde les laisse assez indifférents.

L'EXCEPTION CULTURELLE

Un concept important qui a été la cause de frictions entre la France et les Etats-Unis est celui de l'exception culturelle. Dans les négociations commerciales internationales qui ont libéralisé le commerce en 1993 (General Agreement on Tariffs and Trade), la France a fermement insisté pour que les biens culturels (livres, films, programmes de télévision, musique) soient protégés de la concurrence mondiale par des quotas et ne soient pas ouverts sans restriction au libre-marché, comme l'ont toujours demandé les Etats-Unis. La position de la France est que le capital culturel d'un peuple ou d'une nation n'est pas un bien commercial comme les automobiles ou les machines à laver. En effet, disent les Français, on ne peut pas mettre la culture nationale d'un pays en péril parce qu'elle n'est pas "compétitive" sur un marché. Par exemple, on ne peut pas risquer de voir le cinéma français disparaître parce que les films américains se vendent moins cher que les films français. Les subventions de l'Etat au cinéma français, la règlementation du prix des livres, et les quotas protégeant la diffusion des programmes français à la télévision ou de la musique française sur les chaînes de radio sont donc, de ce point de vue, parfaitement justifiées. L'Internet, toutefois, limite aujourd'hui l'effet de l'"exception culturelle" en ouvrant sans restriction l'accès à tous les biens culturels.

La proportion des films projetés en France qui sont d'origine américaine est très élevée. En 2017, 49% des entrées au cinéma en France étaient pour des films américains et 37% pour des films français. Le cinéma français, le premier en Europe, est celui qui résiste le mieux à la concurrence du cinéma américain, en partie grâce à des subventions de l'Etat qui impose une taxe spéciale sur tous les billets de cinéma. Les recettes des films américains subventionnent donc le cinéma français—ce qui ne plaît pas du tout, on le devine, aux producteurs de films d'Hollywood. Les chaînes

18.2 Il faut connaître l'histoire de la peinture pour comprendre une publicité pour des biscuits.

de télévision françaises sont également obligées par l'Etat d'investir dans la création cinématographique française.

LES MUSÉES

L'art a toujours joué un rôle important dans la vie culturelle en France, d'abord sous l'égide de l'Eglise (cathédrales, monastères), puis, à partir du 16e siècle, sous celle des rois qui ont créé la tradition française du soutien gouvernemental aux artistes. C'est cette tradition qui, en France, a conduit à la création des musées.

La France compte environ 1 200 musées. Tandis qu'aux Etats-Unis les musées sont en majorité privés, en France la grande majorité d'entre eux sont propriété publique. Les plus importants appartiennent à l'Etat (84 musées nationaux), et la plupart des autres musées appartiennent aux collectivités locales (départements ou municipalités des grandes villes). Les musées privés sont peu nombreux et ont souvent des difficultés financières. Le premier musée national, le Musée du Louvre, a été créé en 1793 sous la Révolution française lorsque le gouvernement a confisqué les oeuvres d'art possédées par le roi. Depuis cette époque, ce musée est installé dans un ancien palais royal, le palais du Louvre à Paris. C'est le plus grand musée du monde. Il possède 554 000 œuvres d'art, mais on ne peut en voir que 35 000 exposées. Il reçoit 10 millions de visiteurs par an. D'autres grands musées nationaux se trouvant aussi à Paris sont le Musée d'Orsay (art du 19e siècle) et le Musée du Quai Branly (art non-occidental). Certains musées nationaux se trouvent en province: le Musée Chagall (Nice), le Musée Fernand Léger (Biot), le Musée de la Renaissance au château d'Ecouen, le Musée du château de Compiègne. Parmi les musées privés, on peut citer à Paris le Musée Jacquemart-André (peinture), le Musée Dapper (art africain), le Musée de la Fondation Cartier (art contemporain), et la Fondation Louis Vuitton (art contemporain).

Un débat nouveau a été entamé depuis quelques années à propos des milliers d'oeuvres d'art venant d'Afrique ou d'Asie qui sont possédées par les musées français—en particulier le musée du Quai Branly. La plupart de ces objets (masques, statuettes, armes, objets de culte) sont arrivés en France durant la période coloniale au 19e siècle et dans la première moitié du 20e siècle. Les conditions dans lesquelles ils ont été acquis dans leur pays d'origine ne sont souvent pas claires. Certains ont été achetés, d'autres reçus en cadeau, d'autres simplement volés. Le nombre très important de ces œuvres d'art dans les musées des anciennes puissances coloniales (France, Grande-Bretagne, Belgique) signifie que la plus grande partie de l'héritage artistique de l'Afrique ne se trouve pas aujourd'hui en Afrique, mais en Europe. Certains gouvernements africains estiment que cette situation est choquante et qu'il est désormais temps que cet héritage soit rendu à son continent d'origine afin que les Africains y aient accès dans les musées d'Afrique. C'est une vaste question dont la résolution se heurte à de nombreux obstacles, notamment légaux. La loi française, en effet, interdit aux musées nationaux de céder ce qu'ils possèdent, car cela fait partie du "patrimoine national."

La France a également des "musées nationaux de récupération." Cette expression ne désigne pas, comme on pourrait le croire, des musées, mais les 2 100 œuvres d'art récupérées en Allemagne et en France après la Seconde Guerre mondiale et entreposées depuis cette époque dans des musées français. La plupart de ces œuvres d'art appartenaient à des familles juives et avaient été confisquées par les Nazis. Elles n'appartiennent pas à l'Etat français. Elles attendent une restitution éventuelle à un ancien propriétaire. Beaucoup de ces oeuvres d'art (871) sont au Musée du Louvre.

18.3 Le Musée du quai Branly à Paris est spécialisé dans les arts et civilisations d'Afrique, d'Asie, d'Océanie, et des Amériques. Ouvert en 2006, ce musée des "arts premiers" a suscité plusieurs controverses.

VIE INTELLECTUELLE ET POLITIQUE

De la Seconde Guerre mondiale au début des années 1980, l'influence du marxisme a été dominante dans la vie intellectuelle en France. Les gouvernements étaient le plus souvent au centre ou à droite, mais la majorité des intellectuels étaient à gauche. L'extrême-droite avait disparu de la vie littéraire et politique parce que certains de ses membres avaient collaboré avec les Nazis pendant la guerre. Dans les années 1970, avec la révélation des crimes du gouvernement soviétique à l'époque stalinienne puis l'effondrement de l'Union soviétique, le vent a commencé à tourner. On a alors assisté à un déclin rapide de l'influence du marxisme en France et à un retour sur la scène intellectuelle des idéologies d'extrême-droite qui n'avaient plus peur de se montrer dans les médias: c'était la "Nouvelle Droite." L'antisémitisme traditionnel de l'extrême-droite française a refait surface et a provoqué de graves incidents (profanation de tombes juives, attaques de synagogues, graffitis), mais il s'est aussi "recyclé," si l'on peut dire, dans l'hostilité envers les immigrés musulmans, maghrébins, et africains.

D'une manière générale, les idéologies traditionnelles suscitent aujourd'hui une indifférence croissante. Personne ne croit plus à une "révolution" de droite ou de gauche, ni au "changement de société" que certains promettaient encore dans les années 1980. La société française n'accorde plus la même attention aux intellectuels aujourd'hui qu'en 1930 ou en 1950. Le modèle du "maître à penser," de l'inspirateur vénéré suivi de disciples est tout à fait dépassé. Chacun cherche sa propre voie, prend ici et là ce qui lui convient, et les systèmes de pensée tout prêt emballés (comme le marxisme, le socialisme, ou le tiers-mondisme) n'intéressent plus guère. La vie intellectuelle n'est plus centrée sur les mêmes thèmes mobilisateurs—la lutte contre le communisme ou contre le fascisme, par exemple—qu'au 20e siècle.

Ceci dit, les théories proposées par certains intellectuels français depuis les années 1970 ont exercé et exercent encore une influence marquée dans les milieux intellectuels et universitaires en France et à travers le monde, notamment aux Etats-Unis. L'historien François Furet, par exemple, a remis en cause l'interprétation marxiste de la Révolution française qui prévalait dans le monde académique français des années 1950–1960. Le psychanalyste Jacques Lacan, les philosophes Roland Barthes, Hélène Cixous, Gilles Deleuze, Jacques Derrida, Michel Foucault, Luce Irigaray, et Julia Kristeva, et le sociologue Pierre Bourdieu ont également apporté un éclairage nouveau sur les phénomènes linguistiques et sociaux; ils appartiennent à l'école de pensée "post-structuraliste." Leurs œuvres, regroupées sous le nom de "French Theory," sont souvent étudiées dans les universités américaines. Plus récemment, on peut citer l'exemple de l'économiste Thomas Piketty dont les travaux sur l'inégalité de richesse et de revenus ont eu un retentissement mondial, notamment aux Etats-Unis.

Le combat des idées entre la droite et la gauche en France n'a pas disparu, mais il a changé de nature. Il est moins idéologique et abstrait qu'autrefois et plus centré

18.4 L'affirmation "Je pense, donc je suis" de René Descartes apparaît transformée en 2020 dans un graffiti sur les quais de Paris.

sur des questions éthiques et culturelles affectant directement la vie des individus: le sexisme sous toutes ses formes, l'accroissement des inégalités, les effets de la mondialisation des échanges économiques sur les individus, l'avenir de l'Europe, la défense des droits humains dans le monde, l'accueil des réfugiés fuyant la guerre, l'environnement, le changement climatique, l'éthique médicale, la mémoire de la colonisation sont quelques-uns des thèmes autour desquels s'agitent les débats culturels et sociaux en France. Certains thèmes anciens ont resurgi dans ces débats, mais sont abordés dans une perspective très différente de celle d'il y a un siècle: c'est le cas par exemple de la laïcité, remise à l'ordre du jour à propos du foulard islamique dans les écoles, ou de la liberté de la presse, menacée par des attentats terroristes.

Discussions

1. Pourquoi n'y a-t-il pas de ministère de la Culture aux Etats-Unis? Devrait-il y en avoir un?
2. L'Etat français intervient-il trop dans le domaine de la culture?
3. Comment pourrait-on accroître la présence et la reconnaissance des femmes dans le monde culturel français?
4. Donnez des exemples de la manière dont la littérature pourrait être utilisée aujourd'hui comme une arme politique en France ou aux Etats-Unis.

5. Les oeuvres d'art africaines conservées dans les musées français devraient-elles être rendues aux pays d'où elles proviennent?
6. La langue est-elle un élément important pour une nation?
7. Que pensez-vous de l'exception culturelle?

Sujets de travaux oraux ou écrits

1. Faites une enquête sur la résistance de l'Académie française à la féminisation des noms de métier en français.
2. Présentez un musée français de votre choix, son origine, ses collections, et les polémiques qui ont pu se développer à son égard.
3. Présentez l'*Encyclopédie* de Diderot et d'Alembert en expliquant pourquoi cet ouvrage a été une "machine de guerre" dans les conflits politiques et sociaux de son temps.
4. Faites l'étude d'une œuvre littéraire ou d'un film "beur" ou "de banlieue."
5. Présentez un chanteur ou une chanteuse française célèbre de la seconde moitié du 20e siècle (Charles Aznavour, Barbara, Gilbert Bécaud, Georges Brassens, Jacques Brel, Dalida, Claude François, Serge Gainsbourg, Johnny Hallyday, Françoise Hardy, Nana Mouskouri, Edith Piaf, Sylvie Vartan, par exemple) ou d'une époque plus récente (Angèle, Amel Bent, Jil Caplan, Mylène Farmer, Grand corps malade, Justice, Marwa Loud, M83, Yael Naim, Aya Nakamura, Phoenix, Rohff, MC Solaar, par exemple). Remarquez-vous des tendances culturelles qui peuvent expliquer la popularité de tel chanteur ou telle chanteuse?

Chapitre 19
Les loisirs

Dans l'esprit de beaucoup d'Américains, la France et le style de vie des Français évoquent plutôt le loisir que le travail. Un grand nombre de clichés généralement associés au mot "France" sont dans ce cas: les terrasses de café, le vin, la bonne cuisine, l'amour, les châteaux, la littérature, la mode, les parfums. Ce qui attire de nombreux Américains vers la France appartient à ce qu'on appelle aux Etats-Unis *the good life*: pouvoir "jouir de la vie." La France apparaît ainsi souvent comme une sorte d'antidote à la morale puritaine de l'immigrant américain qui doit s'acharner au travail pour réussir. Cette image des Français comme peuple tourné vers le loisir et la joie de vivre est-elle un cliché sans fondement ou correspond-elle à la réalité? L'attitude des Français vis-à-vis du loisir est en réalité plus ambivalente que celle des Américains parce que les Français ont hérité de deux traditions contradictoires dans ce domaine.

LA CONCEPTION DES LOISIRS

La première tradition vient du modèle aristocratique et du christianisme médiéval. Elle valorise l'oisiveté et dévalorise le travail: vivre sans travailler est beaucoup plus enviable et prestigieux que de travailler. L'oisiveté élève l'individu tandis que le travail l'abaisse, surtout si ce travail est manuel. L'élite de la société, les privilégiés, sont les gens qui n'ont pas besoin de travailler. Le reste de la société est fasciné par ce modèle, mais ne peut y accéder. Libérée du souci de se nourrir et de s'abriter, vivant plus ou moins confortablement du revenu de ses propriétés, l'élite tue l'ennui en cultivant des activités qui la séparent du reste de la société: art de la conversation, vie intellectuelle, beaux-arts, mode vestimentaire. Ceux qui doivent travailler pour vivre—l'immense masse—voient le travail comme une sorte de malédiction (divine) à laquelle il est impossible d'échapper.

Cette vision de l'oisiveté et du travail a dominé la société française pendant des siècles, et a au contraire peu touché la société américaine. Elle exerce encore une influence sur les attitudes des Français aujourd'hui: on est fier du temps libre et des vacances dont on dispose—cela rend votre position enviable—et on s'en vante devant les autres. Il n'est pas courant en France de voir—contrairement à ce qui se passe aux Etats-Unis—des gens annoncer avec fierté qu'ils travaillent énormément et prennent peu de vacances. Les Français ont plus tendance que les Américains à penser que la vraie vie est dans les loisirs et que le travail est seulement un moyen permettant d'y accéder.

19.1 Joueurs de pétanque à la place Dauphine à Paris.

La seconde tradition qui a façonné l'attitude des Français vis-à-vis des loisirs et du travail est celle du modèle bourgeois et protestant, qui s'est développé à l'époque moderne (17e–18e siècles). Le travail est vu comme quelque chose de positif qui donne accès au salut spirituel, social, et économique. Par le travail, l'être humain s'accomplit et se rend utile à lui-même et aux autres. Il améliore sa condition et celle de la société toute entière. Travailler est grand, beau, et honorable. L'oisiveté est le signe de la paresse et elle entraîne l'individu vers la recherche du plaisir et l'immoralité. Il faut être sans cesse actif; le rêve et la contemplation sont néfastes.

La société américaine a été influencée surtout par la seconde tradition, celle qui valorise le travail et voit l'oisiveté comme mauvaise. Les Français, eux, ont été influencés par les deux traditions. Ces deux traditions s'opposent, mais dans la pratique elles peuvent se compléter: c'est en travaillant dur qu'on accède au loisir. De là certaines tensions ou contradictions dans le comportement des Français vis-à-vis du travail et des loisirs, puisqu'ils sont en quelque sorte en équilibre instable entre des tendances opposées. Au 19e siècle, les bourgeois français valorisaient le travail et l'épargne parce que cela leur apportait la sécurité et la possibilité de "monter" dans la société, mais leur idéal était l'oisiveté aristocratique, c'est-à-dire la vie de rentier. Aujourd'hui, la même opposition se retrouve dans la conception française des vacances conçues comme une "évasion," une rupture abrupte avec la vie "normale" consacrée au travail. "Nous rêvons tous d'évasion," proclame un immense panneau publicitaire sur les murs d'un immeuble parisien. On travaille dur, on fait des heures supplémentaires, on mange pas cher toute l'année pour pouvoir voyager trois semaines dans les îles grecques. En vacances, on devient comme un autre individu, on se donne une nouvelle identité—ce qui est plus facile à faire pendant les longues vacances d'été que pendant les week-ends. Les villages de vacances du Club Méditerranée (Club Med) représentent bien cette approche française des loisirs comme temps de rupture pendant lequel la morale de l'oisiveté et du plaisir remplace celle du travail et des contraintes sociales. Sa publicité nous dit: c'est l'"antidote à la civilisation." En été, 40% des entreprises françaises ferment tout simplement leurs portes; d'autres marchent au ralenti: tous leurs employés partent en vacances, provoquant une rupture brutale du fonctionnement de la machine économique. Pendant les mois qui précèdent l'été, tout le monde parle des projets de vacances de chacun. Et chaque année, le 1er juillet marque le début de ce qu'on appelle les "grands départs"—comme si le pays tout entier fuyait brusquement le monde du travail—tandis que le 1er septembre annonce la "rentrée."

On retrouve cette même opposition dans d'autres domaines: peu de Français, par exemple, seraient prêts à manger un sandwich à leur poste de travail à midi, comme le font souvent les Américains. Au contraire, ils quittent leur travail et vont s'asseoir dans un restaurant, un café, une cafétéria—ou rentrent chez eux—pour déjeuner avec assiette, verre, couteau, et fourchette. Le temps et l'espace du déjeuner appartiennent à une autre vie que celle du travail et la coupure est nette. Il y a bien sûr quelques exceptions à cette habitude, par exemple, le déjeuner d'affaires ou le "casse-croûte" des ouvriers sur des chantiers isolés, obligés de manger "sur le pouce"—sans se mettre à table. Les habitudes basculent régulièrement en France. Auparavant il était anathème de boire ou manger en marchant dans la rue ou en voyageant dans le métro; aujourd'hui, on voit des gens qui se promènent avec une boisson et un sandwich à la main.

Les Américains n'établissent généralement pas une coupure aussi claire que les Français entre le travail et le loisir. Ils apparaissent moins tiraillés entre l'un et l'autre et semblent moins obsédés par le désir d'"évasion" vers une vie différente. Ils voient souvent les vacances comme un simple moyen de reprendre des forces, de "recharger ses batteries" pour mieux travailler ensuite. Les Américains ont plus tendance à s'identifier à leur travail, à ce qu'ils "font," que les Français, et le temps libre est généralement plus intégré dans leur travail: *brown bag lunches* dans la journée, week-ends, courtes vacances dans l'année ne sont pas de véritables ruptures.

LES VACANCES

En France, l'habitude du départ en vacances suit un exemple très ancien et qui vient de très haut dans l'échelle sociale. Au début du 16e siècle, la cour de France prit l'habitude d'aller passer l'été sur les bords de la Loire où la chaleur était moins lourde qu'à Paris (Paris est au fond d'une cuvette où l'air circule mal). Par la suite, les rois gardèrent l'habitude de quitter la capitale pour leurs résidences d'été hors de Paris (Marly, Fontainebleau). Jusqu'au début du 20e siècle, seules les familles d'aristocrates et de bourgeois aisés partaient en vacances à la campagne ou au bord de la mer. En 1936, pour la première fois, une nouvelle loi obligea tous les employeurs à donner chaque année deux semaines de congés payés à leurs salariés. Les ouvriers, les employés, et les petits bourgeois pouvaient enfin imiter le style de vie des riches pendant une courte période; les vacances étaient démocratisées. Les congés payés furent par la suite allongés à trois semaines (1956), quatre semaines (1969), puis cinq semaines (1982). La loi sur la réduction du temps de travail (RTT ou "la loi sur les 35 heures"), mise en place au début des années 2000, a encore prolongé les vacances payées pour certains salariés. Aujourd'hui, il suffit d'avoir travaillé un an dans une entreprise pour avoir droit au minimum légal de cinq semaines de vacances par an. Grâce à leur ancienneté ou à des conventions particulières, certains salariés français disposent de plus de cinq semaines. En 2012 les Français ont pris 37 jours de vacances (plus de 6 semaines) en moyenne; c'est le double de jours de vacances que les Américains ont pris la même année. Aux Etats-Unis, aucune loi n'oblige les employeurs à donner des congés payés à leurs salariés; les congés annuels varient selon les entreprises et sont beaucoup plus courts qu'en France: deux ou trois semaines en général. L'allongement de la durée des vacances n'a jamais été une revendication majeure des syndicats américains. De plus, la moitié des salariés américains n'utilise pas tous leurs jours de vacances chaque année: pourcentage impensable en France.

Lorsque qu'un jour férié (11 novembre, 14 juillet par exemple) tombe un jeudi ou un mardi, il est fréquent de voir le congé étendu aussi au vendredi ou au lundi afin de constituer un bloc de quatre jours de congé avec le week-end. Cette pratique s'appelle "faire le pont." A la différence des congés payés, les employeurs ne sont pas obligés d'accorder des "ponts."

Depuis les années 1960, les départs en vacances des Français sont devenus des migrations beaucoup plus massives qu'auparavant. Ceci a été dû à la hausse du niveau de vie des Français et surtout au fait que presque tout le monde avait dorénavant une automobile et pouvait se déplacer facilement. La même chose s'est produite aux Etats-Unis et ailleurs en Europe. Ce qui est particulier à la France, c'est que presque tout le monde part en vacances en même temps—en juillet ou en août—provoquant une immense migration intérieure. Cela vient du fait que les vacances en France se passent généralement en famille, avec parents et enfants de tous âges ensemble. Juillet et août sont aussi les deux mois qui offrent le temps le plus beau et le plus chaud de l'année (la France n'a pas l'équivalent de la Floride pour l'hiver). La "fuite" estivale est particulièrement forte dans la capitale: 80% des Parisiens quittent leur ville pendant l'été. Des milliers de trains supplémentaires sont ajoutés au départ des gares pour permettre d'absorber cette grande migration. La capitale se vide. La majorité des bureaux et des magasins ferment, les rues sont étrangement désertes. Seuls les quartiers fréquentés par les touristes sont animés.

Cette concentration des vacances sur deux mois crée d'énormes problèmes logistiques dans le pays: gigantesques embouteillages sur les routes au moment des "grands départs" et des "grands retours" ou quand les "juillettistes" croisent les "aoûtiens" le 31 juillet (10 millions de personnes sur les routes); surcharge énorme pour les services publics des régions touristiques (service des eaux, postes, téléphone, transports publics, campings); et hausse artificielle des prix dans ces régions. Une petite ville de bord de mer de 5 000 habitants peut en avoir 20 000 ou 30 000 en été. La Côte d'Azur (entre Marseille et la frontière italienne) est la zone la plus

19.2 La plage de Biarritz (à l'extrémité sud-ouest de la France) un beau jour de septembre après le passage des foules de l'été.

engorgée de touristes l'été: y trouver une chambre d'hôtel, un lieu disponible où placer sa tente, ou bien une place sur la plage pour sa serviette de bain représentent souvent des exploits. Toutes les tentatives faites pour inciter les Français à étaler leurs vacances d'été sur juin ou septembre ont échoué.

Cette explosion des départs en vacances vers la mer, la montagne, ou la campagne a beaucoup profité économiquement aux zones les plus attirantes sur le plan touristique et qui étaient souvent sous-développées auparavant: les côtes de la Bretagne, du littoral atlantique, et de la Méditerranée, les régions de montagne (Massif Central, Pyrénées, Alpes), et les lieux riches en monuments historiques (les plages du Débarquement en Normandie, les châteaux de la vallée de la Loire) ou en beautés naturelles (gorges du Tarn, Belle-Ile-en-mer, Etretat). Le bord de la mer est toujours la destination favorite des Français, mais la campagne et la montagne—lieux moins chers et moins encombrés par la foule et les voitures—sont de plus en plus recherchés en été.

La France est le pays du monde qui accueille le plus grand nombre de touristes étrangers: 89 millions de visiteurs étrangers en 2018, bien plus que la population totale du pays. La majorité de ces visiteurs sont européens, mais les Chinois et les Américains y figurent aussi en nombre important. Chaque été, des millions d'Européens du Nord attirés par le soleil "descendent" vers la France pour y séjourner ou pour rejoindre l'Italie ou l'Espagne. Le tourisme est donc un des plus importants secteurs de l'économie française, rapportant chaque année 160 milliards d'euros, représentant plus de 7% du produit intérieur brut. Le Louvre figure parmi les lieux touristiques les plus visités: 75% des touristes étrangers en France vont au Louvre. Le château de Versailles et la Tour Eiffel sont en deuxième et troisième place. En dehors de Paris, le Mont-Saint-Michel et les murailles médiévales de Carcassonne attirent beaucoup de touristes. Il ne faut pas oublier le parc d'attractions Disneyland Paris.

Les Français, par contre, voyagent peu à l'étranger, moins que les autres Européens: 18% seulement des longs séjours des Français se sont faits hors de la France en 2016. Ce qui attire les étrangers en France—le climat, la très grande variété des paysages, le patrimoine culturel, la cuisine—retient les Français dans leur pays. Les Français qui vont passer leurs vacances à l'étranger se dirigent surtout vers d'autres pays en Europe (72% des voyages à l'étranger). Ils ont aussi tendance à choisir des destinations en dehors de la France métropolitaine qui ont un lien historique avec leur pays ou qui en font partie: le Maghreb, l'Ile Maurice, les Antilles françaises.

Le style des vacances varie beaucoup selon les catégories sociales. La moitié de la population des classes populaires ne partent pas en vacances et restent chez eux. Pour certains, il leur est financièrement impossible de partir: retraités, chômeurs, travailleurs gagnant le SMIC, parents qui n'ont pas les moyens d'emmener leurs enfants en vacances, agriculteurs qui ne peuvent pas quitter leur exploitation. De nombreux centres de vacances subventionnés pour enfants—appelés familièrement "colonies de vacances"—accueillent des enfants de toute origine sociale. Quand ils prennent des vacances, les gens aux revenus modestes—ouvriers, employés—placent leur caravane ou leur tente dans un camping ou bien vont séjourner chez des parents ou des amis. Ils peuvent recevoir de leur employeur des "chèques-vacances" destinés à les aider à partir en vacances. Le "chèque-vacances," non imposable, est financé par une contribution du salarié, de l'employeur, et du comité d'entreprise. Quant aux gens aisés, ils partent en vacances dans leur villa au bord de la mer ou leur fermette restaurée à la campagne, louent des maisons en bord de plage, ou font des séjours à l'hôtel. Les vacances d'hiver à la montagne restent le privilège des catégories aisées, car elles coûtent cher (prix élevé de l'équipement, des leçons de ski, et de l'hôtel). La France est le pays du monde ayant la plus forte proportion de propriétaires d'une résidence secondaire: 12% des ménages français possèdent au moins deux résidences.

On constate aujourd'hui chez les Français une tendance à rechercher des vacances plus actives que par le passé. La formule "3 S" (*sea, sex, sun*) des années 1970 recule devant celle des "3 A" (activité, apprentissage, aventure). Plutôt que de "bronzer idiot" pendant un mois, beaucoup de Français cherchent aujourd'hui à utiliser leurs vacances pour faire ou apprendre quelque chose de nouveau: s'initier à la pratique d'un sport; enrichir ses connaissances et découvrir des activités auxquelles on ne s'était jamais intéressé auparavant (stages d'informatique, de navigation à voile, de poterie, d'archéologie); ou faire un voyage organisé d'aventure (circuit dans le Sahara ou dans la forêt amazonienne).

Depuis 2000, la semaine de 35 heures a créé plus de temps libre pour les vacances et a aussi changé les habitudes d'une "journée française": tout le monde ne fait plus la même chose à la même heure. L'opposition entre des périodes d'activité fébrile et des périodes d'inactivité totale apparaît de moins en moins satisfaisante à beaucoup de Français. Ceux-ci cherchent de plus en plus l'équilibre de la vie dans une meilleure intégration des congés et du travail au niveau quotidien. Certaines tendances nouvelles, comme celles qui consistent à fractionner les vacances en segments plus courts et plus nombreux tout au long de l'année, ou bien à adopter la semaine de quatre jours de travail, vont dans ce sens, par exemple un week-end prolongé ou une petite semaine en dehors des vacances scolaires pour ceux qui n'ont pas d'enfants. L'idée d'une grande rupture avec la vie normale ne disparaît pas, mais elle s'adapte au désir des individus d'avoir des vacances actives et utiles, permettant de progresser et de s'épanouir sur le plan personnel.

LES LOISIRS QUOTIDIENS

Qu'est-ce que c'est, le temps libre? C'est le temps qui reste après le travail rémunéré, les tâches domestiques, le transport, et les besoins physiologiques (sommeil, toilette, alimentation). Le temps libre n'a cessé d'augmenter, grâce à la chute de la durée moyenne du travail et à la mécanisation des activités domestiques (fours à micro-ondes, machines à laver). Le temps libre a augmenté de quatre heures par jour en 1974 à cinq heures par jour en 2010. Depuis les années 1960, en fait, les Français consacrent de plus en plus de temps et d'argent à leurs loisirs quotidiens.

Malgré une démocratisation des pratiques culturelles, les disparités sociales n'ont pas beaucoup changé. De fortes inégalités existent selon la catégorie socio-professionnelle (diplôme et revenu), le sexe, et l'âge. En même temps, les loisirs se mondialisent. Le marché international de la musique et du cinéma, par exemple, entraîne la dilution de la spécificité française (et de toute nation). La mondialisation des loisirs va de pair avec la démocratisation de la culture. Grâce à l'Internet, les produits culturels circulent à travers le monde et touchent à presque toutes les couches sociales: il ne faut pas être riche pour savoir ce qui se passe dans le monde du rap sur un autre continent, par exemple. Dernière évolution à noter dans les loisirs du 21e siècle: la dématérialisation des contenus culturels. Sur un appareil téléphonique mobile, on a accès à toutes les formes de culture qui convergent sur l'écran: texte, son, image.

L'AUDIOVISUEL

La télévision reste le principal loisir des Français, enfants comme adultes, sur écrans d'ordinateurs comme sur téléviseurs. Ils y consacrent en moyenne quatre heures par jour (huit heures en moyenne pour les Américains). Les retraités et les gens possédant le moins de diplômes sont ceux qui regardent le plus la télévision. Aujourd'hui, les Français vont quatre fois moins souvent au cinéma qu'il y a cinquante ans, surtout à cause de la télévision et de l'Internet. Toutefois, ils vont au cinéma plus fréquemment que les autres Européens, mais moins souvent que les Américains. Comme pour la lecture, il existe un contraste fort entre une majorité de la population qui va peu au cinéma et une minorité—jeune, urbaine, et fortement diplômée—qui y va très souvent. Ecouter de la musique et participer aux médias sociaux sont d'autres loisirs qui occupent beaucoup de Français. Les jeux vidéo sont très populaires en France comme ailleurs: 73% des Français disaient y jouer en 2015. Les joueurs sont en général jeunes et masculins; ce loisir est marqué par une réputation de misogynie chez les créateurs et les joueurs.

LA LECTURE

Comme aux Etats-Unis, l'effet produit par l'énorme expansion de l'information en ligne a eu des effets divergents sur la lecture, selon les objets de lecture considérés. La presse quotidienne écrite sur papier a souffert avec l'Internet: beaucoup de lecteurs ont abandonné leur journal pour se tourner vers l'information en ligne. La publicité, qui finance la presse, a aussi migré vers l'Internet. Les grands journaux quotidiens (*Le Monde*, *Le Figaro*, *Libération*) ont donc créé des versions numériques de leurs publications et la lecture de l'information s'est largement déplacée vers celles-ci. La lecture des magazines hebdomadaires ou mensuels en version papier s'est, par contre, maintenue.

Contrairement à ce que l'on pouvait craindre, la lecture du livre imprimé a bien résisté à l'arrivée de l'Internet. On note que 88% des Français se déclarent lecteurs de livres en 2019. Ils lisent en moyenne 17 livres par an. La majorité des Français (72%) préfèrent lire des livres qui leur appartiennent plutôt que des livres qu'ils empruntent: 69% d'entre eux n'empruntent jamais de livres à une bibliothèque. Le développement très limité des bibliothèques en France (par rapport aux Etats-Unis et à d'autres pays d'Europe) est sans doute en rapport avec ce faible niveau d'emprunt des livres. Si aux Etats-Unis beaucoup de petites librairies (*bookshops*) ont dû fermer leurs portes face à la compétition des livres électroniques, des magasins de grande surface (Barnes and Noble), et des méga-distributeurs en ligne (Amazon), la petite librairie de quartier ou librairie spécialisée demeure en France une institution durable. Bien sûr, la FNAC, une chaîne de librairies de grande surface, se trouve dans toute grande ville française, mais elle n'a pas tué les petites librairies car l'Etat, depuis une loi de 1981, a institué le prix unique pour les livres: les rabais de plus de 5% ne sont pas permis. En plus de cette loi protégeant les librairies indépendantes, l'Etat offre des prêts favorables, des subventions, et des bourses aux libraires.

Les lecteurs consomment différemment selon leur âge et leur sexe: les gens âgés lisent plus que les jeunes; les femmes lisent plus que les hommes et leurs lectures sont plus diversifiées. Les femmes sont plus attirées que les hommes par la littérature. Les hommes sont plus attirés que les femmes par la bande dessinée (en grand essor en France) et les livres d'histoire.

19.3 Lecture de bandes dessinées à la FNAC.

La traduction des livres étrangers constitue une différence importante entre l'édition (*publishing*) américaine et française. Les éditeurs français publient un grand nombre d'ouvrages littéraires étrangers en traduction française, tandis que les éditeurs américains publient très peu de versions traduites en anglais d'oeuvres littéraires rédigées en d'autres langues. Trente-trois pour cent des romans publiés en France sont des traductions. Aux Etats-Unis, moins de 1%. (Parmi les livres qui sont traduits en anglais pour les Américains, les livres traduits du français sont les plus nombreux.) A cet égard, le monde de l'édition aux Etats-Unis est moins ouvert sur l'extérieur et offre des publications moins diversifiées que celui de la France où se pratique depuis des siècles une longue tradition d'échanges culturels avec les autres pays d'Europe.

LE BIEN-ÊTRE CORPOREL

Tout ce qui est en relation avec le corps—la santé, l'hygiène, la beauté, l'alimentation, l'habillement, l'exercice physique—et qui procure des plaisirs sensoriels peut être considéré comme une catégorie clé des loisirs contemporains. Les Français passent une bonne partie de leur temps libre à se soigner et à maintenir leur apparence. Ils dépensent plus de 200 euros par an pour les produits d'hygiène-beauté, par exemple. On constate un net accroissement de l'intérêt pour les soins dentaires ces dernières années. C'est souvent la peur de vieillir qui détermine cette quête du bien-être et de la beauté.

Le comportement français dans l'habillement change aussi: aujourd'hui il est habituel pour un Français d'acheter cinq tee-shirts pour dix euros chacun; auparavant on achetait une seule chemise par an, de marque et de qualité. Cette évolution est rendue possible par une baisse des prix due à l'importation de l'étranger des produits *fast-made*. La mode mondialise les goûts aussi: il y a vingt ans, il aurait été impensable pour une Française de porter des chaussures de sport en dehors de la pratique du sport. Maintenant la chaussure de sport et le *sportswear* en général sont de rigueur dans les villes françaises; ce sont même des symboles—souvent de marque—très à la mode. D'ailleurs, le sport joue un rôle de plus en plus grand depuis les années 1980 dans la poursuite du bien-être et l'amélioration de la santé chez les Français.

Manger—et surtout bien manger—constitue un loisir traditionnel pour les Français. La haute cuisine et la gastronomie sont des inventions françaises. D'une manière générale les standards de qualité en matière de cuisine sont très élevés, comparé aux Etats-Unis et à beaucoup d'autres pays européens. Une autre différence est l'attention portée en France aux détails de l'apparence visuelle d'un plat et à sa présentation. Les plats français typiques restent le confit de canard, les moules-frites, le steak-frites, le boeuf bourguignon, la choucroute, la raclette, ou la blanquette de veau. Le foie gras et le saumon fumé sont réservés typiquement pour les grandes occasions. La baguette de pain n'a pas disparu de la table française. Elle est consommée quotidiennement par la majorité des Français. Une autre particularité française reste la plus forte consommation par habitant en Europe d'eau minérale, grâce à une concentration importante de sources d'eau en France et aussi à un stigmate historique associant l'eau du robinet avec l'insalubrité et la pauvreté.

La vie moderne a néanmoins eu des effets sur les habitudes de table françaises. A la maison, le repas quotidien s'est simplifié dans sa préparation. Le livre de cuisine *Simplissime*, proposant des recettes simples et rapides avec très peu d'ingrédients, est un bestseller en France depuis 2015. Pourtant le repas du soir typique est constitué encore d'au moins deux plats: une entrée (*appetizer*) et un plat principal ou un plat principal et un dessert. La salade est toujours servie après le plat principal, jamais au début du repas. Le plateau de fromage, servi après le plat principal ou la salade mais avant le dessert, reste courant pour les repas du week-end ou avec des invités. Le vin est typiquement bu avec un repas. La durée du repas assis est plus longue en France qu'aux Etats-Unis.

Une évolution importante est visible dans la baisse de rigidité des repas. Les Français grignotent de plus en plus entre les repas. L'offre des produits s'est ensuite étendue avec des portions individuelles vendues aujourd'hui dans les supermarchés et boulangeries. Les chaînes américaines de *fast food* sont partout en France, généralement fréquentées par les jeunes, mais l'offre de *fast food* est en fait dominée par les boulangeries, qui se sont transformées en sandwicheries. En règle générale, pourtant, les adultes français mangent beaucoup moins souvent entre les repas que les Américains.

Dans les restaurants, les horaires de service restent typiquement très rigides: on déjeune à midi ou à 13 heures. Pour le dîner, il est presque impossible d'être assis à une table avant 19 heures. Quelques exceptions sont faites dans les quartiers touristiques pour satisfaire les Américains qui mangent généralement plus tôt le soir. Un repas sur sept est pris à l'extérieur du domicile en France; pour les Américains, un sur deux. Pendant des décennies, la pizza était la seule option de livraison à domicile.

Aujourd'hui la livraison des repas cuisinés est en pleine expansion. Ces services de livraison commencent à influencer les habitudes alimentaires des Français.

Les rencontres au café ou au restaurant jouent un rôle traditionnellement très important dans les loisirs des Français. Le plus ancien restaurant (La Couronne à Rouen) fut ouvert en 1345; le plus ancien café (Le Procope à Paris) en 1686. Tous les deux fonctionnent toujours. Le décor et la clientèle des cafés—et leurs prix— varient énormément selon le lieu où ils se trouvent. Les petits cafés de village où se réunissaient traditionnellement les hommes sont beaucoup moins nombreux qu'autrefois, à cause de la concurrence de la télévision et de la chute de la population rurale. La même chose est vraie pour les cafés ouvriers traditionnels, où les hommes viennent prendre un "ballon" de rouge ou une bière avant et après le travail. La baisse vertigineuse du nombre de cafés depuis le début du 20e siècle (500 000 cafés en 1900; 200 000 dans les années 1960; 35 000 aujourd'hui) signifie une crise existentielle. Ceux qui résistent proposent des repas légers. A l'autre extrémité de la hiérarchie sociale des cafés, on trouve les grands cafés chics du boulevard Saint-Germain à Paris (Le Flore, Les Deux Magots). Ceux-ci ne risquent pas de disparaître: ce sont de véritables institutions fréquentées par l'élite parisienne et des touristes aisés. On s'y assied surtout pour voir et être vu.

Les marchés de plein air (*outdoor food markets*) sont de véritables institutions culturelles rythmant la vie des habitants du voisinage. Les marchés offrent des produits fermiers bien plus attirants qu'un supermarché américain typique: ceci explique peut-être pourquoi l'offre et la demande des produits "bios" (*organic*) sont moins élevées qu'aux Etats-Unis. Néanmoins, les marchés sont menacés par le développement de la cuisine rapide (plats surgelés) et les bas prix des supermarchés.

Si les loisirs culinaires se démocratisent, si les femmes sont généralement plus engagées dans le bien-être et font plus attention à leurs corps que les hommes, et si les femmes se trouvent plus souvent en charge de la cuisine à la maison, le monde de

19.4 Un marché à Biarritz le dimanche matin.

la haute cuisine n'a toujours pas cassé son plafond de verre. Dans les années 2010, un nombre infime de chefs gastronomiques femmes a gagné une nouvelle étoile Michelin pour un restaurant français. En 2019 il y a eu seulement dix restaurants ayant pour chef des femmes parmi les 75 restaurants français nouvellement étoilés.

Avec l'expansion du *fast food*, le taux d'obésité en France a explosé depuis vingt-cinq ans: 41% des hommes et 25% des femmes sont en surpoids aujourd'hui, et 15% des deux sexes sont obèses. Ces chiffres alarmants restent néanmoins nettement en dessous des taux américains (environ 65% des Américains en surpoids ou obèses). L'accroissement de l'obésité touche particulièrement les jeunes Français. C'est une nouveauté pour la France, et le gouvernement—responsable des coûts médicaux— a réagi avec force: campagnes publicitaires, interdiction des distributeurs automatiques dans les écoles, taxes sur les industries promouvant des alimentations malsaines.

Pour beaucoup d'Américains, fumer est un loisir très français. Le mot "cigarette" est d'origine française (petit cigare) et le mot "nicotine" vient de Jean Nicot, diplomate qui a importé le tabac en France au 16e siècle. On peut facilement imaginer pourquoi l'interdiction par l'Etat de fumer dans les lieux publics en 2007 (dans les gares, bureaux, magasins) et en 2008 (dans les restaurants, cafés, bars) a pu susciter des réactions hostiles. Une amende importante—de 68 à 450 euros pour les individus et de 135 à 750 euros pour les propriétaires d'établissement—a contribué à cette révolution culturelle: la réglementation a été rapidement obéie. La SNCF avait décidé depuis 2005 de supprimer les places "fumeur" dans les trains en France. La loi a permis la création des "fumoirs" ou de "coins fumeurs" pour les lieux de convivialité, par exemple, les terrasses des cafés et des restaurants. Aujourd'hui, ces terrasses sont devenues le fief des fumeurs. Un effet secondaire de la loi: les restaurants ont équipé les terrasses de systèmes de chauffage pour l'hiver. Maintenant, même les non-fumeurs—moins militants que les non-fumeurs américains—profitent des terrasses toute l'année. Malgré les craintes des propriétaires, il semble que la loi interdisant la cigarette n'a pas réduit la fréquentation des cafés et restaurants: comparé aux années 1970, les sorties étaient en hausse dans les années 2010.

C'est en fait depuis 1991—bien avant ces interdictions de 2007 et 2008— que la France avait commencé à essayer de réduire les effets néfastes de la cigarette sur la santé (80 000 morts par an attribuées à la cigarette). Par exemple, le prix des paquets (9 euros pour 20 cigarettes) est très élevé et ne cesse de monter; 80% du prix est constitué de taxes. Les avertissements en grandes lettres grasses sur les paquets sont devenus de plus en plus choquants au fil des années. Malgré une forte baisse du nombre de fumeurs constatée en 2017, approximativement 12 millions de Français—27% de la population—fument encore. Vapoter— fumer des cigarettes électroniques—est un nouveau moyen de fumer populaire chez les jeunes.

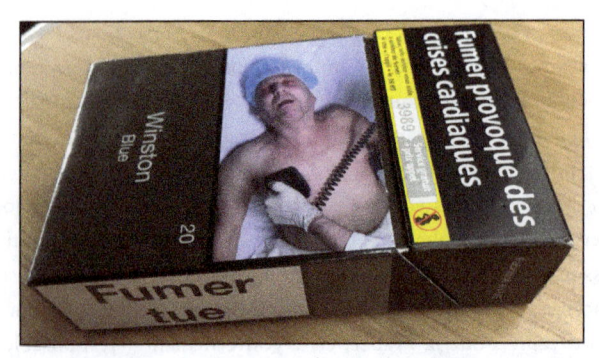

19.5 Le gouvernement français lutte contre la consommation des cigarettes.

LE SPORT

La pratique sportive a explosé en France depuis les années 1980: cette croissance est liée à une nouvelle conscience de la santé. Depuis les années 1990, le sport collectif a pris de l'essor. Plus de 10 millions de Français sont inscrits dans une fédération sportive. Les sports d'équipe les plus populaires sont le football (*soccer*), le rugby, le volleyball, le basket, et le handball. Le football a en France une histoire beaucoup plus longue qu'aux Etats-Unis. Des marathons courus par plusieurs milliers de personnes ont maintenant aussi lieu en France (presque 100 marathons par an en France métropolitaine et outre-mer).

Il reste vrai néanmoins que les Français considèrent souvent les sports d'équipe ou les sports encadrés comme contraignants: il faut organiser collectivement l'emploi du temps et il faut suivre des règles. Le football est énormément populaire, mais il est moins pratiqué que le vélo, la natation, et la randonnée. En sport individuel, les Français aiment aussi la course à pied (*jogging*) et le tennis. Les Américains aiment mieux les sports collectifs qui développent à la fois le sens du jeu (la compétition dans le respect des règles) et l'esprit d'équipe (la solidarité entre égaux). Pour les Français, l'héroïsme implique une certaine solitude qui détache l'individu du groupe et souligne son caractère unique. Il y a là quelque chose d'émouvant qui suscite l'admiration.

Une innovation française dans le loisir physique s'appelle le parkour: c'est une discipline urbaine—populaire surtout parmi les jeunes hommes—qui combine la danse, la gymnastique, et les arts martiaux. Les "traceurs" surmontent des obstacles de la vie urbaine en faisant des exploits physiques souvent extraordinaires. Inventé par un Français au début des années 1990, cette exportation culturelle française est devenue une pratique mondiale.

Les spectacles sportifs sont aussi très populaires en France; le journal sportif *L'Equipe* est un grand quotidien national. Une différence avec les Etats-Unis est la ferveur nationale et même nationaliste des matchs opposant des équipes nationales,

19.6 Les meilleurs joueurs de tennis du monde s'affrontent chaque année sur les célèbres courts en terre battue du stade Roland Garros à Paris.

par exemple France contre Angleterre. Parfois les supporters des équipes opposées se battent. Dans les matchs qui ont lieu aux Etats-Unis, le soutien d'une équipe sportive peut venir d'une université, d'une ville, ou d'un état, mais pas d'une nation (sauf aux Jeux Olympiques). Quelques grands événements sportifs qui se déroulent en France sont connus et regardés partout dans le monde. On peut citer le Tour de France à bicyclette (des millions de spectateurs au bord des routes de France), le tournoi grand chelem de tennis au stade Roland-Garros (*the French Open*), et les 24 heures du Mans (course automobile).

AUTRES LOISIRS

En dehors des loisirs audiovisuels, culinaires, et sportifs, les Français passent leur temps libre de multiples façons. Ils assistent aux spectacles de musique, de danse, de théâtre. Ils visitent des musées et des lieux de patrimoine. Ils pratiquent des activités artistiques en amateur: musique, danse, écriture, arts plastiques, photographie. Ils jouent à plusieurs types de jeux: jeux de société (souvent en famille), jeux vidéo, jeux d'argent, jeux à la télévision. Collectionner (des pièces de monnaie, des timbres, des oeuvres d'art) est un loisir. Les Français rencontrent des amis pour des moments de sociabilité, souvent autour d'un verre ou d'un repas. La sexualité est aussi une activité de loisir. Faire les achats (de vêtements, de produits de beauté ou de sport, de produits audiovisuels) procure des plaisirs et occupe le temps libre. Les activités associées avec la pratique religieuse, l'associationnisme, ou le civisme sont des moyens pour beaucoup de Français de profiter du temps libre. Les spectacles en plein air ou "hors les murs" sont très populaires en France comme les sons et lumières, les spectacles folkloriques, et les festivals de musique, film, ou théâtre. Il y a aussi le bricolage, le jardinage, ou les animaux de compagnie. La moitié des ménages—surtout

19.7 Les vélos de Vélib' à Paris.

les ménages avec enfants—ont des animaux familiers en France: chien, chat, poisson, lapin.

Au 21e siècle, la technologie touche tous les loisirs. Un exemple: la location sur téléphone mobile des vélos ou des trottinettes électriques. Vélib', un service de location de vélos, a commencé en 2007 à Paris: c'était le premier système de masse de vélos en libre-service dans le monde occidental. Aujourd'hui des services similaires fonctionnent partout dans les villes du monde. A Paris un pass de 30 minutes coûte un euro et des abonnements annuel ou hebdomadaire sont possibles. L'explosion des vélos dans les rues a incité des Parisiens à utiliser ainsi leurs propres vélos; en même temps la mairie a créé de nouvelles voies protégées pour bicyclettes et a remplacé des places de stationnement par des stations de Vélib'. Les trottinettes électriques ont rempli les rues de Paris dès 2018: douze opérateurs sont en concurrence et beaucoup de Parisiens se plaignent des accidents et des blocages de trottoirs.

DIFFÉRENCES DE CLASSE, DE SEXE, D'ÂGE

Dans le domaine des loisirs, comme dans beaucoup d'autres, subsistent encore des différences importantes entre les catégories sociales. Les hommes prennent toujours plus de temps libre—une heure et demie par jour de plus—que les femmes, dans toutes les catégories sociales. Les différences de sexe dans le choix des loisirs sont similaires en France et aux Etats-Unis. Par exemple, les Françaises vont plus rarement assister aux matchs de football dans les stades (20% de l'assistance en moyenne), mais elles se réunissent avec des amis, font du shopping, ou lisent.

En même temps, la France est un pays où la mixité des sexes dans les relations sociales est généralement plus grande qu'aux Etats-Unis. Les Français, en effet, apprécient moins que les Américains les activités sociales séparées par sexe. Donner des dîners ou des réceptions réservés à un seul sexe, par exemple, leur semble un peu bizarre. N'est-il pas plus agréable et intéressant de mêler femmes et hommes? Certes, des groupements ou associations de femmes ou d'hommes existent en France—groupements féministes ou groupements de chasseurs, par exemple—mais ils sont plus rares qu'aux Etats-Unis. Dans les milieux populaires (ouvriers, petits agriculteurs) certains loisirs restent traditionnellement masculins (pétanque, pêche à la ligne). Mais la concurrence de la télévision a beaucoup réduit l'importance de ces loisirs passés entre hommes après le travail. On trouve beaucoup moins chez les Français que chez les Américains la conscience que les individus du même sexe constituent une communauté. C'est sans doute pourquoi on ne rencontre pas en France l'équivalent des *women's clubs* des Etats-Unis, ni de *sororities*, ni de *fraternities*. Il y a eu toutefois pendant longtemps (jusque vers 1970) en France des écoles et lycées séparés par sexe, héritage du temps où filles et garçons ne recevaient pas le même enseignement. La mixité scolaire est générale aujourd'hui.

Quant aux différences de classe, les ouvriers et les employés considèrent en général que loisir signifie repos et non activité. Ils jouent aux loteries, regardent la télévision, et passent du temps au café. Les classes populaires n'ont pas les moyens de faire de l'équitation, des sports aquatiques, ou du ski alpin. Les Français des classes populaires "voisinent," c'est-à-dire entretiennent des relations amicales, spontanées, et informelles avec leurs voisins. Ils ont des rapports étroits et fréquents avec leurs sœurs et frères. Les gens appartenant aux catégories sociales moyennes et élevées voient le loisir plutôt comme un temps d'activité (musée, sport). Ils ne "voisinent" pas beaucoup. En revanche, recevoir des amis et être reçu chez des amis, aller au restaurant, participer à des réunions, et être membre d'une association sont plus fréquents chez eux. Leurs relations sociales sont beaucoup moins locales et sont plus programmées dans le temps: on invite chez soi, à l'avance, à un repas ou à une visite. Ne pas savoir nager est un trait souvent associé avec les milieux défavorisés. En France, l'Etat considère que nager est aussi important que lire et écrire: 30 leçons de natation sont obligatoires à l'école primaire et une attestation "savoir-nager" rentre dans le bulletin scolaire (*report card*) de chaque élève. Mais faute de piscine dans les quartiers négligés, un Français sur sept n'a pas maîtrisé la natation.

Il n'est pas surprenant que d'importantes différences distinguent les loisirs des jeunes et ceux des gens âgés, surtout dans leurs pratiques musicales, sportives, vestimentaires, et linguistiques. Avec les nouvelles technologies, la rapidité de la communication par messagerie encourage de nouveaux langages ou argots maîtrisés seulement par les jeunes: par exemple, "mdr" (mort de rire; *lol*), "jtm" (je t'aime), "tmm" (tu me manques), "tfk" (tu fais quoi?), "pk" (pourquoi?), "jsp" (je ne sais pas), "oklm" (au calme; *chill*).

Les jeunes sortent le soir plus souvent que les autres catégories d'âge. Les sorties nocturnes leur permettent de parler avec leurs proches, de rencontrer de nouveaux amis, de boire un verre, d'écouter de la musique, de danser. Les jeunes vont dans les cafés, les bars, les discothèques, les soirées chez des amis, ou les soirées organisées à plusieurs centaines de kilomètres dans un lieu loué, grâce à l'Internet et à la communication de masse. Les boîtes de nuit connues depuis longtemps à Paris sont le Queen, le Rex, le Casino, et la Flèche d'or, mais d'autres clubs de naissance plus récente sont aussi à la mode. Ils attirent une clientèle parisienne ou étrangère de toute sorte: étudiants, homosexuels, personnes plus âgées. Certaines boîtes ont des physionomistes ou videurs (*bouncers*) qui font une "sélection" à l'entrée, sans pitié. Au fait, après des "testings" faits par l'association SOS-Racisme, des boîtes de nuit sont régulièrement accusées de racisme. Comme l'alcool fort (*hard alcohol*) coûte cher en France, la bière est la boisson la plus populaire chez les jeunes. Il faut avoir 18 ans pour acheter de l'alcool et des cigarettes en France (avant 2009, l'âge légal était de 16 ans). L'usage des drogues douces n'est pas très différent en France et aux Etats-Unis: 16% des jeunes en 3e (14–15 ans) ont expérimenté le cannabis en 2018; ce niveau d'expérimentation s'élève à 42% des élèves à la fin du lycée.

Les seniors ou les personnes âgées sont affectées par les mêmes tendances que les autres catégories d'âge. En particulier, ils font plus d'activité physique qu'auparavant, dans leur vie quotidienne et lors des vacances. Beaucoup tentent de ne pas être des oubliés de la révolution numérique en restant à jour avec la technologie en constant développement. Avec une espérance de vie prolongée (un quart des Français ont plus de 60 ans aujourd'hui), ils peuvent bénéficier d'outils technologiques leur permettant de communiquer avec leurs proches plus jeunes et de continuer à être stimulés par de multiples expériences culturelles. En général, on voit une tendance chez les retraités à être plus ouvert qu'avant sur le monde extérieur, et on constate moins de solitude chez eux. Comparés aux Américains, les Français âgés sont moins menacés par la pauvreté, grâce à un système de retraites plus avantageux.

QUELQUES DIFFÉRENCES AVEC LES ETATS-UNIS

En France, c'est celle ou celui qui est honoré (anniversaire, promotion professionnelle) qui invite ses amis à célébrer avec elle ou lui l'heureux événement. L'initiative ne viendra pas des autres, contrairement à ce qui se passe souvent aux Etats-Unis. Si par exemple vous avez réussi le baccalauréat brillamment, si l'anniversaire de vos 20 ans approche, ou si vous êtes promu à un nouveau poste à l'étranger, vos amis ne vous inviteront pas à une soirée en votre honneur; ils s'attendront au contraire à ce que vous les invitiez chez vous pour partager votre joie avec eux. Quelqu'un qui est touché par un heureux événement ne garde pas égoïstement son bonheur pour lui-même; il en fait bénéficier ses proches.

Une particularité des loisirs à l'américaine que l'on ne retrouve pas chez les Français est la tendance au gigantisme. Les Américains aiment les divertissements en plein air avec des centaines ou des milliers de participants: immenses terrains avec écran géant pour le cinéma en plein air (*drive-in theaters*), concerts géants dans la nature ou dans des stades (Woodstock), cérémonies de remise des diplômes universitaires (*graduation*) à mille étudiants, sermons religieux dans les stades, marathons avec des milliers de coureurs. Ce gigantisme donne un sentiment d'écrasement aux Français, qui préfèrent généralement un cadre délimité et clos aux "dimensions humaines," avec un nombre de participants réduit: par exemple, chapelle ou cour d'un château pour un concert, place du village pour un bal, salle de théâtre pour un chanteur.

Les Français se distinguent aussi des Américains par leur admiration particulière pour les exploits solitaires, sportifs ou autres, où on gagne contre soi-même et fait reculer les limites de l'audace et de l'endurance humaines. Des Français ont fait le tour du monde à la voile en navigation solitaire sans escale (Bernard Moitessier en 1968); ont traversé l'Atlantique à la nage en 55 jours (Guy Delage en 1995); ont gagné le triathlon extrême l'Enduroman entre Londres et Paris (une femme, Perrine Fages en 2018); et ont traversé l'Atlantique dans un tonneau (Jean-Jacques Savin, 2019). Aux Etats-Unis, de telles prouesses sont saluées avec une sorte d'indifférence amusée; il faut être un peu fou, un peu bizarre, pense-t-on, pour tenter des actes aussi inutiles ou dangereux. En France, les auteurs de ces prouesses sont décorés de la Légion d'honneur et reçus au Palais de l'Elysée par le président de la République. Cette grande valeur donnée à la prouesse solitaire était un trait de mentalité de l'ancienne aristocratie militaire qui considérait le sang-froid et l'audace comme la première vertu d'un noble. Le sport est sans doute un des derniers domaines où la prouesse solitaire peut s'accomplir dans nos sociétés mécanisées et massifiées.

Discussions

1. Comparez la conception française des vacances avec la conception américaine. Votre expérience personnelle confirme-t-elle certaines différences culturelles soulignées dans le chapitre?
2. Les loisirs quotidiens des Français ressemblent-ils à ceux des Américains?
3. Que pensez-vous des habitudes culinaires des Français?
4. L'invention des cigarettes électroniques a-t-elle des effets positifs ou négatifs sur les jeunes?
5. Les différences des taux de traduction dans le monde de l'édition français et américain peuvent-elles avoir des conséquences pour les cultures française et américaine?

Sujets de travaux oraux ou écrits

1. Comparez les congés payés accordés aux salariés en France et aux Etats-Unis et recherchez les causes des différences entre les deux pays.
2. Faites une étude sociologique des vacances à l'étranger des Français et des Américains.
3. Présentez un lieu touristique important en France.
4. Faites une enquête auprès d'une dizaine d'Américains sur leurs loisirs ou leurs vacances, en notant les différences de classe, sexe, et âge. Comparez leurs réponses avec ce qui est dit dans ce chapitre sur les loisirs et les vacances des Français.
5. Présentez un sport ou un loisir qui est très pratiqué en France.
6. Faites des recherches sur la consommation de drogues douces chez les jeunes Français.

Chapitre 20
Les médias

Depuis le début du 21e siècle, la France est à l'ère du numérique. Grâce à l'essor de l'Internet, et de toute la technologie numérique qui l'entoure (téléphones mobiles, wifi, applications), les médias sont en train de vivre une véritable révolution. Les médias traditionnels—la presse, la radio, la télévision—se réinventent pour se préserver. Ce qu'on appelle les "nouveaux médias" affecte la vie quotidienne des Français de multiples façons. Par exemple, les réseaux sociaux tels que Facebook, Instagram, Snapchat, et Twitter deviennent le moyen principal, surtout pour les jeunes, de communiquer avec leurs proches et de s'informer sur les actualités.

L'évolution historique de la technologie nous montre que tout média se voit concurrencé par un nouveau. La presse du début du 20e siècle fut menacée par la radio dans les années 1920; la radio par la télévision dans les années 1950 (et surtout avec sa massification dans les années 1970); et tous les trois par l'Internet depuis 2000. La radio avait innové par la diffusion: pour la première fois, l'audience recevait les informations en direct et simultanément. La télévision a ajouté le visuel. Enfin l'Internet a renversé le pouvoir entre l'offre et la demande: ce sont maintenant les internautes qui décident quoi consulter, en naviguant et en cliquant librement.

Dans l'ère du numérique, le phénomène de dématérialisation marque tous les médias. On peut lire, écouter, et visualiser les informations en ligne sans acheter un journal au kiosque et sans brancher une radio ou une télévision. On n'achète presque plus de disques de musique. Et on voit même de vrais magasins en dur disparaître en faveur des sites de commerce virtuel sur la Toile. Presque aucun magasin de matériel audiovisuel ne vend de chaînes stéréos aujourd'hui. Même la télévision—technologie révolutionnaire en son temps—subit des changements inédits. La consommation d'émissions télévisées sur ordinateur, tablette, et téléphone mobile progresse, et la programmation n'est plus offerte aux spectateurs de la même manière qu'autrefois. Maintenant les Français regardent de plus en plus d'émissions et de films sur les plates-formes payantes de téléchargement à la demande ou sur abonnement, par exemple, france.tv ou Netflix. Les industries perdantes de cette dématérialisation, par exemple, les producteurs de disques, les maisons d'édition, les maisons de presse, souffrent et s'adaptent.

Quoique leurs formes évoluent constamment, les médias ont toujours les mêmes objectifs: l'information, le divertissement, la communication, et l'éducation. C'est l'Internet qui relie parfaitement ces quatre raisons d'être.

Bien qu'il règne, en France comme aux Etats-Unis, une grande liberté de l'information, des différences très importantes existent entre les deux pays en ce qui concerne la presse, la radio, la télévision, l'Internet, les médias sociaux, et même la publicité. Les deux cultures n'ont pas non plus les mêmes attitudes vis-à-vis des médias et de leurs liens avec la politique ou la vie privée.

LE MONOPOLE DE L'ETAT

Le contrôle de l'Etat sur les médias représente une importante différence historique entre la France et les Etats-Unis. Sous l'Ancien Régime, la presse fut soumise au contrôle de la monarchie. La Révolution française a réussi à abolir la censure, mais elle fut rapidement rétablie en 1797. La presse est devenue libre seulement un siècle plus tard, avec la loi de 1881 sur la liberté de la presse. Grâce à cette loi, aux nouvelles techniques de production et de distribution, ainsi qu'à l'expansion du lectorat aux classes bourgeoises grâce à l'essor de l'éducation publique, la presse devint accessible à un public continuellement élargi depuis la fin du 19e siècle.

Avant 1940 en France, les chaînes de radio privées étaient autorisées à côté des chaînes publiques appartenant à l'Etat. Pendant la Seconde Guerre mondiale, ces chaînes furent toutes contrôlées par les Allemands et le gouvernement français (collaborateur) de Vichy. A partir de 1945 et jusqu'en 1982 les chaînes de radios privées furent interdites et les chaînes publiques étaient contrôlées directement par le ministère de l'Information. Elles n'étaient pas des instruments de propagande gouvernementale, mais elles restaient souvent très discrètes sur ce qui pouvait embarrasser le gouvernement. Certaines chaînes de radio privées françaises pouvaient exceptionnellement couvrir le territoire français, à condition de placer leurs émetteurs à l'étranger: Radio Monte Carlo (RMC), Radio Luxembourg (RTL), Radio Andorre, et Europe I. Si une chaîne de radio privée essayait d'émettre à partir de la France, l'Etat brouillait la diffusion pour protéger son monopole. Pour la télévision, qui s'est développée à partir des années 1950, toute tentative de créer une chaîne-pirate privée entraînait automatiquement un raid de police sur le poste d'émission. L'idée avancée par l'Etat pour justifier ses monopoles était que la radio et la télévision sont des services d'intérêt public comme les Postes ou le téléphone.

Dans les années 1970, cette conception étatique de l'audio-visuel a été attaquée, à droite comme à gauche. La création de chaînes privées, indépendantes du gouvernement, paraissait nécessaire pour refléter la diversité des points de vue dans une société démocratique et pluraliste. De puissants intérêts économiques, alléchés par l'énorme potentiel publicitaire de la télévision, ont poussé aussi dans le même sens. Le monopole de l'Etat a donc été aboli en 1982. Près de 1 500 chaînes de radio privées—nationales et locales—ont vu le jour. Plusieurs chaînes de télévision privées ont été également créées. Une chaîne de télévision d'Etat a été privatisée en 1987 (TFI).

Après cette libéralisation, les chaînes de radio et de télévision d'Etat furent maintenues et elles existent toujours aujourd'hui. On les reconnaît par leur nom qui commence généralement par "France." Pour la radio, France Inter, France Culture, France Info, France Musique, Fip, Mouv', et un réseau de stations locales, France Blue, constituent les sept stations appartenant à Radio France, une entreprise publique financée à 90% de son budget par l'Etat. Radio France Internationale (RFI) est une autre chaîne publique spécialisée dans la diffusion sur ondes courtes d'émissions françaises à l'étranger. Quant à la télévision, les trois chaînes publiques sont France 2, France 3, et Arte. Aux Etats-Unis les chaînes de radio et de télévision dites "publiques" (NPR ou PBS, par exemple) sont en réalité privées. On les appelle publiques uniquement parce qu'elles ne sont pas commerciales. Elles peuvent recevoir des subventions publiques, mais n'appartiennent pas au gouvernement comme en France.

Contrairement à la radio et à la télévision, la presse a été depuis très longtemps indépendante en France. La liberté de la presse a été, depuis le 18e siècle, vue comme une condition essentielle de la démocratie politique. Cette liberté a été durablement établie au début de la IIIe République dans les années 1880 et elle s'applique toujours aujourd'hui. La censure n'a été rétablie que pendant les deux guerres mondiales.

LA PRESSE

La presse imprimée fait face aujourd'hui à deux défis commerciaux principaux: la concurrence avec d'autres médias (radio, télévision, Internet) et la concurrence avec des titres imprimés gratuits. Depuis le début du 21e siècle, ces deux défis créent une crise structurelle pour la presse, surtout due à la transition des informations en ligne. On n'a plus besoin de lire un journal sur papier pour connaître

20.1 Les kiosques à journaux sont le principal point d'achat de la presse.

les informations, et la publicité, qui soutient financièrement les médias, se dirige vers l'audiovisuel plutôt que vers les journaux. En ligne ou imprimée, la presse a besoin de lecteurs dont le nombre détermine les recettes publicitaires. Tous les médias d'information—presse écrite, radio, télévision—sentent le besoin d'offrir un site Internet aujourd'hui et orientent leur modèle financier dans ce sens. Si la presse papier reste importante, les deux-tiers des articles des trois grands quotidiens nationaux sont lus sur l'Internet.

A l'opposé de ce qu'on trouve aux Etats-Unis et ailleurs en Europe, la presse française est très concentrée dans une seule ville: Paris. Tous les grands journaux et magazines d'information français ayant une audience nationale sont publiés dans la capitale. Les trois principaux quotidiens d'information nationaux sont *Le Monde* (gauche modérée, fondé en 1944), *Le Figaro* (droite, créé en 1826), et *Libération* (gauche socialiste, depuis 1973). Certains quotidiens nationaux historiques sont des journaux d'opinion, par exemple *L'Humanité* (gauche communiste, créé en 1904) et *La Croix* (droite chrétienne et catholique, fondé en 1883). D'autres quotidiens nationaux sont spécialisés, par exemple *L'Equipe* (sports) et *Les Echos* (économie et finances). Depuis 1887, un quotidien en anglais est également publié à Paris et vendu à travers toute l'Europe; aujourd'hui il s'appelle l'*International New York Times*. Un nouveau phénomène marque le monde de la presse depuis 2002: les quotidiens d'information nationaux gratuits. Malgré des difficultés—semblables à celles des quotidiens payants—pour attirer la publicité, deux titres gratuits existent aujourd'hui: *20 Minutes* (le quotidien le plus lu en France) et *CNews*. Tous les deux ont aussi des sites Internet.

Il existe également une presse quotidienne locale publiée dans certaines grandes villes de province. Les quotidiens régionaux ont un peu moins souffert de la concurrence que les grands quotidiens nationaux parce que les informations locales qu'ils contiennent ne peuvent être obtenues nulle part ailleurs. Certains journaux ont fusionné, fautes de lecteurs et recettes publicitaires suffisantes: par exemple à Marseille, le *Provençal* et le *Méridional* sont devenus *La Provence*. Les principaux quotidiens régionaux sont *Ouest-France* (plus fort tirage d'un quotidien français), *Sud-Ouest* (Bordeaux), *Le Parisien* (Paris), *La Voix du Nord* (Lille), *Le Dauphiné libéré* (Grenoble), *Le Télégramme* (Morlaix), *Le Progrès* (Lyon), *La Nouvelle République du Centre-Ouest* (Tours), *La Montagne* (Clermont-Ferrand), *La Dépêche du Midi* (Toulouse), *Les Dernières nouvelles d'Alsace* (Strasbourg), *L'Est républicain* (Nancy), *Le Midi libre* (Montpellier), *Le Républicain lorrain* (Metz), et *La Provence* (Marseille). Les adjectifs "libre" ou "libéré" des titres de journaux remontent à la fin de la Seconde Guerre mondiale lorsque ces journaux—dont certains avaient été clandestins—purent paraître librement.

Contrairement à la presse quotidienne, les magazines d'information hebdomadaires ou mensuels—et la presse périodique en général—se sont énormément développés à la fin du 20e siècle. Ils continuent à résister à la concurrence de la télévision et de l'Internet parce qu'ils donnent beaucoup plus de place à l'analyse que les quotidiens. Les principaux magazines d'information sont *Le Nouvel Observateur*

20.2 La devise du quotidien *Sud Ouest* est "Les faits sont sacrés, les commentaires sont libres."

(gauche), *Marianne* (centre-gauche), *L'Express* (centre), et *Le Point* (droite). Parmi les hebdomadaires spécialisés, citons *Version Femina* (féminin), *Femme actuelle* (féminin), *Elle* (féminin), *Le Nouvel Economiste* (économie), *Paris Match* ("people" et mode de vie), *Voici* (people), *Gala* (people), *La Vie* (catholique), *Pèlerin* (catholique), *VSD* (loisirs, vie quotidienne), *TV Magazine* (télévision), *Pariscope* (cinéma), et *Charlie Hebdo* (politique satirique). *Le Canard enchaîné* est un célèbre hebdomadaire satirique créé pendant la Première Guerre mondiale ("canard" signifie journal en français familier, et "enchaîné" se réfère à la censure de guerre). Il expose les dessous de l'actualité politique sur un ton comique, avec beaucoup de jeux de mots et de caricatures.

Les journaux français contiennent moins de publicité que les journaux américains. Ils sont donc plus chers (deux fois plus en moyenne). L'Etat français aide la presse par des subventions directes et des exonérations postales ou fiscales équivalentes à plus d'un milliard d'euros par an. En place depuis 1796, les subventions de l'Etat sont censées favoriser le pluralisme dans les médias et donc la liberté de l'expression.

OPINION ET OBJECTIVITÉ

La presse française est traditionnellement plus préoccupée par les opinions que par l'information, ce qui ne veut pas dire qu'elle néglige celle-ci. Elle a une coloration partisane plus directe que la presse américaine. Elle cherche à défendre un point de vue, à en attaquer un autre, plutôt qu'à simplement informer. Ses rédacteurs veulent influencer l'opinion. La presse française, en effet, s'intéresse à interpréter les faits selon un point de vue donné plus qu'à en rapporter le détail. Elle donne donc une plus grande place au subjectif. *Le Monde* offre un parfait exemple de cette approche française.

Les éditoriaux, généralement placés aux dernières pages des quotidiens américains, sont d'habitude à la une (*front page*) des quotidiens français: l'attitude est que l'opinion du journal ne doit pas se cacher. La presse américaine classique est plus orientée vers les faits, rapportés aussi objectivement que possible. C'est la vérité des faits—*the story*—qui compte: on interroge les témoins ou les acteurs et on cite leurs réponses; et c'est au lecteur—plutôt qu'au journaliste—de juger. Les Français estiment que cette approche est un peu trompeuse, car, disent-ils, il n'y a pas de rapport objectif des faits; on les perçoit toujours d'un certain point de vue, et il ne faut pas cacher cette réalité. Le journalisme à la française penche donc vers l'intellectuel et le littéraire (bien raisonner, bien écrire, et convaincre) tandis que le journalisme à l'américaine s'apparente plutôt à un travail de détective vigilant (rendre publique la vérité des faits au nom du droit du public de savoir). La tendance française d'écrire des chroniques domine aussi en Allemagne et en Italie, tandis que le style américain de reportage est plus commun au Canada et en Grande-Bretagne.

EXCLUSIVITÉ DU DISCOURS

Une autre différence intéressante à noter entre la presse française et la presse américaine est le caractère plus "exclusif" du discours écrit français. Alors que les journalistes américains cherchent à être le plus possible "inclusifs"—c'est-à-dire à écrire de manière à être compris par le plus grand nombre de lecteurs possible—les journalistes français écrivent souvent de manière à être compris seulement d'un public limité. Ceux qui ne font pas partie de ce public parce qu'ils n'ont pas les connaissances requises sont "exclus": ils ne comprennent pas. Un ouvrier d'usine américain peut lire le *New York Times* ou *Newsweek* sans difficulté majeure. Une personne sans une éducation supérieure risque d'avoir des difficultés à lire *Le Figaro* ou *L'Express*. Voici l'extrait d'un article du *Nouvel Observateur* présentant un livre écrit par le comte de Paris (l'individu qui aurait été roi si la France était encore une monarchie):

Qu'on se le dise jusqu'en Vendée: pour avoir failli être roi, ce monseigneur n'en est pas moins citoyen. Et un citoyen qui, de bon gré, fait durer sa nuit du 4 août jusqu'à l'aube de la "nouvelle citoyenneté" dont Pierre Mauroy avait, lors de sa première investiture, célébré l'avènement: résistant, soixante-huitard—"Henri" avoue ici qu'il fut initié aux mystères de la rue Gay-Lussac par son complice Maurice Clavel (...) Alors, à quoi joue le comte de Paris? Et son oecuménisme—qui, de fait, semble extensible à la plupart des majorités que s'improvisera le suffrage universel— lui coûtera, au final, combien de messes? Pour l'heure, à l'approche d'un bicentenaire qui le verra peut-être chanter "La Carmagnole", l'héritier de la Maison de France appelle les siens à un aggiornamento radical—et, en un sens, émouvant. Les monarchistes qui portent encore un crêpe à leur veston chaque 21 janvier, et ceux du Cabinet des Antiques qui attendent une nouvelle restauration pour soigner leurs écrouelles devront mettre cette royale missive à l'index: la lire, pour eux, serait comme une deuxième fin du monde.[1]

Un journaliste américain de *Time* ou *Newsweek* qui voudrait écrire d'une manière aussi elliptique se verrait sûrement obligé de tout recommencer par la direction de la rédaction.

Certains médias américains sont critiqués pour leur promotion de la consommation rapide et du divertissement facile. Le déclin de la haute culture est associé avec une tendance au nivellement par le bas (*lowest common denominator*): l'idée de plaire au maximum de gens. Quand des créateurs de films et d'émissions simplifient un scénario ou quand des journalistes écrivent un reportage d'une manière

---

1. *Le Nouvel Observateur*, 16–22 septembre 1983. Pour comprendre ce texte, il faut pouvoir reconnaître immédiatement les allusions suivantes. "Qu'on se le dise jusqu'en Vendée": allusion à la résistance des Vendéens contre le gouvernement révolutionnaire dans les années 1793–1794. "Avoir failli être roi": allusion à la restauration de la monarchie qui a failli avoir lieu à la fin du XIXe siècle. "Monseigneur": appellation donnée aux princes de sang royal. "Nuit du 4 août": allusion à l'abolition des privilèges de la noblesse votée le 4 août 1789 par l'Assemblée nationale, y compris par ses membres nobles. "Soixante-huitard": personne qui a soutenu les manifestations de mai 1968. "Mystères de la rue Gay-Lussac": allusion à la rue où se déroulèrent les plus violentes manifestations en mai 1968. Maurice Clavel: philosophe. "Lui coûtera combien de messes?": allusion au roi Henri IV qui s'était converti au catholicisme pour devenir roi de France en 1593 et qui aurait déclaré à cette occasion "Paris vaut bien une messe." "Bicentenaire": de la Révolution française, en 1989. "Carmagnole": chanson de la Révolution française. "Portent un crêpe à leur veston": sont en deuil. "Chaque 21 janvier": allusion à l'exécution de Louis XVI le 21 janvier 1793. "Cabinet des Antiques": allusion au titre d'un roman de Balzac qui reprend le surnom donné par dérision à un salon d'aristocrates. "Soigner leurs écrouelles": allusion à une croyance médiévale qui donnait aux rois de France le pouvoir de guérir certaines maladies, en particulier les écrouelles. "A leur index": allusion à la censure du pape qui inscrivait les livres condamnables sur un document appelé Index. "Une deuxième fin du monde": allusion à une "première fin du monde" qui est la Révolution française.

sensationnaliste pour attirer le plus grand nombre de personnes dans un but de rentabilisation, on aboutit à une situation qui est critiquée comme un abaissement culturel dommageable pour la société. De plus, le culte de la célébrité et le recours à l'extrême favorisent le voyeurisme et l'exhibitionnisme tels qu'on les retrouve, par exemple, dans la téléréalité. L'Audimat—le moyen de mesurer l'audience des programmes de télévision, utilisé pour la vente de publicité—est critiqué pour la baisse de la qualité de la programmation. Ces tendances existent aux Etats-Unis et, dans une moindre mesure, au sein de la télévision française. Pourtant, comme dans la presse française, on retrouve les tendances "exclusivistes" dans le cinéma français. Les cinéastes s'adressent souvent à un public délimité et ne cherchent pas à être compris et appréciés par le plus grand nombre possible de spectateurs. On peut sans doute voir là une des raisons pour lesquelles le succès commercial des films français est souvent plus limité que celui des films américains, en France comme à l'étranger.

LA RADIO

La radio reste un média important en France. Les grandes chaînes de radio les plus écoutées sont, dans l'ordre, RTL, France Inter (publique), Europe I, NRJ, RMC, Fun Radio, Nostalgie, Skyrock. Nous avons mentionné les multiples chaînes publiques de Radio France, financées par l'Etat. Les chaînes privées sont divisées entre chaînes commerciales qui sont financées par la publicité et chaînes non commerciales qui sont financées par des collectivités locales ou des organismes à but non lucratif. Les chaînes de radio périphériques émettent toujours de l'étranger (d'où leur nom) mais ont dorénavant leurs studios à Paris (RTL, Europe I, RMC). Elles ont souffert de la concurrence des radios locales. Les départements et collectivités d'outre-mer comme la Martinique ou la Réunion ont un réseau de neuf chaînes de radio (et neuf chaînes de télévision) publiques particulières à leur localité: cela s'appelle la Première ou "Ière." Certaines chaînes de radio s'adressent aux publics spécialisés, par exemple, Beur FM joue de la musique nord-africaine et diffuse une partie des programmes en arabe et en berbère, ou Radio Courtoisie, nationaliste et d'extrême-droite. La majorité des chaînes de radio ont un site Internet et peuvent être écoutées depuis un support numérique. Grâce aux nouvelles technologies numériques, la radio se révolutionne avec l'offre de podcasts et de streaming.

LA TÉLÉVISION

Malgré l'Internet, la télévision reste un média très utilisé par les Français. Alors qu'il y avait 21 chaînes de télévision en France en 1990, il y en a aujourd'hui à peu près deux cents: certaines sont gratuites; d'autres sont payantes et disponibles par câble (depuis 1985) ou par satellite (depuis 1992). Tout possesseur de télévision doit payer une "redevance télé," une taxe spéciale pour financer la télévision publique: le montant est de 138 euros par an en métropole et de 88 euros dans un DOM.

France 2, France 3, et TF1 sont des chaînes "généralistes," c'est-à-dire qu'elles ne sont pas spécialisées dans un type de programmes particulier et cherchent à toucher tous les publics. M6, par contre, vise un public jeune, avec beaucoup de vidéo-clips. Canal+, chaîne payante, est spécialisée dans la diffusion de films. Arte est une chaîne culturelle franco-allemande qui diffuse le même programme en France (en français) et en Allemagne (en allemand). Il existe également des chaînes régionales spécialisées dans les informations locales et une chaîne qui diffuse des programmes en français dans un grand nombre de pays étrangers (TV5). Par exemple, TV5-USA diffuse des émissions françaises, belges, suisses, et québécoises 24 heures sur 24 sur tout le territoire des Etats-Unis. Les chaînes de télévision par câble ou satellite, longtemps sous-développées en France, ont pris de l'essor. BFMTV, la première chaîne française d'information nationale en continu, a été inaugurée en 2005, vingt-cinq ans après l'arrivée sur scène de CNN aux Etats-Unis. On ne trouve pas en France de chaîne de télévision hautement politisée telle que *Fox News* ou *MSNBC*.

En général, les chaînes de télévision françaises diffusent moins de sport et de feuilletons que les chaînes américaines. Par contre, elles offrent plus de magazines-débats, consacrés à l'actualité politique et de reportages sur les problèmes internationaux, et d'émissions de plateau (*talk shows*). Parmi les plus populaires de ce genre étaient "L'Heure de vérité" et "Tout le monde en parle" sur France 2. Des exemples plus récents sont "C dans l'air" (France 5), "Quotidien" (TMC), ou "On n'est pas couché" (France 2). Les chaînes offrent des soirées thématiques, autour d'un film par exemple, suivi d'une discussion entre spécialistes. Elles n'hésitent pas à présenter une émission consacrée à des livres en *prime time*. Le *talk show* le plus populaire en France a été consacré à la littérature: c'est "Apostrophes" (redevenu "Bouillon de Culture") diffusé entre 1975 et 2001. Les chaînes de télévision produisent aussi des émissions qui n'ont pas d'équivalent aux Etats-Unis, comme les "Guignols de l'info" ou le "Bébête-show": pendant dix minutes juste avant les informations du soir, de grosses marionnettes caricaturales en caoutchouc ayant la figure des membres du gouvernement et des politiciens discutent, s'interpellent, se battent, et évoquent les thèmes d'actualité du moment.

A l'ère de Netflix, un nouveau phénomène touche la télévision française: de nouvelles séries à nombre de saisons indéterminé et avec des intrigues qui se prolongent d'épisode en épisode. Si les séries américaines comme "House of Cards" sont populaires en France, Netflix crée aussi des séries originales françaises comme "Marseille," "Osmosis," "Génération Q," et "Mortel." Trois séries récentes qui ont eu du succès sont "Un village français" (France 3) sur un village fictif pendant l'occupation allemande, "Le bureau des légendes" (Canal+) sur un agent secret dans les services de renseignement extérieur, et "Dix pour cent" (France 2) sur une agence artistique avec une célébrité en caméo à chaque épisode. La télévision française ne manque pas de divertissement pour le grand public sous forme de feuilletons ou d'émissions de variété. "Loft Story," la première émission française de téléréalité et "Koh-Lanta," une téléréalité d'aventure, restent populaires aujourd'hui. D'autres émissions françaises contemporaines qui sont prisées sont "Famille d'accueil," "Louis la brocante," et "Plus belle la vie."

Une part considérable des programmes télévisés en France—feuilletons et films—sont américains. Beaucoup de Français se plaignent de cette "invasion," mais d'autres s'en accommodent fort bien. "Dallas," "Friends," "Desperate Housewives," "X-files," "The Voice," "Breaking Bad," "Game of Thrones," "Grey's Anatomy," et bien d'autres séries télévisées américaines eurent un succès considérable en France. La raison pour laquelle les émissions américaines inondent la télévision française—et toutes les télévisions du monde—est surtout financière: en raison de l'immensité du marché américain, les producteurs de feuilletons et de films américains font souvent des bénéfices considérables avant même d'exporter leurs productions. Ils peuvent donc se permettre d'écouler ces productions à l'étranger à des prix très bas, puisque ces prix sont du pur profit pour eux. Partout dans le monde, la tentation d'acheter des émissions américaines est donc irrésistible. C'est pourquoi la France et les autres pays européens ont établi des quotas interdisant à leurs chaînes de télévision de dépasser un certain pourcentage d'émissions américaines, comme nous l'avons vu dans le chapitre sur la vie culturelle et intellectuelle. Dans le cadre des négociations du GATT (General Agreement on Tariffs and Trade) qui ont libéralisé les échanges mondiaux, les Américains ont exigé que les pays européens suppriment ces quotas. Les Français ont farouchement résisté à cette demande, au nom de l'"exception culturelle." Les médias par lesquels s'exprime la culture d'un peuple—les films, les livres, les émissions de télévision, les articles de presse, la musique—sont le moyen par lequel ce peuple manifeste sa conscience de lui-même. On ne peut donc pas prendre le risque de les voir disparaître sous le simple prétexte qu'ils ne sont pas commercialement compétitifs avec ceux des pays étrangers. En 1993, les Etats-Unis ont finalement cédé devant la pression française et accepté le principe de l'"exception culturelle."

La loi française exige que 40% des chansons jouées à la radio soient en langue française et les programmes de télévision présentent au moins 60% d'émissions européennes et 40% d'émissions françaises (inclues dans le quota européen). Les chaînes sont frappées de lourdes amendes chaque fois qu'elles ne respectent pas ces quotas—ce qui arrive de temps en temps. La France a réussi à convaincre ses voisins de la valeur de l'exception culturelle: l'Union européenne exige de ses pays membres que 50% du temps de diffusion télévisuelle soit consacré aux programmes et films européens. Un quota moins exigeant de 30% d'oeuvres européennes s'applique depuis 2018 aux services de vidéos à la demande par abonnement (Netflix, Amazon) dans les pays de l'UE.

Toutes les chaînes de radio et de télévision, publiques ou privées, sont soumises à la réglementation exercée par le Conseil supérieur de l'audiovisuel (CSA), une autorité de contrôle qui veille au respect de la réglementation en matière de création de chaînes et de programmes. Le CSA, par exemple, vérifie que les chaînes de radio et de télévision respectent les quotas de contenu ci-dessus. Le CSA veille aussi à la protection des publics: un système de signalétique jeunesse pour la télévision depuis 2002 utilise des pictogrammes pour indiquer des âges recommandés, et les chaînes ont l'interdiction de montrer certains contenus de nature violente ou sexuelle avant certaines heures du soir. En général, les chaînes de télévision sont moins tolérantes que les chaînes américaines à l'égard de la violence, et au contraire plus tolérantes à l'égard du sexe. Malgré cela, beaucoup de critiques regrettent la banalisation de la violence et de la sexualité dans les programmes télévisés. Sur les chaînes publiques, la publicité est interdite dans les émissions destinées aux enfants. Ceci est surveillé par le CSA.

En 2009 le gouvernement a bouleversé le système d'équilibre entre télévision publique et télévision privée en supprimant la publicité entre 20 heures du soir et 6 heures du matin pour les chaînes publiques. Mesure qui reste toujours controversée, cette interdiction de publicité a obligé l'Etat à augmenter ses subventions. Le gouvernement de droite a justifié cette suppression de publicité en insistant sur sa volonté d'améliorer une programmation "de qualité": c'est-à-dire, plus d'émissions sérieuses et culturelles et moins de divertissements bon marché (*lowbrow*). Ce calcul était basé sur la présupposition que la dépendance vis-à-vis de la publicité réduit la qualité des programmes télévisés. (Même les chaînes de télévision privées diffusent beaucoup moins de publicité que les chaînes commerciales américaines, car les spectateurs français ont moins de tolérance pour ces interruptions.) En quelque sorte cette interdiction de publicité pendant la tranche d'horaire la plus importante de l'Audimat était un retour vers le concept étatique des médias audiovisuels comme un service public: éduquer plutôt que divertir. Il faut noter qu'aux Etats-Unis, la chaîne PBS a été créée en 1967 avec les mêmes soucis d'éducation publique, mais cette chaîne n'est pas la propriété de l'Etat américain.

En pleine évolution, l'avenir de la télévision va être déterminé par de nouvelles technologies, de nouveaux supports, de nouveaux services, et par de nouvelles pratiques des usagers.

L'INTERNET

Née en 1989, la Toile mondiale (World Wide Web ou www) est devenue en quelques années un réseau numérique qui donne à toute personne ayant un ordinateur et une connexion téléphonique l'accès à une multitude infinie de programmes et services multimédias. Ce qui est banal dans la vie quotidienne des Français aujourd'hui—le courrier électronique, les moteurs de recherche, Wikipédia, les blogs, YouTube, les tablettes, et les applications ("applis")—n'existait même pas dans les imaginations avant 1995. Grâce à l'Internet—un nouveau média en lui-même—tous les médias sont maintenant facilement accessibles, massivement diversifiés, portables, et sur demande.

L'Internet facilite la vie des Français et rend possible une meilleure productivité, pas seulement au travail mais dans la vie personnelle, par exemple la consultation de la météo, le changement d'adresse, l'achat d'un objet qui sera livré à la maison (e-commerce), la déclaration d'impôts en ligne, ou la recherche d'un emploi. Dans un esprit de transparence, l'Etat français met beaucoup d'informations sur les services publics en ligne, par exemple dans le domaine de l'éducation. Des bases de données dans tous les domaines—financier, sociologique, économique, culturel, démographique, historique, scientifique—sont accessibles à portée de main. Aujourd'hui les internautes peuvent instantanément résoudre un problème d'algèbre, réserver les billets d'un film tout en consultant des critiques, trouver la traduction d'un mot dans une langue étrangère, vérifier un fait d'histoire pour résoudre une dispute amicale, ou rencontrer leur futur époux. Tout cela reste étonnant pour les Français nés avant 1980.

La modernisation numérique est assez répandue en France. Même si des inégalités d'accès existent—dues au statut socio-économique, au niveau d'éducation, et à l'âge surtout—en 2015 80% des Français possédaient un ordinateur et 83% avaient accès à l'Internet. De même, presque tous les Français (92%) possédaient un téléphone mobile et 65% un smartphone. Les jeunes sont beaucoup plus connectés que les générations qui n'ont pas grandi avec le numérique: 95% des 12–24 ans ont écouté ou téléchargé de la musique sur l'Internet en 2016 (contre 55% de tous les Français), et les proportions d'usage sont similaires pour la participation à des réseaux sociaux.

Avant l'Internet, la France a été novatrice dans la technologie des télécommunications: elle a créé un premier réseau informatique commercialisé en 1980, le Minitel. Lié à une ligne téléphonique, un Minitel—un terminal avec un clavier et un écran où s'affichaient 25 lignes de lettres et de chiffres sans image ni son—était fourni aux clients par la compagnie téléphonique de l'époque, France Télécom. On pouvait consulter l'annuaire (pages jaunes électroniques), échanger avec des gens à travers un système de messagerie, faire des transactions (acheter un billet de train), ou bien visiter des sites de rencontre (souvent sexuels, appelés "Minitel rose"). La majorité des services était payants. Le Minitel utilisait même des mouchards, le précurseur des *cookies*. Certaines critiques disent que l'attachement des Français à leur Minitel a eu l'effet de freiner l'adoption généralisée de l'Internet; d'autres disent que le Minitel a sensibilisé les Français très tôt à l'ordinateur et à l'information "en ligne." En tous cas, si la France marquait un retard dans l'expansion de l'Internet dans les années 1990 par rapport aux Etats-Unis, ce retard a été bien rattrapé dans les années 2000.

20.3 Le Minitel était fourni gratuitement aux usagers.

LES MÉDIAS SOCIAUX

Comme aux Etats-Unis, les Français se connectent maintenant à travers des réseaux sociaux comme Facebook, Instagram, Snapchat, Twitter, et TikTok. Les premiers réseaux sociaux ont été créés en 1995 et le phénomène s'est massivement développé depuis 2005 en France comme ailleurs dans le monde. La grande majorité des internautes français (85%) sont inscrits sur un réseau social où on partage des moments de la vie privée, passe des informations aux autres, ou exprime ses opinions sur la politique. Facebook compte en France 27,5 millions d'utilisateurs actifs en 2019. De multiples médias sociaux d'origine française sont très prisés aussi, par exemple, Meetic, un site de rencontres; Viadeo, un site d'échange de profils professionnels; et Copains d'avant, un site où on peut retrouver des anciens amis de jeunesse. Cette interactivité représente une révolution dans la sociabilité, mais elle suscite aussi de nouveaux problèmes: le colportage des rumeurs, la surinformation et les difficultés de faire un triage, le sentiment de proximité avec les autres tout en étant seul devant un écran, la poursuite de suiveurs ou "amis" pour élever sa cote de popularité, le devoir d'être disponible à tout moment, et la collecte des données personnelles par des entreprises technologiques. Depuis 2016, les réseaux sociaux—en France et partout dans le monde—jouent un rôle central dans la désinformation (*fake news*).

L'INDUSTRIE MÉDIATIQUE ET LA PUBLICITÉ

La liberté de la parole et la liberté de la presse sont des éléments constitutifs d'une démocratie moderne. Source centrale d'information, les médias sont le chef-lieu où ces valeurs sont en jeu. Mais les médias sont aussi des industries, avec leurs modèles économiques et leurs professionnels; ils sont assujettis aux lois du marché qui dictent l'offre et la demande. C'est la publicité qui permet aux médias d'exister.

Les recettes publicitaires constituent le revenu principal pour les journaux, les chaînes privées de radio et de télévision, et les sites Internet. L'abonnement ou la vente au numéro n'apporte pas suffisamment de revenus pour les organes de diffusion d'information, qui sont nécessairement à la recherche de rentabilité. Certains médias sont allés jusqu'à la gratuité totale d'accès pour les lecteurs ou internautes, en se rendant entièrement dépendant de la publicité pour fournir un service d'information. Par principe de liberté, d'autres—plus rares—refusent toute publicité et dépendent d'un système de paiement direct des utilisateurs. Il faut noter que la presse en France reçoit des subventions de l'Etat, quelle que soit sa couleur politique. L'objectif de l'Etat est de maintenir le pluralisme dans les médias, nécessaire pour la démocratie.

L'Internet a complétement bousculé le modèle économique des médias traditionnels. Avec l'expansion du marché, les prix des espaces publicitaires (et donc les recettes gagnées par leur vente) dans tous les médias ont chuté. Dans ces circonstances, certains organes des média n'ont pas le choix: il faut réduire les coûts en diminuant l'équipe de rédaction. La loi du plus fort fait que certaines entreprises maîtrisent la situation mieux que d'autres et dominent le marché. La consolidation des médias (journaux, chaînes de radio ou de télévision) par des grands propriétaires non seulement met en danger le principe de pluralisme soutenu par l'Etat, mais fait perdre aux utilisateurs leur confiance dans l'objectivité de l'information. Certains disent que la dépendance des médias vis-à-vis de la publicité et le contrôle par un petit nombre de grandes entreprises est une situation qui a simplement remplacé celle de la dépendance des médias vis-à-vis de l'Etat avant le 18e siècle. Pour les médias, la question reste la même depuis ses débuts: comment trouver un équilibre entre les dictats capitalistes et le besoin primordial de l'indépendance? Le cas du *Monde* montre comment un grand quotidien national a dû s'accommoder: fondé après la Seconde Guerre mondiale et longtemps indépendant financièrement car possédé par son équipe de rédaction, le journal est depuis 2010 contrôlé par des investisseurs extérieurs.

Pour protéger la liberté d'expression, la loi française interdit la trop grande concentration des entreprises de média. Même si de grands groupes multimédias existent en France, ils doivent accepter certaines restrictions. Par exemple, aucun propriétaire ne peut dominer plus de 20% de la presse imprimée d'information générale. Cette défense du pluralisme n'est pas connue aux Etats-Unis où les restrictions contre la consolidation et la surdomination des marchés par quelques groupes sont beaucoup plus souples, ce qui fait que six entreprises contrôlent 90% du marché médiatique américain. La loi française interdit aussi à un étranger non-européen d'être propriétaire de plus de 20% du capital d'une entreprise médiatique d'information française. Une forme de protectionnisme nationaliste, ces interdictions sont aussi une protection de la liberté d'expression.

Le marché des médias est un marché mondialisé. Même si Silicon Valley représente le lieu mythique de l'innovation numérique, la France se distingue comme un grand producteur dans l'industrie des médias, surtout dans le cinéma, la télévision, et les jeux vidéo. Après les Etats-Unis, la France est le deuxième plus grand exportateur mondial des productions de film. Deezer, un site Internet français de streaming musical qui concurrence Spotify, compte 15 millions d'utilisateurs dont au moins 5 millions d'utilisateurs payants. La France est le numéro trois mondial en jeux vidéo (après les Etats-Unis et le Japon): la société française Ubisoft produit les jeux "Rayman," "Assassin's Creed," et "Just Dance." Ankama et Focus Home Interactive sont d'autres grandes entreprises françaises dans ce secteur. Lagardère, un groupe présent dans presque toute forme de média—presse, livre, audiovisuel—se place au niveau des plus grandes entreprises médiatiques du monde. L'Agence France Presse, ou AFP, est une agence d'information avec 2 000 journalistes dans 188 bureaux partout dans le monde. L'AFP vend ses reportages aux organes de média dans tous les pays. La France est donc un des trois pays du monde (avec Reuters en Angleterre et Associated Press aux Etats-Unis) qui possède une telle agence. Par ailleurs, l'industrie de la communication (relations publiques, marketing, publicité) est très développée en France: de grandes entreprises au marché mondial comme Publicis et Havas sont françaises.

La France se distingue aussi par ses *pure players*: c'est-à-dire des sites médias d'information entièrement sur l'Internet, sans liaison à un journal en papier ou une émission radio ou télévisée. Médiapart, Atlantico, et Rue89 sont tous apparus entre 2007 et 2011 et continuent à fonctionner, même si Rue89 fut acheté par *Le Nouvel Observateur*, perdant donc son étiquette de *pure player*. C'est Médiapart qui a lancé un défi à son industrie en refusant *et* la publicité *et* la gratuité, en se finançant exclusivement par l'abonnement. Les fondateurs-journalistes de Médiapart proclament que seul le modèle économique de l'abonnement garantit l'indépendance journalistique et un journalisme de qualité.

LES MÉDIAS ET L'AMÉRICANISATION

Comme nous l'avons vu dans le chapitre sur la vie culturelle et intellectuelle, la France résiste à l'américanisation de la culture (cinéma, musique, télévision) depuis plusieurs décennies; aujourd'hui elle doit faire face à une nouvelle menace américaine: l'industrie technologique numérique. Google, Apple, Facebook, et Amazon (appelés couramment en Europe "les GAFA") dominent les écrans des Français et dictent la circulation de l'information et des produits partout dans le monde. En réponse, les gouvernements européens se sont alliés depuis quelques années pour protéger le pluralisme contre l'hégémonie des puissantes entreprises américaines ou multinationales dans les marchés locaux par l'adoption de certaines lois européennes et nationales (*antitrust*). Un domaine de cette réglementation, par exemple, concerne la protection du droit d'auteur (*copyright*) face aux sites comme Google Books.

Une grande inquiétude des Français provoquée par la révolution numérique est l'intrusion dans la vie privée, par exemple, à travers les mouchards et d'autres outils de suivi qui conservent les données personnelles sur la connectivité des utilisateurs avec d'autres internautes, sur leurs achats, et sur toutes leurs activités en ligne. Face à une opinion européenne beaucoup plus soucieuse de la protection de la vie privée que le public américain, des agences nationales de régulation de la vie privée, comme la Commission nationale de l'informatique et des libertés (CNIL) en France, ainsi que l'Union européenne, ont obligé les Etats-Unis à signer en 2016 le "Bouclier de protection des données EU-Etats-Unis" (EU-US Privacy Shield). C'est un accord qui protège les données personnelles des citoyens européens contre l'intrusion du gouvernement américain et des entreprises américaines. En 2018, l'Union européenne a aussi inauguré le "Règlement général sur la protection des données" (RGPD) qui rend le contrôle de leurs propres données sur l'Internet aux utilisateurs individuels. L'économie numérique étant un marché mondial par définition, cette réglementation européenne va protéger les internautes en dehors de l'Europe y compris les Américains, même si ces derniers semblent s'inquiéter moins que les Européens de l'usage de leurs données personnelles par les grands intérêts commerciaux technologiques. Les Européens critiquent aussi les profits faits par les entreprises américaines par la collecte des données personnelles des non-Américains: ces données sont des produits à vendre. La France perd doublement car les profits de la collecte des données sont dirigés vers des abris fiscaux comme l'Irlande et le Luxembourg.

Des Français et des Européens ont lutté depuis des années pour le droit à l'oubli numérique: le droit des individus de ne pas être repérables sur un site Internet. Ceci concerne, par exemple, des individus accusés de crimes, liés à des maladies, impliqués dans des disputes, ou simplement ceux qui veulent se débarrasser de certains liens vrais ou faux. En fait, tout le monde est concerné. Les Français considèrent que le droit de ne pas avoir une trace de soi conservée pour toujours sur l'Internet est un droit général. Depuis 2014, ce droit est protégé par la CNIL française et par la Cour de justice de l'Union européenne: les moteurs de recherche (presque tous américains) doivent supprimer la trace sur l'Internet de tout individu qui en fait la demande.

On peut réfléchir à l'origine de cette différence culturelle, entre l'insouciance américaine et la méfiance française et européenne par rapport à la surveillance des gouvernements ou des entreprises commerciales. Certains disent que c'est lié à l'expérience des Européens avec la surveillance politique pendant la Seconde Guerre mondiale ou bien pendant la Guerre froide dans les pays de l'Europe de l'Est. En tout cas, c'est une nouvelle incarnation de la résistance contre la puissance américaine. Au-delà des questions d'argent, les Français considèrent que la souveraineté numérique fait partie de la souveraineté tout court.

LES PROFESSIONS MÉDIATIQUES

Les professions médiatiques—journaliste, présentatrice, chroniqueur, correspondante, éditrice, annonceur—ont beaucoup évolué en liaison avec les grands changements ayant affecté les médias. Longtemps dominées par des hommes d'origine européenne, ces professions incluent plus de femmes aujourd'hui. Pourtant on est loin de la parité et les postes de direction sont encore occupés majoritairement par les hommes. La diversité ethnique prend encore plus de temps à s'imposer en France.

Le Conseil supérieur de l'audiovisuel (CSA) prend des mesures pour une meilleure représentation des femmes et des minorités. Depuis 2009, le CSA publie un baromètre annuel de la diversité dans les médias. Un rapport pour l'année 2017 révèle que dans l'audiovisuel, les femmes restent encore minoritaires et beaucoup moins visibles que les hommes: elles sont 42% des personnes qui apparaissent à la télévision et seulement 29% pendant les heures de forte audience (et 17% dans les programmes sportifs). Seulement un tiers des experts cités à la télévision et à la radio sont des femmes; elles sont un quart des politiciens invités.

En 2005, pour la première fois, une femme noire a présenté le journal télévisé en *prime time* sur une grande chaîne nationale. Audrey Pulvar à France 3 était donc une pionnière de la diversification des médias audiovisuels français. Elle a été suivie de Harry Roselmack sur TF1 en 2006; tous les deux sont originaires de la Martinique. Même si les statistiques officielles qui tiennent compte de la diversité ethnique ne sont pas autorisées par la loi, une étude du CSA pour l'année 2016 donne une indication de la représentation des minorités parmi les professionnels des médias ainsi que les acteurs et actrices des programmes de fiction. Les personnes non-blanches ne sont que 16% des professionnels de la télévision française. Un autre reproche fait aux producteurs est que les rôles attribués aux femmes et aux minorités sont trop souvent des rôles négatifs, dégradants, ou marginalisés, et sont presque toujours des rôles secondaires.

Le CSA exhorte les chaînes de télévision et de radio à accroître leurs initiatives visant à encourager l'émergence de nouveaux talents, mais les engagements pris dans ce domaine restent modestes. Par exemple, en 2016 la chaîne TF1 a promis d'inclure un personnage non-blanc dans 60% des épisodes de fiction.

LES MÉDIAS ET LA POLITIQUE

Les médias d'information jouent le rôle d'un quatrième pouvoir—avec l'exécutif, le législatif, et le judiciaire—dans les démocraties occidentales comme la France. Depuis que la presse s'est libérée du contrôle de l'Etat—comme organe de propagande ou bien victime de la censure—elle s'est constituée comme intermédiaire entre les dirigeants politiques et le peuple. Mais cette position crée des conflits. Depuis les années 1980 en France, les médias d'information ont été régulièrement critiqués en ce qui concerne les atteintes à la vie privée (la mort de la Princesse Diana à Paris causée par la chasse des paparazzi), les images violentes, et la désinformation ou les fausses informations (*fake news*). En fusionnant les mots information (*news*) et intoxication (*brainwashing*), on dit "intox" ou "infox" en français: c'est-à-dire mensonge ou rumeur née sur l'Internet, notamment à travers les médias sociaux (presque jamais dans les médias traditionnels). Le supposé manque de crédibilité des médias d'information revient régulièrement comme la critique la plus commune. Le doute chez les utilisateurs s'amplifie lors des crises comme les guerres ou les campagnes électorales quand la rapidité de l'information mène à des erreurs. Les intellectuels, les politiciens, et les membres des médias eux-mêmes font régulièrement le procès des médias. Il y avait en France, par exemple, une émission hebdomadaire à la télévision, "Arrêt sur images," qui analysait et critiquait les médias; depuis 2007 ce programme existe sur l'Internet.

Les médias français sont souvent critiqués pour leur déférence excessive et leur code de silence vis-à-vis du pouvoir politique. Par exemple, des journalistes ont joué un rôle important dans la protection de la vie privée des politiciens et ont très souvent gardé des scandales des yeux du public. Nous l'avons vu, par exemple, dans le chapitre sur la politique, comment la relation de François Mitterrand avec sa maîtresse a été cachée pendant trente-trois ans: l'existence même de leur fille a été révélée quand elle avait 21 ans, et seulement parce que la famille a décidé de se montrer en public, lors des funérailles du défunt. Les journalistes accrédités à la présidence n'auraient jamais rien dit. Un autre exemple: le comportement sexuel du politicien français et chef du Fonds monétaire international (IMF) Dominique Strauss-Kahn, y compris des accusations de viol contre lui, n'ont pas été révélées par la presse française avant que ce dernier soit arrêté par la police américaine en 2011, accusé d'avoir violé une femme de ménage dans un hôtel à New York. Ce scandale a mis en relief les différences entre les couvertures médiatiques américaine et française: la discrétion journalistique en France s'explique par la conception française d'une stricte séparation entre vie publique et vie privée. Mais c'est aussi une question juridique: les lois protégeant la vie privée des individus contre des révélations médiatiques sont beaucoup plus strictes en France qu'aux Etats-Unis.

Les intox—accidentelles ou intentionnelles—sont devenues un problème grave dans les médias sociaux, où les usagers ne partagent pas seulement leurs opinions mais aussi des "informations" rarement vérifiées. Plus grave encore, de vraies campagnes de désinformation sont engagées par des acteurs ou des groupements politiques, souvent minoritaires et marginalisés mais pas toujours: grâce à l'Internet elles ont le pouvoir d'influencer une élection, de déstabiliser une société, ou de créer du chaos. Une forme de piratage (*hacking*) est la création de faux comptes ou des comptes "robots" sur les réseaux sociaux, facilitant ainsi une distribution rapide et mondiale de fausses informations. Nous savons aujourd'hui que les pirates informatiques russes ont interféré, grâce aux plates-formes numériques et en particulier aux médias sociaux, dans l'élection présidentielle américaine de 2016. Depuis, l'Etat français veille à ce que cela ne se produise pas en France. Les organes de presse légitimes ne sont pas impliqués dans les intox: c'est la montée des médias sociaux—vulnérables aux pirates—qui a amplifié le risque des fausses informations.

LA LIBERTÉ DE LA PRESSE ET LE TERRORISME

La liberté de la presse obéit—même dans les pays démocratiques—à certaines restrictions. En France, la diffamation, l'atteinte à la vie privée, l'incitation à la haine raciale, au crime, ou à la violence, et l'offense au président de la République sont des délits de presse pouvant justifier la saisie du journal ou l'imposition d'amendes à son éditeur. Le principe de la protection de la vie privée est plus fort en France que dans les pays voisins. Pour cette raison, la presse "à scandale" est beaucoup moins développée en France qu'en Angleterre, par exemple. Les médias français sont aussi limités par l'obligation de protéger la jeunesse des mauvaises influences et de protéger l'identité des personnes impliquées dans les investigations criminelles.

La conception française de la liberté de la presse fut mise en cause en 2015 lors des attentats terroristes contre le journal *Charlie Hebdo*. Cet hebdomadaire, longtemps connu pour ses attaques acerbes et ses caricatures de personnalités politiques, religieuses, et autres, affiche un humour satirique pour les uns; c'est un humour grossier et sexiste pour les autres. Le journal attaque sans différence les prêtres, les imams, et les rabbins, ainsi que les politiciens, mais surtout ceux de la droite et de l'extrême-droite. La raison d'être de *Charlie Hebdo* est la provocation; c'est le contraire de la pensée unique (*political correctness*). Le journal est régulièrement mis en cause devant les tribunaux pour diffamation ou incitation à la haine, mais *Charlie Hebdo* suit une longue tradition dans la presse française de caricature politique et anticléricale qui date de la Révolution française.

En 2006, *Charlie Hebdo* avait re-publié des caricatures du prophète Mahomet qui avaient été publiées cinq mois plus tôt dans un journal danois, un acte dénoncé à l'époque, en particulier par des musulmans à travers le monde pour qui publier une image du prophète est un sacrilège. Le choix de *Charlie* de les re-publier a exacerbé la polémique mondiale. Deux fois par la suite les tribunaux français ont jugé que cette publication ne constituait ni diffamation ni incitation à la haine. Entre temps, *Charlie* continuait de publier d'autres titres se moquant de certaines pratiques islamiques. Au fil des années, des appels à la violence contre *Charlie* émanaient régulièrement des milieux musulmans intégristes; et des critiques n'appelant pas à la violence étaient également émises contre la publication de ces caricatures.

En janvier 2015, deux hommes sont entrés dans les bureaux de *Charlie Hebdo* dans le 11e arrondissement de Paris et ont ouvert le feu contre des journalistes, dessinateurs, et employés. Douze personnes ont été assassinées. Les responsables étaient deux frères, citoyens français nés en France, qui ont revendiqué leur acte au nom d'Al-Qaïda et l'ont présenté comme étant une vengeance répondant à la publication des caricatures de Mahomet.

L'attentat contre *Charlie Hebdo* a provoqué des grands débats en France sur la liberté de la presse, sur la discrimination contre les musulmans, sur l'intégrisme islamiste, et sur l'antisémitisme musulman (le même jour de l'attentat contre *Charlie*, un autre terroriste avait pris des otages dans un supermarché cacher [*kosher*] et tué de sang-froid quatre personnes). Choqués par la violence dirigée vers un organe de presse, beaucoup de Français sont venus rapidement à la défense de la liberté de la presse et de la parole. Le slogan "Je suis Charlie" (une déclaration de solidarité qui rappelle un slogan des rébellions de mai 1968, "Nous sommes tous des juifs allemands") signifiait non seulement une répulsion vis-à-vis du terrorisme mais un soutien acharné de la liberté de la presse. D'autres Français, tout en défendant le principe de la liberté de la presse et en dénonçant les attaques meurtrières, trouvaient que les publications anti-musulmanes de *Charlie* étaient une incitation à la haine, ou au moins une irresponsabilité journalistique, surtout dans une société où les musulmans sont victimes régulières de l'intolérance.

Plusieurs années plus tard, la plaie profonde (caricature, terrorisme, islamophobie) de *Charlie Hebdo* s'est rouverte. Lors du procès en 2020 des inculpés de l'attentat, le journal provocateur a re-publié ces caricatures de Mahomet, déclenchant ainsi de nouveau le conflit autour de la liberté de la presse et de la parole dans la société française. Dans une classe d'éducation civique quelques semaines plus tard, un professeur de collège a montré les caricatures, ce qui a offensé en particulier de nombreux élèves musulmans et leurs familles. En réaction, un réfugié tchétchène islamiste a assassiné le professeur, provoquant un émoi considérable en France.

En plus de ce vif débat autour de la liberté de la presse, d'autres débats sur les médias et la violence occupent les Français dans la foulée de l'attaque contre *Charlie* et des attentats terroristes de novembre 2015 à Paris et de juillet 2016 à Nice. D'abord, lors des crises terroristes, les médias doivent-ils restreindre l'information sur l'identité des terroristes ou les activités policières avant que les suspects ne soient arrêtés par les autorités? Pendant les attentats contre *Charlie*, certains organes de médias avaient privilégié l'information sur la sécurité, mettant en danger des forces de l'ordre ainsi que des otages. Ensuite, faut-il nommer les terroristes, montrer leurs photos, ou développer leurs portraits dans les médias? Certains pensent que le public a droit à l'information; d'autres qu'une attention médiatique donne une plate-forme publicitaire aux groupements terroristes. Enfin, les médias doivent-ils montrer les images violentes ou offensantes? Certains magazines et chaînes de télévision et radio avaient publié des images non floutées des cadavres des victimes. Le CSA prohibe les images de corps morts pour des raisons de respect de la vie privée et de la dignité du corps humain.

Après les attentats de *Charlie*, le CSA a sanctionné presque tous les médias d'information français pour des manquements divers. Mais avec l'existence des médias sociaux, il est presque impossible lors des crises terroristes de contrôler les images violentes ainsi que les rumeurs relayées. En dehors du terrorisme, la violence est en général sur-représentée dans les médias d'information et de divertissement en France comme aux Etats-Unis.

Avant de conclure, il faut souligner une singularité française impressionnante dans le domaine des médias. L'Institut national de l'audiovisuel, ou INA, est un organisme d'Etat collectant toutes les archives audiovisuelles en France. Selon un système de dépôt légal, l'INA capte directement 168 chaînes de radio et de télévision et 14 000 sites Internet français, 24 heures sur 24. Ensuite, l'INA organise, archive, et rend disponible ses archives en ligne gratuitement. Un tel système centralisé de préservation du patrimoine audiovisuel n'existe pas aux Etats-Unis.

Discussions

1. Soumis aux lois du marché, les médias peuvent-ils rester objectifs?
2. Le système français des quotas dans les programmes de radio et de télévision est-il un bon moyen de protéger la culture française?
3. Quels effets peut avoir "l'exclusivité du discours" sur les citoyens Français?
4. Quels sont les avantages et les inconvénients de regarder une chaîne de télévision appartenant à l'Etat?
5. Que faudrait-il faire pour que la presse imprimée résiste mieux à la concurrence de l'Internet?
6. Discutez des effets pervers des médias sociaux sur les jeunes.
7. Si l'on reconnaît que la liberté de la presse constitue le fondement d'un système démocratique, est-il possible de justifier la pratique de la censure dans certains cas?

Sujets de travaux oraux ou écrits

1. Les médias ont quatre objectifs principaux: l'information, le divertissement, la communication, et l'éducation. Trouvez trois exemples des médias français sur l'Internet pour chaque objectif.
2. Faites une analyse d'un quotidien national ou régional en France.

3. Comparez un journal ou un magazine français avec un journal ou magazine américain équivalent (*Le Monde* et le *New York Times*, par exemple, ou *L'Express* et *Newsweek*).
4. Faites des recherches sur la présence des femmes ou des minorités à la télévision française.
5. Comparez les rôles du CSA en France et de la Federal Communications Commission (FCC) aux Etats-Unis.
6. Faites une recherche sur les différentes réactions des médias américains et français lors de l'arrestation de Dominique Strauss-Kahn à New York en 2011 et la procédure d'instruction (*investigation*) qui a suivi.
7. Faites une étude des lois sur la protection de la vie privée en France et de l'attitude des médias dans ce domaine.
8. Faite une enquête comparative des débats télévisés entre les candidats à la présidence en France et aux Etats-Unis.
9. Faite une comparaison entre les politiques et opinions publiques françaises et américaines vis-à-vis les GAFA.

Conclusion

L'identité française contemporaine s'est constituée à partir d'éléments très disparates et souvent opposés. La France s'est en effet trouvée placée, par la géographie et par l'histoire, au centre d'un réseau d'influences contradictoires: influence de l'Europe du Nord protestante contre celle de l'Europe du Sud catholique; influence de la modernité révolutionnaire contre celle de l'Ancien Régime. Elle a longtemps été une mosaïque de langues et de cultures. Construire un pays unifié dans de telles conditions a représenté un incroyable défi.

Deux autres pays, eux aussi situés à cheval sur l'Europe du Nord et l'Europe du Sud et constitués d'une mosaïque de peuples divers, ont connu une situation semblable à celle de la France: l'empire d'Autriche et la Suisse. L'empire d'Autriche n'a jamais réussi à unifier les nombreux groupes ethniques et linguistiques qu'il contenait et à créer une culture commune à tous ces peuples; il a éclaté au début du 20e siècle. La Suisse, elle aussi, n'a pas créé de culture commune à toute la Suisse, mais elle a réussi à garder sa cohésion en évitant toute domination d'une partie du pays sur les autres: l'unité politique est combinée avec une grande décentralisation et chaque région reste très autonome avec sa culture et sa langue (c'est la formule que suit l'Union européenne).

La France, elle, a suivi une voie différente. Sa classe dominante a créé une superculture nationale qui avait sa propre langue (le français parlé par les élites) et qui se trouvait placée "au-dessus" des cultures régionales enracinées dans la vie locale. L'unité s'est faite par la diffusion de cette culture à tous les habitants du pays entre le 18e et le 20e siècle. La difficulté de se définir quand on se trouve détaché d'un enracinement local et tiraillé entre des influences diverses et contradictoires pourrait expliquer pourquoi la réflexion intellectuelle et l'abstraction occupent une place si importante dans la culture française. Cette culture, à dominante littéraire et humaniste, avait réussi à accomplir une fusion originale de toutes ces influences. Quiconque en était imprégné se sentait clairement et distinctement français, c'est-à-dire se voyait comme faisant partie d'une synthèse unique dans l'histoire et de la géographie européennes.

Depuis le milieu du 20e siècle, bon nombre d'éléments sur lesquels s'appuyait cette identité française sont apparus menacés. La défaite de 1940 avait apporté un premier ébranlement des certitudes. Les Français avaient commencé alors à se poser des questions sur eux-mêmes. Mais c'est surtout l'évolution du monde depuis la Seconde Guerre mondiale qui a changé les données de la situation. La société constituée d'aristocrates, de bourgeois, de paysans, et d'ouvriers, qui fut le cadre de référence de toute la culture française du 17e siècle jusqu'au milieu du 20e siècle, a disparu. Le modèle français de l'Etat républicain puissant, centralisé, et modernisateur—hérité de la Révolution française—répond mal aux aspirations au pluralisme et à l'autonomie que l'on constate un peu partout. La conception assimilatrice de l'intégration des immigrés ne trouve plus de consensus. La culture traditionnelle à dominante littéraire et humaniste, source du prestige culturel français, recule devant la culture scientifique. La langue française est concurrencée par d'autres langues, surtout l'anglais. L'intégration de la France dans des ensembles multinationaux—Union européenne ou Organisation mondiale du commerce, par exemple—remet en cause la fonction traditionnelle de l'Etat dirigiste, qui perd de plus en plus le contrôle de l'économie nationale.

Dans la deuxième moitié du 20e siècle, les risques perçus par les Français sur l'avenir de leur pays n'ont plus été la révolution intérieure ou l'invasion militaire. Ils provenaient de changements difficiles à définir qui généraient une inquiétude diffuse: peur de la perte de souveraineté avec l'unification européenne, peur de l'"invasion" d'immigrés, peur de l'"invasion" de la culture de masse américaine, peur de la mondialisation et de la pression économique des pays à bas salaires. La société a également été ébranlée par les changements exceptionnellement rapides intervenus dans le domaine des moeurs (place des femmes dans la vie sociale), de l'emploi (explosion de l'économie tertiaire), de l'éducation (hausse rapide du niveau d'instruction), et de la démographie (vieillissement massif de la population). Les chapitres précédents ont évoqué encore d'autres évolutions majeures depuis les années 1960: les changements dans la structure familiale, la baisse du rôle de la religion, et l'accroissement du temps libre, par exemple.

Au tournant du 21e siècle, certaines de ces évolutions se sont approfondies ou étendues, tandis que de nouveaux changements sociaux, politiques, économiques, et culturels sont survenus. Le taux élevé de chômage—surtout des jeunes—reste un élément chronique de l'économie. Les questions liées à l'intégration des minorités, à l'américanisation de la culture, et à la mondialisation de l'économie occupent moins qu'avant l'attention singulière de la société. Le changement climatique et le terrorisme sont devenus les problèmes plus préoccupants. Les années 2010 ont vu apparaître de nouveaux soucis: les risques posés à la France par l'accroissement des inégalités socio-économiques entre les plus riches et les plus pauvres, par la montée des populismes partout en Europe, par la crise de réfugiés dans les pays méditerranéens, par le retrait de la Grande-Bretagne de l'Union européenne (Brexit), et par la révolution numérique et technologique (désinformation ou perte de la vie privée, par exemple). En 2020, la pandémie du COVID-19 a brutalement accru les inquiétudes pour le présent et pour l'avenir.

Face aux changements et aux incertitudes manifestées depuis le début du 21e siècle, beaucoup de Français ressentent une certaine angoisse. Entre 2003 et 2006 des dizaines de livres ont été publiés sur le thème du "déclinisme" ou de la "sinistrose": l'attitude que tout va mal en France. Souvent ces angoisses ont contribué à l'idéalisation du passé et au sentiment que "c'était mieux avant." C'est une fausse nostalgie qui a contribué largement à la montée du populisme et à la résurgence de comportements xénophobes. En réalité, ces angoisses ne sont souvent pas un produit du malheur ou de la misère, mais de la bonne fortune. Elles existent parce que les Français sont très conscients que—en dépit des problèmes auxquels leur pays est confronté—la France est, dans le monde, un pays hautement privilégié. Ils se plaignent souvent, mais ils reconnaissent aussi que peu de nations offrent une qualité de vie aussi élevée à leurs habitants. Ils auraient beaucoup à perdre en cas de crise majeure, et ils le savent.

Les Français changent et ils restent les mêmes. Si l'individualisme progresse avec l'abandon des religions et des partis politiques traditionnels, le lien social subsiste autrement: dans l'associationnisme solidaire, dans le sport collectif, à travers les médias sociaux, et dans la tertiarisation de l'économie qui favorise plus d'interaction humaine que l'économie industrielle. La politique traditionnelle se désintègre (l'opposition gauche-droite n'est plus comme avant), mais les Français ont résisté au populisme nationaliste depuis le début du 21e siècle, en refusant à deux reprises d'élire un candidat de l'extrême-droite à la présidence de la République (Jean-Marie Le Pen en 2002 et Marine Le Pen en 2017). Quoique l'abstentionnisme électoral augmente et que les syndicats perdent leurs membres, la protestation ne fléchit pas. Manifester ou faire grève demeure un réflexe social français sur toute question: réforme universitaire, imposition de taxe, libéralisation du mariage. L'exceptionnalisme français continue à s'affirmer dans l'attachement des citoyens à l'Etat-providence, à l'universalisme républicain, et à un Etat centralisé et dirigiste. Le changement est une constante. Mais il y a aussi des choses qui restent profondément enracinées dans la société française, une société dans laquelle les Français et les Françaises doivent constamment chercher des voies alliant leur passé avec leur avenir.

Credits

We have made every effort to trace the ownership of all copyrighted materials included in this volume and to secure permission from rights holders for their use herein. In the event of any question arising as to the use of such an item, we will be pleased to make the necessary corrections in a future printing. We thank the following authors, publishers, and agents for permission to reprint the following material:

Introduction: Français et Américains

- 0.1 Jean-François Brière
- 0.2 Jean-François Brière
- 0.3 Pierre-Yves Beaudouin / Wikimedia Commons/CC BY-SA (https://creativecommons.org/licenses/by-sa/4.0)
- 0.4 Chabe01 / Wikimedia Commons / CC BY-SA (https://creativecommons.org/licenses/by-sa/4.0/deed.en)
- 0.5 ROGERS © Reprinted by permission of ANDREWS MCMEEL SYNDICATION. All rights reserved.

Chapitre 1. Points de vue français sur l'espace et sur le temps

- 1.1 Serban Bogdan / Shutterstock.com
- 1.2 J.-L. Nembrini et al., "Pour connaître la France" Mon premier livre d'Histoire et de Géographie Education civique © Hachette Livre, 1986
- 1.3 G. Blandino et Al., "Les Ateliers Hachette" Découverte du monde CP / CE1 © Hachette Livre, 2008 + © photo Dominique Repérant / Gamma Rapho
- 1.4 Sophie Le Callenec, Marie-Claude Soen, Pierre Thévenin, Laurence Rolinet, Découverte du monde cycle 2 © Hatier 2000 + © photo Y. Arthus-Bertrand / Hemis
- 1.5 Jebulon / Wikimedia Commons / CC0 (https://creativecommons.org/publicdomain/zero/1.0/deed.en)
- 1.6 Sophie Le Callenec, Marie-Claude Soen, Pierre Thévenin, Laurence Rolinet, Découverte du monde cycle 2 © Hatier 2000 + © photo Hervé Champollion / AKG Images
- 1.7 Jean-François Brière
- 1.8 Hadrian / Shutterstock.com
- 1.9 Julie Fette

Chapitre 2. Points de vue français sur la nature humaine et valeurs dominantes

- 2.1 Sophie Le Callenec, Marie-Claude Soen, Pierre Thévenin, Laurence Rolinet, Découverte du monde cycle 2 © Hatier 2000 + © photo D. Stewart

2.2　Sophie Le Callenec, Marie-Claude Soen, Pierre Thévenin, Laurence Rolinet, Découverte du monde cycle 2 © Hatier 2000

Chapitre 3. Points de vue français sur le corps
3.1　Julie Fette
3.2　Julie Fette

Chapitre 4. L'enfance et la première éducation
4.1　Jean-François Brière
4.2　Julie Fette
4.3　Ecoles maternelles et élémentaires de la ville de Dijon
4.4　Julie Fette

Chapitre 5. La jeunesse et la socialisation
5.1　Julie Fette
5.2　Luc Messier

Chapitre 6. La famille
6.1　Julie Fette
6.2　Jane Zhao

Chapitre 7. La démographie et l'Etat-providence
7.1　Julie Fette
7.2　Edward Crawford / Shutterstock.com
7.3　Institut national de la statistique et des études économiques
7.4　Pixavril / Shutterstock.com

Chapitre 8. La société
8.1　Jeanne Menjoulet from Paris, France / Wikimedia Commons / CC BY-SA (https://creativecommons.org/licenses/by/2.0)
8.2　Emma Toutounji
8.3　Musée national de l'histoire de l'immigration
8.4　Simon Kirby / Wikimedia Commons / CC BY-SA (https://creativecommons.org/licenses/by/3.0)

Chapitre 9. La justice
9.1　Sami Toutounji
9.2　Jacques Demarthon / AFP via Getty Images

Chapitre 10. La politique
10.1　Emma Toutounji
10.2　Jean-François Brière

10.3 Claude Truong-Ngoc / Wikimedia Commons / CC BY-SA (https://creativecommons.org/licenses/by-sa/3.0)

Chapitre 11. L'administration

11.1 Jean-François Brière
11.2 Jacques-Jean Esquié / Wikimedia Commons / CC BY-SA (https://creativecommons.org/licenses/by-sa/4.0)
11.3 Monsieur Fou / Wikimedia Commons / CC BY-SA (https://creativecommons.org/licenses/by-sa/4.0)

Chapitre 12. Le système scolaire: écoles, collèges, lycées

12.1 Julie Fette
12.2 "Repères et références statistiques: enseignement, formation, recherche." Ministère de l'Education nationale et de la jeunesse, 2019.

Chapitre 13. Les universités et les grandes écoles

13.1 Benjamin Geminel / Wikimedia Commons / CC BY-SA (https://creativecommons.org/licenses/by/2.0)
13.2 Jean-François Brière
13.3 Jean-François Brière

Chapitre 14. L'économie

14.1 Jean-François Brière
14.2 Falk2 / Wikimedia Commons / CC BY-SA (https://creativecommons.org/licenses/by-sa/4.0)
14.3 Arnaud 25 / CC BY-SA 4.0 (https://creativecommons.org/licenses/by-sa/4.0).
14.4 Julie Fette

Chapitre 15. La France, l'Europe, et le monde

15.1 Jean-François Brière
15.2 Lars Poyansky / Shutterstock.com
15.3 Jane Zhao
15.4 Zlatko Guzmic / Shutterstock.com
15.5 Sébastien Podvinm, avril 2005 / Wikimedia Commons / CC BY-SA (https://creativecommons.org/licenses/by-sa.2.0/deed.en)
15.6 Bourrichon / Wikimedia Commons / public domain / modified

Chapitre 16. Les symboles

16.1 Dennis Jarvis from Halifax, Canada / Flickr via Wikimedia Commons / CC BY-SA (https://creativecommons.org/licenses/by-sa/2.0/deed.en)
16.2 Jean-Pierre Houël / Public domain

Chapitre 17. Les religions

17.1 Pavel Krok / Wikimedia Commons / CC BY-SA (https://creativecommons.org/licenses/by-sa/2.5/deed.en)

17.2 Guilhem Vellut from Paris, France / Wikimedia Commons / CC BY-SA (https://creativecommons.org/licenses/by/2.0)

17.3 Celette / Wikimedia Commons / CC-BY-SA (https://creativecommons.org/licenses/by-sa/4.0/deed.en)

Chapitre 18. La vie culturelle et intellectuelle

18.1 Julie Fette

18.2 Jean-François Brière

18.3 Musée du quai Branly – Jacques Chirac, Paris, France © musée du quai Branly-Jacques Chirac, Dist. RMN-Grand Palais / Art Resource, NY

18.4 Carolen and Anthony Amarante

Chapitre 19. Les loisirs

19.1 Julie Fette

19.2 Julie Fette

19.3 Julie Fette

19.4 Julie Fette

19.5 Julie Fette

19.6 Thierry Caro / Wikimedia Commons / CC BY-SA (https://creativecommons.org/licenses/by-sa/4.0)

19.7 Julie Fette

Chapitre 20. Les médias

20.1 Luc Messier

20.2 Julie Fette

20.3 Ismoon (talk) 21:36, 27 January 2018 (UTC) / Wikimedia Commons / CC BY-SA (https://creativecommons.org/licenses/by-sa/4.0)

Index

Académie française, 124, 285–86, 295
action positive. *Voir* discrimination positive
administration, 175–78
Affaire Dreyfus, 274, 278
affaire du foulard, 264–65, 270–71, 294
Agence universitaire de la francophonie, 251
Aillagon, loi, 281
Akerman, Chantal, 285
Albicocco, Jean-Gabriel, 285
Algérie, 99, 106, 128, 147, 237–39, 272, 286
Allégret, Yves, 284
Allemagne, allemand, 47
Alliance française, 33
Amellal, Karim, 287
américanisation, 12–14, 329–31
Ameur-Zaïmèche, Rabah, 287
analyse culturelle, xiii-xiv
anti-américanisme, 6–10
anticléricalisme, 261–62
Antilles, 127–28, 179–80, 207, 286, 301
antisémitisme, 274–75, 278, 293, 334.
   Voir aussi Affaire Dreyfus
Aragon, Louis, 280
Aron, Raymond, 7, 279
Assemblée nationale, 123, 140–41, 150–54, 156, 158, 161–64, 182, 280, 321
Assemblée parlementaire de la francophonie, 251
assurance-santé, 101, 111–13
audiovisuel, 302–3
Autant-Lara, Claude, 284
avortement, 86, 92–93, 105, 124, 263
Aznavour, Charles, 285

baccalauréat, 16, 33–34, 192–94
Badinter, Elisabeth, 280
Balasko, Josiane, 92

banlieue, 123, 128, 209, 287
Barratier, Christophe, 80
Barthes, Roland, 293
Bastille, place de la, prise de la, 257–58
Beauvoir, Simone de, 40, 48, 124, 125, 280, 285, 288
Bebey, Francis, 286
Bécaud, Gilbert, 285
Begag, Azouz, 287
Belghoul, Farida, 287
Bellon, Sophie, 229
Belmondo, Jean-Paul, 53
Ben Jelloun, Tahar, 288
Berri, Claude, 284
Beti, Mongo, 286
beur, 127, 287, 295, 322
Beyala, Calixthe, 286
Bibliothèque nationale de France, 281
Blum, Léon, 32
Bordeaux, 13, 121, 138, 207, 209, 282
Bourdieu, Pierre, 117, 215, 293
Brassens, Georges, 285
Brexit, 109, 242, 245, 249–50
Bruni, Carla, 108
Bruno, G., 202
Brunschvicg, Cécile, 124
Buchez, Philippe, 7
burkini, 59, 278

Cabanis, José, 46
CAC 40, 229, 235
cadre, 117–19, 200, 215, 230, 232–33
Caisse d'allocations familiales (CAF), 102, 103, 105
Calment, Jeanne, 111
Cantet, Laurent, 202
Carné, Marcel, 284
Carroll, Raymonde, 56, 81–82
carte vitale, 112
Casey, 287

catholicisme, 58, 89, 156–57, 197, 259, 266–69
Cau, Jean, 8
centralisation, 116, 155, 169–70, 173–74, 182, 183, 186
Centre Beaubourg, 283
Centre national de la recherche scientifique (CNRS), 211
Césaire, Aimé, 280
Chabrol, Claude, 284
chanson, 285
Charef, Mehdi, 287
Charles X, 167, 262
Charlie Hebdo, 147, 319, 333–35
Chateaubriand, François-René de, 280
Chaunu, Pierre, 36
Chibane, Malik, 287
Chilla, 287
Chirac, Jacques, 103, 152, 153, 155
chômage, 106, 113, 120–21, 126, 232–34
Christian-Jaque, 80, 284
cinéma, 284–85
Cinquième (Ve) république, 151
Cixous, Hélène, 124, 286, 293
Clair, René, 48, 82
classes sociales, 116–21
Clément, René, 64
codes, 136–39, 223, 234
code civil, 123, 136, 139
code de la famille, 100
cohabitation, 152
Colette, Sidonie-Gabrielle, 285
Collard, Cyril, 92
Collège de France, 211
colonialisme, 9–10, 21, 32, 99, 130, 173, 178–80, 203–4, 236–40, 251, 254, 257–59, 268, 294
Commission nationale de l'informatique et des libertés (CNIL), 330
Commission Stasi, 270–71
Commission de l'Union européenne, 245, 249
Communauté économique européenne (CEE ou Marché commun), 241–43

Communauté européenne du charbon et de l'acier (CECA), 241
Compagnies républicaines de sécurité (CRS), 143
Concordat, 262–64
Confédération générale du travail (CGT), 232
Confédération française de l'encadrement–Confédération générale des cadres (CFE-CGC), 232
Confédération française démocratique du travail (CFDT), 232
Confédération française des travailleurs chrétiens (CFTC), 232
congés payés, 97, 116, 230, 233, 235, 298–99, 314
Conseil constitutionnel, 141
Conseil d'Etat, 141, 180
Conseil français du culte musulman (CFCM), 273
Conseil supérieur de l'audiovisuel (CSA), 325, 331, 335, 336
Conseil de l'Union européenne, 245
Constant, Paule, 288
constitution, 9, 129, 135–36, 139, 151–53, 168, 231, 249, 289
contraception, 86, 91, 92, 105, 124
contribution sociale généralisée (CSG), 113
conversation, 55–57
Copé-Zimmerman, loi, 229
corps enseignant, 188–90, 212
Corse, 147, 171–77, 301
Couderc, Anne-Marie, 229
Cour de cassation, 141
Cour des comptes européenne, 245
Cour de justice européenne, 245, 249
COVID-19, 134, 243, 338
Cresson, Edith, 161
cumul des mandats, 153
cursus scolaire, 190–94

Dandieu, Arnaud, 7
Dardenne, Jean-Pierre et Luc, 64
Dati, Rachida, 132, 162
Debray, Régis, 280

décentralisation. *Voir* centralisation
Déclaration des Droits de la Femme et de la Citoyenne, 123
Déclaration des Droits de l'Homme et du Citoyen, 123
décolonisation, 10, 105–6, 147, 173, 237–39
Delannoy, Jean, 284
Delanoë, Bertrand, 91
Deleuze, Gilles, 293
Delphy, Christine, 124, 286
départements et collectivités d'outre-mer (DROM-COM), 21, 109, 127–28, 178–80, 200, 232–33, 323
Deraismes, Marie, 123
Deroin, Jeanne, 123
Derrida, Jacques, 293
Descartes, René, 41, 294
Diam's, 287
Dib, Mohammed, 286
Diderot, Denis, 285
Direction générale de la sécurité intérieure (DGSI), 143, 148
dirigisme, 220–23, 234
discrimination positive, 131, 200, 215–16
Disneyland Paris, 13, 15, 61, 64, 301
divorce, 90–91
Djaïdani, Rachid, 287
Djebar, Assia, 286
Doillon, Jacques, 64
Ducastel, Olivier, 92
Duhamel, Georges, 7, 82
Dumas, Alexandre, 284
Duneton, Claude, 171
Durand, Marguerite, 124
Duras, Marguerite, 288

Eboué, Félix, 284
Ecole centrale de Paris, 205
Ecole de la magistrature, 205
Ecole des chartes, 205
Ecole des hautes études commerciales (HEC), 205, 210
Ecole des hautes études en sciences sociales (EHESS), 211

Ecole nationale d'administration (ENA), 168, 176, 181, 204–7, 216
Ecole nationale des ponts et chaussées, 205
Ecole nationale supérieure des métiers de l'image et du son (FEMIS), 205
Ecole normale supérieure (ENS), 205
Ecole polytechnique ("X"), 203, 204–7
Ecole supérieure des mines, 205
Ecole supérieure des sciences économiques et commerciales (ESSEC), 210, 216
éducation civique, 37–39
Eglise catholique. *Voir* catholicisme
élections, 122, 124, 132, 151–61, 168, 175, 177, 246, 249
empire colonial. *Voir* colonialisme
enseignement de la géographie, 16–22
enseignement de l'histoire, 25–29
enseignement privé, 155, 164–65, 185, 187–88, 196, 202, 267
Erasmus, 210, 216, 250
Eurocorps, 245
Europe Ecologie Les Verts (EELV), 156–57
exception culturelle, 290–91, 295, 324–25
exclusion, 117, 120–21, 135
exode rural, 122, 218

Fédération de l'éducation nationale (FEN), 232
féminisme, 123–24, 135, 286, 311
Féral-Schuhl, Christiane, 142
Ferry, lois, 184, 195
Finkielkraut, Alain, 280
Flaubert, Gustave, 284
fonction publique, 162, 165, 180–82, 203, 274
Force ouvrière (FO), 232
Foucault, Michel, 293
Fournier, Alain, 285
franc-maçonnerie, 185, 276
France université numérique (FUN), 211
François Ier, 26
francophonie, xv, 183, 236, 250–54, 286, 288, 289

Front de libération nationale (FLN), 237–38
Front national (FN). *Voir* Rassemblement national (RN)
Furet, François, 293

Gaspard, Françoise, 124
Gaulle, Charles de, 25, 31, 79, 152, 221, 238, 240–41, 284
Gaulle-Antonioz, Geneviève de, 284
Génisson, loi, 229
Gide, André, 80, 83
gilets jaunes, 119–20, 165, 221
Giono, Jean, 285
Giroud, Françoise, 6, 124
Giscard d'Estaing, Valéry, 152, 284
Gouges, Olympe de, 123
grandes écoles, 118, 131, 194, 198, 200, 203–215, 275
Grande Mosquée de Paris, 236, 271–72
Gréco, Juliette, 295
Guadeloupe, 109, 127, 147, 172, 179, 238
Guène, Faïza, 287
Guerre d'Algérie, 79, 128, 147, 153, 237–40
Guerre de Sécession, 7
Guerre froide, 47, 156–57, 240–41, 254, 259
Guide Michelin, 33
Guiraudie, Alain, 92
Guyane française, 21, 109, 162, 172, 178–79, 207, 238, 258, 264, 284

habitation à loyer modéré (HLM), 119, 123, 128
Halimi, Gisèle, 124, 286
Hallyday, Johnny, 285
Hamdi, Nora, 287
harkis, 128, 162, 238
Hexagone, 17, 20, 109–110
Hidalgo, Anne, 161, 176
Hollande, François, 89, 102, 152, 162, 197
Holocauste, 147, 274–75, 292
Houel, Jean-Pierre, 258
Hubert, Jean-Loup, 64

Hugo, Victor, 280, 284
Hunebelle, André, 284

immigration, x, xv, 97, 99, 105–9, 114, 125–33, 143, 157–58, 243, 287
Institut d'études politiques (IEP), 131, 205, 210, 214, 215–16
Institut national agronomique, 205
Institut national de l'audiovisuel (INA), 335
intégrisme, 133, 148, 265, 267, 273, 275, 334
intellectuels, 2, 41–42, 124, 167–68, 198, 215, 258, 279–86, 293–96, 320, 332, 337
Internet, 87, 96, 158, 317–18, 322, 328–30
interruption volontaire de grossesse (IVG). *Voir* avortement
intoxication, 327, 332–33
Irak, 7, 11
Iribarne, Philippe d', 43, 79
Irigaray, Luce, 286, 293
islam, 59, 125–26, 133, 145, 236, 238, 259, 265–73, 275, 277, 278, 293, 294, 333–34

jansénisme, 40
Janet-Lange, Ange-Louis, 10
Jeanne d'Arc, 256, 260
Jefferson, Thomas, 3–4, 8, 283
Jospin, Lionel, 233
judaïsme, 264, 273–75
Julien, Claude, 7
Jungle de Calais, 107

Kassovitz, Mathieu, 287
Kechiche, Abdellatif, 92, 287
Kery James, 287
Klapisch, Cédric, 80
Kocher, Isabelle, 229
Kristeva, Julia, 286, 293
Kurys, Diane, 80

la Fontaine, Jean de, 48, 258
La France insoumise (FI), 156–57

La République en marche (LREM), 102, 155, 246
Lacan, Jacques, 293
Lacordaire, Henri, 218
Lafayette, Gilbert de, 5, 79
Lafayette, Madame de, 284
Laferrière, Dany, 286
Lahens, Yanick, 286
laïcité, 199, 263–65, 270–71, 276–77, 294
Lamartine, Alphonse de, 280
Lamorisse, Albert, 73
Lang, loi, 223
langue française, 9, 33, 42, 50, 170–71, 238, 251, 255, 259, 262, 284–86, 288–90, 324, 338
Le Pen, Jean-Marie, 155–56, 339
Le Pen, Marine, 155–56, 339
lecture, 190, 197, 303–4
Les Républicains (LR), 155
Les Verts, 156–57
Lévy, Bernard-Henri, 280
Lifshitz, Sébastien, 92
ligne Maginot, 47
Liking, Werewere, 286
Lille, 121, 208, 271
Littell, Jonathan, 288
littérature, 4, 32, 41, 64, 77, 172, 192, 195, 198–99, 210, 255, 258–59, 279–80, 283–88, 294, 296, 303, 323
Louis XIV, 24, 169
Louis XV, 169, 261
Louis XVI, 154, 321
Louis XVIII, 167, 262
Louis-Philippe, 167, 262
Lumières, 32, 39, 166, 261–62, 276
Lyon, 121, 271

Maalouf, Amin, 286, 288
Mabanckou, Alain, 286
Macron, Emmanuel, 102, 152, 155, 232, 234, 239, 250, 285
Maghreb, 105, 126, 214, 286, 301
magistrat, 138
Maillet, Antonine, 286, 288

Maisons de la Culture, 282–83
Maître Gims, 287
Malle, Louis, 64
Malraux, André, 48, 282, 284
Mandin, Didier, 287
Maran, René, 286
mariage, 84, 86–92, 96, 108, 248, 263, 267, 273, 276, 278, 339
Marianne, 30–31, 260, 319
Maroc, 106, 204, 237, 240, 272
Marseille, 121, 123, 299
Martineau, Jacques, 92
Martinique, 109, 127, 147, 172–73, 179, 238, 258, 322, 331
massacre de la Saint-Barthélemy, 273
Mauriac, François, 73, 77, 83, 280, 289
Mayotte, 179
Médecins du monde, 33, 277
Médecins sans frontières, 33, 43, 277
médias sociaux, 116, 303, 316, 327, 332–33, 335, 339
Memmi, Albert, 286
Mendras, Henri, 117
Michelet, Jules, 30
Miller, Claude, 64
Minitel, 326
minorités, xv, 124–27, 131–33, 139, 145, 162, 199–201, 206, 249, 270–71, 287, 331, 336, 338
misogynie. *Voir* sexisme
mission civilisatrice, 10, 30, 32
Mitterrand, François, 140, 152, 162, 165, 332
Molière, 288
Monénembo, Tierno, 286
Monnet, Jean, 241
Mont-Saint-Michel, 23
Montaigne, Michel de, 40
Morano, Nadine, 113
Mounsi, Mohand, 287
Mouvement des entreprises de France (MEDEF), 232
Mouvement démocrate (MODEM), 155
musulman. *Voir* islam
Musée Chagall, 291

Musée Dapper, 291
Musée de la fondation Cartier, 291
Musée de la fondation Louis Vuitton, 291
Musée de la Renaissance, 291
Musée d'Orsay, 283, 291
Musée du château de Compiègne, 291
Musée du Louvre, 282, 291
Musée du quai Branly, 291–92
Musée Fernand Léger, 291
Musée Jacquemart-André, 291
Musée national de l'histoire de l'immigration, 131–32
Musée Picasso, 283
musées, 140, 164, 174, 181, 200, 281–83, 291–92, 295, 309
musulman. *Voir* islam

Napoléon Ier, 32, 139, 167, 169–70, 180, 183, 184, 207, 262
Napoléon III, 167, 262
Ndiaye, Marie, 288
Nekfeu, 287
Nicloux, Guillaume, 285
Nouvelle-Calédonie, 147, 172, 179–80, 207

Organisation de coopération et de développement économiques (OCDE), 101, 197, 202
Organisation internationale de la francophonie (OIF), 251, 254
Organisation des Nations unies (ONU), 251, 254
Organisation du traité de l'Atlantique nord (OTAN), 11, 240, 251
Ozon, François, 92

Pacte civil de solidarité (Pacs), 89, 90, 96
Pagnol, Marcel, 80
Panthéon, 284
Paris, 24, 91, 118, 121–23, 153, 161, 164, 169, 173–74, 183, 186, 257–58, 271, 282–83
parité, 124, 161–62, 176
Parlement européen, 245, 249
Parti communiste (PCF), 156–57

Parti socialiste (PS), 155–57
partis politiques, 154–158
Pascal, Blaise, 39, 47, 288
Pasqua, lois, 106
Pasquier, Nicole, 124
paternalisme, 98, 182
"pays," 22
peine de mort, 99, 140
Perrot, Michelle, 124, 286
Pétain, Philippe, 98, 130, 167, 257, 262, 274
petites et moyennes entreprises (PME), 224
Philibert, Nicolas, 202
Piaf, Edith, 285
pied-noir, 128, 238, 239
Piketty, Thomas, 293
plafond de verre, 125, 212, 229, 307
PNL, 287
Poinso-Chapuis, Germaine, 161
police, 12, 61, 126, 128, 136, 141, 143–45, 149, 175, 179, 181, 243, 316, 332
politique familiale, 100–105
Polynésie française, 172, 179–80, 207
Pompidou, Georges, 152
population, 98–100
Première Guerre mondiale, 236, 319
presse, 151, 165, 289, 294, 303, 315–22, 333–34
prix littéraires, 288
pro-américanisme, 5-6
procréation médicalement assistée (PMA), 90, 94
produit intérieur brut (PIB), 102, 217, 227
prostitution, 124
protestantisme, 28, 262, 264, 273–74, 280
Proust, Marcel, 285
Pulvar, Audrey, 331
pyramide des âges, 109–10

racisme, 4, 5, 125, 127, 130, 133, 135, 146, 287, 312, 333
radio, 322

Radio France, 222
Rahimi, Atiq, 288
Rappeneau, Jean-Paul, 285
Rassemblement national (RN), 126, 155–56, 247, 265, 272
réduction du temps de travail (RTT), 233–34, 299, 301–2
régions, 169–73
régions administratives, 176–77
Renan, Ernest, 9
Renoir, Jean, 284
réseaux d'éducation prioritaire (REP), 200
retraites, 110–11
Réunion, 109, 172, 179, 207, 322
Révolution française de 1789, 1, 6, 30, 32, 80, 123, 129–30, 133, 138, 154–58, 169–70, 257, 183, 203, 255, 257, 260–61, 274, 291, 293, 316, 321, 333, 338
Rivette, Jacques, 285
Rochant, Eric, 77, 95
Roland, Pauline, 123
Romains, Jules, 80
Roselmack, Harry, 331
Roudy, Yvette, 124, 229
Rouquier, Georges, 96
Rousseau, Jean-Jacques, 284
Royer, Clémence, 123
Ruggia, Christophe, 287
rythmes scolaires, 196–97

Saint-Barthélemy, 179
Saint-Exupéry, Antoine de, 73
Saint-Martin, 179
Saint-Pierre-et-Miquelon, 179, 238
salaire minimum interprofessionnel de croissance (SMIC), 119, 234, 301
Salvayre, Lydie, 288
Sand, George, 285
sans domicile fixe (SDF), 120, 277
sans papiers, 107
Sarkozy, Nicolas, 6, 108, 152, 164, 215, 233–34, 249
Sartre, Jean-Paul, 280

Schengen, Convention de, 107, 243, 248, 254
Schuman, Robert, 241
"Sciences Po." *Voir* Institut d'études politiques
sécurité sociale, 89, 93, 101–2, 105, 110–14, 136
Seconde Guerre mondiale, 32, 47, 99–100, 110, 130, 143, 147, 154, 156, 267, 274–75, 284, 316, 318, 331
Sénat, 144, 151–53, 162, 168, 179
Senghor, Léopold Sédar, 286
Servan-Schreiber, Jean-Jacques, 6
service militaire, 76
Sévigné, Madame de, 285
sexisme, 125, 273, 294, 303, 333
sexualité, 58, 84, 89, 91–92
Sianna, 287
Simenon, Georges, 143
Slimani, Leila, 288
Soprano, 287
Sorbonne, 207–8
Sow Fall, Aminata, 286
sport, 308–9
statue de la Liberté, 5, 10
Stendhal, 284
stéréotypes, 2–5
Strasbourg, 121, 153, 181, 264
Strauss-Kahn, Dominique, 146, 332, 336
syndicats, 81, 110, 112–13, 133–34, 157, 198, 210, 223, 230–33

Talleyrand, prince de, 6
Tati, Jacques, 53, 82
Taubira, Christiane, 90, 162–63
taxe sur la valeur ajoutée (TVA), 226–27, 247
télévision, 322–25
Terres australes et antarctiques françaises, 179
terrorisme, 7, 47, 144, 147–48, 254, 333–35
Tillion, Germaine, 284
Tirard, Laurent, 64

Tocqueville, Alexis de, 8, 133
Toubon, Jacques, 289
trains à grande vitesse (TGV), 42, 122, 224–25
Traité de Maastricht, 153, 243–45, 247
Traité de Rome, 241–42
Traité de Versailles, 241
Traoré, Adama, 143
Trente glorieuses, 116, 218
Triolet, Elsa, 288
Tristan, Flora, 123
Troisième (IIIe) république, 5, 85, 124, 185, 188, 194–95, 197, 257–58, 317
Truffaut, François, 64
Tunisie, 105–6, 237, 240, 258, 272, 286
tutoiement, 66, 81

Union européenne, 241–50
universalisme, 9–10, 96, 129–31, 215, 257
universités, 207–16

vacances, 298–302
Varda, Agnès, 77, 82, 83

Vallaud-Belkacem, Najat, 204
Veil, Simone, 124, 161, 279, 284
Vendée Globe, 43
Verhaeghe, Jean-Daniel, 285
Vernay, Robert, 284
vêtement, 54–55
Vichy (régime de), 100, 156, 274
vie privée, 58, 72–76, 92, 129, 165, 168, 263, 265, 270, 316, 327, 330, 332–33, 335–36, 338
Vigo, Jean, 80, 83
Villers-Cotteret, édit royal de, 170, 284
Voltaire, 280, 284, 288

Wallis et Futuna, 179
Weber, Francis, 92
Wittig, Monique, 124, 286
Wylie, Laurence, ix, 71

xénophobie, 108, 125–26, 133, 338–39.
Voir aussi racisme

Yourcenar, Marguerite, 285

Zola, Emile, 280, 284, 289